曾憲通 陳偉武 主編

楊澤生 編撰

卷九

出土戰國文獻字詞集釋

中華書局

卷九部首目録

卷 九

頁

新蔡乙四 98　　璽彙 0308

信陽 2·17　　仰天湖 8　　包山牘 1　　上博六·競公 2

○**劉彬徽、彭浩、胡雅麗、劉祖信**（1991）　（編按：包山牘 1）首

《包山楚簡》頁 39

○**何琳儀**（1998）　頁，甲骨文作𦣻（乙八八四八），象人體而突出其頭部。頁、首（百）唯繁簡之别，實爲一字。金文作𦣻（卯簋）。戰國文字首上髮多訛作止形。楚系文字或由𦣻、𣬁省作𦣻，則與自字同形。參自字。《説文》：“𩑋，頭也。从百从儿。古文䭫首如此。百者，䭫首字也。（胡結切）。”金文䭫作𦣝（師𩛥鼎）。可證首、頁相通。“胡結切”則屬音變。

　　戰國文字頁，讀首。首姓見《姓苑》。

《戰國古文字典》頁 196

○**李守奎**（2003）　頁　與首爲一字。

《楚文字編》頁 534

○**濮茅左**（2007）　（編按：上博六·競公 2）“頁”，人名。

《上海博物館藏戰國楚竹書》（六）頁 168

△**按**　楚簡“頁”多用作“首”。新蔡簡乙四 98“頁”字所在句子宋華强釋作“鄭卜子怵以𧥽（俛）頁（首）之𧝄（蠪）爲君三歲（歲）貞☐”，“頁”即“首”字。《競公》簡 2“䁝頁”即“舉首”，意爲抬頭（參看何有祖《讀上博六〈競公瘧〉札記》，《簡帛》4 輯 201 頁，上海古籍出版社 2009 年）。

頭 𩒋 壹

頭　睡虎地·封診 65　　頭　睡虎地·日甲 72 背　　安徽金文 57 蔡侯紳鼎蓋

望山 2·49   璽彙 0933   璽彙 1305   璽彙 1361

○**羅福頤等**（1981） 頭。

《古璽文編》頁 225

○**睡簡整理小組**（1990） 頭,通脰,《公羊傳》文公十六年注:"殺人者刎頭。"《釋文》:"本又作脰。"《説文》:"脰,項也。"

《睡虎地秦墓竹簡》頁 154

○**朱德熙、裘錫圭、李家浩**（1995） （編按:望山 2·49）頸。

《望山楚簡》頁 112

○**何琳儀**（1998） 䶀,从首,豆聲。頭之省文。《説文》:"頭,首也。从頁,豆聲。"

晉璽頭,人名。

《戰國古文字典》頁 369

○**李守奎**（2003） （編按:望山 2·49）頭

《楚文字編》頁 534

△按 望山簡和古璽"䶀"當爲"頭"字異體。

顔 顅 庵

顔 睡虎地·答問 74   顔 睡虎地·答問 88   顅 璽彙 3718

顅 陶彙 3·1373   顒 上博五·鬼神 8

顔 郭店·五行 32"顔色"合文

○**睡簡整理小組**（1990） （編按:睡虎地·答問 74）黥顔頯

顔,面額中央。

《睡虎地秦墓竹簡》頁 110—111

○**何琳儀**（1993） 敘廬△145

△原篆作顅,應釋"顔"。

《江漢考古》1993-4,頁 59

○**何琳儀**（1998） 顔,从頁,产聲。疑顔之初文。《説文》:"顔,眉目之閒也。从頁,彦聲。顅,籀文。""彦,美士有文人所言也。从彣,厂聲。"據戰國文字可知,彥从文,厂聲。＝爲飾筆,小篆演化爲彡。齊系文字彥所从文旁訛作立形,爲隸書彥(曹全碑)所本。

　　齊璽顏,姓氏。出琅邪,本自魯伯禽,支庶有食采於顏邑者,因而著族。見《通志·氏族略》。

《戰國古文字典》頁 976—977

(編按:陶彙 3·1373)顏

《戰國古文字典》頁 1548

○**曹錦炎**(2005)　　"麀","顏"字異體,郭店楚簡《五行》"顏色"合文作"𩑝",下有合文符號,馬王堆帛書本作"顏色",可證。"色"與顏色義有關,故"顏"字異體或从"色"旁。

《上海博物館藏戰國楚竹書》(五)頁 328

【麀色】

○**荊門市博物館**(1998)　　顏色,係兩字合文。

《郭店楚墓竹簡》頁 153

○**曹錦炎**(2005)　　"顏色",面容、臉色。《論語·泰伯》:"正顏色,斯近信矣。"《楚辭·漁父》:"屈原既放,遊于江潭,行吟澤畔。顏色憔悴,形容枯槁。"

《上海博物館藏戰國楚竹書》(五)頁 328

頌　頌

頌 集成 9715 林氏壺　頌 郭店·老甲 8　頌 郭店·緇衣 16　頌 郭店·緇衣 17

頌 郭店·性自 20　頌 郭店·性自 21　頌 天星觀　頌 上博二·從甲 6　頌 上博六·用曰 7

○**王占奎**(1993)　　容與頌關係密切,典籍中常以容注解頌字。頌,《説文》:貌也。又説籀文作額。與我們今天見到的金文不同。金文頌字作𩒨(史頌鼎)。《説文》頌即貌之古説,由於公字釋作"髭口合寫"而變得易於理解。

　　金文頌字,右半乃一人跽跪之形,已有公論,不贅。在迄今所見到的金文頌字中,左邊爲公,右半爲頁,無一例外。這種固定不移的位置關係正與人往左跽面部在左邊相合,顯示出位置關係與辭義之間的密切性。按古人對頌字的解釋,多與容相關。《詩·大序》謂:"頌者,美盛德之形容也。"《管子·牧民篇》首章名《國頌》,注云:"頌,容也,謂陳爲國之形容。"《釋名》:"頌,容也。"《玉篇》:"頌,形容也。"頌字字形,正爲形(頁)與容(公,面部)之合體摹寫。《釋名·釋形體》:"髭,姿也,爲姿容之美也。"如果按本文開頭所述諸説,將何以解釋頌乃貌?

《考古與文物》1993-3,頁 91

○何琳儀(1998)　《説文》:"頌,皃也。从頁,公聲。𩑠,籀文。"

　　枚氏壺頌,見《釋名·釋典藝》"稱頌成功謂之頌"。

《戰國古文字典》頁 409

○濮茅左(2001)　賓客之豊(禮)必又(有)夫齊﹦(齊齊)之頌(容)

　　"頌"通"容"。

《上海博物館藏戰國楚竹書》(一)頁 262

○張光裕(2002)　(編按:上博二·從甲6)呂頌(容)百眚(姓)。

《上海博物館藏戰國楚竹書》(二)頁 221

○張光裕(2004)　行不頌　《禮記·曲禮上》作"行不翔"。"頌"與"翔"通。"頌"爲邪紐東部字,"翔"爲邪紐陽部字,"頌、翔"雙聲,東陽旁轉。鄭玄注《禮記·曲禮上》"室中不翔"曰:"行而張拱曰翔。""行不翔"即謂行走時不可張開雙臂。"頌"亦爲儀容。《説文·頁部》:"頌,皃也。"段玉裁注:"古作頌皃,今作容皃,古今字之異也。"鄭玄注上引《禮記·曲禮上》句時曰:"不櫛、不翔,憂不爲容也。"

《上海博物館藏戰國楚竹書》(四)頁 226—227

顅　顝　顠

顅湖南91　顝睡虎地·爲吏23壹

○睡簡整理小組(1990)　止欲去顅(願)

　　願,《方言》:"欲思也。"止欲去願,遏制私欲。

《睡虎地秦墓竹簡》頁 167—168

○何琳儀(1998)　《説文》:"睪,目圍也。从昍、厂。讀若書卷之卷。古文以爲醜字。"

　　《説文》:"顅,顛(編按:"顛"後脱"頂"字)也。从頁,𡅏聲。"(《説文》:"𡅏,大皃。从大,𡆥聲。或曰拳勇字。一曰,讀若傿。")

　　秦璽顅,人名。

《戰國古文字典》頁 1005—1006

顛 顛 顛

集成 980 魚鼎匕　　秦陶 859　　十鐘

○**容庚等**(1985)　(編按:魚鼎匕)頂　王國維云此借爲鼎。

《金文編》頁 626

○**何琳儀**(1986)　(編按:魚鼎匕)頂。

《古文字研究》15,頁 104

○**裘錫圭、李家浩**(1989)　"填",原文作𡋛,从"土"从"𢻫"。簡文甲胄之"甲"的單位詞即从𢻫作𢻫、𢻫、𢻫等形。按"真"字金文作𣅀,或作𣅀(《金文編》575 頁)。"貝、鼎"二字形近,在古文字中作爲偏旁時往往混用,故金文"真"或寫作从"鼎"。又有加"丌"旁作𣅀者(《金文編》575 頁),漢印文字作𪿤(《漢印文字徵》8・10 下),所从"貝"旁省作"目"。貨幣文字中有一個从"貞"的𣅀字(《先秦貨幣文編》37 頁,原書誤釋爲"貞"),亦見於蚰匕銘文𩒋字(《金文編》626 頁,原書釋爲"頂")左旁。古代"貞、真"二字形音俱近。"貞"的聲母屬端母,"真"的聲母屬照母三等,上古音照母三等與端母近。"貞"的韻母屬耕部,"真"的韻母屬真部,真耕二部字音關係密切。如《楚辭・離騷》以"名、均"爲韻,又《卜居》以"耕、名、身、生、真"爲韻,又《遠遊》以"榮、人、征"爲韻。"名、耕、生、榮、征"屬耕部,"均、身、真、人"屬真部。上引金文𣅀所从的●,即"丁"字。在古文字中常見在文字上加注聲符的現象,疑𣅀字所从的"丁",即加注的聲符。因此,上引貨幣文字當釋爲"真",蚰匕之字當釋爲"顛"。

《曾侯乙墓》頁 512

○**高明、葛英會**(1991)　顛。

《古陶文字徵》頁 264

○**何琳儀**(1998)　《説文》:"顛,頂也。从頁,真聲。"
　　魚顛匕"魚顛",魚頭。

《戰國古文字典》頁 1116

○**湯餘惠等**(2001)　(編按:魚鼎匕)顛。

《戰國文字編》頁 606

△**按**　《清華大學藏戰國竹簡》(叁)中《良臣》簡 3"泰顛"之"顛"作𣅀,謝明

文(《釋"顛"字》,《古文字研究》30 輯 495—496 頁,中華書局 2014 年)認爲所從的"臼"是由"凵"形演變而來的,其從"凵"可表示顛倒於"凵"中或因"凵"而顛倒,是一個從臼(凵)、真聲的形聲字,應即"顛隕"之"顛"的異體。

頂 𩕂

璽彙 5580

○**何琳儀**(1998)　𩕂,從首(百),丁聲。頂之異文。《説文》:"頂,顛也。從頁,丁聲。顁,或從作頁。頴,籀文從鼎。"頁,首之繁文。

　　古璽頂,人名。

《戰國古文字典》頁 791

頯 𩔱 夈

𩔱睡虎地·答問 74　　頯睡虎地·日甲 153 正叁　　夈上博三·周易 38

○**睡簡整理小組**(1990)　（編按:答問 74）黥顔頯

　　頯(音逵),顴部。

《睡虎地秦墓竹簡》頁 110—111

（編按:日甲 153 叁）雖求頯啻(帝)必得

　　頯,疑以音近讀爲告。

《睡虎地秦墓竹簡》頁 206

○**劉樂賢**(1994)　頯,疑以音近讀爲告。按:古書中從九或從求的字常通用。如《易·夬》:"壯于頄。"《釋文》:"頄,鄭作頯。"馬王堆帛書本頄作頯。疑此處頯亦當訓求。

《睡虎地秦簡日書研究》頁 197

○**濮茅左**(2003)　藏于頄 "頄",頰閒骨,王弼注:"頄,面權也。"

《上海博物館藏戰國楚竹書》(三)頁 188

○**李守奎、曲冰、孫偉龍**(2007)　夈,《集韻·脂韻》:"頯,頰骨,或作頄。"

《上海博物館藏戰國楚竹書(一—五)文字編》頁 430

△**按**　上博簡《周易》"夈"即"頄",爲"頯"字異體。

頰 頰

頰 睡虎地・日甲 79 背

△按 《説文》:"頰,面旁也。从頁,夾聲。頰,籀文頰。"睡虎地秦簡"疢在頰"之"頰"即用本義。

頸 頸

頸 睡虎地・日甲 151 正貳　　頸 睡虎地・日甲 75 背　　頸 睡虎地・封診 65

頸 包山 16　　頸 秦家咀 99・7

頸 曾侯乙 9　　頸 曾侯乙 89

頸 上博四・昭王 7

○裴錫圭、李家浩(1989)　89 號簡有"貂定之頸"。《文選・魏都賦》"旂(旌)旗躍莖",劉良注:"莖,旗竿也。""頸、莖"二字並从"坙"(編按:此當爲"坙"之誤)聲,疑簡文"翠頸、貂定之頸"之"頸"當讀爲"莖"。

《曾侯乙墓》頁 511

○袁國華(1993)　釋"頸"

"頸"字見"包山楚簡"第 16 簡,從字的部件分析,字从"坙"从"頁",《字表》及《釋文》釋爲"頣",明顯是不對的。"坙"字西周金文作坙盂鼎;《説文》古文作坙。"頁"字戰國楚王領鐘"領"字所从"頁"作頁。又"曾侯乙墓"第 9 簡"頸"字作頸。由以上各字例,知"頸"字確是从"坙"从"頁",應隸定爲"頸"字。"頸"簡 16 用作動詞,疑"頸"可讀爲"驚","頸、驚"上古同屬見紐耕韻,聲韻俱同自可通假。簡 16 句云"儀裝倌△事牀灙",大意是説:"僕(我的謙稱)的下屬儀裝倌,怕事情將會廢止,無法執行。"

《第二屆國際中國古文字學研討會論文集》頁 436

○何琳儀(1998)　《説文》:"頸,頭莖也。从頁,坙聲。"

隨縣簡頸,讀莖。《文選・魏都賦》"旂旗躍莖",注:"莖,旗竿也。"

《戰國古文字典》頁 785

○劉信芳(2003)　頸:

整理小組釋"夏",誤。袁國華改隸作"頸"(《包山楚簡研究》頁 34,香港中文大學中文系博士論文,1994 年),其説是。然袁謂字讀爲"刑",則欠妥。按"頸"讀爲"經",《詩・大雅・靈臺》:"經始靈臺,經之營之。"《傳》:"度之也。"《國語・楚語上》:"吾子經營楚國。"韋《注》:"經,經緯也。"

《包山楚簡解詁》頁 27

○**李守奎**(2003)　顎　頸

《楚文字編》頁 534

△**按**　曾侯簡"頸"讀爲"莖",當可從;包山 16 號簡"頸"字當讀爲"驚"還是"經",未能論定。睡虎地秦簡封診 65"繫頸"、日甲 151 正貳"夾頸者貴"、75背"盜者長頸"之"頸"皆用本義。

領　餇

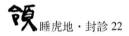 睡虎地・封診 22

△**按**　《説文》:"領,項也。从頁,令聲。"睡虎地秦簡封診 22"帛裏莽緣領褎(袖)"之"領"意爲衣領。

項　項

睡虎地・答問 75　　項 睡虎地・封診 66

望山 2・12　　望山 2・13

包山牘 1

○**湯餘惠**(1993)　缸 牘 1　缸・項　此字从頁,工聲,當釋爲項。"四馬皓𩥍,繙芋結項。""繙芋"當讀如《左傳》"繁纓以朝"之"繁纓",爲馬項下胸前飾物。繁纓結項,是説馬項下繫結繁纓。牘 1 反上又有"番于之童"之語,"番于"同"繙芋",疑亦指頸飾。

《考古與文物》1993-2,頁 79

○**何琳儀**(1993)　繙芋結缸　牘 1

缸原篆作 ,應釋"項"。又見望山簡。

《江漢考古》1993-4,頁 60

○**朱德熙、裘錫圭、李家浩**(1995)　"項"可能即上引仰天湖簡"緫"字的借字,其義待考。古音“項”屬東部,“行”屬陽部,東陽相通是楚方言的特徵之一。

《望山楚簡》頁 120

○**何琳儀**(1998)　《説文》:“項,頭後也。从頁,工聲。”
　　楚簡項,見《廣韻》“項,頭也”。

《戰國古文字典》頁 412

○**劉信芳**(2003)　結項:
　　“項”字原簡从頁从巾,字又見簡 276、277,是個會義字,其字又作“項”,則是形聲字。牘 1:“繙芊結項。”望山簡 2-12:“靈光之童,纓纂項。”“結項、纂項”皆謂馬項下之結纓。《儀禮・士冠禮》:“賓右手執項。”注:“項,結纓也。”

《包山楚簡解詁》頁 301

○**李守奎**(2003)　(編按:包牘)肛。

《楚文字編》頁 534

△**按**　睡虎地秦簡《答問》75“鬭折脊項骨”、《封診》66“不周項二寸”之“項”皆用本義。

頋　頋

十鐘

○**湯餘惠等**(2001)　頋。

《戰國文字編》頁 606

碩　碩

○**強運開**(1935)　碩,《説文》:“頭大也。从頁,石聲。”引申爲凡大之偁。

《石鼓釋文》丁鼓,頁 2

○**何琳儀**(1998)　《説文》:“碩,頭大也。从頁,石聲。”石旁或省作厂形。
　　石鼓文碩,見《爾雅・釋詁》“碩,大也”。

《戰國古文字典》頁 546

○**濮茅左**（2003）　　“碩”,《爾雅·釋詁》:“大也。”引申爲“成果、收穫”。《象》曰:“‘往蹇來碩’,志在内也。‘利見大人’,以從貴也。”

《上海博物館藏戰國楚竹書》（三）頁185

【碩人】

○**馬承源**（2004）　　碩人　曲目。《詩·衛風·碩人》:“手如柔荑,膚如凝脂。領如蝤蠐,齒如瓠犀。螓首蛾眉,巧笑倩兮,美目盼兮。碩人敖敖,説于農郊。四牡有驕,朱幩鑣鑣,翟茀以朝。”《詩·邶風·簡兮》提到“碩人”的有:“簡兮簡兮,方將萬舞。日之方中,在前上處。碩人俣俣,公庭萬舞。”《詩·衛風·考槃》則有:“考槃在澗,碩人之寬”,“考槃在阿,碩人之薖”,“考槃在陸,碩人之軸”。《詩·小雅·甫田之什·白華》則有:“滮池北流,浸彼稻田。嘯歌傷懷,念彼碩人。”又:“有鶖在梁,有鶴在林。維彼碩人,實勞我心。”簡文“碩人”也應該是《詩》的篇目。

《上海博物館藏戰國楚竹書》（四）頁164—165

頒　煩

鳥蟲書圖102 蔡公子頒戈

○**曹錦炎**（1996）　　器主爲蔡公子頒,當爲後即侯位之蔡靈侯般。據《史記·管蔡世家》,靈侯名“般”,而《十二諸侯年表》則作“蔡靈侯班”。又,《春秋》襄公三十年《左傳》《公羊》《穀梁》靈侯之名均作“般”,而《白虎通·誅伐》引作“班”。按,頒、班、般古音相同可通,《禮記·月令》:“班馬政。”《大戴禮·夏小正》“班”作“頒”;《易·屯》:“乘馬班如。”《釋文》:“班,鄭本作般。”《左傳》莊公三十二年:“生子般焉。”《史記·魯周公世家》“般”作“班”;《禮記·檀弓下》《戰國策·宋策》的“公輸般”,《列子·湯問》作“公輸班”,均其證。

《于省吾教授百年誕辰紀念文集》頁92—93

○**王人聰**（1998）　　此戈全長22釐米,援長15釐米,内長7釐米,胡長6.5釐米。胡有三穿,内一穿。戈援及胡部鑄有銘文,援部一行二字,胡部二行四字,共六字。文字錯金,最末一字爲鳥篆,鳥形附於字下。其餘五字,形體修長,筆畫宛轉盤曲,但無鳥形,這種字體,學者亦稱之爲蟲書。此戈銘未經著録。

　　戈銘六字中,除第四字較難辨認之外,其餘五字均易識,即“蔡公子之

用”。第四字結字頗奇詭，諦審其字形結構，右旁爲“頁”字，可以無疑。左旁
應是“分”字，其所從之“刀”字偏旁，十分明顯，另一偏旁“八”字的左邊一撇，
筆畫屈曲向下延伸，起裝飾的作用，這是蟲書筆畫結構的特點。右邊的捺筆，
也爲求作裝飾，而將筆畫歧出，因此，致使“分”字的構形成爲訛變的形體。以
上分析，如果不誤，則此字爲從分從頁，應釋爲“頒”，爲蔡公子之名。在傳世
的蟲書資料中，常見有因求作裝飾的緣故，或將原字增加飾筆，或改變原字的
筆畫結構，因而造成一些訛變的形體，如吳季子之子逞劍的吳字作〔字形〕，攻敔王
光戈之光字作〔字形〕，攻敔工光劍之光字則作〔字形〕，蔡公子加戈的之字作〔字形〕，子〓戈
的之字作〔字形〕，蔡公子義工匜的之字則作〔字形〕，蔡侯產劍之侯字作〔字形〕，新弨戈之自
字作〔字形〕，楚王酓璋戈之犹字作〔字形〕，等等。以上所舉各例，均係訛字。據此可以
推知此戈銘之“頒”字，也是訛變的形體，此戈全銘應釋爲“蔡公子頒之用”。

　　戈銘“蔡公子頒之用”，這句銘文究竟應當怎樣解釋？這也是需要深入討
論的問題。有的學者認爲這種句式的銘文與“□□□之用戈”的句式一樣，如
“王子㳇之用戈、曾侯乙之用戈”等，都是“說明戈是某人所使用的”。對此，我
們則有不同的看法。我們認爲戈銘中的“用”字不應解釋爲“使用”，而應解釋
爲“寶”。“用”字之義項，除有“使用”之義外，也有“寶”義。如《戰國策·魏
策》“吾用多”，高注云：“用，資也。”《廣雅·釋詁》：“資，用也。”《詩·大雅·
板》“喪亂蔑資”，《毛傳》：“資，財也。”《說文》：“財，人所寶也。”由此可知，
“用”與“寶”意義相因。在春秋戰國的一些兵器銘文中，常見有“元用”一詞，
這個詞中的“元”字亦應訓“寶”，“元用”是由兩個同義的詞素構成的並列式
複合詞，其意義同於“寶用”。關於“元用”一詞詞義的分析，我們另有專文論
述，此不贅。其次，再從這句戈銘的語法結構來分析，“蔡公子頒之用”，此句
中的“之”字是結構助詞，表示修飾語“蔡公子頒”對中心語“用”的領屬關係，
“用”字在此句中是作爲名詞。由以上所述，這句戈銘應當解釋爲“蔡公子頒
之寶”，也即是“蔡公子頒的寶物”的意思。

　　蔡公子頒，不見於文獻記載，無考。從此戈的銘文考察，其字體與蔡公子
果戈及蔡公子加戈的銘文風格相同，可知其年代也應相近，當係同屬春秋晚
至戰國早期之物。蔡國有銘的銅器，據近期學者統計，目前所知共有 90 件。
這件蔡公子頒戈，未經著錄，也是一件值得重視的新資料。

《容庚先生百年誕辰紀念文集》頁 716—718

△按　蔡公子頒或即蔡靈侯般，然則此“頒”字的年代在戰國之前。

顝

陶彙 5 · 384

○**郭子直**（1986）　顝以四年冬十壹月癸酉封之

　　顝是在四年冬十一月癸酉日來劃定宗邑界畔的。

《古文字研究》14，頁 180、181

○**高明、葛英會**（1991）　顝。

《古陶文字徵》頁 264

○**何琳儀**（1998）　《説文》：“顝，大頭也。从頁，骨聲。讀若魁。”

　　秦陶顝，人名。

《戰國古文字典》頁 1193

願 願　忨忨

集成 9735 中山王方壺　　　上博一 · 詩論 14　　　上博三 · 中弓 26

上博五 · 鮑叔 4　　　上博一 · 詩論 19　　　上博三 · 彭祖 4

○**張政烺**（1979）　忨，讀爲願。

《古文字研究》1，頁 218

○**趙誠**（1979）　忨，借爲願。忨从元聲，願从原聲。元、原古同韻，故得通假。《説文》：“願，大頭也。”王紹蘭云：“左氏襄七年經鄭伯髡頑如會，公羊作髡原……願从原得聲，願頑聲近，故左氏作頑，公羊作原。原即願之省文。”（《説文段注訂補》第九卷）可證。“天不斁其佑願”，與毛公鼎“皇天亡斁，臨保我有周”意近。

《古文字研究》1，頁 249

○**張克忠**（1979）　忨，願的本字。《説文》：“願，大頭也。”段注：“本義如此，故从頁，今則本義廢矣。”又：“忨，貪也，从心元聲，春秋傳曰‘忨歲而漱日’。”段注：“貪者欲物也，忨與玩翫義皆略同。”又習部：“翫，習厭也，从習元聲。春秋傳曰‘翫歲而愒日’。”杜注《左傳》昭公元年亦作“翫歲而愒日”，釋文：“翫，字又作忨。”《國語 · 晉語八》作“忨日而漱歲”。可見漢朝以來忨與翫玩混同，不知道訓貪的忨是翫玩的假借字，另外用愿字代替忨。今得此銘，澄清了兩千年來的混亂。

《故宮博物院院刊》1979-1,頁 44—45

○**商承祚**(1982) 忨,《説文》:"貪也。"又忨:"弄也。"《左傳・昭公元年》："忨歲而愒日。"貪玩之意,在此用作願。

《古文字研究》7,頁 64

○**陳邦懷**(1983) 按,《説文》心部:"忨,貪也,从心,元聲。"五换切,音玩。《玉篇》心部:"忨,愛也。"壺銘借恋爲願,以音近也。

《天津社會科學》1983-1,頁 65

○**何琳儀**(1998) 中山王方壺忨,讀願。《史記・司馬相如傳》:"非常之原。"《漢書・司馬相如傳》原作元。《左・成十》:"鄭人殺繻立髡頑。"《史記・鄭世家》頑作原。是其佐證。《方言》一:"願,欲思也。"

《戰國古文字典》頁 1016

○**馬承源**(2001) "恋"即"忨",《説文》云:"忨,貪也。从心,元聲。《春秋傳》:忨歲而漱日。""忨"字亦通"玩"。《玉篇》則云:"愛也。"是以"忨"有"貪、愛"二義。

《上海博物館藏戰國楚竹書》(一)頁 144

○**陳佩芬**(2005) "恋",从心,元聲,同"愿"字。《史記・司馬相如列傳》"非常之原,黎民懼焉",《漢書・司馬相如傳》"原"作"元"。"原"即"願"字。"敦堪背願",意爲違背天道的意願。

《上海博物館藏戰國楚竹書》(五)頁 186

○**李守奎、曲冰、孫偉龍**(2007) (編按:詩論 14)恋,"願望"之"願",與《説文》之"忨"不同字。

　(編按:詩論 19)"恋","恋"之異體,亦讀"願望"之"願"。

《上海博物館藏戰國楚竹書(一—五)文字編》頁 431

頄 頏

頏墨彙 3635

○**何琳儀**(1998) (編按:墨彙 3635)頄。

《戰國古文字典》頁 1558

△**按** 小徐本《説文解字》"頬"字之後有此字:"頏,頭佳也。从頁,斤聲。讀

又若鬒。”

顠 顠

顠戈

○**湯餘惠等**（2001）　通沫。

《戰國文字編》頁 607

頮 頮

頮睡虎地·日甲 72 背　　頮璽彙 2824

○**睡簡整理小組**（1990）　盜者大面,頭頮〈頮〉
頮,《説文繫傳》:“頭惡也。”

《睡虎地秦墓竹簡》頁 219—220

○**何琳儀**（1998）　（編按:璽彙 2824）頮。

《戰國古文字典》頁 1555

○**陳偉武**（1998）　二十、頭頮

甲種《日書·盜者篇》:“盜者大面,頭頮（頮）,疵在鼻,臧（藏）於草中,旦閉夕啟,北方。”整理小組注:“頮,《説文繫傳》:‘頭惡也。’”

今按,整理小組以頮爲頮之誤字,非是。注“頭惡也”亦未明晰。簡文作頮不誤。古文字中㣇符往往作豕,亦省變作豕,故秦簡頮即頮字,宋本《玉篇·頁部》:“頮,徒困切。頮頯,秃。”大徐本《説文》:“頮,頭蔽頮也。从頁,㣇聲。”腦袋不毛不是好事,故“頭蔽頮”與“頭惡”與“秃”所指實同。從聲韻言,頮爲定紐文部字,頮與隊同从㣇得聲,古音也隸於定紐,韻屬隊部,正與文部相對應,因此,頮、頮當是聲符相替代的異體字。《日書》“頭頮”即指秃頂。銀雀山漢簡《十陣》:“擊舟頮津,示民徒來。”又:“或進或退,或擊或頮。”頮爲頮、頮之省體,與退、衰、閲（鋭）協韻,讀爲屯,指駐扎。

《胡厚宣先生紀念文集》頁 211

○**施謝捷**（1998）　睡虎地甲種《日書》“盜者篇”有如下一條:
卯,兔也。盜者大面,頭頮,疵在鼻,臧（藏）於草中……（72 背）
“頮”,整理小組校作“頮”,注釋説:頮,《説文繫傳》:“頭惡也。”（釋文注

釋部分 220 頁）

　　按,天水放馬灘秦簡甲種《日書》及江陵張家山漢簡《日書》中都有相關內容,放馬灘秦簡作:

　　　　卯,兔殹(也)。以亡盜從東方入,復從出,臧(藏)野林草茅中,爲人短面,出不得。(甲 33 簡)

張家山漢簡作:

　　　　卯,象(兔?)也。盜者大目、短頸、長耳、高尻,臧(藏)草木……(《書法》1986 年 5 期 2 頁)

三者可互相參照。盜者特徵"大面、頭頴"分別相當於放馬灘秦簡的"短面"、張家山漢簡的"短頸"。據此,疑"頭頴"可讀爲"脰短"。"頭、脰"二字均從"豆"聲,古通用。《儀禮·士相見禮》"左頭奉之""左頭如麕執之",鄭玄注:"今文頭爲脰。"《公羊傳·文公十六年》"大夫相殺稱人",何休注"犯軍法者斬要,殺人者刌頭",陸德明釋文:"頭,如字。本又作脰,音豆。"《儀禮·士虞禮》"取諸脰膉",鄭玄注:"脰膉,爲頭嗌也。"均其通之徵。"脰"爲頸項之意,《說文》肉部:"脰,項也。"《爾雅·釋鳥》:"燕,白脰烏。"郭璞注:"脰,頸。""頴",從其構形看,應是"從頁象聲"之字。古音"短"是元部端母字,而"象"及"從象"字也多是元部端系字,韻部相同且同爲舌頭音,互相通借當是可能的。《周易·乾》"彖曰",陸德明釋文:"彖,斷也。"又《彖上·傳》注引劉瓛說:"彖者,斷也。"《春秋·莊公十八年》"秋有蜮"杜預注:"蜮,短弧也。"陸德明釋文:"短,本又作斷。"因此簡文中的"頴"很可能應該讀爲"短"。綜之,"頭頴"爲"脰短",爲短頸之意,與張家山漢簡所說相同。整理小組將"頭頴"改作"頭頛",釋作頭惡,與本條所稱"兔"的外形特徵不甚相合,恐不妥。

《簡帛研究》3,頁 169

頏 䫌

秦代印風 129

○**湯餘惠等**(2001)　頏。

《戰國文字編》頁 607

顠 顠

十鐘

○湯餘惠等（2001）　顠。

《戰國文字編》頁 607

頮 頮

頮 侯馬三：二三　　頮 侯馬一五六：一九　　頮 侯馬三：二一

○山西省文物工作委員會（1976）　頮。

《侯馬盟書》頁 350

○曹錦炎（1989）　頮。

字見《説文》，訓爲“内頭水中”，郭沫若以爲是“没”之異體，可從。

《古文字研究》17，頁 106

○何琳儀（1989）　“頮”，亦見《盟書》（350）。《説文》：“頮，内頭水中也。從頁從叟會意，叟亦聲。”“頮”與“溲（没）”音義均近。《説文》“溲，沈也。從水從叟會意，叟亦聲。”

《古文字研究》17，頁 153

○何琳儀（1998）　《説文》：“頮，内頭水中也。從頁、叟，回亦聲。”“叟，入水有所取也。從又在囘下。囘，古文回。回，淵水也。讀若沫。”

侯馬盟書頮，讀溲（没）。《禮記·檀弓》“不没其身”，注：“没，終身也。”

《戰國古文字典》頁 1180

○湯餘惠等（2001）　頮。

《戰國文字編》頁 610

顧 顧 顆 額

顧 睡虎地·秦律47　　顧 睡虎地·答問89

顧 郭店·緇衣34　　顧 上博五·鮑叔4　　顧 上博五·弟子8

顧（字形）睡虎地·日甲 130 正

○睡簡整理小組（1990）　（編按：答問 89）毆者顧折齒

顧，《史記·絳侯世家》索隱引許慎云：“反也。”即反而。

《睡虎地秦墓竹簡》頁 114

○黃文傑（1992）　3.釋“顧”

秦簡中由整理小組釋爲“顧”字的有 7 例，存在兩種不同寫法。一作“顧”形：顧（114）、顧（459）、顧（1002）；一作“額”形：額（843）、額（859）、額（859）、額（859）。“顧”分布在三種簡文之中，依次是《秦律十八種》《法律答問》和《日書》乙種。由書體可知非一人所寫；“額”均集中在《日書》甲種。由此可知，“顧”應是當時通常的寫法，“額”是變體。

“顧”的聲符“雇”從“隹”“戶”聲。“額”的聲符“雧”從“隹”“爻”聲。“戶”，匣母魚部；“爻”，匣母宵部，匣母雙聲，魚宵旁轉，“戶”與“爻”古音十分相近，可證“顧”與“額”是聲符通用的異體字。楊樹達先生謂爻“象甌窗中短木相交之形”，可見“戶”與“爻”意義也有聯繫。從文意看，把“額”作爲“顧”的異構，有關簡文均可讀通。

值得注意的是，《日書》甲種“門”篇（簡 843—855）共列有門名 22 個，簡之上方爲“門占圖”，將門名分列四方，下方爲“門占語”，與圖上門名一一相應。唯獨於“顧門”一項，占語作“額門”，圖上作“雦門”。經查核原簡，發現位於圖上北向的所謂“雦門”的“雦”字，字形原作雦，左側偏旁與“額”的左側偏旁基本相同，只是“隹”的起筆與“爻”的第三筆有借筆現象（雧→雧），與859 號簡“大額是謂大楮”之額字的左側偏旁寫法相同。由於筆畫寫得較密，字形細小且不清晰，故整理小組誤“雧”爲“雦”，且錯釋作“雦”。至於“雦”之右旁作“隹”，可能是受了左側“隹”的影響而誤寫的。秦簡“智”字出現 57例，其中有 53 例作智，同古文字寫法，但 058 號和 059 號簡共有兩例作智，寫法比較特殊，字左上邊的“午”係“矢”訛變之形，右上邊的“午”與左上邊的“午”寫法完全一樣，是受左上邊“午”的影響而誤寫。上揭雦右邊的“隹”受左下邊“隹”的影響而誤寫，情形正相仿佛。

《江漢考古》1992-4，頁 62—63

○劉樂賢（1994）　額門，圖上作雦門。按：整理小組讀額爲顧，依據大概是《日書》甲種一三〇簡一段文字。原文是：“凡民將行，出其門，毋敢額（顧），毋止。直述(術)吉,從道右吉,從道左咎。少(小)頟(顧)是胃(謂)少(小)楮,咎;大頟(顧)是胃(謂)大楮,兇(凶)。"從文例來說,頟讀爲顧是正確的。但是此字的結構如何分析,爲什麽能讀成顧,還需要研究。我們懷疑中山王䥯壺銘文中讀爲顧的頿字也許與此字有關。又圖上的"誰"字,曾憲通先生據原簡照片認爲當釋爲頟。

《睡虎地秦簡日書研究》頁 150

○**黃文傑**(1998)　　戶—爻　顧(《日書》乙種 107)　額(《日書》甲種 130)

　　"顧"的聲符"雇"從"隹""戶"聲,"額"的聲符"雥"從"隹""爻"聲。"戶"匣母魚部字,"爻",匣母宵部字,兩者聲同韻近。《日書》乙種 107 號"上車毋顧"之"顧"與《日書》甲種 130 號"毋(無)敢額"之"額",均用爲回頭看之義,同《莊子·秋水》"莊子持竿不顧"之"顧"。睡虎地秦簡"額"字共有四例(《日書》甲種 114 號一例,130 號三例),把其作爲"顧"字的異構,有關簡文均可通讀。可證"戶"與"爻"作爲聲符可以換用。

《中山大學學報》1998-3,頁 45

○**裘錫圭**(1998)　　賏,裘按:此字今本作"寡",但鄭注認爲"寡當爲顧,聲之誤也"。簡文此字從"見"(亦可謂從"視",偏旁中二字一般不別),當釋爲"顧",可證鄭注之確。

《郭店楚墓竹簡》頁 135

○**陳偉武**(1999)　　玅　《説文》:"玅,通也。从爻从疋,疋亦聲。"睡虎地秦簡"顧"字既作𩕳(《法律答問》89 簡),又作𩓠(《日書》甲種 130 篇)。同門學友黃兄文傑認爲:"'顧'的聲符'雇'從'隹''戶'聲,'額'的聲符'雥'從'隹''爻'聲。'戶'匣母魚部字,'爻',匣母宵部字,兩者聲同韻近……作爲聲符可以換用。"曾師經法先生在廣州國學社的一次講演中即曾經指出,玅與疏音義皆通,"額"字所從聲符當與玅字有關。今按,曾師所説近是。筆者頗疑"玅"爲雙聲符字,而"疋"亦《詩·大雅》之雅字古文(《説文》)。雅,疑紐魚部字,聲紐與"雇"同部位,韻部相同。甲骨文已有"雇"字,作𦅀(《佚》524)、𦅀(《乙》8872)。秦簡"額"之聲符"頟"既是"雇"之異體,由玅字知"爻"與"疋(雅)"音同或音近,故可作爲"雇"字聲符,與"戶"相替換。

《中國古文字研究》1,頁 333

○**湯餘惠等**(2001)　　額。

《戰國文字編》頁 610

○**陳偉武**(2003)　　覼:字從"見","寡"聲,當是"顧"之專用字。楚簡中或借"寡"爲"顧"。

《華學》6,頁 101

○**李守奎**(2003)　　覼　顧字異體。

《楚文字編》頁 530

○**張光裕**(2005)　　死不覼(顧)生。

《上海博物館藏戰國楚竹書》(五)頁 272

△**按**　《清華大學藏戰國竹簡》(壹)中《祭公之顧命》簡 21"顧"字作,與《上博五》"覼"字大同小異。

【顧來】

○**睡簡整理小組**(1990)　　(編按:秦律 47)其顧來又一食禾

　顧來,返回。

《睡虎地秦墓竹簡》頁 31—32

順　瀷　忞

順　睡虎地 · 日甲 3 正貳　　順　集粹

剛　秦陶 917

集成 144 越王者旨於賜鐘

集成 9735 中山王方壺　　　郭店 · 緇衣 12　　　聖彙 3570

○**容庚等**(1985)　　順　从心。

《金文編》頁 627

○**高明、葛英會**(1991)　　順。

《古陶文字徵》頁 263

○**曹錦炎**(1994)　　順余子孫　順字舊闕釋。1983 年我們在彙編吳越青銅器銘文時,曾指出是"順"字。近讀日本學者白川靜先生的《金文通釋》,他也識出了此字。順,義同若。《爾雅 · 釋言》:"若,順也。"《釋詁》:"若,善也。"

《國際百越文化研究》頁 260

○**王寧**(2000)　　　第四十一字舊釋"烏",不通。當是"永"字,永久或永遠之意。"永余子孫"即"余子孫永"也。

〇**何琳儀**(1998)　順,从頁,川聲。《説文》:"順,理也。从頁从川。"許慎誤以形聲爲會意。

秦陶順,人名。

〇**湯餘惠等**(2001)　順。

△**按**　睡虎地秦簡《日甲》3 正貳"百事順成"之"順"意爲順利。

鎖　鎖

新收 0891 楚公逆鐘

〇**李守奎**(2003)　鎖。

△**按**　《説文》頁部:"鎖,低頭也。从頁,金聲。《春秋傳》曰:迎于門鎖之而已。"

頓　頓

秦文字集證 155・353

【頓丘】

〇**劉彬徽**(1986)　頓丘　簡報釋爲我丘,此從黃盛璋所釋。地在今河南北部浚縣境内,戰國屬魏。

頻　頻　叜

上博三・彭祖 7　上博三・彭祖 7

△**按**　此爲俯首之"俯"的異體,見本卷百部"叜"字條。

頡 頡

上博二·容成 1　　　包山 155　　　璽彙 1948　　　故宮 453

○**羅福頤等**(1981)　頡。

《古璽文編》頁 225

○**何琳儀**(1998)　《説文》:"頡,直項也。从頁,吉聲。"
　　戰國文字頡,人名。

《戰國古文字典》頁 1084

△**按**　《容成》簡 1"倉頡是(氏)"之"頡"用作人名。

頨 頨

璽彙 3824

○**吳振武**(1983)　頨。

《古文字學論集》(初編) 頁 519

○**何琳儀**(1998)　頨,从頁,羽聲。《廣韻》:"頨,孔子頭也。"《史記·孔子世
家》作圩。又《説文》:"頨,頨妍也。从頁,翩省聲。讀若翩。"來源可疑,存參。
　　齊璽頨,人名。

《戰國古文字典》頁 463

頷 頷

珍秦 46

○**湯餘惠等**(2001)　頷。

《戰國文字編》頁 608

頗 頗

陶彙 5·198

○ **高明、葛英會**(1991)　頗。

《古陶文字徵》頁 263

○ **何琳儀**(1998)　《説文》:"頗,頭偏也。从頁,皮聲。"
　　秦陶頗,人名。

《戰國古文字典》頁 1470

顚

　璽彙 3232　　集粹

○ **羅福頤等**(1981)　顚。

《古璽文編》頁 225

○ **吳振武**(1984)　(35)　🔼　🔼　秦·古璽

　　《古璽彙編》3232 重新著録一方文曰"顚里典"的古璽。此璽《古璽彙編》列入"姓名私璽"類。按此璽無論從内容上看,還是從字體、格式看,都應定爲秦官璽而非姓名私璽。"顚"是里名,"里典"是一種職名,即里正。李學勤先生在談到雲夢秦簡中的"里典"時説:"秦簡《秦律十八種》和《封診式》常見職名'里典'實即里正。《韓非子·外儲説右下》所述秦昭王的故事,秦里設有里正。簡文易正爲典,也是避諱。這諱正字的幾種秦簡,自然都是在秦始皇即位後寫成的。"(《秦簡的古文字學考察》,《雲夢秦簡研究》,中華書局 1981 年)這方"顚里典"璽避正字,也應作於秦始皇即位以後。璽中"顚"字所从的亩旁作🔼,和古璽"任顚"(《説文古籀補補》9·1)之顚所从的亩旁作🔼同。雲夢秦簡中的"稟"字作,所从的亩旁和此二璽中的亩旁同,可證此二璽非秦莫屬。

《考古與文物》1984-4,頁 84—85

○ **何琳儀**(1998)　《説文》:"顚,頭不正也。从頁,亶聲。"
　　秦璽顚,地名。

《戰國古文字典》頁 1021

煩

睡虎地·日甲 77 正貳　　睡虎地·日乙 187　　考古與文物 2000-1,頁 8

○ **劉樂賢**(1994)　按:《説文》:"煩,熱頭痛也。"此處疑指由生病而引起的不安,或鬼神給人帶來的煩擾。

《睡虎地秦簡日書研究》頁 117

頯 顥

顥 十鐘　顥 秦代印風 102

○**何琳儀**（1998）　《説文》:"顥,不聰明也。从頁,豪聲。"（編按:大徐本"不"前有 "癡"字）

　　秦璽顥,人名。

《戰國古文字典》頁 1227

頪 糫 槵

望山 1・145　　郭店・緇衣 4　　郭店・六德 31　　郭店・性自 17　　郭店・尊德 4

郭店・性自 40　　上博二・容成 30　　上博五・鬼神 6　　上博六・用曰 20

上博一・緇衣 2

○**朱德熙、裘錫圭、李家浩**（1995）　"頪"字所从的"頁"與"百(首)"爲一字的
繁簡二體,故"頪"即"糫"字(參看考釋[四九])。《説文・頁部》有訓爲"難
曉"的"頪"字,與此字同形而實無關。"首、頁"古本一字,前人早已指出。詛
楚文"道"字及《汗簡》所録"道"字古文皆作"逳",是其確證。仰天湖八號簡
有"一策柜,玉🔲"語,近人或釋末一字爲"頁",讀爲"首",當可信。信陽二一
七號簡"……🔲鈇🔲,屯又(有)鐶",二〇五號簡"……屯四鈇🔲,又(有)鐶"。
"鈇頁"即"鋪首"。

《望山楚簡》頁 103

○**何琳儀**（1998）　《説文》:"糫,難曉也。从頁、米。一曰,鮮白皃。从粉
省。"米亦聲。

　　望山簡頪,人名。

《戰國古文字典》頁 1474

○**顏世鉉**（1999）　爲上可望而知也,爲下可頪(類)而箄(等)也　《緇衣》
三一四

今本《禮記·緇衣》作"爲上可望而知也,爲下可述而志也"。《郭簡》注:"頪,讀作'述',兩字同屬物部。簡文多以'頪'作'述'。簪,讀作'志',有記識之義。裘按:簡文讀爲'可頪而等之',於義可通,似不必從今本改讀。"按,裘説是也。《説文》:"頪,難曉也。"段《注》:"謂相似難分別也,頪、類,古今字。"頪於《郭簡》常見作"類"義者,如《尊德義》簡四:"教爲可頪(類)也。"《性自命出》簡一六一一七:"聖人比其頪(類)而論會之。"簡四〇:"愛頪(類)七……知頪(類)五。"《六德》簡三一:"仁頪(類)""義頪(類)"。又簪字,包山楚簡簡一三、簡一二七:"大宮瘴内氏簪。"簡一五七反:"以此簪至命。"簪即"等",訓爲簡策,指文書。《賈子新書·等齊》:"君臣同倫,異等同服,則上惡能不眩其下。孔子曰:長民者,衣服不貳,從容有常,以齊其民,則民德一。《詩》云:彼都人士,狐裘黄裳,行歸於周,萬民之望。孔子曰:爲上可望而知也,爲下可類而志也,則君不疑其臣,而臣不惑於其君。"此"爲下可類而志也"之"類",正可爲《郭簡》之"頪"釋爲"類"之證,今本《緇衣》作"述",疑因兩字從"米"、從"尤"形近,今本轉寫成從"尤"之"述"字。其次,《等齊》之作"志",又與今本《緇衣》同,志爲章紐之部,等爲端紐蒸部,之蒸陰陽對轉,音近可通;從賈誼於《等齊》中引孔子之言來强調上下尊卑等級有別的主旨看,亦可與"類而等"之義相合。總之,將《郭簡》釋讀爲"爲下可類而等也",不但於文義上可通,也符合楚簡材料的用字情況。《左傳·昭公七年》:"天有十日,人有十等,下所以事上,上所以共神也。故王臣公,公臣大夫,大夫臣士,士臣皁,皁臣輿,輿臣隸,隸臣僚,僚臣僕,僕臣臺。"《襄公九年》:"晉君類能而使之,舉不失選,官不易方。其卿讓於善,其大夫不失守,其士競於教,其庶人力於農穡,商、工、皁、隸不知遷業。"此可爲"爲下可類而等"之注腳。

《張以仁先生七秩壽慶論文集》頁 380—381

〇**陳佩芬**(2001)　頪而齒

頪,從頁,朮聲。齒,從因,止聲。《説文》皆無。郭店簡作"頪而簪","頪"即"類"字,今本作"述而志"。

《上海博物館藏戰國楚竹書》(一)頁 176

〇**濮茅左**(2001)　聖人比丌頪而侖會之　頪,《説文》:"頪,難曉也。"段玉裁注:"謂相似難分別也,頪、類,古今字。"又《孟子·告子上》:"指不若人,則知惡之;心不若人,則不知惡,此之謂不知類也。"趙岐注:"類,事也。"《禮記·學記》:"知類通達,强立而不反,謂之大成。"鄭玄注:"知類,知事義之比也。"

《上海博物館藏戰國楚竹書》(一)頁 233

○**陳偉**（2003）　 3—4 號簡寫道：“爲上可望而知也，爲下可類而志也。則君不疑於其臣，臣不惑於君。”類，字本作“頪”。志，字本作“箬”。整理者説：“頪，讀作‘述’，兩字同屬物部。簡文多以‘頪’作‘述’。箬，讀作‘志’，有記憶之義。”裘錫圭先生按云：“簡文讀爲‘可類而等之’，於義可通，似不必從今本改讀。”

　　上海博物館藏簡（下稱“上博本”）《緇衣》2 號簡寫作：“爲上可望而知也，爲下可槤而志也。則君不疑於其臣，臣不惑於君。”“槤”字左部原釋爲“木”，劉樂賢、李零先生已指出係从“术”得聲，當讀爲“述”。

　　關於郭店簡的“類”與上博本的“述”，劉樂賢先生認爲：“郭店簡的頪字，應是上博簡寫法的訛誤。”李零先生則認爲：“‘類’有模仿之義，字雖不同，形近易混，必有一誤，但文義相近。”

　　應該提到的是，在傳世文獻中，除了後世所見的《禮記・緇衣》作“述而志”之外，還存在另外的寫法。《新語・等齊》引孔子曰：“爲上可望而知也，爲下可類而志也。則君不疑於其臣，而臣不惑於其君。”“爲下可”之後一字，正好也是作“類”。可見《緇衣》此字，在戰國或者漢代，皆有作“述”或“類”兩種本子；其中不同本子之閒，也許存在對應關係。

　　對於傳世本《緇衣》的上述異文，王引之作過分析。他説：“述之言循也，志之言識也。循其言貌察之而其人可識也。《大戴禮・文王官人篇》曰：‘飾貌者不情。’可述而志，則非飾貌者矣。‘述而志’，猶言‘望而知’，以其外著者言之也。《賈子・等齊篇》引此作‘可類而志’，謂據其衣服號令比類而知，亦以外著者言之也。”類，亦有遵循之義。《國語・楚語上》：“齊桓、晉文，皆非嗣也，還軫諸侯，不敢淫逸，心類德音，以德有國。”王引之指出：“類之言率也。率，循也。言其心常循乎德音也。下文觀射父曰‘使心率舊典者爲之宗’，語意與此同。率與類，古同聲同義而字亦通用。”依此，“類、述”雖然用字有異，含義卻是相通的。

　　　　　　　　　　　　　　　　　　　　　　　　《郭店竹書別釋》頁 33—34

○**李零**（2002）　 六頪　即“六律”，“律、頪”音同互用（二字都是來母物部字）。

　　　　　　　　　　　　　　　　《上海博物館藏戰國楚竹書》（二）頁 274

○**顧史考**（2003）　（**編按**：郭店・尊德 3—4“教爲可頪［述］也，教非改道也”）在此疑“頪”該讀爲“述”（亦物部）。《禮記・緇衣》：“爲下可述而志也。”《郭店楚簡・緇衣》篇“述”作“頪”，《郭店楚墓竹簡》編者讀爲“述”（云“簡文中多以‘頪’作‘述’”），而上博楚簡《緇衣》則作𣐹。“可述”與“非改道”兩意正符，若釋爲

“類”,雖亦可通,而其意義較無著落(然而《郭店楚簡》他處該字誠然該釋爲
“類”字較妥)。

《第四屆國際中國古文字學研討會論文集》頁 326

○**李守奎**(2003)　頪　頪。

《楚文字編》頁 535

○**曹錦炎**(2005)　頪獸非鼠　“頪”即“類”,古今字,也見於郭店楚簡《緇衣》
《尊德義》及《六德》篇。《説文》:“頪,難曉也。”段玉裁注:“謂相似難分
別也。”

《上海博物館藏戰國楚竹書》(五)頁 325

○**張光裕**(2007)　(**編按**:上博六·用曰 20“凡民之冬頪”)“冬頪”讀爲“終類”,《太平
經·妒道不傳處士助化訣》:“天地之神保終類,人乃不若六畜草木善邪
哉……終類至道不可傳,天道無私,但當獨爲誰生乎?”

《上海博物館藏戰國楚竹書》(六)頁 306

△**按**　望山簡“頪”由於文句不完整,尚未能證實是否是“糒”字。《楚文字
編》隸定作“頪”,似不可從。

頦　[image with seal character]

上博 34

△**按**　《説文》:“頦,醜也。从頁,亥聲。”

顯　[image with seal character]

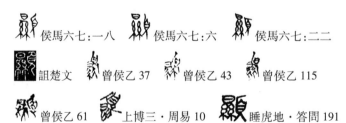

△**按**　《説文》:“顯,頭明飾也。从頁,㬎聲。”

侯馬六七:一八　　侯馬六七:六　　侯馬六七:二二

詛楚文　　曾侯乙 37　　曾侯乙 43　　曾侯乙 115

曾侯乙 61　　上博三·周易 10　　睡虎地·答問 191

○**裘錫圭、李家浩**(1989)　“顯”,80 號簡作“㬎”,即《説文》篆文“㬎”。

《曾侯乙墓》頁 507

○**何琳儀**(1998)　《説文》:“顯,頭明飾也。从頁,㬎聲。”
　　侯馬盟書“不顯”,或作“不㬎”,均讀“丕顯”。

隨縣簡顯,或作𩔨。

詛楚文"不顯",讀"丕顯"。

《戰國古文字典》頁 1039

○濮茅左(2003)　"顯",光顯、盛大。《爾雅・釋詁》:"顯,光也。"《玉篇》:"顯,明也,覿也,著也。"阜陽漢簡《周易》作"㬎"。

《上海博物館藏戰國楚竹書》(三)頁 150

△按　《清華大學藏戰國竹簡》(壹)中的《祭公之顧命》簡 7"不(丕)顯"之"顯"作𩔨,字形有所省略。

【顯大夫】

△按　睡虎地秦簡《答問》191:"可(何)謂'宦者顯大夫?'宦及智(知)於王,及六百石吏以上,皆爲'顯大夫'。"

睊

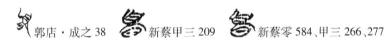
郭店・成之 38　　　新蔡甲三 209　　　新蔡零 584、甲三 266、277

○裘錫圭(1998)　簡文(編按:"不還大睊")引《康誥》文,首句與"不率大戛"相當,但句序不同,且有異文,待考。

《郭店楚墓竹簡》頁 170

○劉信芳(2003)　睊:

字從頁,甘聲,郭店簡《成之聞之》38"不還大睊",今本《書・康誥》作"不率大戛"。據此知"睊"乃"臣"之異構,《說文》:"臣,顄也。"篆文作"頤",臣、戛一音之轉。作爲姓氏,"睊"應讀爲"姬"。

《包山楚簡解詁》頁 237

頊

璽彙 1234　　璽彙 1244

○羅福頤等(1981)　頊。

《古璽文編》頁 225

○吳振武(1983)　頊(頵)。

《古文字學論集》(初編)頁 497

○**何琳儀**(1998)　頤,从頁,氏聲。《集韻》:"頤,頭下垂皃。"

燕璽頤,人名。

《戰國古文字典》頁 1210

○**湯餘惠等**(2001)　頊。

《戰國文字編》頁 610

△**按**　吳振武釋頲可從。《説文》頁部:"頲,狹頭頲也。从頁,廷聲。"

頎

新蔡乙三 27

○**賈連敏**(2003)　(編按:新蔡乙三 27)頎(祈)之。

《新蔡葛陵楚墓》頁 204

△**按**　因爲祈禱常用到"頁(首)","頎"或即祈禱之"祈"的異體。

頌

上博三·周易 27　　上博三·周易 49

○**濮茅左**(2003)　(編按:周易 27)"頌",从父从頁。《集韻》或从車从頁作"頓";或从車从父作"較",疑亦"輔"字。《釋名》:"或曰輔車,言其骨强,所以輔持口也;或曰牙車,牙所載也;或曰頷車,頷,含也,口含物之車也;或曰頰車,亦所以載物也;或曰鎌車,鎌鼠之食積於頰,人食似之,故取名也;凡繫於車,皆取在下載上物也。"

艮兀頌　"頌",《集韻》:"輔,又作較、頓。"疑亦"輔"之或體(參見第二十七簡注),阜陽漢簡《周易》作"父"。

《上海博物館藏戰國楚竹書》(三)頁 174、203

○**李守奎、曲冰、孫偉龍**(2007)　頌,《説文》之"酺"字,帛本、今本皆作"輔"。

《上海博物館藏戰國楚竹書(一—五)文字編》頁 431

△**按**　"頌"爲"酺"字異體,參看本卷"酺"字條。

領

集成 53 楚王領鐘

○**容庚等**（1985）　頒　今从郭沫若謂頜之異文。

《金文編》頁 627

○**夏淥**（1985）　三、楚悼王頒爲熊疑説

《楚王頒鐘》:“唯王正月初吉,丁亥,楚王頒自作鈴鐘,其聿其言。”楚王名“頒”,金文作:𩒋。

容師《金文編》隸定作頒,並從郭沫若謂頜之異文。

郭沫若《兩周金文辭大系考釋》:“字蓋頜之異文,从頁今聲……余意當即楚悼王。悼王名,《史記·六國年表》及《通鑑》均作類,而《楚世家》作疑,類當即頒若頜之字誤。世家文蓋本作頒若頜,因録年表者已誤爲類,讀者疑之,遂於字旁注一疑字,其後録書者又誤以疑字易正文也。”

周法高《零釋》謂:“頛,難曉也,从頁、米。段注:頛、類,古今字。疑,惑也。二字義相關連,古人名、字相應,可能類及疑爲一名一字。郭説牽强傅會,不可從。”

按羅振玉以頒爲頖之壞字,郭老已糾正其説。郭老就器形制爲戰國時代器,定爲楚悼王器,是對的,但讀“頜”,文獻“類”爲“頜”之字誤,而《史記》作疑,又是後人加的附注誤入正文,雖然也言之成理,但偶然性太大,一錯再錯,難以令人接受。周法高先生一名一字之説,極有見地。但他以爲楚恭王箴,或作審,頜與箴古音相近,亦嫌迂闊難信。

銘文𩒋,从頁从今,今亦聲。是明確不誤的。它不必是“頜”的異體,而是从頁从今的會意兼形聲字。今,古文作𠓛,从入(腿)下有陰影。即陰的初文,从頁从今,面對陰事陰物,迷惑,猜疑,本爲“疑”的一體,“疑”爲行動遲疑,疑行而頒廢。从今的吟和从疑的凝,知頒讀疑,亦兼形聲。頒本疑的楚國“方字”,或“疑”之異體字,漢字本是多源,逐漸規範統一的。賴金文“頒”保存了“疑”的一體。《史記·楚世家》楚悼王名疑,是以規範化以後的通行文字讀規範化以前的古字,實不誤。《六國年表》及《通鑑》作類若頛,周説一名一字,名、字相應是也。恭王爲康王之父,康王尚自稱楚子超,不得自稱楚王。

《江漢考古》1985–4,頁 56—57

○**李守奎**（2003）　頒,見《玉篇·頁部》。

《楚文字編》頁 535

腪

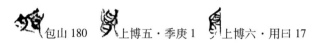

包山 180　　上博五·季庚 1　　上博六·用曰 17

△按　“腪”即“脜”字異體,參看本卷“脜”字條。

頡

頡 陶彙 3·640

○**何琳儀**(1998)　(編按:陶彙 3·640)頡。

《戰國古文字典》頁 1562

頯

頯 郭店·六德26　　郭店·語一 15　　上博一·緇衣 1　　上博一·緇衣 18

○**徐在國**(2001)　《六德》26 有字作頯,簡文爲:“新此多也,會此多也,頯此多也。”原書隸此字爲“頯”,可從。但没説明此爲何字。此字從“頁”“散”省聲,乃“美”字或體。字又見於《語叢》一 15“又(有)頯(美)又(有)膳(善)”,原書在“頯”字後括弧中注明“美”字,甚是。郭店楚簡中“美”字形體如下:

A$_1$ 媺《老子》甲 15、丙 7　　　A$_2$ 媺《緇衣》1、35《性自命出》20、50

A$_3$ 頯頯《語叢》一 15《六德》26　　B$_1$ 姕《老子》甲 15《唐虞之道》17

B$_2$ 芺《老子》乙 4

上述形體 A$_1$、A$_2$ 應隸作“媦”,釋爲“媺”,即“美”字或體。A$_3$ 應隸作“頯”,從“頁”“散”省聲,亦“美”字或體。B$_1$ 是“散”字,見於《説文·人部》。B$_2$ 隸作“芺”,乃“散”之省體。B$_1$、B$_2$ 均假“散”爲“美”。《汗簡·女部》引《古尚書》“美”字作媺,《古文四聲韻》上聲旨韻引《古老子》“美”字作媺、芺,引《古尚書》作媺,引《籀韻》作媺。很顯然,上引傳抄古文“媺”乃源於 A$_1$、A$_2$,“媺”“媺”右旁並“散”之訛變,“芺”乃源於 B$_2$,是“芺”之訛變,乃假“散”爲“美”。傳抄“美”字古文形體雖有訛變,但確有所本,其價值是不言而喻的。

《簡帛研究二〇〇一》頁 180

○**湯餘惠等**（2001）　頯。

《戰國文字編》頁 609

○**陳佩芬**（2001）　頯　从頁从芺。《説文》所無。郭店簡作"娝"，蓋以芺爲聲符，今通作"美"。今本作"賢"。

《上海博物館藏戰國楚竹書》（一）頁 174

○**李守奎**（2003）　頯　讀美。疑爲楚之美字。

《楚文字編》頁 536

頡

上博五・三德 16

△**按**　"頡"爲"䫴"字異體，參看本卷"䫴"字條。

頗

郭店・語一 47

○**湯餘惠等**（2001）　頗　同色。

《戰國文字編》頁 610

○**李守奎**（2003）　頗　色字異體。

《楚文字編》頁 536

△**按**　"頗"爲"色"字異體，參看本卷"色"字條。

頴

陶彙 4・46

○**何琳儀**（1998）　頴。

《戰國古文字典》頁 1532

顂

集成 287 曾侯乙鐘　　曾侯乙鐘掛件　　曾侯乙石磬

曾侯乙石磬　集成 301 曾侯乙鐘　曾侯乙鐘掛件　　曾侯乙鐘掛件

△按　“顤”爲“䩮”字異體,參看本卷面部“䩮”字條。

頮

郭店·語一 110　　郭店·語一 50

○陳斯鵬(2002)　《語叢一》簡 110 云:“歓(食)與頮與疾。”“頮”原作. 裘錫圭先生按語云:“‘食與’下一字疑是‘頤’之訛字,讀爲‘色’。”諸家無説。

今按,字左從旡,非從矣,當隸定爲“頮”。旡即疑之初文。郭店簡矣、旡因形音俱近而有通用現象,如《語叢二》簡 50 和《語叢三》簡 62 等處以“旡”爲“矣”,而《尊德義》簡 19 則又以“矣”爲“旡(疑)”。還有一個從心從旡的“悆”字,既可用爲“矣”,又可用爲“疑”。儘管如此,旡、矣二者在形體上的區别還是明顯的,前者作或;後者作,不管使用情況如何,隸定上是應該區分開的。這一點原書做得不够。裘先生指出“頮”當讀爲“色”,是正確的;但認爲是“頤”的訛字則非。其實,這應是色字的另一寫法。郭店簡色字數見,多作形。或加“頁”旁作(《語叢一》簡 47),或加“旡”旁作(《語叢一》簡 50,原釋文誤隸作毻)。“色”之作“頤”和“毻”,都屬於文字的纍增。“頤”是纍增了義符“頁”,不難理解。“毻”則是纍增了聲符“旡”,“色”是職部字,“旡”是之部字,之部是職部對應的陰聲韻,故“旡”可用爲“色”的聲符。《老子》甲本簡 36“得”字作,從貝之聲,亦以之部字作職部字的聲符,可爲佐證。所以,本簡“頮”字,可視爲“毻”字變換一下義符的結果,當亦色字之異體。《説文》“色”之古文作,左從“旡”,右旁應是“頁”的訛體,正與本簡色字相合。《説文》古文爲上面的論斷提供有力的支持,而簡文則證明了古文之所本。至於簡文的句讀,李零先生讀作“食與色與,疾”,未詳所據。我倒懷疑這或許不是一個完整的句子,“食與色與疾”,“食、色、疾”三者並列。《孟子·告子上》引告子言:“食、色,性也。”而疾病亦凡人所不免者;另外,《論語·鄉黨》:“食饐而餲,魚餒而肉敗,不食。色惡,不食。臭惡,不食。失飪,不食。不時,不食……”又《季氏》:“君子有三戒:少之時,血氣未定,戒之在色……”又《述而》:“子之所慎:齊、戰、疾。”知“食、色、疾”皆儒家所慎者。總之,在儒

家看來,這三者應該是有某些共性的,簡文三者連言是有其道理的。可惜找不到另一支簡可與之拼合,簡文的完整意思尚不得而知。

《古文字研究》24,頁 411—412

○陳劍(2003)　又有如下兩字:

《語叢一》簡 110　　　　　《語叢一》簡 50

第一形左半與上舉《語叢二》簡 50"矣"相同,第二形左半亦其變體。原整理者誤將此兩形左半隸定爲"矣",後來不少研究者如徐在國、陳斯鵬、李守奎、李家浩等都已正確指出其左半實從"矣",字當分別隸定爲"頦"和"艵";前引《説文》"色"字古文"𦝴"形,即本於"頦"形;"艵"字則應係在"色"字基礎上加注聲符"矣"而成。它們在簡文中毫無疑問都是作爲"色"字來用的,"頦"字從"頁",跟《語叢一》簡 47"又(有)容又(有)頎(色)"的"頎(色)"字從"頁"一樣,都應該是爲"容色、顔色(即臉色)"的"色"所造的專字。

　　從讀音上看,"疑"跟"色"古音相近,可以相通。(中略)所以,郭店簡文字的"色"或以"疑"之表意初文"矣"爲聲符,實屬正常。

《第四屆國際中國古文字學研討會論文集》頁 376—377、380

○李守奎(2003)　頦　色字異體。

《楚文字編》頁 536

頦

上博三・周易 14

○濮茅左(2003)　"頦",從頁,從矣聲,《説文》所無,讀爲"疑"。

《上海博物館藏戰國楚竹書》(三)頁 157

頢　頵　顕

　𦣞上博一・詩論 2　　𦣞包山 162　　𦣞包山 209　　𦣞楚帛書　　𦣞璽彙 15

　𦣞集成 12113 鄂君啟舟節　　𦣞上博二・容成 22　　𦣞璽彙 3989

　𦣞包山 115　　𦣞包山 200　　𦣞新蔡甲一—16　　𦣞新蔡甲三 86　　𦣞新蔡甲三 243

△按　"頢、頵、顕"皆"夏"字異體,詳見卷五夊部"夏"字條。

顤

十鐘　　　上博 25

○**何琳儀**（1998）　秦璽顤，讀顏，姓氏。

《戰國古文字典》頁 977

○**湯餘惠**（2001）　顤。

《戰國文字編》頁 610

△**按**　此當爲“顏”字異體，參看本卷本部“顏”字條。

頭

聖彙 3869

○**何琳儀**（1998）　頭，从頁，亞聲。（亞，从卯，豆聲。參斯字。）疑頍之異文。《奚韻》：“頭，音斗。”

　　燕璽頭，人名。

《戰國古文字典》頁 1466

△**按**　戰國燕系文字“豆”字作五，此字左旁應爲“登”字變體。

顥

包山 47　　　包山 47

○**何琳儀**（1998）　顥，从頁，㐱聲。

　　包山簡顥，或作喜，地名。

《戰國古文字典》頁 4

○**湯餘惠等**（2001）　顥。

《戰國文字編》頁 610

○**李守奎**（2003）　顥。

《楚文字編》頁 536

顡

上博一・緇衣 7

○陳佩芬（2001）　　“頩”字《説文》未見。郭店簡作“道”，今本作“遂”。

《上海博物館藏戰國楚竹書》(一) 頁 182

○劉樂賢（2002）　　“道”，簡文从頁，郭店簡則寫作“道”。按，此字以頁爲聲符，此“頁”乃是古“首”字，即憂之聲符，故可讀爲“道”（參看《説文通訓定聲》），故可讀爲道。

《上博館藏戰國楚竹書研究》頁 386

○李零（2002）　　左半如何隷定還值得研究，右半从首，應讀“道”，今本作“遂”，即由“道”字的含義演變。

《上博館藏戰國楚竹書研究》頁 410

○裘錫圭（2003）　　此字左旁實不成字，也應是誤摹之形，或許就是“道”字所从的“辵”旁的誤摹。

《華學》6, 頁 51

○禤健聰（2005）　　諸家均從郭店《緇衣》之異文“道”字出發，但以“頁”爲聲符，古文字中並不常見。裘錫圭提出“錯別字”的觀點，甚有見地，然此字左旁與“辵”旁形體上有相當差距，以爲“辵”誤摹，可商。我們不妨按照“錯別字”的思路，以今本“遂”字爲參照，探討此字的本來面目。

從字形結構來看，此字與楚簡“頪”字和“槙”字結構相同，右半均爲“頁”，疑此字爲“頪”或“槙”的錯字，甚至有可能是上博簡書者混“米”與“术”二形而寫訛，而本與今本“遂”字相通。(中略)

今本《緇衣》“百姓以仁遂”的“遂”，注家通常解爲“達也”。然而古文字“述、遂”多通用，則原來也可能就作“百姓以仁述”，這裏的“述”，與“爲下可述而志也”的“述”意義正同。

然則今本《緇衣》所本，可能作“述”而寫成“頪”，上博《緇衣》之錯字就是承這類字形而來。郭店《緇衣》作“道”，如果不是另有所本的話，也可能是因“述”與“槙”二形訛混而來。

當然，既已把字形定性爲誤摹，則這裏僅是對其本來面目提出一個假設，以供參考。

《中山大學研究生學刊》2005-1, 頁 9—10

△**按**　此字李守奎、曲冰、孫偉龍編《上海博物館藏戰國楚竹書(一—五)文字編》432頁"疑爲'靚'字訛書"。綜合考慮,其爲"頛"字訛字的可能性較大。

百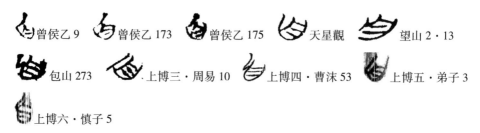

百與首爲一字。詳見首字。

○**李守奎**(2003)　百與首爲一字。詳見首字。

《楚文字編》頁536

○**濮茅左**(2003)　比亡首,凶　"首",《廣韻》:"首,始也。"比之始不善,則凶。《象》曰:"'比之无首',無所終也。"古以有好的結果爲終。

《上海博物館藏戰國楚竹書》(三)頁151

䤼 䤼 顁

○**何琳儀**(1998)　顁,从頁,肉聲。䤼之繁文。《集韻》:"䤼,《説文》面和也。或从頁。"《説文》:"䤼,面和也。从百从肉。讀若柔。"

包山簡䤼,人名。

《戰國古文字典》頁219

○**李家浩**(2000)　"顁"字見於《玉篇》肉部,《集韻》卷四尤韻以爲"䤼"字的重文。"百"即《説文》"首"字的古文。"頁"从"百"从"儿",前人指出本即"首"字(王筠《説文句讀》),所以古文字"首"可以寫作"頁"。例如"道"字詛楚文作"遉"(商承祚《石刻篆文編》二·二七)。"䤼"或作"顁",與此同類。"六牲顁"即下文的"六顁"。"顁"與"擾"古音相近,可以通用。《説文》説"顁""讀若柔"。《集韻》卷六有韻以"顁"爲"腬"的重文。"擾"字《説文》正篆作"擾",从"夒"聲。"夒"或作"猱"。"腬、猱"二字皆从"柔"聲。簡文"顁"當讀爲"擾"。

《九店楚簡》頁103

○李守奎（2003） （編按：包山 180）腪　腷

《楚文字編》頁 536—537

○濮茅左（2005）　唯子之訋腪　 “訋”，讀爲“治”。“腪”，《玉篇》：“腪，如由切，頓也。”《集韻》：“腪，面色和柔皃。”同“腷”，《集韻》：“腷，或从頁。”《玉篇》：“腷，如由切。《説文》云：‘面和也。’野王案：柔色以蘊之是，今爲柔字。”《古音叢目》：“腷，温。同《禮記》‘柔色以腷之’，今作温，又去聲。”

《上海博物館藏戰國楚竹書》（五）頁 201

○張光裕（2007）　 “腪”，或讀爲“柔”，説見《上海博物館藏戰國楚竹書》（五）《季康子問於孔子》簡 1：“唯子之治腪”，又簡 23“然則邦坪而民腪矣”條下考釋。楚簡中又有从腪心之“愿（憂）”，見《上海博物館藏戰國楚竹書》（三）《仲弓》簡 26“愚恐怠吾子愿（憂）”，可作參考。

《上海博物館藏戰國楚竹書》（六）頁 303—304

頄　覍

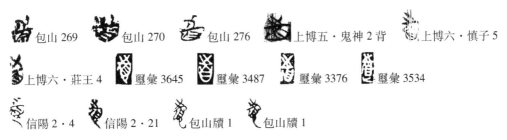

上博三·周易 38

○濮茅左（2003）　藏于頄　 “頄”，頰閒骨，王弼注：“頄，面權也。”

《上海博物館藏戰國楚竹書》（三）頁 188

△按　上博簡“覍”是“頄（頯）”字異體。參看“頯”字條。

𩠐　𦣻

　　包山 269　　　包山 270　　　包山 276　　　上博五·鬼神 2 背　　上博六·慎子 5

　　上博六·莊王 4　　璽彙 3645　　璽彙 3487　　璽彙 3376　　璽彙 3534

　　信陽 2·4　　信陽 2·21　　包山牘 1　　包山牘 1

○顧廷龍（1936）　　頁。按，《説文·頁部》所出籀文或文其頁旁多加巛作，此从屮作，巛與屮皆象髮。

《古匋文舂録》卷 9，頁 1

○饒宗頤（1957）　（編按：仰天湖 18）“覍”，以金文眉字下體或从　作　例之，可釋頁。《説文》：“頁，頭也。亦即首字。”“玉首”者，《詩・閟宫》鄭箋：“大房，玉飾俎也。”言其首以玉爲飾，故稱“玉首”。

《金匱論古綜合刊》1，頁 62

○金祥恆（1964）　頁　頭也。从百从儿。古文䭫首如此。

《匋文編》9・64

○中大楚簡整理小組（1977）　（編按：仰天湖 35）🦴是簡文首字，有的畫上頭髮——🦴、有的不畫上頭髮——🦴，後來爲適應語詞的需要，區別分工時也考慮到形體，於是把具有髮形和無髮形的爲一類，秦隸簡化爲頁；有髮形而不加人字偏旁的爲一類，爲首的專用字，商代已如此，金文更加普遍，秦隸寫爲首。“一🦴椑玉覓”，就是説這一件用玉装飾它的首部。

《戰國楚簡研究》4，頁 17

○劉雨（1986）　“首者”，端也。

《信陽楚墓》頁 135

○高明、葛英會（1991）　頁。

《古陶文字徵》頁 265

○何琳儀（1993）　（編按：信陽 2-04）“頁”，原篆作：🦴
應是“首”之繁文，即在“首”下加“儿”形。試比較下列二字：

　　　首　🦴天星觀簡　　🦴《璽彙》3487　　🦴《漢徵》9.3

　　　頁　🦴《陶彙》3.796　　🦴《璽彙》3645　　🦴《信陽》2-021

不難看出二字“首”上之髮狀均有訛變爲“止”形的共同趨勢。故“首、頁”一字。

《文物研究》8，頁 173

○郭若愚（1994）　頤，《字彙補》：“與之切，音移。養也。頷也。”
　　　首，環也。《禮記・曲禮上》：“進劍者左首。”疏：“首，劍拊環也。”《少儀》曰：“澤劍首。”鄭云：“澤，弄也。”推尋劍刃利不容，可弄正是劍環也。“玉首”即爲玉環，爲竹柜之附飾。

《戰國楚簡文字編》頁 69、122

○商承祚（1995）　頁作🦴，簡文屢見，按古文首、頁本一字，均象人首之形，或無髮作🦴，或有髮而無人作🦴，後爲適應語詞需要，區別分工時也考慮到形，於是把具有人形和無髮形的爲一類，秦隸簡化爲頁，有髮形而不加人字偏旁的爲一類，爲首的專用字，商代已如此，金文更加普遍，秦隸寫爲首。玉頁，即玉首。

《戰國楚竹簡彙編》頁 73

○何琳儀(1998)　(編按:璽彙 3534)韻。

《戰國古文字典》頁 1556

○劉信芳(2003)　"賮",謂馬之首胄。

《包山楚簡解詁》頁 306

○曹錦炎(2005)　首,頭。

《上海博物館藏戰國楚竹書》(五)頁 315

△按　此從"之"從"首"或"頁"之字應從劉建民、沈培等釋作"戴"字異體。劉説見劉洪濤《上博竹書〈慎子曰恭儉〉校讀》(簡帛網 2007 年 7 月 6 日)轉引;沈説見《試釋戰國時代從"之"從"首(或從'頁')"之字》(簡帛網 2007 年 7 月 17 日);又禤健聰《清華藏簡異文釋讀二題》(《江漢考古》2013 年 2 期)對此字釋讀有補説,可參看。因沈文論述較詳,謹摘録於下:

戰國文字中常見一個上從"之"下從"首(或從'頁')"的字(以下用 A 代替此字):

(1) A 韠。《古璽彙編》3376　(2) A□。《古璽彙編》3487

(3) A 童頁。《古璽彙編》3645　(4) 御,良烏 A 翠造。信陽 2.4

(5) 一枛 A 因(絪)。信陽 2.21

(6) 一和贏甲,A 胄,緑組之縢;御右二貞犍甲,皆 A 胄,紫縢。包山簡 269—270、包山牘 1

(7) 此以桀折於鬲山,而受 A 於只社,身不没,爲天下笑。《上博(五)·鬼神之明》簡 2 背和簡 2 正

(8) 禦於杕述,陳公子皇 A 皇子。王子回敓(奪)之,陳公爭之。《上博(六)·申公臣靈王》簡 4—5

(9) 首 A 茅芺(蒲),楬筊(篠)執櫨(鉬)。《上博(六)·慎子曰恭儉》簡 5

以上各例,(1)—(3)用於人名,顯然是當姓用的;例(4)—(5)出現在遺策當中。這些辭例對考釋此字的作用十分有限。過去研究者多把此字看作是"首(或頁)"的異體。(中略)

翻看常見的幾種文字編,如果此字本從之從首,則都被收於"首"字之下;如果此字本從之從頁,則被收於"頁"字之下。這種看法在過去都很難説正確與否。現在,我們看到了更多的辭例,基本可以認定把此字釋爲"首"或"頁"是不正確的。

例(7)—(9)是近兩年來我們看到的新材料。尤其是第(9)例,對此字的釋讀提供了新信息。劉洪濤(2007)引用劉建民先生的説法,把此例中的 A 字讀爲“戴”,我們認爲是很正確的。此前我們曾懷疑例(6)中的 A 當讀爲“戴”,今得此佳證,應當可以成立了。例中的“甲”當是“甲士”之義,説甲士“戴胄”,無疑是很貼切的。例(4)中的“御”,劉國勝(2003)讀爲“旟”,可以參考;(中略)按照我們的理解,“良烏戴翠造”可能當讀爲“良烏、戴翠造”,是説明“旟(?)”的。其具體含義仍待進一步研究。例(5)如何理解,也需要進一步研究。從句子結構上來講,“A 因(絪)”可讀爲“戴絪”,是用來説明“柧”是什麽樣的“柧”。至於例(1)—(3)中用作姓的 A,顯然就是常見的“戴”姓。

知道了 A 可以讀爲“戴”,則知此字實當从“之”得聲。這對於我們理解例(7)和例(8)非常有幫助。(中略)

我們認爲,例(8)的 A 仍應看作从“之”得聲之字,在簡文中應讀爲“得”。

也許會有人覺得奇怪,“得”在戰國文字中是一個非常常見的字,一般都寫作从又从貝(實際上“貝”已簡寫成了目形)。爲什麽“得”字又作 A 形呢?

其實,戰國文字中“得”還有一種寫法,《郭簡·老子甲》簡36“得與亡孰病”的“得”即作𧴦形,應當是从貝之聲而讀爲“得”。此句“亡”字下面也加“貝”形,與“得”取義相同,都是指財貨的得與亡。可見,戰國文字中“得”字並非只有一種固定的寫法。因此,我們把例(8)的 A 讀爲“得”,並非沒有一點字形上的根據。準此,再看例(7)中的 A,可知也當讀爲“得”。(中略)

討論至此,可以説我們對戰國時代 A 字的認識要比以前清楚了一些。最後,我們簡單談一下 A 字的造字本義。

通過上面的討論,現在我們知道,在戰國文字裏,A 除作姓氏外主要有兩種用法,一種用爲“戴”,一種用爲“得”。從字形上分析,A 似乎既可以看作是爲“得”而造的形聲字,也可以看作是爲“戴”而造的形聲字。我們説 A 可以看作是爲“得”而造的形聲字,主要是比照前面所説《老子》簡中的“得”字而説的,得財貨之“得”可以作形聲字而寫成从貝之聲,那麽,得人即抓獲人的“得”自然也可以作从首从之聲的寫法(以人的“首”代表人)。説此字也可能是專門爲“戴”而造的形聲字,這大概也能理解。《上博(二)·容成氏》簡9“履地戴天”的“戴”就是一個形聲字,从首从弋得聲。因此可以把 A 看作是這種寫法的“戴”字的異體。需要注意的是,爲“戴”而造的這個形聲字,特意把聲符寫在上面,大概是因爲所戴的東西都在頭上面的緣故。這種形聲字的構造方式是頗有意思的,充分説明在戰國時代,字形的位置關係仍然有表意作用,希望以後多注意。

湎

郭店・老甲 21　 望山 1・11　 郭店・五行 36　 上博五・鬼神 5

上博二・容成 49　 上博六・天甲 7　 上博六・天乙 6

○**中大楚簡整理小組**（1977）　湎,从爿、百。字書未見。或讀爲緬。《國語・楚語》“緬然引領南望”,賈注:“緬,思貌也。”

《戰國楚簡研究》3,頁 33

○**彭浩、劉祖信**（1998）　（編按:郭店・老甲 21）湎,从“爿”“百”聲,疑讀作“道”。帛書本作“物”,即指“道”。

《郭店楚墓竹簡》頁 116

○**荊門市博物館**（1998）　（編按:郭店・五行 36）湛,帛書本作裝,解説部分作“莊”。“湛”从“爿”聲,與“莊”可通。

《郭店楚墓竹簡》頁 153

○**李零**（1999）　1:1 章:“狀”,原从爿从首,寫法同《五行》簡 36,整理者讀彼爲“莊”,讀此爲“道”,可商,應從裘釋讀“狀”。

《道家文化研究》17,頁 465

○**裘錫圭**（2000）　11.湎(狀)　甲二十一:“又(有)湎蟲〈蚰〉成,先天墬(地)生。”今本二十五章作:“有物混成,先天地生。”帛書甲、乙本除“混”作“昆”外與今本同。郭店簡整理者注釋“又(有)湎蟲〈蚰〉成”句説:“湎,从‘爿’‘百’聲(引者按:‘百’與‘首’爲一字異體),疑讀作‘道’。帛書本作‘物’,即指‘道’。‘蚰’即昆蟲之‘昆’的本字,可讀爲‘混’。”(《郭店楚墓竹簡》116 頁注五一)今按此段下文有“未智(知)亓(其)名,绎(字)之曰道”之語(今本作“吾不知其名,字之曰道”),第一句如説“有道混成”,文章就不通了。可見“湎”決不能讀爲“道”。郭店簡《五行》三十六也有“湎”字:“呂(以)亓(其)外心與人交,遠也。遠而湎之,敬也。”整理者注:“湛,帛書本作裝,解説部分作‘莊’。‘湛’从‘爿’聲,與‘莊’可通。”(《郭店楚墓竹簡》153 頁注四七)此言甚是。甲二十一的“湎”無疑也應分析爲从“百”(首)“爿”聲,依文義當讀爲“狀”，“狀”也是从“爿”聲的。《老子》十四章：“視之不見名曰夷，聽之不聞名曰希，搏之不得名曰微。此三者不可致詰，故混而爲一。（此處帛書甲、乙本有“一者”二字）其上不皦，其下不昧，繩繩不可名，復歸於無物。是謂無狀之狀，無物之象，是謂惚恍……”甲二十一之“痐”（狀）應即“無狀之狀”，此字作“狀”比作“物”合理。

《中國哲學》21，頁 187—188

○**黃錫全**（2000）　甲種簡 21“又痐蟲成”，見於今本《老子》二十五章，作“有物混成”。

今本與帛書本的第二字均作“物”。

簡文第二字从爿从首。整理者注：“从‘爿’‘首’聲，疑讀作‘道’。帛書本作‘物’，即指‘道’。”裘錫圭先生認爲這個痐，應讀爲“狀”。

此字又見於《五行》簡 36“遠而痐之”。

裘錫圭先生注：“痐，帛書本作裝，解説部分作‘莊’。‘痐’从‘爿’聲，與‘莊’可通。”或主張此字應讀“將”，解爲“以”，即“以合會而成也”。

全按：裘錫圭先生主張此字从爿聲，應是正確的，又主張讀爲“狀”，也有根據。我們以爲此字在此可讀“狀”，也可讀爲表示形狀、形象的“象”，不知是否妥當，聊供學術界參考。

爿屬從母陽部，象屬邪母（上古或歸定母）陽部。聲母同屬齒音，又同爲陽部，讀音基本相同。現在楚地方言“像”就念 qiang。下列《老子》十四章與“狀”押韻。包山楚簡 226 號“羊楚邦之師”之羊，可讀將。從羊之字瀁或作象。如《楚辭·遠遊》：“沛罔象而自浮。”《考異》：“罔象，《釋文》作瀁。”王念孫《廣雅疏證·釋蟲》：蠰，一作蚌。

象本大獸象的象形字，古書皆假借爲像。《易·繫辭下》：“象也者像也。”像字未出現之前，想象字皆作象，《韓非子·解老》：“人希見生象也，而得死象之骨，案其圖以想其生也，故諸人之所以意想者皆謂之‘象’也。今道雖不可得聞見。聖人執其見功以處見其形，故曰：‘無狀之狀，無物之象。’”《左傳》僖公十五年：“物生而後有象。”

今本《老子》二十一章：“道之爲物，惟恍惟惚。惚兮恍兮，其中有象。恍兮惚兮，其中有物。”

帛書甲本作：道之物，唯望（恍）唯（惚）忽。汸（忽）呵恍呵，中有象呵。望（恍）汸（忽）呵，中有物呵。

帛書乙本作：道之物，唯望（恍）唯忽。［忽呵恍］呵，中有象呵。望（恍）

沕（忽）呵，中有物呵。

　　根據《老子》五十一章“道生之，德畜之，物形之，器成之”諸文分析，“道之物”似當理解爲“道生物”。依《莊子》的解釋，道是“非物”，可是它在“恍惚”中就生出了物、生出了形象。道與物、象緊密相聯。唐景龍碑作“忽恍中有象，恍惚中有物”。物、象對言。

　　今本《老子》三十五章：“執大象，天下往。往而不害，安平泰。”帛書甲、乙本泰作太。河上公注：“執，守也。象，道也。聖人守大道，則天下萬民移心歸往之也。”成玄英疏：“大象猶大道之法象也。”任繼愈《老子新譯》譯爲：“誰要掌握了‘道’。”並注云：“‘大象’，即是‘無象之象’，即是‘道’。”

　　今本《老子》四十一章：“大象無形”，任繼愈《老子新譯》譯爲：“最大的形象，看來反而無形。”這種“無形”之象，也就是“道”。

　　今本《老子》十四章對於瞭解這個字很有幫助，裘先生就是據此讀爲“狀”的。其中“無物之象”，即“不見形體的形象”，也就是“道”。（中略）

　　蔣錫昌《老子校詁》：“‘無狀之狀，無物之象’，謂道若有若無；若可見，若不可見；其爲物也，無色無體，無聲無響，然可思索而得，意會而知。此思索而得之狀，意會而知之象，無以名之，名之曰‘無狀之狀，無物之象’也。”

　　“有𦞤（象）蟲（混）成”，義同“有物混成”，闡述的就是一個想象中的渾然一體的形象，它先於天地而存在，無聲、無形，不依靠外在力量運行，可謂天下萬物的根本。這個不知名的無形之象，就叫做“道”。

　　在此需要説明的是，郭店《老子》乙本簡12“天象亡型”及丙本“執大象”的“象”作𧰼、𧰼，一字出現二形。這可能有兩種原因：一是甲本與乙本、丙本書寫用字有別。二是同一個字而有兩種形體，這在古文字中已有多見，最突出的例證就是這批郭店簡中與“象”或“狀”有直接關係的“道”，既作道，又作術，儘管有學者指出其來源不同，但在戰國中晚期“術”的確讀爲“道”則是没有疑問的。

　　　　　　　　　　　　《郭店楚簡國際學術研討會論文集》頁459—460

○王輝（2001）　《老子》甲本：“又（有）𦞤蟲成，先天堅（地）生。敓繆（穆），蜀（獨）立不亥（改），可以爲天下母。未智（知）其名，芋（字）之曰道。”此在傳本《老子》爲第二十五章。“又（有）𦞤蟲成”一句，馬王堆帛書甲乙本作“有物昆成”，王弼本作“有物混成”，與簡本有較大差異。學者對此有種種解釋：

　　1.影本將“𦞤”隸作“𦞤”，又認爲“蟲”爲蚰之訛，云：“𦞤从‘爿’‘百’聲，疑讀爲‘道’。帛書本作‘物’，即指‘道’。‘蚰’即昆蟲之‘昆’的本字，可讀爲‘混’。”

2.張光裕《文字編》讀“𩠿”爲壯，無説。

3.劉信芳《解詁》隸定同《文字編》，但另有新解。云：“‘有’乃名詞主語。‘有’生於無。‘有’既已生，則作爲一種狀態而存在。‘𩠿’字讀爲將，同出《五行》簡36，‘遠而𩠿之’，帛書本作𢏆（莊）。从爿之字多以爿爲聲符。將者，以也。《荀子·王霸》：‘安之者必將道也。’楊倞注：‘必將以道守之。’……蟲字讀如‘同’，合會也。《詩·大雅·雲漢》‘藴隆蟲蟲’。《釋文》引《韓詩》‘蟲’作‘烔’。‘蟲’字帛書作‘昆’，王本作‘混’，《説文》：‘昆，同也。’‘有將蟲成’者，‘有’以合會而成也。”

影本讀“𩠿”爲道，但同章有道字作“𨔣”與“𩠿”明顯不同，同一章之内，似不宜淆亂如此，故其説不可信。

劉先生以“有”爲主語，與傳統看法不同，但從語法的角度看，似仍有可商。在《老子》中，有無相對。如一章：“無，名天地之始；有，名萬物之母。”二章：“故有無相生，難易相成。”十一章：“有之以爲利，無之以爲用。”四十章：“天下萬物生於有，有生於無。”天地之始稱無，萬物之母爲有，二者合稱爲道。何浩塋、黄啟樂説：“‘道’本身包含着‘無’與‘有’，‘常無’與‘常有’兩個不同的方面。無，是作爲天地鴻蒙、混沌未分之際的命名；有，是作爲萬物本原的命名……古人認爲，從世界産生的時間順序來説，是先有天地的分化，然後才有萬物的出現……因此，‘無’和‘有’分別代表世界産生過程的兩個階段。”簡本的主語“先天地生，敓穆，獨立而不改，可以爲天下母”，顯然應是“無”，不是“有”。所以“有”在簡本似只可看作虚詞，不是名詞。所謂將作以講，乃“用在動詞前，引進工具、材料、憑借等，可釋爲‘拿、用’等”。與簡文的用法也不盡相合。

張光裕先生將“𩠿”字讀爲壯，不過，“壯蟲’是大蟲還是什麼？ 仍然較難理解。

我以爲“𩠿”字从首（或百），爿聲，應讀爲狀，甚至可能就是人狀貌之狀的别構。狀字最早見於秦始皇二十六年詔版“丞相狀”，“狀”爲人名。《説文》：“狀，犬形也。”段玉裁注：“引申爲形狀。”“𩠿”从首，可能最先指人之狀貌。《戰國策·秦策五》：“異人至，不韋使楚服而見，王后悦其狀。”正是狀貌。再引申則爲情形、狀況、狀態，可作名詞性主語用。《周禮·考工記·㮚氏》：“凡鑄金之狀，金曰錫……”古書中也有説到“道”之“狀”的。《吕氏春秋·大樂》

"音樂之所由來者遠矣,生於度量,本於太一。太一出兩儀,兩儀出陰陽。陰陽變化,一上一下,合而成章。渾渾沌沌,離則復合,合則復離,是謂天常……歡欣生於平,平生於道。道也者,視之不見,聽之不聞,不可爲狀。有知不見之見,不聞之聞,無狀之狀者,則幾於知之矣。"按老子的學説,道就是"太一"。道雖然"視之不見,聽之不聞",但"無狀"也是一種"狀",即所謂"無狀之狀"。

《簡帛研究二〇〇一》頁 169—170

○**湯餘惠等**(2001) 牁。

《戰國文字編》頁 612

○**曹錦炎**(2005) (編按:上博五·鬼神5)牁若生又耳不酘 "牁",從首,爿聲,讀爲"狀",字均從"爿"得聲,故可相通。郭店楚簡《老子甲》"有牁蟲成",今本作"有物混成","牁"字依文義當讀爲"狀"(參見裘錫圭《郭店〈老子〉簡初探》,《道家文化研究》第十七輯)。上海博物館藏楚竹書《容成氏》:"如是牁也。""牁"字也讀作"狀"。《説文》:"狀,犬形也。從犬,爿聲。"段玉裁注:"引申爲形狀。"《戰國策·秦策五》:"異人至,不韋使楚服而見,王后悦其狀,高其知。"

《上海博物館藏戰國楚竹書》(五)頁 323

○**曹錦炎**(2007) (編按:上博六·天甲7)"牁",從百,爿聲,讀爲"狀"。"狀、牁"字均從爿得聲,故可相通。郭店楚簡《老子》甲本"有牁蟲成",今本作"有物混成","牁"字依文義當讀爲"狀"(參見裘錫圭《郭店《老子》簡初探》,《道家文化研究》第十七輯)。上海博物館藏楚竹書《容成氏》:"如是牁也。"上海博物館藏戰國楚竹書《融師有成氏》:"牁若生。""牁"字也讀作"狀"。《説文》:"狀,犬形也。從犬,爿聲。"段玉裁注:"引申爲形狀。"《荀子·禮論》:"事死如事生,事亡如事存,狀乎無形影,然而成文。"楊倞注:"狀,類也。""同狀",同樣,類似。此指在諸侯吃飯的時候,目光看他也同樣。

《上海博物館藏戰國楚竹書》(六)頁 322

△**按** "牁"當爲狀貌之"狀"的異體,參看卷十"狀"字。

頇

 陶彙 3·1266

○**顧廷龍**(1936) 頇,《説文》所無。吳大澂云:"似題字,省文。《説文》:

'題,額也。'此从𡈼,𡈼頁爲額,亦古文會意字。从頁,从𡈼,疑即題之省。"按,《字彙補》:"頙,初賣切,音拆,正也。"

　　　　　　　　　　　　　　　　　　　　　　《古匋文㫼録》卷 9,頁 1

○**高明、葛英會**(1991)　頙　《説文》所無。《字彙補》:"音拆,正也。"

　　　　　　　　　　　　　　　　　　　　　　《古陶文字徵》頁 264

○**何琳儀**(1998)　頙,从頁,正聲。《玉篇》:"頙,正也。"

　　齊陶頙,人名。

　　　　　　　　　　　　　　　　　　　　　　《戰國古文字典》頁 797

△**按**　齊陶"𥅩"當爲"頙"字異體,在陶文中用作人名。

㚓

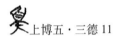上博五‧三德 11

○**李零**(2005)　毋㚓貧　"㚓",疑讀"羞"("羞"是心母幽部字,"㚓"與"憂"所從相同,疑是影母幽部字,讀音相近),與上"恥"字互文。

　　　　　　　　　　　　　　　　《上海博物館藏戰國楚竹書》(五)頁 295

△**按**　"㚓"字可能从"矢"得聲,"矢"古音屬書母脂部,"哂"屬書母文部,或可讀作"哂"。

㦰

上博二‧容成 9

△**按**　"㦰"爲"戴"字異體,詳見卷三異部"戴"字條(**編按**:卷三作"㦰")。

𥝩

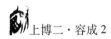上博二‧容成 2

○**楊澤生**(2003)　(二)　長者𥝩宅

　　《容成氏》2 號簡在"長者"和"宅"之閒有個"𥝩"字作如下之形:(見右圖)此字徐在國先生和何琳儀先生均分析爲从"禾""首"聲;徐先生以"秀""首"二字相通而釋爲"秀",讀爲"繇",說簡文"秀(繇)宅"義與卜宅近,而何先生説“酥宅”疑讀“戚施”。許全勝先生則懷疑此字是“相”之誤,“相宅”與徐先生所釋的“籀宅”意義相近。

根據形聲字的一般規律,此字釋作“秀”是有一定道理的。當然,由於古文獻中從“首”得聲的“道”與從“舀”得聲的“稻”和“蹈”相通,此字是“稻”字或體的可能性也不能完全排除。“秀”或“稻”在簡文中都不能如字讀,而如何釋讀還要看“長者”的意思。“長者”常見的意思是年長或尊長的人,雖然古書“首”和“守”相通,“酥宅”似乎可以讀作“守宅”,但根據上下文,簡文“長者”當不是這麽普通的意義。整理者説“長者”“疑讀爲‘張者’,與下‘僂者’相反,指凸胸仰首的人”。有學者指出,簡文“長者”應與其上文“侏儒”相對,因此,“長者”應指身體特長的人,也就是高個子。古文獻中往往以“長”“短”形容身高,把“身高”叫作“身長”。如《史記・五帝本紀》:“虞舜者,名曰重華。”《正義》:“目重瞳子,故曰重華。字都君。龍顏,大口,黑色,身長六尺一寸。”《史記・周本紀》:“西伯曰文王。”《正義》引《帝王世紀》云:“文王龍顏虎肩,身長十尺,胸有四乳。”《國語・晉語四》:“侏儒不可使援。”韋昭注:“侏儒,短者。”《淮南子・主術訓》:“是故賢主之用人也,猶巧工之制木也:大者以爲舟航柱梁,小者以爲楫楔,修者以爲櫩榱,短者以爲朱儒枅櫨。”簡文“長者”當與此“修者”同義。正如簡中説“官其才”,“長者”的才能並不以相卜見長,因此上引學者將此字看作“相”字之訛和讀作“籀”都應該再作考慮。

如果“酥”字釋“秀”可信,根據傳世文獻“首”和“秀”、“誘”和“牖”相通,以及出土文獻中“秀”與“牖”相通的情況,簡文“秀”似可讀作“牖”。《説文・片部》:“牖,穿壁以木爲交窗也。”《詩・豳風・七月》“塞向墐户”,毛《傳》:“向,北出牖也。”九店56號墓27號簡“是謂交日,利以申户秀(牖)”,李家浩先生據秦簡《日書》甲種楚除交日占辭與此“利以申户牖”句相當的文字作“利以實事”,説簡文“申”應讀爲“實”;據《廣雅・釋詁三》“實,塞也”,説“實户牖”猶《詩》“塞向”(《九店楚簡》81頁)。而“申”字原圖版不是十分清晰,劉國勝先生將它釋作“毌”,説簡文“毌户牖”也就是睡虎地秦簡《日書》所説“穿門,爲户牖”之事。由此,簡文“牖宅”的意思似乎是爲住宅穿鑿窗牖或塞緊窗户,而“窗牖”通常穿於屋頂或壁上,位置較高(原注:漢枚乘《雜詩》之五:“盈盈樓上女,皎皎當窗牖。”與“樓上女”等高的“窗牖”想必較高),所以這種工作交給“長者”(高個子)去做最爲方便。

但“牖”是“宅”的一部分,“長者”的工作對象應該是“宅”而不是牖,而且把“牖”講作穿牖或塞牖也缺乏根據，所以“䰅”字是否一定從“首”得聲還應該重新考慮。我們不妨先把它看作從“首”“禾”聲的字。“禾”與“垸”的古音聲母相同，都是匣母；韻母相近，分別是歌部和元部，有陰陽對轉關係。現在臺灣人把“和”讀成“漢”；古書“萑”和從“完”的“莞”相通，而《説文》説“萑讀若和”，所以此字可以釋作“垸”。《説文·土部》：“垸，以桼和灰而𩮰也。從土，完聲。一曰補垸。”“𩮰”就是“髹”。玄應《一切經音義》卷十八引漢應劭《通俗文》：“燒骨以漆曰垸。”“垸”也就是建築上的塗抹、塗飾，又寫作“完”。根據考古發現，遠在仰韶時期的房屋牆體便“多采用木骨架上扎結枝條後再塗泥的做法，屋頂往往也是在樹枝扎結的骨架上塗泥而成”。而在古文獻中也有相關的記載，如《孟子·萬章上》：“父母使舜完廩，捐階。”《史記·五帝本紀》：“瞽叟尚復欲殺之，使舜上塗廩，瞽叟從下縱火焚廩。”兩相比較，可見“完（垸）”與“塗”義同。古書用“塗”似乎比用“垸”普遍。如《尚書·梓材》：“若作室家，既勤垣墉，惟其塗塈茨。”蔡沈《集傳》：“塗塈，泥飾也。”《穀梁傳·襄公二十四年》：“大侵之禮，君食不兼味，臺榭不塗。”《史記·刺客列傳》：“（豫讓）乃變名姓爲刑人，入宮塗廁。”垸宅或塗宅在古代是常見和重要的工作，而這種工作常常要面對位置較高的牆和屋頂，如果由“長者”來做當然非常合適；特別是在𩮰漆過程中，𩮰漆者所用的“刷子”常常高於首部，因此簡文“䰅”字所從的“首”置於“禾”之下，可能還有利用偏旁的位置關係來表意的作用，如同“看”字把“手”置於“目”上表示看的動作一樣。上面説“䰅”字所從的“禾”表示讀音，如果考慮到過去農村裏𩮰漆牆屋或貼對聯時所用的一些簡易刷子，不是用鬣毛𩮰毛而是用禾稈一類的東西做成，那麼“禾”同時具有表意的作用也是不難理解的。如此説來，“䰅”是一個表意和表音效果都很不錯的字。至於從“土”的“垸”可能是“完”的後起專用字。《説文·宀部》：“完，全也。從宀，元聲。”《説文·入部》：“全，完也……純玉曰全。”《周禮·考工記·玉人》：“天子用全，上公用龍，侯用瓚，伯用將。”鄭玄注：“鄭司農云：‘全，純色也。’……玄謂‘全’，純玉也。”垸的結果是使垸過的物體表面平整如一或顔色劃一，這就是“全”了。“完”從元聲，我們懷疑“元”也有表意的作用，如同“䰅”字所從的“首”一樣。“完”字所從的“宀”，大概表示垸的物件是住宅；而簡文“䰅”字從“禾”，可能表示垸的手段或方式。“完”和“䰅”，有點像“鎔”和“熔”的關係；“鎔”所從的“金”表示熔的對象，而“熔”所從的“火”表示熔的手段。至於《汗》37頁下引王存义《切韻》“完”字作𡩍，上部像雙手來回塗抹的樣子，應該是“垸”字的另外一種寫法。

　　既然"垸"的意思是髹漆,那麼"𪏋"是否可以釋作"秀"而讀爲"髹"呢?考慮到"秀"和"髹"雖然都是幽部字,但其聲母分別屬心紐和曉紐,相差較大,而且古書也沒有它們相通的例證,所以我們還是主張將它釋作"垸"。

　　最後順便説一下與"垸"同義、與"塗"同源的"盝"。客家話把高低不平或者發皺的東西弄平叫作"盝";把塗抹粉刷也叫作"盝",如"盝壁、盝牆"的意思是粉刷牆壁;又把泥水匠用來抹灰泥的木製工具叫作樹盝兒(即北京話所説的"抹子"),而用來抹灰泥的鐵製器具叫洋盝兒,把瓦工用來砍斷磚瓦和塗抹泥灰的瓦刀,叫作泥刀或盝刀,把熨斗叫作"盝斗"或"燙斗"。而廣州方言把順着一定軌道反復拖拉叫作"撐",把熨衣服也叫作"撐",把熨斗叫作"撐斗"。顯然,客家話的"盝"和廣州話的"撐"是同源的。而"盝、撐"與"塗"同源,這可以從漢簡的材料中得到印證。

　　《流沙墜簡·屯戍叢殘》"戍役類"第三十號簡有個寫作從"尚"從"刀"的字,相關的三枚簡釋文如下:

　　　　一人草塗□内屋上,廣丈三尺五寸,長三丈,積四百五尺。二十八

　　　　一人馬夫塗亭户前地二百七十尺。二十九

　　　　二人剒□亭東面,廣丈四尺,高五丈二尺(見右圖)。三十(羅振玉、王國維編著《流沙墜簡》38頁圖版、151頁考釋,中華書局1993年)

　　"剒"字原文作𠛤,所從"尚"旁中的"口"草寫作近乎點的兩短豎,而"刀"旁與左上部"小"字形的右點相連,比較漢簡中下列文字所從"口"和"刀"的草寫形體:

　　器:𡀒　群:𦎌　戰:戰　參看駢宇騫《銀雀山漢簡文字編》73、136、399頁,文物出版社2001年

　　胡:𦙶　石:𥐊　治:𣲗　參看陸錫興《漢代簡牘草字編》78、189、212頁,上海書畫出版社1989年

　　利:𥝐𥝐　前:𠝣𠝣𠝣　刑:𠛬　參看陸錫興《漢代簡牘草字編》80—82頁

我們認爲原書將它隸寫作"剒",應該是正確的。過去或以爲是"削"字,恐不確。從文義上看,上引三枚簡文所説的都是建築上的塗抹、粉刷之事,"剒"應該和二十八號簡"草塗"和二十九號簡"馬夫塗"的"塗"同義。古音"尚"爲禪母陽部字,"塗"爲定母魚部字,它們聲母相近(同屬舌音),韻母有陰陽對轉關係。因此"剒"和"塗"應該是同源詞,它與客家話的"盝"相當;上面説客家話把塗抹泥灰的瓦刀叫作"盝刀",所以表示塗抹義的"剒"字以

“刀”爲形旁是容易理解的。二十九號簡“馬夫塗”的“馬夫”爲草名,《管子·地員》:“其種陵稻、黑鵝、馬夫。”尹知章注:〔黑鵝、馬夫〕“皆草名。”“草塗、馬夫塗”的意思不是很好講,但“草”和“馬夫”當和塗抹粉刷的工具、方式或用料有關,然則可以跟上面説“穌”字所從的“禾”具有表意作用的説法相印證。

　　　　　　　　　　　　　　　　　　《戰國竹書研究》頁 171—174,2009;

　　　　　　　　　　原載《第四屆國際中國古文字學研討會論文集》

○陳斯鵬(2004)　此字从禾从首甚明,謂是“相”字之誤,似乎證據不足。原隸定正確,或隸“稻”也可。誠如何、徐二先生所言,字當以首爲聲。循其結構推求,疑即《説文》禾部的“穘”(**編按**:當爲“稾”之誤排,下同)字,“穘”从道聲,而“道”又從首聲,故“穘”與“稻”只是聲旁繁簡不同,殆即一字異體。類似的現象在古文字中十分普遍,如“時”之作“旹”等。從上下文例可知,“穘宅”當是“長者”所從事的役務。《説文》訓“穘”爲禾,朱駿聲疑其與“稻”同字。簡文顯然非其本義,而應該讀破了。筆者以爲似乎有兩種可能:其一,讀爲修。從首聲之字古與從舀聲之字通,如“道”通“稻”,又通“蹈”。而從攸聲之字也與從舀聲之字相通假,如“悠”通“滔”,“條”通“滔”,所以,“穘”自然也具備與“修”通假的條件。“修宅”即治宅,《論衡·偶會》:“治宅遭得不吉之地,移徙適觸歲月之忌。”其二,讀爲築。從聲符看,“穘”當屬舌音的幽部字,而“築”的聲紐也是舌音,韻屬覺部,爲幽部對應的入聲韻,所以二字也有通假的可能。古籍於“宅”常言“築”,如《論衡·刺孟》:“今所居之宅,伯夷之所築。”又:“今於陵之宅不見築者爲誰,粟不知樹者爲誰。”

　　　　　　　　　　　《上博館藏戰國楚竹書研究續編》頁 521—522

扃

新蔡零 115、22

　　　　　　　　　　　　　　　　　　　　　　　　　　　　　　　　

△按　“扃”或隸定作“肩”,新蔡簡“是扃切而口”之“扃”待考。

聂

上博三·彭祖7　　　上博三·彭祖7

○**李零**（2003）　　覔　含義待考，或讀爲"修"。

《上海博物館藏戰國楚竹書》（三）頁 308

○**陳斯鵬**（2004）　字從首從伇，可隸作覔，字蓋以"伇"爲聲。"伇"究爲何字？竊謂至少有三種可能。一是"攸"。《李釋》（編按：指上引李零文）即持此看法。西周金文確有"攸"作"伇"形之例，如師西簋"攸勒"凡六見（三器三蓋六銘），其中一"攸"作"伇"。但此爲極個別現象，當出於偶然原因，似不足據。且楚簡"攸"字多見，恆作 形，無作"伇"者。本篇第 5 號簡即有"攸"字，作 ，亦可證覔字所從不宜目爲"攸"。二是"侴"。《古文四聲韻》卷三"侴"字引《籀韻》作"伇"，《正字通》亦以"伇"爲"籀文侴"。三是"付"，依古文字形符"又、寸、攴"每可通用的規律，"伇"亦有可能是"付"的異體。前面已假定"伇"爲聲符，而"侴"與"付"均爲侯部的脣音字，古音極近，所以"伇"究爲"侴"或"付"對我們的進一步推測並無影響。我懷疑"覔"是俯首之"俯"的異構。《説文》以"頫"爲"俯"之正字，從"頁"與"覔"之從"首"正同。

《華學》7，頁 161—162

○**李守奎、曲冰、孫偉龍**（2007）　覔。

《上海博物館藏戰國楚竹書（一—五）文字編》頁 433

△**按**　"覔"字左下角爲"伏"或"俯"的初文，右下角"夂"或表示動作，爲俯首之"俯"的異體。

奞

九店 56・3

○**李零**（1999）　"顏"，原釋"大首"，似是一從产從首加重文號的字，這裏暫以"顏"字代之。

《考古學報》1999-2，頁 143

○**李家浩**（2000）　（編按：九店 56・4）據下五號簡"方三，奞﹦（大首）一"之語，此處"方"字之下當漏寫一數字。也有可能"方大首一"應當讀爲"方、大首一"，指"方、大首"各一。《周易・明夷》："九三，明夷于南狩，得其大首，不可疾貞。"不知簡文的"大首"與此大首是否同義。

《九店楚簡》頁 60

○**唐友波**（2000）　本器既然銘"爲大市鑄模奞﹦"，則稱之爲"大市量"應是適

宜的。（中略）

　　“𠑇﹦”字又見於九店 56 號墓簡,从产从首,加 = 號。原報告釋文作“大首”:“方、大首一”（簡 3）,“方三大首一”（簡 5）。李零認爲該字“似是一从产从首加重文號的字”,“暫以‘顏’字代之”。李零對此字的分析是對的。但九店簡及本銘三見皆有 = 號,結合上下文來看,此字似爲一合文字,而且“方顏”連讀,並“也許是方量”的認識,經本銘的驗證,也不能成立。九店簡衡量換算中𠑇﹦、剒同見之;楚量記器名者𠑇﹦、竽（郢大府量）、剒（燕客量）並見,據測量知其分別爲四分斗量、二分斗量及一斗量的稱名（詳下）。結合起來分析,以上的稱名可以更準確地稱之爲楚量中區别不同大小量器的專稱,雖然我們今天還不能清楚地讀出它們。

　　　　　　　　　　　　　　　　　　　　《古文字研究》22,頁 131

○邴尚白（2002）　上海博物館近年新入藏的大市量,在器表近口沿處,有四行二十九字刻銘。銘文末句云:“爲大市鑄武𠑇。”“𠑇”應即此量之器名,則九店簡“𠑇”的容量即應爲 500 毫升。

　　　　　　　　　　　　　　　　　　《中國文學研究》第 16 期,頁 21

○晁福林（2002）　簡文“奞”,从大从首,《考釋》謂爲“大首”合文。按,疑此字爲稽字古文。《周禮·大祝》“辨九拜,一曰稽首”,鄭注:“稽首,拜頭至地也。”稽,《釋文》作“䭫’,訓以“下首”。簡文上大下首之字,會意爲首在人之下部,當爲䭫之初文。後通用爲稽(簡文篙,下面徑寫爲稽)。稽本義爲留止,後多引申用如稽考之意,《周禮·大司馬》“簡稽鄉民”是爲其例。

　　　　　　　　　　　　　　　　　　　《中原文物》2002-5,頁 53

𦇚

望山 2 · 48

○朱德熙、裘錫圭、李家浩（1995）　四八號簡“一匵紅𦇚”之“𦇚”,原文作𦇚,上半與戰國貨幣至（隰）城方足布的“至”字所从相同。“至”即“溼”字所从的偏旁。按照《説文》的説法,“溼”从“水”从“土”从“㬍”省聲。疑“溼”本从“至”聲,“至”本从“㚻”聲。“𦇚”也應从“㚻”聲,古音當與“溼”相近。簡文“一匵紅𦇚”位於起居用的莞筵之後,疑“𦇚”應當讀爲“枕”。上古音“溼”屬書母緝部,“枕”屬章母侵部。章、書二母都是舌上音,侵、緝二部陽入對轉。

故"𩠹"可以讀爲"枕"。《説文》:"枕,臥所薦首也。"很可能"𩠹"就是"枕"字的異體,因"枕"是"薦首"用的,故字从"首"。

《望山楚簡》頁 132—133

○**何琳儀**(1998) 𩠹,从首,絲聲。疑顯之異文。

望山簡𩠹,讀顯。《説文》:"顯,頭明飾也。从頁,㬎聲。"段注:"頭明飾者,冕弁充耳之類。"

《戰國古文字典》頁 1472

○**李守奎**(2003) 𩠹。

《楚文字編》頁 539

瞽

 新蔡甲三 117、120 新蔡零 103

○**賈連敏**(2003) 汦瞽占之　甲三 117、120

汦瞽吕陵☒　乙一 18

汦瞽☒　零 103

《新蔡葛陵楚墓》頁 192、202、212

△**按** "瞽"或隸作"瞽",新蔡簡用作人名。

頁

 新蔡甲三 310

○**賈連敏**(2003) 昶於赸頁。

《新蔡葛陵楚墓》頁 198

△**按** 新蔡簡此字宋華强認爲讀作"湄",他説(《新蔡葛陵楚簡初探》446 頁,武漢大學出版社 2010 年):

"頁"字作 。金文中讀爲眉壽之"眉"的"䁅(沬)"字,在西周中晚期以後常常省去下部"頁"旁兩邊表示水滴的小點(參看容庚《金文編》239—240 頁,中華書局 1985 年 7 月)。有時還可以省去上部兩手之間器座的部分,如 (梁其鼎,《集成》5・2768)。這種形體如果再把"頁"旁下面的"儿"形省去,就和簡文"頁"幾乎一樣了。"赸"疑是水名,"頁"疑當讀爲“湄”,訓水涯、水岸（參看宗福邦、陳世鐃、蕭海波主編《故訓匯纂》頁 1297,商務印書館 2003 年）,“赿臀”即赿水之邊。《左傳》中多有以水邊之名爲地名之例,如“皋滸”（宣公四年）、“句澨”（文公十六年）、“漳澨”（宣公四年）、“薳澨”（昭公二十三年）,皆爲楚地。

韸

包山 102

○**何琳儀**（1998）　觥,从首,羌聲。
　　包山簡觥,人名。

《戰國古文字典》頁 673

○**李天虹**（2003）　在戰國文字裏,有一個用作人名的字,从羊从肉从壬,學者多隸定爲“胱”,其形作 C:

　　C　籗《彙》2258　　　鋚包 155　　　鋚包 222

與 A 對比,有必要對 C 的形體重作分析。C、A 的左半完全相同,但 A 作“攴”之處,B 作“壬”,我懷疑“壬”是 C 的聲符。

　　古敬、壬同屬耕部,敬見母,壬透母。與“敬”同音的“巠”,《説文》云:“水脈也,从川,在一下。一,地也。壬省聲。一曰水冥巠也。𡿃,古文巠不省。”認爲“巠”从“壬”爲聲。戰國文字“巠”多从壬聲,與《説文》古文相同,如:

　　　經包 193“勁”　　　牼望二:45“牼”　　　經郭《太》7“經”

若此,敬、壬音亦可通。

　　綜上,C 可能應當釋爲“敬”。古璽《彙》1020 有“箭”,七年邦司寇矛有“鋚”（《戰國古文字典》673 頁）,大概也是“敬”字的異體。包山 102 號簡有“韸”,字从“首”,也許可以釋爲“頸”。

《郭店竹簡〈性自命出〉研究》頁 258

△**按**　此字嚴格隸定作“韸”,是否爲“頸”字異體,待考。

韏

○**何琳儀**（1998）　𩕎,从首,隼聲。疑頯之異文。《説文》:"頯,出額也。从頁,隹聲。"

包山簡𩕎,人名。

《戰國古文字典》頁 1208

○**湯餘惠等**（2001）　𩕎。

《戰國文字編》頁 612

○**劉信芳**（2003）　𩕎:

《説文》:"頯,出額也。从頁,隹聲。"讀直追切。"𩕎"即"頯"之異體。其字簡 24 作"觲",从角,隼聲,意謂額角突出,可知"觲"亦"頯"之異體。李零謂字从隼不从隹(《讀〈楚系簡帛文字編〉》,《出土文獻研究》第五輯,頁 161),按从隼猶从隹也,有如《説文》"雖"或作"隼"。

《包山楚簡解詁》頁 34

○**李守奎**（2003）　𩕎　觲。

《楚文字編》頁 539

聵　馘

　集成 9711 曾姬無卹壺　　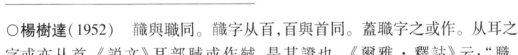　侯馬 92:42

○**楊樹達**（1952）　馘與職同。馘字从百,百與首同。蓋職字之或作。从耳之字或亦从首,《説文》耳部職或作馘,是其證也。《爾雅・釋詁》云:"職,常也。"

《積微居金文説》（增訂本）頁 195

○**山西省文物工作委員會**（1976）　職。

《侯馬盟書》頁 351

○**容庚等**（1985）　職　从首,猶職之或从首作馘也。

《金文編》頁 772

○**何琳儀**（1998）　馘,从首,戠聲。疑職之異文。

曾姬無卹壺馘,讀職。《爾雅・釋詁》:"職,常也。"

《戰國古文字典》頁 53

面　圙　𦣻

　睡虎地・答問 204　　圙　睡虎地・日甲 72 背

天星觀　　 包山 271　　 包山 272　　 包山牘 1　　 郭店·尊德 15

郭店·唐虞 25　　 望山 2·13　　 上博二·容成 14　　 上博五·季庚 5

上博六·天乙 7

○**朱德熙、裘錫圭、李家浩**（1995）　二、考釋［五三］説一二號、一三號簡“‘鋯’下一字似是先寫作‘首’又塗改爲它字者”。按包山簡所記車馬器中有“葿”字，凡三見，原文作、、（《包山楚簡》圖版一一七·二七一、二七二，一二一）。一二號、一三號簡“鋯”下一字與此形近，當是同一個字。一三號簡“鋯葿”與“角鑣”連言。“臼、凵”二字形義皆近，都像掘地爲坎之形，所以從“臼”之“舊”，甲骨文寫作從“凵”（《甲骨文編》180、181 頁）。疑簡文“葿”所從之“臼”是作爲“凵”字來用的。“凵”即“坎”字的象形初文。“坎、銜”古音相近，疑“葿”應讀爲“銜”。因爲“銜”是馬口所銜之物，故字從“首”。據包山竹觚“四馬晧葿”語，一二號、一三號簡“紫彎糾受鋯葿”，似應當讀作“紫彎，糾綏，鋯銜”。

《望山楚簡》頁 130—131

○**何琳儀**（1998）　面，金文作（師遽方彝琱作）。從百（首），〔 表示面部。借體象形。秦國文字承襲金文。楚系文字〔加飾筆作，似臼旁。《説文》：“圓，顔前也。從百，象人面形。”或釋舊。

　　楚簡面，讀輓。《説文》：“輓，勒靻也。從革，面聲。”《集韻》：“輓，馬彎當輓皮。”又輓與頯形近。《龍龕手鑒》：“頯，同頯。”《玉篇》：“頯，頂門。”似各有來源。

《戰國古文字典》頁 1074

○**李家浩**（2003）　包山遣册所記的車馬器中有“面、骹、拜、鑑”，“骹”或作“桅”。原文説：

　　（1）甬車一乘：……白銃金面，臼骹，紫拜。簡　《包山》圖版二〇五·267、二〇七·272

　　（2）一乘正車：……四馬之凵（臼）面，臼骹，紫拜。簡　《包山》圖版二〇七·271、二〇九·276

　　（3）一馚正車：……四馬晧面，繻芋結項，告紝。牘　《包山》圖版二一一

　　（4）苟郙受（授）……二馬之桅，二鑑。簡　《包山》圖版二一〇·277

先討論"面"：

（1）（2）（3）的"面"字，原文寫法基本上相同，這裏選擇其中的兩個字形作爲代表：

（1）　　（3）

《包山》釋爲"面"。我過去不同意《包山》的釋法，認爲此字應當隸定作"眥"，其所以（編按：當作"从"）"臼"是作爲"凵"來用的，讀爲"衙"。近年發現的郭店楚墓竹簡《唐虞之道》25 號和《尊德義》15 號，也有這個字，確實是作爲"面"字來用的。可見《包山》的釋法是正確的，我的釋法是錯誤的。

"面"作爲車馬器，還見於望山二號楚墓竹簡和天星觀一號楚墓竹簡：

（5）纓繢項，紫䡺，紃受，鋯面，角鹿（鑣）。《望山》55·13

（6）兩馬之紡䡺，白面。天星觀

（7）☑鑲面。天星觀

（5）的"纓繢項"，（3）作"繙芊結項"。秦始皇陵出土銅車馬，在兩匹駿馬的頸部各套有一金項圈。"纓繢項"和"繙芊結項"大概是指這類項圈。因其是頸飾，故名爲"項"。

"紃受"之義不詳。或説"紃受"應當讀爲"紃綬"，是對它前面的"紫䡺"所作的説明，意思是説紫䡺是用紃綬製作的。

據簡文（5）（6），"面"位於䡺之後，説明"面"的用途與䡺有關。䡺繫於勒。古代馬勒之當面的裝飾叫作"面"。《周禮·春官·巾車》："王后之五路：重翟，錫面，朱總；厭翟，勒面，繢總；安車，彫面，鷖總，皆有容蓋。翟車，貝面，組總，有握。"

鄭玄注："勒面，謂以如玉龍勒之韋，爲當面飾也。彫者，畫之，不龍其韋……貝面，貝飾勒之當面也。"

孫詒讓對鄭注"當面"作疏證時説："當面，即前注之當盧，以其著馬面謂之面，猶膺飾謂之膺也。"

按孫氏所説的"前注"，指《巾車》上文"王之五路：一曰玉路，錫，樊纓十有再就"鄭玄注："錫，馬面當盧，刻金爲之，所謂鏤錫也。""錫面"就是裝飾"錫"的"面"。這種"錫"，田野考古時有發現。

在此有一點需要指出，鄭注對"勒面"的解釋可能有問題。"勒面"與"錫面、彫面、貝面"文例相同。古代"勒、革"二字音近可通。例如《周易》的《遯》六二"執之用黃牛之革"，《鼎》九三"鼎耳革"，此二"革"字馬王堆漢墓帛書《周易》皆作"勒"。疑"勒面"當讀爲"革面"，指革製的面。《説文》"面"作

“鞠”，從“革”，大概就是爲“革面”之“面”而造的專字。《説文》原文説：“鞠，勒鞠也。從革，面聲。”

段玉裁注：“謂馬勒之鞠也。勒在馬面，故從面。”

簡文“面”當是《巾車》所説的“面”，《説文》所説的“鞠”。

天星觀楚墓竹簡所記的馬具中，有一個從“貝”從“面”聲的字：

（8）鑑、賵、賅。

（9）賵、鑑、賅。

天星觀楚墓竹簡目前尚未發表，我們只能通過滕壬生先生《楚系簡帛文字編》524、525、996頁注所引文例，讀到以上的殘文。據下録天星觀簡文，這些馬具也與彎有關：

（10）兩馬之革彎、賅。

上引《周禮·春官·巾車》文字有“貝面”，疑“賵”是爲“貝面”之“面”而造的專字，猶“鞠”是爲“革面”之“面”而造的專字。

《儀禮·既夕禮》“薦乘車……貝勒”，鄭玄注：“貝勒，貝飾勒。”上古音“賅”屬見母之部，“勒”屬來母職部。見、來二母的字音關係密切。上面説過，“勒、革”二字音近可通。馬王堆漢墓帛書《五十二病方》的瘴病方，有“澡石大若李榇”之語，帛書整理小組注：“榇，疑讀爲核。”其説甚是。此是“賅、勒”二字可以通用的例子。疑簡文“賅”應當讀爲“勒”。“賅”從“貝”，可能是“貝勒”之勒的專字，與奇賅之“賅”無關。

（8）（9）的“鑑”和（4）的“鑑”，都應當讀爲銜彎之“銜”，説詳下文。

從以上對天星觀簡文（8）（9）的釋讀來看，也可以證明把（1）至（3）和（5）至（7）簡牘文字中的“面”，解釋爲馬的面飾是合理的。

《古籍整理研究學刊》2003-5，頁 3—5

○**劉信芳**（2003）　　白金鉸面：

“金鉸”二字原爲合文，整理者隸作“金錫”，不可解。

“面”字原簡從齒，面聲，“面”字異構，郭店簡《唐虞之道》25“南面而王天下而甚君”，“面”字亦如是作。字讀爲“銜”，《説文》：“銜，馬勒口中也。從金、行。銜者，所以行馬者也。”李家浩隸作“菖”，釋爲“銜”（《包山楚簡研究［五篇］》，《第二屆國際中國古文字學研討會論文集》，香港中文大學中文系1993年）。拙稿《楚簡文字考釋五則》（《于省吾教授百年誕辰紀念文集》，吉林大學出版社1996年）亦釋爲“銜”，惟解“菖”字從“臽”聲，則誤。

《包山楚簡解詁》頁 300

○濮茅左（2005） （编按:季庚5）舀（擾）事　首字難辨,疑爲“舀”,或“㤅”,讀爲
“擾”,音通。“擾”,亂,擾亂,侵擾。

《上海博物館藏戰國楚竹書》（五）頁 210

△按　“𦣻”爲“面”字繁體,所从“臼”形當由面部的指示符號〔加飾筆變成。

集成 287 曾侯乙鐘　集成 328 曾侯乙鐘　曾侯乙鐘掛件　曾侯乙石磬

曾侯乙石磬　曾侯乙鐘掛件　曾侯乙鐘掛件

集成 301 曾侯乙鐘

上博三・周易 27　上博三・周易 49

○黄翔鵬（1979）　至於“頯”字,本義應該是面頰,引申爲銅鐘的左、右鼓音,
即與隧音同體而有共鳴關係的三度音程。

《文物》1979-7,頁 35—36

○裘錫圭、李家浩（1981）　（12）頯（圖 5:①）

此字亦作“䩉”（見掛鐘部件刻文）。“頁、首”古本一字。字書以“頯”爲
“酺”之異體。在鐘磬銘文中,此字總是在階名之後出現,如“商頯、徵頯”等,
似可讀爲“補”或輔。

《音樂研究》1981-1,頁 20

○黄翔鵬（1981）　“頯”字,可以解作面頰,成爲鐘律的術語,應當是來源於
隧音居中,而鼓旁部被借喻爲兩頰的緣故。顯然“頯”字是來源於鐘上大三
度的鼓旁音。鐘銘行文常作“頯”,而標音字一般作“角”字,説明“頯”與
“角”的音程意義可以互換,這也是“宮頯”相當角音之故,寫作角,從其易
解了。

《音樂研究》1981-1,頁 39

○李純一（1981）　角又名頯或䚔。此二字也爲金文所首見。《説文》無此二
字,但有酺字,從面,甫聲,其義爲頰,而經傳常以輔爲之。頁爲頭,面爲顏前,
見象目視,皆與面有關,所以從頁從見與從面之甫,在字義應無太大差別,疑
此二字或爲酺的別體。也許因爲大三度與基音關係猶如“酺車相依”,故名。

字又作槻,當係摹刻之訛變。

《音樂研究》1981-1,頁 63

○王文耀(1986)　"顬",表示被限制的五聲音階中那一音級的上行大三度變化音。古文"顬"與"輔"同義。"峉顬",就是輔助、附和"峉"音的一個變化音。

《古文字研究》9,頁 399

○何琳儀(1998)　顬,從頁,甫聲。酺之異文。《説文》:"酺,頰也。從面,甫聲。"

曾樂律鐘顬,讀輔。

《戰國古文字典》頁 595

酺,從首,甫聲。顬之省文。見顬字。亦酺之異文。《字彙補》:"酺,同酺。"

曾樂律鐘酺,讀輔。或作顬。

《戰國古文字典》頁 595

○李守奎(2003)　顬、酺、酺爲一字異寫,當即酺字。

顬　酺字異體。

《楚文字編》頁 536、537

△按　上博簡《周易》"頌"和"敓",參看本卷"頌"字條。

丏 丏

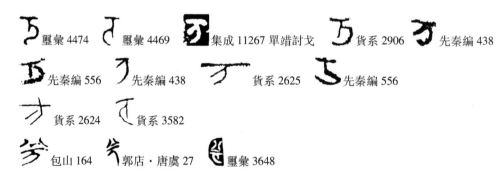

○羅福頤等(1981)　萬　璽文"千万"万字如此。

《古璽文編》頁 347

○吳振武(1983)　(編按:璽彙0016)圡埜都司徒・丏城都司徒。

(編按:璽彙4467)千万・千丏(萬)。

《古文字學論集》(初編)頁 487、522

○**湯餘惠**（1993）　万164　豸·万（丏）　168 簡墜字从豸作，與此異。此應是金文（賓）之所从，古璽多作、，璽文借爲“千萬”之“萬”。簡文上增八爲飾，應是唐蘭先生早在《古文字學導論》中所説的“凡字首爲橫畫者常加八”之例。其繁化的情形與帀、平二字相類：

須指出的是，丏字此種繁體出現較早，牆盤裏已有了，盤銘“尹舍彊”，或讀爲“賓尹億疆”是正確的。曾侯乙墓竹簡有178字，可能就是賓（賓）字的省寫。《古璽彙編》3648 著録的白文圓形印：

右一字舊或釋“首”，今由包山簡百字的寫法看，可能是錯了。疑印文二字當釋“百万”，係吉語印，其國別屬楚。

《考古與文物》1993-2，頁 73—74

○**李裕民**（1997）　万豆閉篋　《徵》14·4

《文物季刊》1997-2，頁 66

○**吳良寶**（2006）　丏　借爲万。

《先秦貨幣文字編》頁 149

首　頁

新蔡甲三 203　　新蔡零 234　　陶彙 5·389　　睡虎地·秦律 156

睡虎地·雜抄 7　　睡虎地·日乙 248　　天星觀　　天星觀　　天星觀

新蔡乙四 98　　信陽 2·17　　仰天湖 35　　包山牘 1　　上博六·競公 2

○**金祥恆**（1964）　頁，頭也。从百从儿。古文䭫首如此。

《匋文編》9·64

○**中大楚簡整理小組**（1977）　（編按：仰天湖 35）是簡文首字，有的畫上頭髮——、有的不畫上頭髮——，後來爲適應語詞的需要，區別分工時也考慮到形體，於是把具有髮形和無髮形的爲一類，秦隸簡化爲頁；有髮形而不加人字偏旁的爲一類，爲首的專用字，商代已如此，金文更加普遍，秦隸寫爲首。“一柲棺玉覓”，就是説這一件用玉裝飾它的首部。

《戰國楚簡研究》4，頁 17

○劉雨（1986）　　“首”者,端也。

《信陽楚墓》頁 135

○高明、葛英會（1991）　　頁。

《古陶文字徵》頁 263

○郭若愚（1994）　　頥,《字彙補》:“與之切,音移。養也。頷也。”

《戰國楚簡文字編》頁 69

○郭若愚（1994）　　首,環也。《禮記・曲禮上》:“進劍者左首。”疏:“首,劍拊環也。”《少儀》曰:“澤劍首。”鄭云:“澤,弄也。”推尋劍刃利不容,可弄正是劍環也。“玉首”即爲玉環,爲竹柜之附飾。

《戰國楚簡文字編》頁 122

○朱德熙、裘錫圭、李家浩（1995）　　（編按:望山 1・41）信陽楚墓竹簡一〇五號“君子之道”與一一六號“行又(有)道”,“道”字所从之“首”作🗣,可證簡文此字是“首”字。《説文》“首”字小篆“𦣻”與此形近。信陽二〇六號、二二二號簡的“糘”字作糘,右旁上半也是“𦣻”字(《考古學報》1973 年第 1 期朱德熙、裘錫圭《信陽楚簡考釋》誤釋此字爲“橪”,應更正)。這大概是由於“𦣻(首)、臭”音近,有意改“自”爲“𦣻”以取其音的。馬王堆一號漢墓竹笥木牌上的“糘”字或作“奥”(《長沙馬王堆一號漢墓》上集 114 頁圖一〇二之三二、三三),也以“𦣻”爲聲符。

《望山楚簡》頁 94

○何琳儀（1998）　　首,甲骨文作🗣(前 6・7・1)。象側面人頭之形。或省髪作🗣(柏 23),亦隸定𦣻。金文作🗣(無㠱簋)。戰國文字有髪、無髪皆有之。或髪訛作止形。《説文》:“𦣠,頭也。象形。”“𦣻,𦣠同。古文𦣠也。巛象髪,謂之鬊,鬊即巛也。”

　　空首布“首易”,讀“首陽”。疑首陽山附近地名。在今河南偃師西北。《論語・季氏》:“伯夷、叔齊餓於首陽之下。”

　　楚璽首,姓氏,見《姓苑》。

《戰國古文字典》頁 194

　　（編按:貨系 1214）首。

《戰國古文字典》頁 1516

○劉信芳（2003）　　“甾”,謂馬之首胄。

《包山楚簡解詁》頁 306

△按　楚簡“首”字或作“頁”，參見本卷“頁”字條。

【首事】

○**高明**（1985）　“型首事”；型假爲刑，即刑首事。謂可以執行以律當斬首者。

《古文字研究》12，頁 392

○**劉信芳**（1996）　首　諸家多釋爲“百”，誤。商承祚先生釋“首”是也。字與包山簡二六九“⽅（首）”是一字無疑。帛書甲篇“百”作“⾹”，首、百字形差異明顯。《史記·項羽本紀》：“今陳勝首事，不立楚後而自立，其勢不長。”又《陳涉世家》：“其所置遣侯王將相竟亡秦，由涉首事也。”知“首事”謂領頭舉大事者。

《中國文字》新 21，頁 104

【首易】

○**何琳儀**（1996）　《中國歷代貨幣大系》587 著録一枚斜肩空首布孤品，布首殘斷，銘文二字（圖 1），舊釋“函陽”。方若云：

河南靈寶境内出土。按，靈寶爲秦函谷關地。靈寶南稱函谷舊關，新安東稱函谷新關（方若《藥雨古化雜詠》，北京出版社 1988 年）。

自此以後，“函陽”説相沿至今，多無異詞。細審《貨系》《藥雨古化雜詠》所載拓本，右字原篆作⽇，與《金文編）1138“函”作⽥，相互比較，可謂風馬牛不相及。何況所謂“函陽”也不等於“函谷”。故舊説殊不可據。

今按，該布右字當釋“首”。《金文編》1484“首”作：⾸是西周文字的標準形體，象頭部上有髮之形。東周文字則往往省髮而存頭形，茲舉數例：

首　⾸隨縣 147　⾸隨縣 9　　道　⽜侯馬 331　⽜侯馬 331

瘤　⽥包山 102　⽥璽彙 551

凡此“首”及“首”旁與斜肩空首布右字基本吻合，故後者亦應釋“首”。

該布左字原篆作⽇，舊釋“易”，甚確。不過貨幣文字“易”下部多有飾筆，參《文編》122、182。該布“易”無飾筆，則可以在兩周金文中找到其來源，參《金文編》：

易　⽇1579　⽇1579　　陽　⽥2318　⽥2318

這説明該布“易”應早於通常戰國貨幣文字中的“易”，而與西周金文形體較近。斜肩空首布屬先秦貨幣中時代較早的一種，從文字學方面也可以得到證明。

綜上文字形體比較,可知該布二字應釋"首昜",讀"首陽"。

"首陽",必然使人聯想到伯夷、叔齊不食周粟,餓死首陽山的故事。關於首陽山的地望歷來有五説。清代地理學家程恩澤對此曾有詳密的考證。茲摘抄如次:

> 案《史記正義》首陽山有五:一在蒲坂……一在隴西……一在遼西……一在偃師。高誘云:首陽在雒陽東北。戴延之《西征記》:洛陽東北首陽有夷齊祠。《水經注》:平縣故城西北有首戴,即夷、齊作歌之所,所謂"登彼西山"是也。一在北海……以《大戴禮》"二子居河濟之閒"考之,當以偃師爲是(程恩澤《國策地名考》引諸祖耿《戰國策集注彙考》1522 頁,江蘇古籍出版社 1985 年)。

程氏雖平列介紹五説,但其傾向於偃師説則顯而易見。檢《水經注·河水》:

> 河水又東,逕平縣故城北……河水南對首陽山,《春秋》所謂首戴也。夷、齊之歌所以曰"登彼西山"矣。上有夷、齊之廟,前有二碑。

王先謙云:

> 孫校,曰:《公羊》《穀梁》經:"僖五年,秋八月,諸侯盟於首戴。"《左傳》作"首止"。杜注:首止,衛地。陳留襄邑縣東南有首鄉(王先謙《合校水經注》118 頁,巴蜀書社 1985 年)。

據杜預注"首戴"不應在首陽山,酈道元注似別有所本。或許首陽山附近的"首戴"與《公羊》《穀梁》的"首戴"並非一地,僅同名而已。(《元和郡縣志》:"首陽之山在河南偃師,日之方升,光必先及。《春秋》之所謂首戴也。"似亦源於《水經注》,且言首陽與首戴義近。)這一推測如果不誤,河南首陽山附近的

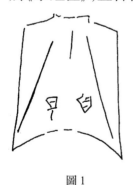

圖 1

"首戴"可能即緣首陽山而得名。春秋名"首陽"。古代往往以山名爲邑名,諸如:"馬首"以"馬首山"得名,"穀城"以"穀城山"得名,"夏屋"以"夏屋山"得名,"中人"以"中山"得名等等,可謂比比皆是。另外,《三代》19·30·1著錄"守陽"戈,疑應讀"首陽",亦周之兵器。

總之,斜肩空首布"首陽"應是今河南偃師西北首陽山附近的小城邑,即《水經注》之"首戴",依山爲名,其具體地望不詳。

《古幣叢考》(增訂本)頁 64—67

䭫 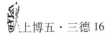 頴

上博五·三德 16

新蔡乙四 70“䭫首”合文

○**賈連敏**（2003）　（編按：新蔡乙四 70）☐少（小）臣成拜＝䭫＝（拜手稽首）。

《新蔡葛陵楚墓》頁 207

○**李零**（2005）　是胃䭫　“䭫”讀“稽”，延滯。

《上海博物館藏戰國楚竹書》（五）頁 299

△**按**　“頴”爲“䭫”字異體，參看本卷“頴”字條。

斷 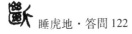 剸 剚 剬

睡虎地·答問 122

包山 134　　上博四·昭王 2　　望山 2·53　　包山 137

包山 16　　集成 11324 二十五年戈

包山 123　　郭店·六德 44

陶彙 4·11　　璽彙 5573　　璽彙 3903

○**劉雨**（1986）　1.“剚”

2-01：“四剚匕。”

“剚”即“剬”字。古時“叀”與“專”通，而“專”又通“剬”。如春秋時，刺殺吳王僚的“專諸”又稱“剬諸”（見《史記·刺客列傳》）。所以説“叀、專、剬”皆通。此“剚”即“剬”之省，字在此讀爲“團”。“團”者圜也、圓也，楚人謂“圜、圓”爲“槫”。如《楚辭·九章》：“曾枝剡棘，圜果槫兮。”“剬匕”就是“團匕”，即其前部爲“圓”或“圜”形的“匕”。傳世的匕如“魚鼎匕”等前端即呈圓形。《河南信陽楚墓出土文物圖録》（以下簡稱《信陽圖録》）圖六四所示四隻木柄銅勺（銅七）（按：釋“七”誤甚，實爲“匕”），其數正好與簡文相合，而且匕之前端正呈圓形。所以，2-01 號簡所載之“四剚匕”可能就是圖六四所示的

四隻圓形銅勺(銅匕)。長沙馬王堆一號漢墓出土雲紋漆匕六件,其形狀與《信陽圖録》圖六四也十分相似。馬王堆一號漢墓竹簡 166"髹畫鈚(匕)六",簡167"川右爲髹畫鼎七、鈚(匕)六"(見《長沙馬王堆一號漢墓》上集 143 頁、下集157 頁,圖版 165),簡文與實物亦相合。可見這類"勺",至西漢時仍稱爲"匕"。

由這個字的釋讀,可解決"龍節"銘中的的疑難問題。"龍節"有多個,其一爲解放前長沙黃泥坑出土,銘爲"王命=𤞤債,一擔飤之"。"𤞤"字,諸家不一其説:劉心源釋"𧴪"(見《奇觚室吉金文述》11·7),阮元釋"惠",還有釋"道"、釋"敦"的。又有釋"傳"者,人多從之。"債"字有釋"㒼",謂"寶也"者;有釋"賃",謂"庸也"者。若按以上諸説去釋讀節銘,均不可通,我們認爲應作新解。簡文"剚"與節銘"遳"中間部分全同。只是後者多一"辵"偏旁,實爲一字之或體。"債"字,舊釋均誤。實應爲"任"字,當訓爲"使"。中山王方壺:"余知其忠信也,而謼債之邦";"受債佐邦"。中山王鼎:"使知社稷之債,臣宗之義";"是以寡人委債之邦"。奼盗壺:"而冢賈之邦。"以上數器銘文中之"任"字,皆寫作"債"或"賈","專任"寫作"謼債"。此"專任"適可作爲龍節"遳債"二字的絶好注腳,"謼債"就是"遳債",亦即"專任"。這樣,節銘的文義和斷句即可冰釋,應讀爲"王命,命專任一檐飤之"。其含義是:王發布命令,命持節者以獨自擔當的使命,所到之處要供給一檐飲食。鄂君啟節又有"大攻尹脽以王命=集尹悊糦"之句,其文義當與之相近。

"專任、專命"於文獻有徵。《荀子·仲尼》:"主信愛之,則謹慎而嗛。主專任之,則拘守而詳";"任重而不敢專"。又《左傳·閔公二年》:"晉侯使太子申生伐東山皋落氏,里克諫曰:'師在制命而已。秉命則不威,專命則不孝。故君之嗣適,不可以帥師。'"均其用例。

《信陽楚墓》頁 133—134

○**湯餘惠**(1986) 前文引到的燕下都 23 號墓出土第 95 號和第 107 號銅戈銘文相同,均可隸釋爲:

九年,牺(將)軍張二月剚(傳)宮,戊亓(其)虞(獻)。

銘文"剚"試釋,其字又見於燕私名璽(5573、5641、3903)。重旁寫法與中山方壺"謼"字所從相同,銘文中疑讀爲"傳",《史記·扁鵲倉公列傳》"以刑罪當傳西之長安",《索隱》:"傳,乘傳送之。""傳宮"意指乘傳至宮。

《古文字研究》15,頁 53—54

○**黃錫全**(1986) 二 釋剚

古璽有𪇬、𪆴、𡮣三字,《文編》分别列入附録四八與六二。其實,三字應爲一字。三方印文是：

《彙編》5573　　　　《彙編》3153　　　　《彙編》3903

按金文惠字，猷設作🔣，王孫鐘作🔣，从叀；省作🔣（王孫誥鐘）、🔣（三體石經《無逸》），从🔣，與上舉古璽右旁上部🔣同。又斷字，《説文》古文一形作🔣“从𠧢，𠧢古文更字”。《汗簡》刀部録石經斷作🔣，所从之🔣與璽文🔣同，《説文》所从之🔣應是🔣誤。《説文》斷字，或體作🔣，中山王壺謼作🔣（讀爲專），《汗簡》人部録華嶽碑傳作🔣。因此，古璽的🔣應是古叀省，从刀从叀即劃，實爲《説文》劃字古體，與斷字古文劃同字。

《漢書・蕭何傳》“上以此劃屬任何以關中事”，注：“劃讀與專同。”古有專姓，如吳人“專諸”。《史記・吳太伯世家》：“乃求勇士專諸。”索隱“專，一作劃”，與璽文類同。第一方印“劃辵”，即“專上”（鄂君啟節上作辵）。第二方印“熊劃”、第三方印“公孫劃”，也可讀如“焦專、公孫專”。另外，古璽🔣（《彙編》0583），《文編》列入附録三二。此字與中山王壺謼字偏旁類似；🔣上多一横，與苟字作🔣（《彙編》2257）、🔣（舍𢀩鼎）類同，應當釋爲傳。

　　　　　　　　　　　　　　　　　　　　　　《古文字研究》15，頁 136

○**郭若愚**（1994）　　四角獸

《説文》古文衡作🔣，字中角作🔣，與此相似，故知其爲“角”字。“角獸”指“雙鹿角器”。二號墓左側室出土有兩件，其 2–157 高 110 釐米，兩層方墩組成，上層墩面呈長方形，雕有獸面，面之兩側各插一支鹿角。儼然爲一獸頭狀。

　　　　　　　　　　　　　　　　　　　　　《戰國楚簡文字編》頁 64

○**朱德熙、裘錫圭、李家浩**（1995）　（編按：望山 2・53）“劃”即《説文》“斷”字古文🔣（《汗簡》作🔣），亦即“斷”的或體“劃”。王命傳“傳”字作“遄”（《三代》18・34），即以此爲聲（長沙楚帛書亦有“遄”字）。

　　　　　　　　　　　　　　　　　　　　　　《望山楚簡》頁 129

○**何琳儀**（1998）　　斷，从斤从𢇍，會斧斤斷絶之意。《説文》：“🔣，截也。从斤从𢇍。𢇍，古文絶。🔣，古文斷从𠧢。𠧢，古文更字。《周書》曰：詔詔猗無他技。🔣，亦古文。”

睡虎地簡斷，斷絶。

　　　　　　　　　　　　　　　　　　　　　《戰國古文字典》頁 1031

○**李守奎**（2003）（編按：郭店・緇衣 26）斬　　斷之或體。劃與斷之古文劃形、音、義俱近,當是一字之異。

《楚文字編》頁 538

○**陳佩芬**(2005)　劃於含日　"劃",疑"劇"之省文,與"專"同。《荀子·榮辱》:"信而不見敬者,好劇行也。"楊倞注:"劇與專同,專行爲不度是非。"

《上海博物館藏戰國楚竹書》(四)頁 183—184

△按　戰國文字斷或作从斤从𢦏作"斷",爲秦系文字形體,或从刀、叀聲作"劃",與《説文》𪜈之古文相合。

縣

群 曾侯乙 2　　群 曾侯乙 168　　群 上博六·天甲 6　　群 上博六·天乙 6

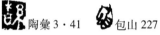
群 陶彙 3·41　　群 包山 227

縣 睡虎地·秦律 19　　縣 睡虎地·效律 30　　縣 睡虎地·效律 28

縣 睡虎地·雜抄 13　　縣 睡虎地·日甲 115 正貳

○**李家浩**(1987)　春秋戰國時期,齊國文字中的"縣"寫作"鎵",从"系"从"木"从"首",象人首懸掛在木上之形,即"縣"字的異體,所以下面的釋文徑寫作"縣"。

　　(3)公曰:弓,……余易(賜)女(汝)釐(萊)都朕劵,其縣二百。余命女(汝)嗣(司)辝(台)(《爾雅·釋詁》:"台,我也。")釐(萊)邑,邊或徒四千,爲女(汝)敵寮。叔弓鎛《大系》5·240—243

孫詒讓《古籀拾遺》説:

　　"釐"疑即"萊",故萊國。左襄六年《傳》"齊侯滅萊",又哀五年《傳》齊"置群公子于萊",是也。字亦作"郲"。襄十四年《傳》"齊人以郲寄衞侯"。"萊、郲"並从"來"聲,"來、釐'古音同,經典多通用。

按 1976 年山東日照崮河崖村出土釐伯鬲銘文説:

　　釐白(伯)□女子乍(作)寶鬲,子孫永寶用。(**原注**:楊深富《山東日照崮河崖出土一批青銅器》,《考古》1984 年 7 期 596 頁圖六)

"釐伯"即"萊伯",可證孫説之確。萊國故地在今山東黃縣東南。

　　古代的"都"除了指國都外,還指有城郭的大邑。銘文以"都"與"縣"對言,"都"當是指"朕劵"城,"縣"當是指"朕劵"城四周的廣大地區。"其縣二百”的意思是説“脉勞”的“縣”中之邑二百個（詳後）。

　　戰國時期，齊國璽印文字和用璽印鈐成的陶文和封泥文字中，也有關於“縣”的資料。

　　（4）平陵縣左廩璽。　　印　《簠齋古印集》（以下簡稱爲《簠齋》）1·15·3

　　（5）闔門外陳得，平陵縣廩豆，佃□□□。　　陶　《古陶瑣萃》1·1

　　這兩條“縣”的資料，李學勤先生早在 1959 年就已指出（李學勤《戰國題銘概述［上］》，《文物》1959 年 7 期 51 頁）。齊國的平陵即《漢書·地理志》濟南郡的東平陵，其地在今山東歷城縣境（參看張政烺《平陵陳導立事歲陶考證》，《北大潛社史學論叢》第二册，1935 年 11 月）。

　　（6）甬縣。　　封泥　《臨淄封泥文字敘目·目録》1 上

　　此枚封泥是 1936 年以前山東臨淄出土的，現藏山東省博物館。“甬”字原文稍殘，此從王獻唐釋。其地不詳。（中略）

　　現在對古代“縣”的得名由來，以及古文字中的“縣”的性質略加探討。

　　免瑚的“還”字應讀爲“縣”，清人阮元主編的《積古齋鐘鼎彝器款識》即已指出。該書卷七説免瑚（原書作“宄簠”）銘“鄭還”之“還”“通寰。寰，古縣字”。

　　“縣”寫作“寰”，在古籍中有如下記載：

　　《穀梁傳》隱公元年“寰内諸侯”，陸德明《釋文》：“寰，音縣，古縣字。一音環，又音患。寰内，圻内也。”楊士勳疏：“寰内者，王都在中，諸侯四面繞之，故曰寰内也。”（按《穀梁傳》的“寰内”，即《禮記·王制》“天子之縣内”之“縣内”。）

　　《國語·齊語》“三鄉爲縣，縣有縣帥……”汪遠孫《〈國語〉明道本考異》：“許本（指許魯金嘉靖刻本）‘縣’作‘寰’。下並同。”

　　《廣韻》去聲霰韻：“縣，郡縣也。《釋名》曰：‘縣，懸也，懸於郡也。’古作‘寰’。”

　　《説文新附》：“寰，王者封畿内縣也。”

　　《汗簡》卷中之一宀部“縣”字引《碧落文》作“寰”。（按《碧落文》即《碧落碑》。今查《碧落碑》無“寰”字。《古文四聲韻》卷四襇韻“縣”字下引《王庶子碑》作“寰”，似以作《王庶子碑》爲是。）

　　《匡謬正俗》卷八：“宇縣、州縣字本作‘寰’，後借‘縣’字爲之。所以謂其字者，義訓系著……末代以‘縣’代‘寰’，遂更造‘懸’字，下輒加‘心’以爲分别。”

"還、郻、寰"三字並从"睘"得聲,而"睘"與"縣"古音同屬匣母元部,音近可通。

周代的"縣"是指國都或大城邑四周的廣大地區,如《國語·周語中》:"國無寄寓,縣無施舍……國有班事,縣有序民。"這裏所説的"國"即指國都,"縣"即指國都四周的廣大地區。天子稱王畿爲縣即由此而來。古代从"睘"聲之字多有環繞義。《漢書·食貨志》"還廬樹桑",顏師古注:"還,繞也。"《國語·越語下》"環會稽三百里者以爲范蠡地",韋昭注:"環,周也。"《漢書·高五王傳》"乃割臨淄東圜悼惠王冢園邑盡以畀川",顏師古注:"圜,謂周繞之。""縣"指環繞國都或大城邑的地區,本是由"還"(環)派生出來的一個詞,所以古人就寫作"還",或寫作"睘、寰";因爲是區域名,所以又从"邑"作"郻";用來表示這一意義的"縣"則是一個假借字。

據有關資料,西周、春秋時期,各國都實行過所謂的鄉遂制度,或叫做都鄙制,把國都或大城邑稱爲"國"或"都",把國都或大城邑四周的地區稱爲"野"或"鄙"(參看楊寬《古史新探·試論西周春秋間的鄉遂制度和社會結構》,中華書局 1965 年)。"縣"與"鄙"的意思相近,如上引《國語·周語中》所説的"縣"。所以古書上常見"縣鄙"連言,以指國都或大城邑四周的地區(參看顧頡剛《春秋時代的縣》,《禹貢》第七卷六、七合期 180—184 頁,1937年)。如《左傳》昭公二十年:"縣鄙之人,人從其政。逼介之關,暴徵其私。"《吕氏春秋·孟夏》:"命司徒循行縣鄙。命農勉作,無伏於都。"在西周銅器銘文中有"鄙"的記載:

王曰:恆,令(命)女(汝)更就("就"字原文作从"京""又"聲,即"就"字的異體)克(克,當是人名,疑與伯克壺、克鐘等器的"克"是同一個人)嗣(司)直鄙,易(賜)女(汝)綜(鑾)旂,用事,夙夕勿灋(廢)朕令(命)。恆拜稽,敢對揚天子休。用乍(作)文考公弔(叔)寶簋,其萬年世子子孫孫虔(永)寶用。(恆簋《文物》1975 年 8 期 62 頁圖九、一○)

隹(唯)正月初吉丁亥,王各(格)于康宫,中(仲)倗父内(入)又(右)楚立(位)中廷(庭)。内史尹氏册命楚:赤⌷市、綜(鑾)旂,取遄五寽,嗣(司)莽鄙宫内師舟。楚敢拜手稽首,䵺(對)揚天子不(丕)顯休。用乍(作)尊簋,子子孫孫邁(萬)年永寶用。(楚簋《考古》1981 年 2 期 130 頁圖五)

恆簋的地名"直",黃盛璋先生認爲即《左傳》昭公二十三年"劉子取牆人、直人"之"直",其地當在成周附近(原注:黃盛璋《扶風强家村新出西周銅器群與相關史實之研究》，《西周史研究》292—293 頁，《人文雜志》叢刊第二輯，1984 年）。楚簋的地名“荾”，就是金文中常見的“荾京”之“荾”，也就是《詩·小雅·六月》“侵鎬及方”之“方”（原注：參看劉雨《金文荾京考》，《考古與文物》1982 年 3 期 69—74 頁），是西周的一個別都。“豐縣、鄭縣”猶此“直鄙、荾鄙”，“縣”應當是“縣鄙”之“縣”，指“豐、鄭”二都四周的地區。《左傳》襄公三十年記載晉國有“絳縣”。“絳”是晉國國都。“絳縣”即指晉國國都“絳”四周的地區。“豐縣、鄭縣”之“縣”與此“絳縣”之“縣”用法相同，可以參證。

　　在這裏説明一下，我們説“縣”與“鄙”的意思相近，並不等於説它們之間没有區別。西周銅器銘文既有“縣”，又有“鄙”，正説明它們之間是有所區別的。前面曾經説過，師旂簋銘文的“豐縣左右師氏”所屬的軍隊可能是由“豐縣”的居民編制而成。如果這一推測符合原來的實際情況，這對於我們瞭解西周的“縣”的特徵來説是有幫助的。

　　西周文字資料中的“縣”屬於縣鄙之“縣”，那麼春秋戰國文字資料中的“縣”屬於什麼性質的“縣”呢？

　　前面已經指出，春秋時期齊叔弓鎛的“縣”是指胅勞城四周的地區，“其縣二百”是指胅勞的“縣”中之邑二百個。《晏子春秋·外篇七》第二十四章中有與“其縣二百”相同的句式：

　　　　景公謂晏子曰：昔吾先君桓公，予管仲狐與穀，其縣十七，著之於帛，申之以策，通之諸侯，以爲其子孫賞邑。

管仲是齊桓公時的著名功臣，把賞賜給他的“其縣十七”理解成狐與穀的十七個縣邑，土地太小，未免跟管仲的地位太不相稱。《晏子春秋》成書的時代較晚，“其縣十七”可能是指狐與穀所屬的十七個縣，與叔弓鎛的“其縣二百”是指胅勞的“縣”中之邑二百個不同（原注：古代“七”和“十”的寫法十分相近，前者橫畫長堅畫短，後者豎畫長橫畫短，所以在古書中常見“七、十”互訛的情況。《韓非子·難二》“去絳十七里”之“十七”，《吕氏春秋·貴直》作“七十”。《史記·封禪書》“合十七年而霸王出焉”之“十七”，《漢書·郊祀志上》作“七十”。皆是其例。因此，《晏子春秋》的“其縣十七”之“十七”，也可能是“七十”的訛誤。如此説符合原來實際情況，那麼“其縣七十”與叔弓鎛“其縣二百”一樣，指七十個縣邑）。叔弓鎛的“其縣二百”可與下録《左傳》襄公二十八年“其鄙六十”比較：

　　　　與晏子邶殿，其鄙六十，弗受。杜預注：邶殿，齊别都。以邶殿邊鄙六十邑與晏嬰。

　　齊桓公時，管仲治齊，曾提出“參（三）其國而伍（五）其鄙”的政策，實行“國”“鄙”分治。關於鄙制，《國語·齊語》説：

制鄙:三十家爲邑,邑有司;十邑爲卒,卒有帥;十卒爲鄉,鄉有鄉帥;三鄉爲縣,縣有縣帥;十縣爲屬,屬有大夫。五屬,故立五大夫,各使治一屬焉;立五正,各使聽一屬焉。

據此,齊國"鄙"的行政組織分爲四級,第一級爲屬,第二級爲縣,第三級爲鄉,第四級爲邑。邑是基層的行政組織,故齊國在賞賜土地和奪回賞賜土地的時候,即以邑爲單位。如黌叔鎛:

黌弔(叔)又(有)成勞于齊邦,侯氏易(賜)之邑百又九十又九邑,與鄩之民人都鄙。　　《大系》5•251

《論語•憲問》:"問管仲,曰:人也,奪伯氏駢邑三百,飯疏食,没齒無怨言。"

叔弓鎛的朕勞"縣"所屬的邑,大概是像《齊語》所説的"三十家爲邑"這種小邑。

據以上所述,春秋時齊叔弓鎛的"縣"屬於縣鄙之"縣"大概没有多大問題。但是戰國時"平陵縣"和"甬縣"之"縣"屬於什麼性質,從古文字資料本身無法判斷,不過結合文獻資料來看,還是有線索可尋的。戰國時期,齊設有相當於"郡"的"都","都"的長官稱"都大夫"(參看楊寬《戰國史》212—213頁,上海人民出版社1980年)。"縣"很可能是"都"下一級的行政區域。

在這裏有一點需要加以説明。銀雀山漢墓竹簡《孫子兵法•擒龐涓》:"平陵,其城小而縣大,人衆甲兵盛,東陽戰邑,難攻也。"這裏所説的"縣"應是指平陵城所屬的"縣鄙",用的自是"縣"的古義。此句的意思是説平陵縣縣城的規模小,而縣的轄區大。齊國印文和陶文中所説的"平陵縣"是"都"下一級的行政單位,是包括平陵城及其周圍轄區而言的。

燕在戰國時已實行了郡縣制,文獻上有明文記載。如《戰國策•秦策五》:"趙攻燕,得上谷三十六縣,與秦什一。"又《燕策二》:"昌國君樂毅爲燕昭王合五國之兵而攻齊,下七十餘城,盡郡縣以屬燕。"那麼燕國文字中的"縣"是否就是郡縣之"縣"呢?前録燕國文字中有一個值得注意的現象,所謂的"睘小器"銘文(14)稱"方城"爲"縣",而古印稱"方城"爲"都"。前面已經説過,古代的"都"是指有城郭的大邑,而"縣"是指"都"外四周的廣大地區。(14)稱"方城縣",古印稱"方城都",這似乎反映了"都"與"縣"的對立。也就是説燕國文字中的"縣"至少有一部分可能是縣鄙之"縣"。但是,郡縣之"縣"是指整個縣管轄的地區,既包括縣城,也包括縣城以外的廣大地區。"方城都"也可能是屬於"方城縣"的"都",也就是"方城縣"的縣城。因此,燕國文字中的"縣"是屬於縣鄙之"縣"還是郡縣之"縣"或其他性質的"縣",有待進一步研究。

三晉在戰國時也實行了郡縣制,文獻上關於這方面的記載更多。三晉銅器、兵器和古印文字中常見的"某令"或"某某令"之"令",即"縣令",也是很好的證明。(20)(21)(22)(23)等文字資料中有"縣吏、縣丞",與秦漢縣的官吏名稱相同,可見三晉文字中的"縣"應是郡縣之"縣"。值得注意的是(26)印文分"獏�、噩丘縣、昌里"三級,後兩級是縣、里,前一級當是郡。(25)的"妾(?)都"高於"蒙(?)縣"。古代地名有名"某都"的,如"平都、中都、高都"。疑"妾(?)都"當是郡名。

《著名中年語言學家自選集・李家浩卷》頁 20—21、27—34,2002;
原載《文史》28

○**睡簡整理小組**(1990)　（編按:秦律 47)縣,《淮南子・主術》注:"遠也。"

（編按:秦律 125)縣(懸)。

《睡虎地秦墓竹簡》頁 32、49

○**何琳儀**(1998)　縣,西周金文作🦕(縣妃簋),從木從首從系,會懸人首於木之意。系亦聲。縣、系均屬匣紐,縣爲系之準聲首。縣孳乳爲懸。春秋金文作🦕(邵鐘)。戰國文字承襲兩周金文。《說文》:"縣,繫也。從系持県。(胡涓切)。"

包山簡"縣貉",疑地名。　隨縣簡"縣子",爵名。疑《隋書・百官志》"開府司馬、開國縣子,爲第四品"沿先秦之舊制。

睡虎地簡縣,行政區劃之名。《釋名・釋州國》:"縣,懸也。懸係於郡也。"先秦縣大於郡,秦并天下縣係於郡。

《戰國古文字典》頁 987

○**李守奎**(2003)　縣　督　縣。

《楚文字編》頁 539

○**曹錦炎**(2007)　（編按:上博六・天甲 6)"縣",《說文》:"縣,繫也。從系持県。"從金文分析,"縣"字應該是"從木從系,持首"(參看林義光《文源》)。楚簡構形與金文同。"縣",懸挂,引申爲懸挂的垂直線。《墨子・法儀》:"直以繩,正以縣。""立以縣",指天子的站立姿勢,如同懸線一般垂直。

《上海博物館藏戰國楚竹書》(六)頁 320

【縣工】

○**睡簡整理小組**(1990)　（編按:雜抄 18)應指郡縣的工官,《漢書・地理志》載漢代懷、河南、陽翟等地均設有工官,即官營手工業機構。

《睡虎地秦墓竹簡》頁 84

【縣少内】

○**睡簡整理小組**(1990)　(編按:答問 32)縣中收儲錢財的機構。

《睡虎地秦墓竹簡》頁 101

【縣官】

○**睡簡整理小組**(1990)　縣官,縣中官吏。《墨子·雜守》:"先舉縣官室居官府不急者。"

《睡虎地秦墓竹簡》頁 14

【縣嗇夫】

○**裘錫圭**(1981)　從秦律看,縣嗇夫就是縣令,其實是很明白的。鄭文對此已有論證,所舉的第一、第二點理由都是正確的(56 頁)。高文歸納有關律文,認爲"秦時大嗇夫(或縣嗇夫)的職權範圍,除了管轄全縣各種主管某一經濟、業務部門的官嗇夫之外,還得過問士吏行戍事宜、防火防盜事宜和傳達與執行法令等,此外,無疑還得管轄全縣所轄鄉、亭兩級的嗇夫"(139 頁)。試問在一縣之中能管到這麼多重要事務的官員,除了縣令還有誰呢,顯然,權力如此廣泛的縣嗇夫和縣令並存的局面是不可想象的,二者只能是同一官職的不同稱呼。

鄭文曾舉出《韓非子·説林下》的一條材料,證明戰國時有的國家確曾稱縣邑之長爲嗇夫(56 頁):

晉中行文子出亡,過於縣邑,從者曰:"此嗇夫,公之故人。公奚不休舍,且待後車。"

我們還可以給他補充一條材料。《鶡冠子·王鈇》:

五家爲伍,伍爲之長。十伍爲里,里置有司。四里爲扁,扁爲之長。十扁爲鄉,鄉置師。五鄉爲縣,縣有嗇夫治焉。十縣爲郡,有大夫守焉。

這裏所説的嗇夫,顯然相當於縣令、長。過去很多人認爲《鶡冠子》是相當晚的僞書。馬王堆三號漢墓出土的文帝或更早的時候抄寫的《老子》乙本卷前佚書,有很多與《鶡冠子》相同或相近的文句。看來《鶡冠子》的著作時代不會晚於秦代。在漢代,縣令、長已經不再稱嗇夫,上引《王鈇》這段文字也可以證明《鶡冠子》不會是漢以後作品。

《雲夢秦簡研究》頁 228

須 須

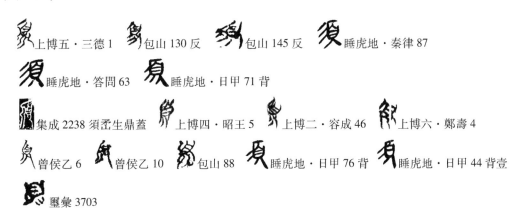

上博五・三德 1　　包山 130 反　　包山 145 反　　睡虎地・秦律 87

睡虎地・答問 63　　睡虎地・日甲 71 背

集成 2238 須孟生鼎蓋　上博四・昭王 5　　上博二・容成 46　　上博六・鄭壽 4

曾侯乙 6　　曾侯乙 10　　包山 88　　睡虎地・日甲 76 背　　睡虎地・日甲 44 背壹

璽彙 3703

○**睡簡整理小組**（1990）　（編按：秦律 87"糞其物不可以須時"）須，等待。

《睡虎地秦墓竹簡》頁 41

○**何琳儀**（1998）　須，金文作𦓐（易叔須），象人面有鬍鬚之形。須繁化爲鬚。《集韻》："須，俗作鬚。"戰國文字承襲金文。《説文》："𩓣，面毛也。从頁从彡。"

包山簡一三〇反須，等待。《易・歸妹》："歸妹以須。"釋文："須，待也。"亦作頒。《説文》："頒，待也。"包山簡一四五反須，姓氏。太皞之裔，須句國之后。見《風俗通》。

須孟生鼎蓋須，見上。

《戰國古文字典》頁 390

○**劉樂賢**（1994）　須，須女，二十八宿之一。《開元占經・北方七宿占》引《石氏星經》曰："須女四星。"《淮南子・天文》亦作"須女"。古書又名爲"婺女"。

《睡虎地秦簡日書研究》頁 22

○**陳佩芬**（2004）　《集韻》："須，俗作鬚。""古須"即古稀，謂人年七十爲古稀。

《上海博物館藏戰國楚竹書》（四）頁 186

○**陳佩芬**（2007）　（編按：上博六・鄭壽 4"居途[路]已[以]須"）"須"，待也。《易經・歸妹》："歸妹以須。"陸德明《經典釋文》："須，待也。""居途已須"，意爲守在路上等待。

《上海博物館藏戰國楚竹書》（六）頁 260

【須臾】

○**饒宗頤、曾憲通**（1982）　按須臾義如立成。《後漢書・方術傳・序》："其流有挺專（即筳篿）、須臾、孤虛之術。”李賢注：“須臾，陰陽吉凶立成之法也。”
《七志》有《武王須臾》一卷，《隋書·經籍志》收《武王須臾》二卷。此云“禹須
臾”，當如《武王須臾》一類之書。

《雲夢秦簡日書研究》頁 23

○**睡簡整理小組**（1990）　《後漢書·方術傳》：“其流又有風角、遁甲、七政、元
氣、六日七分、逢占、日者、挺專、須臾、孤虛之術。”注：“須臾，陰陽吉凶立成之
法也。今書《七志》有《武王須臾》一卷。”稱爲“禹須臾”或“武王須臾”，是把
這一類迷信假托於禹或武王。

《睡虎地秦墓竹簡》頁 202

○**劉樂賢**（2003）　從出土文獻看，“須臾”似是指表格一類易於快速查閱占測
結果的數術方法，在傳世文獻中又稱爲“立成”。“禹須臾”則是將此法假托於
禹而得名。

《簡帛數術文獻探論》頁 61

彰 彰

　彰 陶彙 3·1062　彰 陶彙 3·956　彰 郭店·語三 10

○**高明、葛英會**（1991）　彰。

《古陶文字徵》頁 97

○**何琳儀**（1998）　《説文》：“彰，𬯎彰也。从彡从章，章亦聲。”
　　齊陶彰，人名。

《戰國古文字典》頁 650

彫 彫 敗

陶彙 3·817　陶彙 3·625　信陽 2·25　璽彙 5499　山東 157

　望山 2·45　　包山 254

○**金祥恆**（1964）　彫。

《匋文編》9，頁 65

○**中大楚簡整理小組**（1977）　彫鼓，凡漆器上施彩繪的，簡文皆謂之彫。

《戰國楚簡研究》2，頁 23

"屯彫裹"指此二方鏡"皆有夾鏡套,裹子是有花紋的"。

《戰國楚簡研究》2,頁26

彫,《説文》釋作"琢文也"。它有繪畫文飾的意思。《尚書·五子之歌》"峻宇彫牆"注:"彫,繪飾也。"

《戰國楚簡研究》2,頁32

○高明、葛英會(1991)　彫。

《古陶文字徵》頁97

○郭若愚(1994)　一凋鼓

鼓本作壴。《説文》:"陳樂立而上見也。"樂器名,以皮製。擊之有聲。彫通凋,亦作雕。《禮記·少儀》:"車不雕幾。"注:"雕,畫也。"《史記·晉世家》:"厚斂以雕牆。"《集解》引賈逵:"雕,畫也。"《文選》司馬相如《子虛賦》:"左烏號之雕弓。"注:"雕,畫也。"

一號墓前室出土有大鼓小鼓殘片。大鼓桐木製,有鼓座,外部髹漆,黑地紅色彩繪。高約27.2釐米。

《戰國楚簡文字編》頁67

○朱德熙、裘錫圭、李家浩(1995)　在古代"彫"不一定指雕刻而言。《左傳·宣公二年》"厚斂以雕牆",杜注:"雕,畫也。"信陽二〇九號簡有"二方濫(鑑,指鏡),屯彫裹"之文,"彫"當指鏡背的繪飾(《河南信陽楚墓出土文物圖録》八一號有彩繪銅鏡)。

《望山楚簡》頁117

○何琳儀(1998)　《説文》:"彫,琢文也。从彡,周聲。"

齊陶"柰彫",讀"漆雕",複姓。

信陽簡彫,彫畫。

《戰國古文字典》頁184

(編按:璽彙5494—5499)彫。

《戰國古文字典》頁1515

△按　"敝"爲"彫"字異體,詳見卷三"敝"字條。

弱 翡 弜

弜 睡虎地·爲吏3叁　弜 睡虎地·秦律184　弜 珍秦139　羽 秦陶648

羽 睡虎地·封診66

上博五·鮑叔 3

○**睡簡整理小組**（1990）　（編按：封診 66）下遺矢弱（溺）。

《睡虎地秦墓竹簡》頁 158

○**高明、葛英會**（1991）　弱。

《古陶文字徵》頁 96

○**何琳儀**（1998）　《説文》：“弱，橈也。上象橈曲，彡象毛氂。橈，弱也，弱物并，故从二弓。”

秦璽弱，人名。

《戰國古文字典》頁 316

○**湯餘惠等**（2001）　弱。

《戰國文字編》頁 613

○**陳佩芬**（2005）　老弱不型　讀爲“老弱不刑”。

《上海博物館藏戰國楚竹書》（五）頁 185

△**按**　睡虎地秦簡《秦律》184“隸臣妾老弱及不可誠仁者勿令”、《爲吏》3“老弱獨傳”之“弱”皆作弱小講，而封診 66“下遺矢弱”之“弱”借作“溺”。

彣　彣

彣 包山 203　　彣 玉印 3

○**劉彬徽、彭浩、胡雅麗、劉祖信**（1991）　文坪柰（亘）君。

《包山楚簡》頁 33

○**李守奎**（2003）　彣。

《楚文字編》頁 540

【彣坪柰君】

○**劉彬徽、彭浩、胡雅麗、劉祖信**（1991）　文坪亘君，見於曾侯乙墓竹簡，讀作平輿君（參閲裘錫圭《談談隨縣曾侯乙墓的文字資料》，《文物》1979 年第 7 期）。

《包山楚簡》頁 54

△**按**　包山簡“彣坪柰（夜）君”的“彣”用作“文”。參看本卷【文坪夜君】條。

文 𡥀 旻

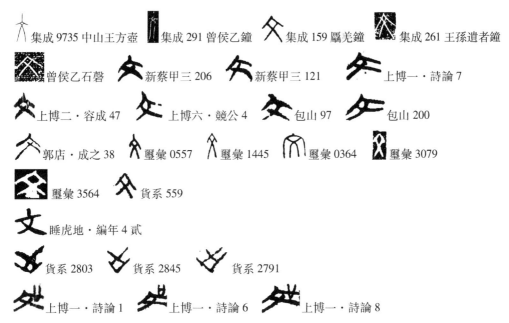

○**羅福頤等**（1981）　文。

《古璽文編》頁 226

○**吳振武**（1983）　（編按：璽彙 3564）文。

《古文字學論集》（初編）頁 517

○**何琳儀**（1998）　文，甲骨文作𡥀（甲 3940），象人胸前有花紋之形。《左·哀七》：“仲雍嗣之，斷髮文身，羸以爲飾，豈禮也哉。”西周金文作𡥀（保卣）、𡥀（牆盤）、𡥀（虢文公鼎），花紋漸次省簡而無。春秋金文作𡥀（秦公鐘）。戰國文字承襲兩周金文。《説文》：“𡥀，錯畫也。象交文。（無分切）”

　　因胥鐔“趄文”，讀“桓文”，齊桓公與晉文公。齊璽文，姓氏。周文王支庶以諡爲氏。見《風俗通》。

　　燕璽“文安”，地名。見《漢書·地理志》渤海郡。在河北文安東北。

　　屬羌鐘文，諡號。晉璽“文是”，複姓。魏璽“文朵”，讀“文臺”，地名。《戰國策·魏策》三：“文臺墮。”在今山東東明南。中山王方壺“文武”，中山國文王、武王。

　　楚器文，姓氏。見上。包山簡 200、203、206、214、240 文，諡美之號。《詩·大雅·江漢》“告于文人”，傳：“文人，文德之人。”曾器“文王”，樂律名。

　　秦錢“文信”，文信侯呂不韋。見《史記·秦始皇本紀》。秦陶“文武”，周文王、周武王。見《史記·周本紀》。秦陶文,姓氏。見上。

　　古璽文,姓氏,見上。

《戰國古文字典》頁 1362—1363

○**馬承源**(2001)　　叧　从口从文,在簡文中,"叧"或"文"不完全相同。如文王之"文"不从口,文章之"文"从口,字的形體有點像戰國文字"吴"字的寫法,𢼑與𢼑,僅有細小的差別。"吴"字从口置矢字側端的寫法與"叧"字从口从文置側端的寫法相似,但"文"字在簡文中,也有寫成"吝"的,與"吝嗇"的"吝"一樣。到了小篆時代,"叧"廢而統一成爲"文"字了。"文"在這裏是指文采。

《上海博物館藏戰國楚竹書》(一)頁 126

○**李守奎、曲冰、孫偉龍**(2007)　　所加"口"當爲飾符。

《上海博物館藏戰國楚竹書(一——五)文字編》頁 435

【文子】

○**濮茅左**(2007)　　(編按:上博六·競公 4"文子𡆥曰")"文子",即"趙武",又稱"趙孤、趙孟、趙文子武"。趙孤,趙朔之子,趙盾之孫,名武,謚"文子"。《史記·趙世家》:"趙孤名曰武。"

《上海博物館藏戰國楚竹書》(六)頁 173

【文公】

○**張政烺**(1979)　　文公不見典籍,當在武公之前,按《春秋左氏傳》定公四年(公元前 506 年)中山始見,文公或在此時,顧文武有何功烈,則不可考矣。《世本》:"中山武公居顧,桓公徙靈壽。"顧是今之定縣。

《古文字研究》1,頁 211

【文王】

○**廖名春**(2000)　　"文王",《禮記·緇衣》同,古文和今文《尚書》皆作"寧王",誤矣。鄭玄注實際已以"寧王"爲"文王"。清儒以金文爲據,進一步從字形上解決了此問題。"文"之所以訛爲'寧',是因爲早期的"文"字中有"心",以致訛爲"甯",再訛爲"寧"。裘錫圭認爲,在現有的"古文字材料中,'文'寫成从'心',卻没有晚於西周、春秋之間的例子"。也就是説,只有在西周時期的文字中,"文"才从"心"。由此可見,《尚書·君奭》篇的"寧王"當源於西周的故書。而寫成於戰國中期的楚簡,"文"已不从"心"了。這種異文,對於斷定《尚書·君奭》篇的寫成年代是有意義的。

《郭店楚簡國際學術研討會論文集》頁 115

【文坪柰君】

○**饒宗頤**（1995）　今按重夜君既被作爲與禱、罷禱、賽禱之對象,其名之前加一"文"字,殆是私謚,《周禮·謚法》:"道德博聞曰文,學勤好問曰文。"

《文物》1995-4,頁 48

【文武】

○**趙誠**（1979）　張政烺同志認爲"皇祖文武"似指周文王、周武王。從中山國本周之同姓來看,也有可能。

《古文字研究》1,頁 248

○**李仲操**（1987）　唯"皇祖文武"一句頗費解。如釋爲文、武二公,其當爲相承的兩代,則必同見於史籍。但中山武公見於《史記》,而文公卻無考。則中山世系是否有文公一代,尚無證據。《史記·趙世家》載:趙獻侯"十年,中山武公初立"。既爲"初立",則其前尚有文公之説,就更難成立。按此"文"字,應是文德的意思。即有文德之武公。實非一代稱文公之國君。

《中國考古學研究論集》頁 346

【文会而武易】

○**曹錦炎**（2007）　（編按:上博六·天甲5"文会而武易"）"文",禮樂儀制,《論語·子罕》:"文王既没,文不在兹乎?""武",軍事,《書·大禹謨》:"乃武乃文。""文"與"武"相對,《孫子·行軍》:"故令之以文,齊之以武。"《國語·周語》:"武不可覿,文不可匿。"典籍或"文武"連言,《詩·小雅·六月》:"文武吉甫,萬邦爲憲。"毛傳:"吉甫,尹吉甫也,有文有武。""会",讀爲"陰"。（中略）"易",讀爲"陽"。（中略）中國古代哲學認爲,"陰、陽"是宇宙中通貫物質和人事的兩大對立面,《易·繫辭上》:"一陰一陽之謂道。"故簡文謂"文陰而武陽"。

《上海博物館藏戰國楚竹書》（六）頁 317

【文是】

○**顧廷龍**（1936）　文是,馬衡云:"疑複姓。"

《古匋文香録》卷 9,頁 1

○**何琳儀**（1998）　文是,疑讀"文氏"。複姓。

《戰國古文字典》頁 1499

【文悳】

○**曹錦炎**（2007）　（編按:上博六·天甲5）"悳",同"德"。（中略）"文德"之稱見於典籍,《易·小畜》:"風行天上,小畜君子,以懿文德。"《詩·大雅·江漢》:

“矢其文德,洽此四國。”《尚書·大禹謨》:“帝乃誕敷文德,舞干羽於兩階。
七旬,有苗格。”《左傳·襄公二十七年》:“兵之設久矣,所以威不軌而昭文
德也。”

　　　　　　　　　　　　　　　　　　　《上海博物館藏戰國楚竹書》(六)頁 317

△**按**　“旻”字或由“文”字金文、、、、等(參看《金文編》635—636
頁)所從“口”形及類似“口”形的部件移位於外變化而來。

集成 2840 中山王鼎　　　　九店 25　　　　郭店·老甲 9

○**張政烺**(1979)　　夌,從文,叩聲。叩,古文鄰,見漢代碑刻及《汗簡》等書。
《老子·德經》第八十章“鄰國相望”,馬王堆帛書乙本鄰作哭。

　　　　　　　　　　　　　　　　　　　　　　《古文字研究》1,頁 231

○**容庚等**(1985)　　《說文》所無,讀爲鄰。《老子·德經》“鄰國相望”、《道經》
“猶兮若畏四鄰”,馬王堆帛書《老子》乙本均作“哭”。

　　　　　　　　　　　　　　　　　　　　　　　　《金文編》頁 638

○**李家浩**(2000)　　　　(編按:九店 25 已[以]祭,夌。)“夌”字見於戰國中山王鼎(《中
山王嚳器文字編》48 頁)、馬王堆漢墓帛書《老子》乙本(《馬王堆漢墓帛書
[壹]》老子乙本及卷前古佚書圖版二〇五上)和《周易》(《文物》1984 年 3 期
3 頁屯卦),中山王鼎和帛書《老子》乙本皆用爲“鄰”,帛書《周易》用爲“吝”。
“夌”字所從的“厸”是古文“鄰”,見《漢書·敘傳上》顏師古注、漢代碑刻和
《汗簡》等(參看張政烺《中山王嚳壺及鼎銘考釋》,《古文字研究》第一輯
231 頁)。上古音“鄰”屬來母真部,“文”屬明母文部。古代文真二部的字音
關係密切。例如《周易·說卦》“坤……爲吝嗇”,陸德明《釋文》引京房本
“吝”作“遴”。“吝”屬文部,“遴”屬真部。明母與來母的字有互諧的情況。
例如從“文”得聲的“吝”即屬來母。可見“夌”是個兩聲字,即“厸、文”皆聲。
所以,“夌”既可以用爲“鄰”,也可以用爲“吝”。秦簡《日書》甲種楚除結日占
辭“夌”作“閵”,整理小組注:“閵,讀爲吝。今本《周易》悔吝之吝字,馬王堆
帛書《周易》均作閵。吝,小不利。《周易·繫辭》:‘悔吝者,言乎其小
疵也。’”

　　　　　　　　　　　　　　　　　　　　　　　　《九店楚簡》頁 79

○**李守奎**（2003）　　鄰。

《楚文字編》頁 392

姦

璽彙 2884　　璽彙 2885　　璽彙 2888

○**羅福頤等**（1981）　　姦。

《古璽文編》頁 226

○**何琳儀**（1998）　　姦，从三文。文之繁文。
　　戰國文字姦，讀文，姓氏。

《戰國古文字典》頁 1363

○**湯餘惠等**（2001）　　姦。

《戰國文字編》頁 614

△**按**　“姦”或與“文”有別，待考。

髟　髟

郭店·成之 22

○**周鳳五**（1999）　　十、唯冒丕單稱德（《成之聞之》簡 22）：此字《郭簡》不識。依形摹寫而無説，僅引《尚書·君奭》文以資參考。按，字雖奇詭，然既有經典可以對照，不妨依理析形，循音求義以考之。楚簡文字“鳥”作冒，見於合體字之偏旁如冒（《包山楚簡》70）、冒（《曾侯乙簡》138），此字省去左上筆畫，即得簡文奇詭之形。鳥，古音端母幽部；冒，明母幽部，二字可通。楚簡文字形構有省聲而不易識者，除此“冒”字從“鳥”省聲外，尚有“僉”字省作冒（詳下文），讀作“儉”；安字省作冒，讀作“焉”，凡此均省變無方。必依理析形，循音求義以考之，否則往往大費周章而無從得其正詁矣。

《張以仁先生七秩壽慶論文集》頁 357
○**李零**（1999）　　“冒”，原作“冒”，像旗旒，應即“旒”字，借讀爲“冒”（“冒”是明母幽部字，“旒”是來母幽部字，讀音相近）。

《道家文化研究》17，頁 514
○**何琳儀**（2000）　　《君奭》曰，唯彪（冒）不（丕）嘼（單）禺（儷）惪（德）。

(《成之聞之》22)

　　"彪"原篆作🔲,省"虍"旁。與"處"省作"尻"形頗爲相似。今本《書·君奭》以"冒"爲"彪"屬假借。《史記·匈奴傳》"善爲誘兵以冒敵",《漢書·匈奴傳》"冒"作"包"。《易·蒙》"包蒙",釋文作"苞蒙",鄭云"苞當作彪"。可資旁證。此字或可釋"髟",與"冒"讀音亦近。關於古文字"髟"之構形,參林澐《說飄風》,載《于省吾教授百年誕辰紀念文集》。

《文物研究》12,頁 201

○劉桓(2001)　3.《成之聞之》引《君奭》:"唯🔲不畏(按即䁈字)再(偁)悳(德)。"

　　《書·君奭》作:"惟冒丕單稱德。"且釋者多將"惟冒"二字與上文爲一句,作"惟茲四人昭武王惟冒,丕單稱德"。《說文》四篇目部:"䁈,低目視也。从目,冒聲。《周書》曰:'武王惟䁈。'"段玉裁《古文尚書撰異》以爲:"許所據者壁中故書也,蓋孔安國以今文讀爲冒字。"

　　從郭店楚簡《成之聞之》引《君奭》來看,原來《書·君奭》不單文字有訛誤,且句讀、訓釋均存在問題,實有待發之覆。請試言之,《書·君奭》的"冒",《說文》引作"䁈",其實均應是🔲字之誤。🔲應釋爲厂,甲骨文作🔲(族)或作🔲(《甲骨文編》卷七·五),可證🔲、厂皆爲厂字。于省吾先生指出:"𠂤字典籍通作偃。《說文》訓𠂤爲'旌旗之游','讀若偃',段注:'今之經傳皆變作偃,偃行而𠂤廢矣。'《論語·顏淵》的'草上之風必偃',皇疏:'偃,臥也。'集解引孔注:'偃,仆也。'偃之訓臥訓仆都是臥倒之義。"𠂤通獸,亦作狩。𠂤與䁈在《君奭》中何義,必須聯繫上下文分析判斷,上文云:"武王惟茲四人尚迪有祿(鄭康成曰:"至武王時,虢叔等有死者,餘四人也。"),後暨武王誕將天威,咸劉厥敵。"這段話是說到周武王時,原來文王的輔佐之賢臣虢叔、閎夭、散宜生、泰顛、南宮括等,只餘四人健在。後來他們與武王奉天命的威力,消滅了敵人,亦即指完成了征商大業。武王等人征商成功之後又做了些什麼?《史記·周本紀》:"乃罷兵西歸。行狩,記政事,作《武成》。"《書序》作"武王伐殷,往伐歸獸,識其政事,作《武成》"。《史記·周本紀》又說:"營周居於雒邑而後去,縱馬於華山之陽,放牛於桃林之虛;偃干戈,振兵釋旅,示天下不復用也。"《禮記·樂記》作:"濟河而西,馬散之華山之陽,而弗復乘;牛散之桃林之野,而弗復服;車甲釁而藏之府庫,而弗復用;倒載干戈,包之以虎皮;將帥之士,使爲諸侯,名之曰'建櫜'。然後天下知武王之不復用兵也。"這裏值得注意的是兩件事,一是征商之後,罷兵西歸行狩。一是偃干戈,振兵釋旅而示天下不復用。在《史記·周

本紀》中恰恰用了"偃"和"狩"(《書序》作獸,尤其值得重視),與楚簡《緇衣》引
《君奭》正相吻合,這就説明《君奭》此句本應是反映了這段史事的。以前《尚
書》由於文字發生錯訛,不單斷句失當,且訓冒爲"勖,勉也","單,盡",雖亦可
通,然置於全句中終覺有扞格之處。如依孫星衍注疏:"言相道武王惟懋勉也。"
"言大盡稱其德也。"總使人感到有空洞之處,有遠於《尚書》文字精練,字字言
之有物的風格。今見郭店楚簡這一引文,得以糾正這兩個錯字,始知厹當讀偃,
乃指偃武而言;不㕙當讀不狩,㔻字語詞無義,狩即巡狩。全句大意是説(這四
人輔助武王)武王停止干戈進行巡狩(而歸),而被稱揚其德。

《簡帛研究二〇〇一》頁 67

○湯餘惠、吳良寶(2001)　三　釋"髟"

《成之聞之》第 22 號簡有一字作下揭之形:𡥆,其簡文云:"《君奭》曰:唯𡥆
不(丕)㕙(單)㑀(偃)悳(德)害(曷)?言疾也。"這句話也見於今本《尚書·
君奭》,作"惟冒㔻單稱德"。至於該字如何釋讀,與今本"冒"字是何關係,
《郭店楚墓竹簡》一書未能作出解釋。

今按,該字應釋爲"髟",商周時期的甲骨及金文中有"髟"字,作𠂤𤣥𤣥等
形,林澐先生釋作"髟",至確。拿楚簡中的"髟"字與之相比較,可知省略了人
手部分,又將頭髮部分下移(上引第二形《髟莫父乙觚》已有先例)。

"髟"字見於《説文》,其音有"必凋切"與"所銜切"兩讀。古音"髟"在滂
紐宵部,"冒"在明母幽部,滂、明均爲重唇音,宵、幽二部陰聲旁轉,二字音近
可通。故簡文"髟"字,今本《君奭》可作"冒"。

《簡帛研究二〇〇一》頁 201

○湯餘惠等(2001)　髟。

《戰國文字編》頁 614

○李零(2002)　"冒"字(7 章:簡 22)

簡文原文也可能是"旄"字的古寫。

《郭店楚簡校讀記》(增訂本)頁 165

髮　𩭿　夏

睡虎地·日甲 13 背　　　睡虎地·答問 84　　　睡虎地·日甲 60 背貳

信陽 2·9

○**何琳儀**（1998）　《説文》：“髮，根也。从髟，犮聲。𩠐，髮或从首。𩑶，古文。”

睡虎地簡髮，頭髮。

△**按**　信陽簡“夏”字爲“髮”字異體，乃據劉雲《釋信陽簡中的“髮”字》（復旦大學出土文獻與古文字研究中心網 2013 年 11 月 30 日）、《楚簡文字釋讀二則》（《古文字研究》30 輯 320—321 頁，中華書局 2014 年）。劉文云：

信陽簡 2-09 中有如下文字（釋文用寬式）：

一笲，其實：一浣帽，一沬帽，一捉 A 之帽。

其中的 A 作：𩠐

學者一般將 A 釋爲“臭”，也就是認爲此字上部爲“自”，下部爲“犬”。此字上部很明顯爲“首”，學者當是認爲“首”爲“自”之訛變。此字下部有些模糊，乍一看與“犬”字比較相似。

楚文字中的“犮”字或作：

𢎘 新蔡簡甲三 328　　　　　𢎘 上博六《天子建州》乙本簡 11

从“犬”，“犬”下部有一橫筆。將之與 A 的下部比較，不難看出 A 的下部實爲“犮”，只不過該“犮”字所从之“犬”的下部橫筆，與表示犬腿的筆畫距離有些近。

可見，A 是個从“首”从“犮”之字。“臭”字一般从“自”从“犬”，與 A 差別明顯，當非一字。A 从“首”从“犮”，顯然就是《説文・髟部》“髮”字的重文𩠐。該重文从“首”“犮”聲，爲“髮”字異體，也就是説 A 當釋爲“髮”。

A 爲“髮”字，那麼“捉 A 之帽”即“捉髮之帽”。下面我們來看一下什麼是“捉髮之帽”。

古書中有“捉髮”一詞，如：

《左傳・僖公二十八年》：“叔孫將沐，聞君至，喜，捉髮走出，前驅射而殺之。”

《吕氏春秋・謹聽》：“昔者，禹一沐而三捉髮，一食而三起，以禮有道之士，通乎己之不足也。”

《史記・魯周公世家》：“周公戒伯禽曰：‘我文王之子，武王之弟，成王之叔父，我於天下亦不賤矣。然我一沐三捉髮，一飯三吐哺，起以待士，猶恐失天下之賢人。子之魯，慎無以國驕人。’”

《淮南子‧氾論》：“當此之時，一饋而十起，一沐而三捉髮，以勞天下之民。”

對於“捉髮”的含義，長期以來没有一個很好的解釋。近來，劉釗、張傳官二先生從情理、訓詁學和具體書證三個方面，論證了“捉髮”爲握乾頭髮或擰乾頭髮之意，而不是一般認爲的握住頭髮之類的意思。其説論據充分，可以信從。

“捉髮”爲握乾頭髮或擰乾頭髮之意，那麼“捉髮之帕”是什麼意思呢？我們先來看看“帕”字。李家浩先生認爲“帕”可能是“巾”的别名，也可能是“巾”的異文。其説當是。這樣看來，“捉髮之帕”即指洗髮後用來握乾或擰乾頭髮的巾。

上揭簡文中的“浣帕”是洗手後用來擦乾手部的巾，“沫帕”是洗臉後用來擦乾臉部的巾，它們和洗髮後用來握乾或擰乾頭髮的巾“捉髮之帕”，顯然是一類東西，三者一起放在“笲”中是很合理的。

古書中有“沐巾”一詞。《儀禮‧士喪禮》：“沐巾一，浴巾二，皆用綌，於笲。”《説文‧水部》：“沐，濯髮也。”“沐巾”顯然是和洗髮有關的巾。“捉髮之帕”當即“沐巾”。據上揭《儀禮‧士喪禮》的記載，“沐巾”盛放於“笲”中，數量是一條。據上揭簡文，“捉髮之帕”也盛放於“笲”中，數量也是一條。兩者十分吻合。

上博簡《靈王遂申》簡2中有字作：🬀
該字亦見於上博簡《邦人不稱》簡2，由於字形模糊，此處不再徵引。“汗天山”網友認爲該字從“頁”從“犮”，並指出該字即見於《集韻‧月韻》的“髮”字古文“頠”。這一觀點無疑是正確的。“頠”從“頁”“犮”聲，顯然也是“髮”字的異體，也就是説上揭文字亦當釋爲“髮”。

這樣看來，迄今發現的楚文字資料中，“髮”字有兩種形體，一種從“首”“犮”聲，一種從“頁”“犮”聲。“首”與“頁”本爲一字，而且兩者在古文字中可以通用，所以這兩種形體本質上是一類。

鬢　鬢

集成9995 邦子賓缶

○李守奎（2003）　鬢。

髡 𦓐

髟 睡虎地·答問 103

△**按**　《説文》：“髡，鬎髮也。从髟，兀聲。𦓐，或从元。”睡虎地秦簡《答問》103“髡子及奴妾”、104“髡其子、臣妾”之“髡”均用其本義。

鬜

𩮰 睡虎地·封診 35

○**睡簡整理小組**（1990）　鬜，讀爲𩭾（音私），《玉篇》：“小髮。”一說，此字應讀爲鬚，所从與馬王堆帛書《五十二病方》𩭾字相似。

《睡虎地秦墓竹簡》頁 153

○**湯餘惠等**（2001）　鬜。

《戰國文字編》頁 614

后 后

后 集成 10478 中山兆域圖　　后 郭店·唐虞 3　　后 郭店·唐虞 10　　后 上博一·緇衣 12

后 璽彙 3759　　后 璽彙 3990　　后 璽彙 4091　　后 陶彙 4·142

后 貨系 3166　　后 貨系 3167

○**羅福頤等**（1981）　后。

《古璽文編》頁 226

○**李先登**（1982）　十七、“后”陶甕：

一件，1978 年 4 月 24 日告東 T3 出土，“后”字橫刻於戰國陶甕肩上。

《古文字研究》7，頁 217

○**殷滌非**（1984）　吳叔姬“虔敬乃后”，郭老説“叔姬當是吳王光（即吳王闔廬）之女”，殆非。竊意大孟姬是昭侯之大姨，則吳叔姬應是吳王光之妹。“后”，《説文》：“繼體君也，象人之形。施令以告四方”，“發號者，君后也”。段注云：“繼體君者，后之言後也，開創之君在先，繼體之君在後也，析言之如是,渾言之則不別矣。"朱駿聲云:"按从坐人从口會意,與君同義。"是知諸侯亦可稱后,《書·舜典》:"班瑞于群后。"此"后"者,就是指"牧侯";"群后四朝"就是指諸侯來朝者四;鑒銘"后"字,應與之同義。"乃"爲發語辭,與《書·大禹謨》"乃聖乃神,乃武乃文"之"乃"的用法相同。銘中"乃后"實指昭侯,"虔敬乃后"就是吳叔姬嫁給了昭侯。可見蔡、吳互通姻好,而昭侯與光又互爲郎舅,關係親密,故楚昭王伐蔡,蔡告急於吳,吳人來救蔡,因遷蔡於州來,是"約遷以自近,易以相救"。這無論從地理條件說,從姻親關係說,都是理所當然的。

《考古與文物》1984-4,頁 62

○**曹錦炎**(1989)　后

《爾雅·釋詁》:"后,君也。""后"爲"毓"的後起字,西周金文仍以"毓"爲"后",班簋的"毓文王"即"后文王","后"謂君后。

《古文字研究》17,頁 79

○**何琳儀**(1998)　后,春秋金文作 后(吳王光鑑),構形不明。戰國文字承襲春秋金文。后與司同形。唯方向有別。古文字司或作后形。如甲骨文司作司(菁 2·1),亦作 后(後下 9·13);金文嗣作 嗣(盠方彝),亦作 嗣(柳鼎);戰國文字司作 司(侯馬 304),亦作 后(璽彙 0066)。《說文》:"后,繼體君也。象人之形,施號令以告四方,故厂之从一,口發號者,君侯也。"

王后左桓室鼎后,王后。《禮記·曲禮》下:"天子之妃曰后。"燕璽后,姓氏。共工氏之子句龍爲后土,子孫以后爲氏。見《風俗通》。

兆域圖后,見上。

廿九年漆樽后,見上。

《戰國古文字典》頁 333

【后子】

○**王輝**(1992)　"曰后子"是說季子是其父壽夢的嗣子。《荀子·正論》:"聖不在后子,而在三公。"楊倞注:"后子,嗣子。"《墨子·節葬》:"妻與后子死者。"孫詒讓《墨子閒詁》:"孔廣森云:'后子者,爲父后之子,即長子也。《戰國策》謂齊太子申爲后子,《荀子》謂丹朱爲堯后子,其義並同。'畢云:'后子,嗣子適也。'"又《睡虎地秦墓竹簡·法律答問》:"擅殺、刑、髡其后子,瀦之。何謂'后子'? 官其子爲爵后,及臣邦君長所置爲后大(太)子,皆爲'后子'。"簡文謂后子是爵位的繼承人,臣邦君長所置爲后嗣的太子,都是后子。后子是嗣子,嗣子可以是嫡長子,也可以是他子,孔廣森及畢沅說后子僅指嫡長子,過於絕對化。師袁簋:"余用作朕后男鐩(臘)障簋。"曾姬無卹壺:"后嗣用之。"中山王䁈壺:"祇祇翼翼邵告后嗣。"后子與"后男、后嗣"意義應接近。

《文物》1992-10,頁 90

【后孫】

○**史樹青**(1956)　鑒銘曰:"虔敬乃后孫。""后孫"應該解作"後代子子孫孫"。

《文物參考資料》1956-8,頁 49

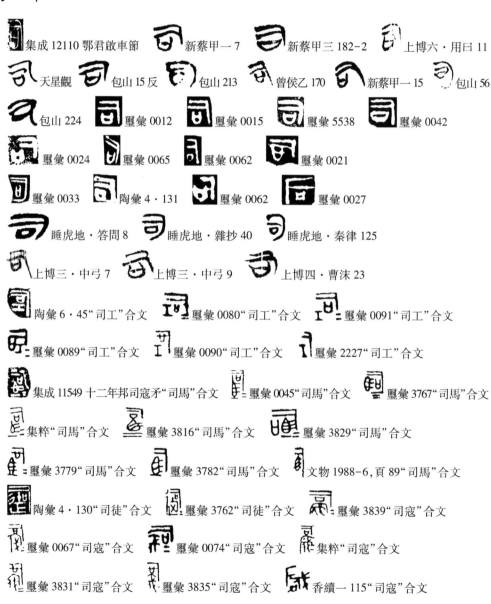

司　司

○**顧廷龍**(1936) 司。

《古匋文香録》卷 9，頁 1

○**中大楚簡整理小組**(1977) (編按:望山 1·54)《禮記·祭法》又云:"王爲群姓立社……諸侯爲百姓立社……王爲群姓立七祀,曰司命……諸侯爲國立五祀,曰司命……"鄭注:"司命主督察三命。"孔疏:"司命者,宫中小神。"

《戰國楚簡研究》3,頁 17—18

(編按:五里牌 17)司,或以爲竹笥之笥。據《長沙發掘報告》第 54 頁報告,該墓只有零星的竹篋殘片和纏繞細藤絲的邊框,所以不可能有卅個竹笥。

《戰國楚簡研究》4,頁 25

○**羅福頤等**(1981) 司。

《古璽文編》頁 227—228

○**劉雨**(1986) (編按:信陽 2-02)金文中玉可稱"備"、稱"𤔲",如齊侯壺銘:"于南宫子用璧二備、玉二𤔲。"庚壺銘:"商之以玉𤔲。"因知,"一司𦥏珥、一司齒珥"是兩付塞耳玉,即一付爲"𦥏珥",一付爲"齒珥"。

《信陽楚墓》頁 135

○**何琳儀**(1987) 釋司

30 年代,在長沙出土的廿九年漆樽是著名的一件戰國漆器銘文。舊或稱漆匜,或稱漆卮。關於漆樽的國別,以往學者多根據出土地定爲戰國晚期楚器。裘錫圭首先根據銘文字體、格式、職官等,定漆樽爲戰國晚期秦器,從此該器的國別得以確定。其銘文如次:

廿九年,大后𡉚告(造),吏丞向,右工帀(師)象,工大人臺。

"告"上一字上方略有斑駁,據云在美國舊金山亞洲藝術博物館所藏原器已無此字。但細審《長沙》照片,此字明確从"工",應釋"空"。如果此釋不誤,"空"上一字自應釋"司"。

戰國文字形體的方向往往正反無别,例如:

石:石《貨幣》9·134 司《貨幣》9·135 羌:羌屬羌鐘 羌《璽彙》0413

千:千《璽彙》4463 千《璽彙》4464 長:长《璽彙》0696 长《璽彙》0697

古璽"司"字也有作反書者,例如:"后馬之鉩"(《璽彙》0027)、"杻里后宼"(《璽彙》0066)、"后職之鉩"(《璽彙》3759),這更是"司"可作"后"形的確證。《説文》"反后"爲"司",驗之戰國文字不無道理。或讀"大后"爲"太后",非是。

《周禮·冬官》舊傳屬"司空之官"。《周禮·冬官·考工記》"國有六職,

百工與居一焉”,注:“百工,司空事官之屬。”這與銘文“工大人臺”隸屬於“大
司空”適可互證。“大司空”是漆樽名義監造者,“吏丞、右工師、工大人”才是
漆樽的實際監造者。“大司空”是秦漢地位甚高的職官,亦見封泥印文“大司
空印章”。

《人文雜志》1987-4,頁 82—83

○**曹錦炎**(1990)　　司,《説文》云“臣司事於外者”。“余厥司”,指自己的
下屬。

《東南文化》1990-4,頁 109

○**高明、葛英會**(1991)　　司。

《古陶文字徵》頁 44

○**黄盛璋**(1993)　　（十）𤔈(司):《小校》已釋“司”,此字易認,無須費詞,但
“司”爲何意,卻是關鍵,“司”爲司命省稱,詳見下考。因銘文每面只能三字,
此在最後一面,地位限制,只能省去命字而簡稱“司”,由齊地所重、祈室所祀,
與神位所表,“司”必表司命。

《第二屆國際中國古文字學研討會論文集續編》頁 271

○**郭若愚**(1994)　　(編按:信陽 2-02)一石礫珥

　　《汗簡》石作𠂤,此省作𠃌。《説文》:“山石也。”

《戰國楚簡文字編》頁 65

○**朱德熙、裘錫圭、李家浩**(1995)　　司(笥)。

《望山楚簡》頁 115

○**何琳儀**(1998)　　司,甲骨文作𤔈(菁 2·1),構形不明。金文作司(牆盤)。
戰國文字承襲金文,或反書作后,或借用橫畫作司,𠙵或訛作口。《説文》:
“司,臣司事於外者。从反后。”

　　齊璽“司馬”,官名,掌管軍事。《書·牧誓》:“御事,司徒、司馬、司空。”
《周禮·夏官·序官》:“立夏官司馬,使帥其屬,而掌邦政,以佐王平邦國。”
齊璽“司徒”,官名,掌管教育。《周禮·地官·序官》:“乃立地官司徒,使帥
其屬而掌邦教,以佐王安擾邦國。”

　　燕器“司馬、司徒”,官名,見上。燕璽“司馬”,複姓。司馬氏,重黎之後。
見《通志·氏族略·以官爲氏》。

　　晉器“司寇”,官名,掌管刑法。《周禮·秋官·序官》:“乃立秋官司寇,
使帥其屬,而掌邦禁,以佐王刑邦國。”晉璽“司工”,讀“司空”,官名,掌管建
築。《詩·大雅·緜》:“乃召司空。”箋:“司空,掌營國邑。”　　晉璽“司徒”,複

姓。舜爲堯司徒,支孫氏焉。見《通志・氏族略・以官爲氏》。晉璽“司馬”,複姓,見上。

楚器“司馬”,官名,見上。楚陶“司工”,官名,見上。信陽簡司,讀笥。楚簡“司命”,掌管生命之神。《楚辭・九歌・大司命》注:“五臣云,司命,主知生死,補天行化,誅惡護善也。”天星觀簡“司禍”,掌管禍害之神。天星觀簡“司會”,官名,掌管會計。《周禮・天官・司會》:“司會,掌邦之六典、八灋、八則之貳,以逆邦國都鄙官府之治,以九貢之灋致邦國之財用。”注:“會,大計也。司會,主天下之大計,計官之長,若今尚書。”包山簡“司敗”,官名。《左・文十》:“臣歸死於司敗也。”注:“陳楚名司寇爲司敗。”帛書司,《玉篇》:“司,主也。”隨縣簡“司城”,官名。《左・文七》:“宋成公卒……公子蕩爲司城。”注:“以武公名廢司空爲司城。”

秦陶“司空”,官名,見上。晉名“司工”,陳名“司城”。秦陶“司御”,又見睡虎地簡《秦律十八種・傳食律》,官名。《莊子・則陽篇》:“湯得其司御門尹登恆。”注:“司御,司牧之官也。”

司正門鋪“司正”,官名。《國語・晉語一》“公飲大夫酒,令司正實爵。”注:“司正,正賓主之禮者也。”

《戰國古文字典》頁 109—110

○**陳偉**(2003)　“司”,原釋文讀爲“嗣”,引《爾雅・釋詁》説:“嗣,繼也。”裴錫圭先生按語云:“從文義看,此字也有可能讀爲‘事’。”此字讀“司”亦通。《荀子・王霸》“日欲司閒而相與投籍之”,楊倞注:“司,閒伺其閒隙。”《吕氏春秋・尊師》“謹司聞”,高誘注:“司,候。”可見“司”有觀望、守候之義。在這個意義上的“司”,後世寫作“伺”。

《郭店竹書别釋》頁 71

○**陳偉武**(2003)　郭店簡《語叢四》1:“言以司(怠),青(情)以舊(咎)。”

整理者讀“司”爲“詞”,學者或讀“始”,或讀“殆”,且讀“舊”爲“咎”;或讀“舊”爲“久”。今按,“以”,猶“而”也。前“以”字義近於“如”,後“以”字義近於“乃”。“舊”讀“咎”可從,“司”當讀爲“怠”,慢也。“言以司(怠)”與下文“言而狗(苟)”互文見義,簡文意謂言語如輕慢苟且,事情將有咎患。下文“言而狗(苟),牆有耳”則強調不可妄言之因由。典籍亦有論及妄言之害,如《吕氏春秋・遇合》:“惡足以駭人,言足以喪國。”又《慎小》:“將失一令,而軍破身死;主過一言,而國殘名辱,爲後世笑。”可以爲證。

《第四屆國際中國古文字學研討會論文集》頁 200

【司工】

〇**羅福頤等**（1981）　司工。

（編按：璽彙 2227）左。

《古璽文編》頁 359、103

〇**吳振武**（1983）（編按：璽彙 2227）司工。

《古文字學論集》（初編）頁 505

〇**吳振武**（1989）　十六　司工　

此璽著録於《古璽彙編》（2227），璽中司字《古璽文編》誤釋爲“左”（103頁）。

今按，司應釋爲“司工”二字合文。古文字中“左”所從之“ナ”均向左作，“右”字所從之“又”均向右作，鮮有例外。以古璽爲例，《古璽文編》102頁“左”字條下所録其他 38 個“左”字除 0254 號從外，皆從作。而 0254 號璽文從原璽全文看，仍應視爲從，因爲此璽所有文字都是反書的，如璽中“左宫”之“宫”反書作（《古璽彙編》0257“”璽可證）。所以，即使從司字所從的方向來看，司字也不能釋爲“左”，更何況古文字“左”字所從之和“右”字所從之從未見有作形的。古璽“司工”合文一般作司或（《古璽文編》359頁），司即司、之省體。古璽“司馬”合文既作或，又省“口”作（同上 357頁），與此同例。此璽全文作“鄭司工”，鄭是地名。近年河南鄭州所出“鄭”字印戳陶文（《中原文物》1981 年第 1 期）上的鄭和此璽中的鄭當是一地，其地應該就在今河南省鄭州市一帶，戰國時屬韓。近年來，考古工作者又在離鄭州不遠的滎陽發現“格氏”和“格氏左司工”兩種印戳陶文（同上）。從這兩種印戳陶文可以相配來看，鄭州所出“鄭”字印戳陶文和此“鄭司工”璽也正可相配。這也是我們釋司爲“司工”合文的一個有力旁證。《古璽彙編》將此璽列入姓名私璽類是錯誤的，應改歸官璽類。

《古文字研究》17，頁 279—280

〇**何琳儀**（1998）　司工，讀“司空”，官名。

《戰國古文字典》頁 110

〇**李零**（2002）　司工　古書多作“司空”，但從西周金文看，“司工”是本來寫法。《書·堯典》説四岳薦禹“作司空”。

《上海博物館藏戰國楚竹書》（二）頁 268

〇**蘇建洲**（2003）　司工：即“司空”。李零先生説古書多作“司空”，但從西周金文看，“司工”是本來寫法。《書·堯典》説四岳薦禹“作司空”。建洲按:《書・堯典》所載四岳薦禹"作司空",《十三經注疏本》(臺北藝文)列於《舜典》。今文《尚書》有《堯典》,無《舜典》,《舜典》是後世人從《堯典》分出去的,(參金景芳、吕紹綱《尚書・虞夏書新解》頁 5)。今仍依今文《尚書》的體例言之。《尚書・堯典》:"舜曰:'咨,四岳!有誰能奮庸熙帝之載,使宅百揆亮采,惠疇?'僉曰:'伯禹作司空。'"亦見於《史記・夏本紀》:"舜謂四岳曰:'有能奮庸美堯之事者,使居官相事?'皆曰:'伯禹爲司空,可美帝功。'"張亞初、劉雨説:"嗣工,文獻上做司空,在西周銘文中均作嗣工。東周銘文有作嗣工或嗣攻的(《三代》10.22;《録遺》112),但從未見有寫成嗣空的,可見典籍上的司空之空是工字的同音假借。"(《西周金文官制研究》22 頁)關於"司空"的執掌,《周禮・考工記・鄭注》:"司空,掌營城郭,建都邑,立社稷宗廟,造宫室車服器械,監百工者。唐虞以上曰共工。"《禮記・月令》:"季春之月……是月也,令司空曰:'時雨將降,下水上騰,循行國邑,周視原野,修利堤防,道達溝瀆,開通道路,毋有障塞。'"禹的工作比較接近後者。

《〈上海博物館藏戰國楚竹書(二)〉讀本》頁 135—136

【司子】

○**何琳儀**(1998)　平安君鼎:單父上官司子憙

　　司子,讀"嗣子"。參亭字。

《戰國古文字典》頁 1478

【司民】

○**張光裕**(2007)　(編按:上博六・用曰 11"司民之降兇而亦不可逃")"司民",《周禮・秋官・司寇》:"司民:中士六人,府三人,史六人,胥三人,徒三十人。"又:"司民:掌登萬民之數。自生齒以上皆書於版……司寇及孟冬祀司民之日,獻其數於王。"又《春官・宗伯》:"若祭天之司民,司禄而獻民數。穀數則受而藏之。"《墨子・天志中》:"且吾所以知天之愛民之厚者,有矣……列爲出川谿谷,播賦百事,以臨司民之善否。"

《上海博物館藏戰國楚竹書》(六)頁 298

【司衣】

○**劉信芳**(2003)　司衣

　　楚職官名。《周禮・春官・司服》:"掌王后之吉凶衣服。"又《天官・内司服》:"掌王后之六服。"

《包山楚簡解詁》頁 86

【司命】望山 1·54

○**黄盛璋**(1993)　（三）司命：司命最早見洹子姜壺：“齊侯拜嘉命，于上天子用璧玉備一嗣，于大元（巫）司折（誓）于（與）大司命用璧、兩壺、八鼎。”此爲春秋齊器，祠祀司命，齊地最早，且由齊國君親祀，已列爲國家祭典，分出大司命，亦以齊地最先，一直流傳到東漢，仍以齊地最盛，《風俗通義》曰：“今民閒獨祀司命耳，刻木長尺二寸爲人像，行者擔篋中，居者別作小屋，齊地大尊重之，汝南諸郡亦多有，皆祠以豬，率以春秋之月。”鄭玄《周禮》注也説：“今時民家或春秋祠司命。”鄭玄爲東漢北海人，正屬齊地，且與應劭同時而稍早，所説“今時民家”至少包括有齊地。山東濟寧在文物普查時，發現一尊司命石像，爲一面部豐滿的偉男子，左手抱一嬰孩，右手持盛簿書的書囊，孫作雲《漢代司命神像的發現》，考爲司命，所説有據。《史記·扁鵲傳》：“扁鵲説齊桓侯曰：疾其在骨髓，雖有司命，無奈之何！”齊無桓侯，《集解》“謂是齊侯田和之子桓公午”，當戰國初年，僅次於洹子孟姜壺，而皆和齊地有關。司命原爲文昌四星，由星官主宰人命，降爲人閒之神，最早可能起源於齊地，而後遍及他國他地，戰國已經相當流行，《楚辭》有大司命、少司命，已分化爲二神，最早亦始於齊。江陵天星觀與包山兩墓楚簡，祈禱祖先、神祇均有司命，漢初所設荊巫祠、晉巫祠，均祠有司命，雲夢秦人㤅因從軍出征居反城中，而要其弟衷視其祀屋，所祀當有司命，望其保佑在反城中，免遭傷亡之命。此銅位爲祈室之神，而“置諸司西”，司表司命，因每面只能三字而省去“命”，銅位有可能即表司命之神位，置於司命神像前，以表明之。

《第二屆國際中國古文字學研討會論文集續編》頁 273

○**朱德熙、裘錫圭、李家浩**(1995)　司命，神名。《禮記·祭法》：“王爲群姓立七祀，曰司命，曰中霤，曰國門，曰國行，曰泰厲，曰户，曰灶。”《楚辭·九歌》有大司命、少司命。《史記·封禪書》記漢初祭祀，晉巫、楚巫所祠之神中皆有司命。

《望山楚簡》頁 97

○**李零**(1998)　（2）司命。也是居中宫的星神。《史記·天官書》説：“斗魁戴匡六星曰文昌宫：一曰上將，二曰次將，三曰貴相，四曰司命，五曰司中，六曰司禄。”文昌四星即司命。

《李零自選集》頁 62

○**劉信芳**(2003)　司命、司骨：

屈原《九歌》有“大司命、少司命”，《周禮·春官·大宗伯》：“以槱燎祀司中、司命、風師、雨師。"司命應是掌生死之神,《九歌·大司命》:"何壽夭兮在予。"可爲其證。

《包山楚簡解詁》頁 228

【司空】

○**裘錫圭**(1981)　司空本來是掌管水利、建築、道路等工程的官。古代工程多用刑徒,因此司空又成爲管理刑徒的主要官員。從秦律看,縣司空主要有兩方面任務,一是主管縣裏的土木工程等徭役,一是管理大量刑徒,讓他們從事勞役。這些刑徒除了從事土木工程、舂米等勞役外,也從事一些別的工作,如造大車等。漢代縣司空的任務看來沒有什麼大的變化。上引《章帝紀》元和元年詔書要南巡所經道上郡縣的司空"自將徒支柱橋梁",説明司空仍然是管理工程和刑徒的官。其他可以説明漢代司空性質的資料很多,因爲不一定直接跟縣司空有關,這裏就不徵引了。

《雲夢秦簡研究》頁 252

○**睡簡整理小組**(1990)　(編按:秦律116)司空,官名,掌管工程,因當時工程多用刑徒,後逐漸成爲主管刑徒的官名,《漢書·百官表》注引如淳云:"律,司空主水及罪人。賈誼曰:'輸之司空,編之徒官。'"

(編按:秦律125)司空,關於司空職務的法律,參上《徭律》注〔八〕(編按:即上一段)。

《睡虎地秦墓竹簡》頁 46、49

【司空馬】

○**李學勤**(1999)　六年鈹,由於有"相邦司空馬"的名字,時代是清楚的。

司空馬相趙事迹,見於《戰國策·秦策五》的"文信侯出走"章。這一章文字很長,大意是這樣的:文信侯即呂不韋爲秦相,司空馬在其手下任少府屬官尚書。秦王政十年(趙悼襄王八年,公元前 237 年),呂不韋被貶斥,免相就國,司空馬作爲他的黨羽,跑到趙國,得到趙悼襄王重用,任"守相",即代理相邦之職。秦王政十八年(趙幽繆王遷七年,公元前 229 年),大興兵攻趙,司空馬向趙王遷獻計不用,於是離趙出走。他經過黃河下游的渡口平原津(今山東平原西南)的時候,預言"趙將武安君(李牧),期年而亡;若殺武安君,不過半年",而趙王會聽信讒言,"武安君必死"。這一點果然實現,"武安君死,五月趙亡"。此時是秦王政十九年(趙王遷八年,公元前 228 年)。

六年相邦司空馬鈹的發現告訴我們,在趙王遷六年(公元前 230 年),司空馬是趙的相邦。看來,從悼襄王末到王遷時,司空馬在趙執政有九年之久。

　　既然六年相邦司空馬鈹屬趙王遷世,二年邦司寇趙或鈹便當製於趙王遷二年(公元前 234 年)。這是我們第一次確定趙王遷時的標準器。

《保利藏金》頁 274—275

【司城】

○**劉信芳**(2003)　　司城:

　　職官名。春秋時宋國名司空爲司城。《左傳》文公七年:"公子蕩爲司城。"杜預《注》:"以武公名,廢司空爲司城。"《尚書·周官》:"司空掌邦工,居四民,時地利。"《禮記·王制》:"司空執度度地……凡居民,量地以制邑,度地以居民。"簡文記"司城"掌墓地規劃,知楚之司城亦與司空相類。曾侯乙簡173、176 記有"宋司城"。

《包山楚簡解詁》頁 161

【司馬】

○**羅福頤等**(1981)　　司馬。

《古璽文編》頁 357—358

○**陳偉武**(1996)　　司馬　《集成》11343 號爲□年盲令司馬伐戈,吳振武先生考證認爲,"戈銘'盲'疑應讀作'芒'",即後來秦置的芒縣。這一級行政區劃的長官稱"令",其建置當爲縣,則戈銘中的司馬屬於縣司馬。睡虎地簡《秦律雜抄》説:"驀馬五尺八寸以上,不勝任,奔摯(鷙)不如令,縣司馬貲二甲,令、丞各一甲。"于豪亮先生指出:"秦的縣司馬的職權同《周禮》的都司馬、家司馬有相似之處,都掌管'車馬兵甲之戒令'。"《集成》11059 號戈銘:"乍(作)御司馬。""御司馬"爲管理卒乘訓練之官,此戈爲燕器,銘文省略器名,標明製造御司馬所用之戈。《集成》11016 戈銘:"□司馬□。"此器屬春秋。《集成》11909 鐓銘爲"庚都司馬"。《璽彙》録司馬璽印甚多,有"司馬、左司馬、右司馬、左中軍司馬、右牆(將)司馬、聞司馬、右聞司馬"等等。所謂"聞司馬、右聞司馬"之"聞",曹錦炎先生指出當讀爲"門"。司馬可爲守門軍官猶春秋楚官"大閽",《左傳·莊公十九年》:"楚人以爲大閽,謂之大伯。"杜預注:"大閽,若今城門校尉官。""司馬"亦見於《孫子兵法》佚篇《見吳王》:"孫子乃召其司馬與興司空而告之曰……"據此,前文"孫子以其御爲……參乘爲興司空",所缺簡文可擬補"司馬"二字。

《華學》2,頁 83

○**何琳儀**(1998)　　司馬,或爲官名,或爲姓氏。參司字。

《戰國古文字典》頁 1478

○**劉信芳**（2003）　司馬：

又見簡 38、130 等。簡 226、115 有"大司馬",162、172 有"少司馬",116、129 有"左司馬",43、175 有"右司馬"。除"大司馬"外,其餘諸司馬皆有國家官吏與地方官吏之區別。簡 38"弒咎君之司馬駕",則近於私官。又一地非一司馬,簡 129 至 130:"乖思少司馬登癰""乖思少司馬屈摯""乖思少司馬那郯勅",一地有三少司馬,亦前此所未見。

《包山楚簡解詁》頁 15

○**湖南省文物考古研究所、湘西土家族苗族自治州文物處**（2003）　[9]1 背:

卅五年四月己未朔乙丑,洞庭叚（假）尉觸謂遷陵丞、陽陵卒署:遷陵其以律令從事報之。當騰[騰]。嘉手。以洞庭司馬印行事(22)。敬手。

(22)司馬,秦官,這裏是洞庭郡司馬,輔助郡守管理軍事。（中略）

[8]134 正:廿六年八月庚戌朔丙子,司空守樛（樛）敢言:前日言竟（竟）陵蕩（蕩）陰狼叚（假）遷陵公船一,袤三丈三尺,名曰栬(?),以求故荊績瓦,未歸船。狼屬（囑）司馬昌官謁告(4),昌官令狼歸船。（中略）

(4)司馬,秦官,掌兵馬。秦時中央、郡、縣各級都有司馬。這裏的司馬當是縣司馬。

《中國歷史文物》2003-1,頁 11、14

【司徒】

○**羅福頤等**（1981）　司徒。

《古璽文編》頁 357

○**何琳儀**（1998）　司徒,複姓。參司字。

《戰國古文字典》頁 1478

【司敗】

○**羅運環**（1991）　十三、司敗

1.包山 2 號墓竹簡:楚縣、封君的封邑及朝廷某些部門均設有"司敗"。如陰縣設有"陰司敗"（包山墓地竹簡整理小組《包山 2 號墓竹簡概述》,《文物》1988 年第 5 期;劉彬徽《荊門包山楚簡略述[提要]》,1988 年中國古文字研究會成立十周年學術研討會論文）。

楚司敗一職,古文獻三見（《左傳》文公十年、宣公四年,《國語·楚語下》）,均屬春秋時代。《國語·楚語下》"死在司敗矣",韋昭注:"楚謂司寇爲司敗。"《左傳》文公十年"臣歸死于司敗也",杜注:"陳、楚名司寇爲司敗。"楊伯峻注:"陳、楚、唐俱有司敗之官。此'歸死于司敗',與襄三年《傳》'請歸死

于司寇’文意同,足知陳、楚、唐之司敗即他國之司寇。”凡此表明,春秋時的楚司敗相當於中原諸國的司寇,總掌全國獄訟刑罰等司法政務,爲最高司法官。戰國時期的司敗是否也是這樣,文獻没有記載,包山竹簡爲我們作出了回答。戰國時代,楚國中央朝廷主掌司法的官吏不是司敗,而是左尹(詳見左尹條)。司敗只是縣級(包括封君封邑、朝廷某些部門)專職司法官吏,負責一個地區或一個部門的司法工作。不可與春秋時的司敗混爲一談。

《楚文化研究論集》2,頁 285—286

○**劉信芳**(2003)　司敗:

　　職官名。《左傳》文公十年:“臣歸死于司敗也。”杜預《注》:“陳、楚名司寇爲司敗。”宣公四年:“自拘于司敗。”定公三年:“歸唐侯,自拘于司敗。”是唐國亦名司寇爲司敗。春秋時楚司敗主司法刑獄,應無疑問。包簡司敗屢見,均爲官署、地方官、貴族封地之司敗,亦主刑獄。如簡 20“鄑司敗”,131“陰司敗”、69“大廄馭司敗”、76“噩君之司敗”。又有“大司敗少司敗”之别,簡 23“邻少司敗”,又“邻大司敗”。唯簡 102“右司寇”爲孤例,則戰國時楚地方刑獄官稱“司敗”,偶亦稱“司寇”,而國家司法刑獄之官爲左尹,此所以與春秋時小有差異。

　　“宵倌司敗”應是軍隊負責管理司夜小臣的官員,與周官“司寤氏”相類。《周禮·秋官·司寤氏》:“掌夜時,以星分夜,以詔夜土夜禁。御晨行者,禁宵行者、夜遊者。”

《包山楚簡解詁》頁 24

【司寇】

○**沈之瑜**(1962)　司寇是此鼎的督造者,趞是他的名字。司寇掌管刑獄,由司寇督造,可見鑄器者可能是當時服刑的囚犯。

《文匯報》1962-10-14

○**黄茂琳**(1973)　新鄭出土韓國都鄭所造兵器,督造者除鄭令以外,有的還有司寇,這種兵器銘刻格式過去就曾出土過,其中有一矛正是和這次新鄭所出密切聯繫:

　　　　五年,奠(鄭)命(令)韓□,司寇長朱,左庫工帀(師)陽侕,冶肎(尹)弜
　　　敊　　《三代》20·40·5(圖一,2)。

《貞松堂集古遺文》(以下簡稱《貞松》)12·16“朱左軍矛”就是此矛摹本,不但許多字没有摹出,甚至將“司寇”合書摹寫爲“司”,下一字誤摹成“馬”,《戰國題銘概述》也據之誤釋爲“司馬朱”。審視《三代》此矛拓本,“司寇”二字合

書明確可辨。再查這次新鄭出土兵器,郝文表列 23 號與 24 號兩戈銘文爲:

四年,奠(鄭)命(令)韓半,司寇長朱,武庫工帀(師)戠□,冶君(尹)毆 歔(圖五,2)。

五年,奠(鄭)命(令)韓□。司寇張朱,右庫工帀(師)春高,冶君(尹) 㓻歔(圖五,3)。

長朱即張朱。《貞松》所摹之"馬"字,細察乃是"朱"字誤摹。此矛與 24 號戈 同爲五年所造,所以鄭令之名應同,司寇長朱即 24 號戈銘中之張朱或 23 號戈 銘中之長朱,只是此矛爲左庫冶所造,所以工師和冶尹之名與 24 號戈(右庫 冶)及 23 號戈(武庫冶)都不相同。

韓國都以外地方所造,也有這種銘刻格式,過去出土的我們找到三件:

戈 "十七年龢倫(令)解肯(朝?),司寇奠(鄭)害,左庫工帀(師)啝 □,冶畀歔"《小校》10·59(圖二,2)

矛 "四年,□雍命(令)韓匡,司寇判它,左庫工帀(師)刑秦,冶□歔 貳枭(束)" 未著録,現藏中國歷史博物館(圖四,4)

斷矛 "六年,安陽命(令)韓望,司寇□飢,右庫工帀(師)若父,冶□ 歔□枭(束)"《陶齋吉金續録》(以下簡稱《陶續》)2·25

第三件已經斷殘,銘難拓墨,《陶續》與《周存》6·91(圖三,3)僅附摹本,司寇 合書摹寫走樣,據銘刻格式及合書之輪廓,定爲司寇合書無疑。第一、二件皆 藏中國歷史博物館,第一件合書之"司寇",《小校》不識,因而誤釋爲"龢",與 第一個"龢"字同釋,顯然是不對的。(中略)

在令後加司寇爲督造,這是韓國兵器的特點,矛銘之末刻有"戠束"二字 也是韓國兵器的一個特點。以上三件兵器如根據銘刻中地名,並不能確定爲 韓國兵器,例如趙、魏皆有安陽,《水經注·河水》記"安陽水"西涇(編按:當作 "逕")安陽城南,其地在今陝縣附近,戰國應爲韓地,但也沒有確切記載,我們 所以認爲這三件都是韓國兵器,就是因它們都是以令和司寇爲督造,而其中 有兩件矛銘末又有"戠束",當憑地名確定國別有困難時,根據銘刻特點分國 還是很可靠的。

以司寇爲督造並不限於韓,例如(1)"七年邦司寇富無"督造的矛(《三 代》20·40·6);(2)"十二年邦司寇野弟"督造的矛(《周存》6·82);(3)"十 二年邦司寇"督造的劍(北京大學藏品)。據我們考證係魏國兵器,只是以邦 司寇爲唯一督造者,銘刻格式與韓國不同。在傳世的"春平侯"督造的兵器中 我們找到好幾件春平侯之下還有"邦左佼(校)",或邦右佼,此春平侯名鄲導,乃趙相邦,這就説明趙國是以左右校爲督造,略等於韓國的司寇。以司寇爲督造,説明各庫製造兵器之冶造作坊由司寇直接管轄,以左右校爲督造的,至少左右庫直接屬於左右校,試比較以下兩件有(編按:當作"由")左校督造的兵器:

十五年,相邦春平侯,邦左(佼)郲,工帀(師)長蓳,冶口執齊　《録遺》600 劍

十口年,相邦春平侯,邦左庫,帀工(師)長蓳,冶馬執齊　《三代》20·41·2 矛

可見左庫歸左校管屬,在有"邦左校"爲督造時,"左庫"兩字即略去不寫,僅著工師之名,否則工師之前,一定要加所屬之庫名。

由司寇督造,表明製造兵器的冶作坊中有刑徒。按漢有左右校令,掌左右工徒,而漢代犯罪,常"輸作左校",趙以左校爲督造,證明趙國直接鑄造工器的冶工人其身份中應有刑徒。兩漢並無司寇,但《漢書·賈誼傳》載誼所上《治安策》中有"……若夫束縛之,繫緤之,輸之司寇,編之徒官,司寇小更詈罵而榜笞之……",可見漢初還有此官。由此證實司寇確是刑徒的直接管轄者。

《考古》1973-6,頁 377—379

○羅福頤等(1981)　司寇。

《古璽文編》頁 359

○孫敬明、苗兆慶(1990)　司寇,官名。與洱陽令張定同爲兵器的監造者。古代兵刑不分,司寇亦主監造兵器。《國語·晉語》云:"今吾司寇之刀鋸日蔽,而斧鉞不行。"《説文》:"寇,暴也,从攴从完。"徐鍇曰:"當其完聚而欲寇之。"許、徐皆以寇之訛體爲解,不足徵信。司寇一職,金文中習見。

《文物》1990-7,頁 39—40

○睡簡整理小組(1990)　(秦律 141)司寇,刑徒名,《漢舊儀》:"司寇,男備守,女爲作如司寇,皆作二歲。"

《睡虎地秦墓竹簡》頁 52

○韓自强、馮耀堂(1991)　司寇,是主刑罰的官吏,古代兵刑無別,所以兵器亦由司寇監管。大梁司寇即魏司寇。此戈是由國家司寇所監造。

《東南文化》1991-2,頁 259

○湯餘惠(1993)　邦司寇,指魏中央政府的司寇,兵器的督造者。以邦司寇爲督造,僅見於魏國兵器,韓國兵器以"令"和"司寇"共同充任督造,與之有別。

《戰國銘文選》頁 61

○**何琳儀**（1998）　司寇,官名。參司字。

《戰國古文字典》頁 110

○**吳振武**（2000）　（59）司寇　🔲　新鄭兵器

（59）新鄭兵器中的"司寇"合文不借筆者作🔲（《文物》1972 年 10 期）,"司"字皆省"口"。

《古文字研究》20,頁 320

【司㥻】

○**何琳儀**（1993）　應讀"司直",法官。《詩・鄭風・羔裘》:"彼其之子,邦之司直。"《淮南子・主術》:"舜立誹謗之木,湯有司直之人。"

《江漢考古》1993-4,頁 56

○**劉信芳**（2003）　司㥻:

何琳儀謂"讀如司直",其説是。《詩・鄭風・羔裘》:"彼其之子,邦之司直。"《九章・惜誦》:"命咎繇使聽直。"《淮南子・主術》:"堯置敢諫之鼓,舜立誹謗之人（編按:此"人"當作"木"）,湯有司直之人。"高誘《注》:"司直,官名,不曲也。"

《包山楚簡解詁》頁 65

【司御】

○**袁仲一**（1987）　③司御不更頡

司御爲官職名,不更爲秦的第四級爵名,頡爲人名。《漢書・夏侯嬰傳》:"夏侯嬰,沛人也。爲沛廄司御。"《睡虎地秦墓竹簡・傳食律》:"上造以下到官佐、史毋（無）爵者,及卜、史、司御、寺、府、糲（糲）米一斗,有采（菜）,鹽廿二分升二。"注:"司御,管理車輛的人。"管理車輛的人參與賜田的封疆劃界於理不合。因而瓦書中的"司御"含有"侍御"之意,即官府的僚屬。《尚書・冏命》:"……其侍御僕從,罔匪正人……今予命汝作大正,正於群僕侍御之臣……"孔氏傳:"言侍御之臣無小大親疏皆當勉汝爲德。"孔穎達書:"群僕雖官有小大,皆近天子、近人主者……"可見侍御有親近國君之意。"司御不更頡",頡的爵位僅爲不更,地位不高,可能是中央官府中的下級小吏,負責管理土地事宜,因而使其負責賜宗邑的封疆劃界。

《秦代陶文》頁 79

○**睡簡整理小組**（1990）　（編按:秦律 182）司御,管理車輛的人,見《漢書・夏侯嬰傳》。

《睡虎地秦墓竹簡》頁 61

【司豊】

○**劉信芳**（2003）　司豊：

又見簡 124、145 反。郭店簡屢見“豊”字，多假作“禮”。司豊作爲職官名，略與“司儀”同。《周禮·秋官·司儀》：“掌九儀之賓客擯相之禮，以詔儀容辭令揖讓之節……凡四方之賓客，禮儀辭令飱牢賜獻，以二等從其爵而上下之。”簡 145 反記有“司禮之客”掌管發放東周之客、郢客、秦客、郾客、邸客、郙客的“肉禄”，知楚官“司禮”與周官“司儀”職司相類。

《包山楚簡解詁》頁 34

【司褐】

○**劉信芳**（2003）　司命、司骨（中略）

《國語·楚語上》：“余左執鬼中，右執殤宫。”韋昭《注》：“中，身也。”《禮記·檀弓下》：“文子其中退然，如不勝衣。”鄭玄《注》：“中，身也。”身之本義指人之脊骨，《説文》：“身，躬也。”躬从吕从身，《説文》又云：“吕，脊骨也，象形。”是“司中”猶言“司躬”，亦即楚簡之“司骨”、《九歌》之“少司命”，是守護躬身之神。包簡屢見“躬身尚母有咎”“少有愿於躬身”，是身體有咎與否，所主在於“司骨”。《莊子·至樂》：“莊子之楚，見空髑髏……曰：‘吾使司命復生子形，爲子骨肉肌膚，反子父母、妻子、閭里、知識，子欲之乎？’”是司命固有掌身體外形、骨肉肌膚之職。

或云據慈利簡“司骨”應讀爲“司禍”，筆者因尚未讀到慈利簡，謹識以存疑。

《包山楚簡解詁》頁 228—229

○**湯餘惠**（1993）　司褐 213　注 416：“司褐，神祇名。”今按簡文云：“賽禱衣（?）備玉一環，侯土、司命、司褐各一少環。”司命、司褐並提，司褐應即司禄。《漢書·天文志》：“斗魁戴筐六星，曰文昌宫：一曰上將，二曰次將，三曰貴相，四曰司命，五曰司禄，六曰司災。”《太平御覽》卷六天部引《石氏星經》云：“文昌六星如半月形……第一星名上將，第二名次將，第三名貴相，第四名司禄，第五名司命，第六名司法。星光潤則天下安。”二書記載星名次第略有出入，但司命與司禄皆相銜，與簡文一致。褐从骨聲，禄（録）从录聲，屋、物二部入聲旁轉，音近可通。簡文司命、司褐即故籍之司命、司禄，爲文昌二星名似無可疑。星宿的情况如何，在古人看來預示着人間的禍福吉凶，故祭之以避災祥。

《考古與文物》1993-2，頁 75

○吳郁芳(1996)　七、釋司褐

《包山楚簡》中有神明"司褐",考釋但言"神祇名"。拙見以爲"司褐"應爲司禍。于省事(編按:當作"吾")先生在《甲骨文字釋林・釋凸》中考證,凸即古文骨字的初形,骨、凸雙聲,故過从骨聲。江陵天星觀楚墓出土的卜禱簡文中有"司禍",爲楚巫所祀的神靈,當即《包山楚簡》中的"司褐"。

　　　　　　　　　　　　　　　　　　《考古與文物》1996-2,頁 77

○李零(1998)　(3)司禍(過)。禍原从骨,是戰國文字的一種特殊寫法(天星觀一號楚墓發掘簡報釋此神名爲"司禍",無説。據何介鈞先生示慈利楚簡照片,此字在該簡文例中是讀爲"禍"),這裏讀爲過。古書説司中(即文昌五星)"主司過",爲"司過之神"(《開元占經》引《黃帝占》、《抱樸子・微旨》引《易内戒》等書),可見此神即司中。司中主奪人命算,因人過失扣其壽數,同司命是一對密切相關的神。《周禮・春官・大宗伯》提到"以櫑燎祀司中、司命",正是祭這兩種神。《九歌》分司命爲"大司命"和"少司命",疑"大司命"即上"司命",而"少司命"即此"司過"。

　　　　　　　　　　　　　　　　　　　　《李零自選集》頁 62

詞　詞　詝　詢

　郭店・成之 32　　　郭店・尊德 6　　　郭店・尊德 12　　　上博二・子羔 12

　郭店・老丙 12　　　上博三・亙先 1

　上博四・柬大 14

△按　《説文》司部:"詞,意内而言外也。从司从言。"此字或隸定作訇、曾、訵、訠、詝等,或釋作"詞",但楚簡没有直接用作詞語之"詞"的,詳見卷三"訠"字條。

卩　弓

　璽彙 4826　　　貨系 426　　　貨系 424

○吳振武(1984)　(編按:璽彙 4826)〔〇〇五〕5 頁,璽文四八二六號作,下云:"璽文'王之上士'士字如此。"

今按:此應釋爲士、卪二字。古文字士字疊見繁出,一般都作士,從未見有作𝑡形的。本條下所録其他士字即可證。𝑡應釋爲卪,古璽命字所从之卪作𝑡(26頁),正與此字同。原璽印面呈環形,璽文左旋讀。全文應釋爲"王之上士卪",卪當讀作"璽節"之節。《説文》認爲卪即"璽節"之節的本字,謂:"卪,瑞信也。守國者用玉卪,守都鄙者用角卪,使山邦者用虎卪,土邦者用人卪,澤邦者用龍卪,門關者用符卪,貨賄用璽卪,道路用旌卪。象相合之形。"這雖不盡可信,但卪可讀作"璽節"之節則是可以肯定的。戰國成語璽中"王之上士"璽很多,一般都作方形,後面不加"卪"字(《彙》四八一九—四八二五),惟獨這枚環形"王之上士"璽後面加一"卪"字,這情形和"可以正下"成語璽相類似。戰國成語璽中"可以正下"璽亦多見,一般也都作方形,後面不加"尔(璽)"字(《璽》四八五二—四八五九、四八六二、四八六三),只有一枚環形"可以正下"璽後面加了一個"尔(璽)"字(《彙》四九一八,參本文[〇〇一]條)。故璽文𝑡應分成士、𝑡二字,上部士釋士入本條下,下部𝑡釋卪,卪字《説文》立爲部首。

《〈古璽文編〉校訂》頁10—11,2011

○**何琳儀**(1998)　卪,甲骨文作𝑡(乙9077),象人曲膝跽跪之形。關節之節乃卪之孳乳字。《素問·至真要大論》"客勝則大關節不利",注:"大關節,腰膝也。"曲膝則關節突出,卪(節)正象其形。金文作𝑡(命、卿、卻字之偏旁)。戰國文字承襲金文。《説文》:"𝑡,瑞信也。守國者用玉卪,守都鄙者用角卪,使山邦者用虎卪,土邦者用人卪,澤邦者用龍卪,門關者用符卪,貨賄用璽卪,道路用旌卪。象相合之形。"

古璽卪,即《説文》"璽卪",或作"璽節"。

《戰國古文字典》頁1095

令 令

集成4096陳逆簋　　集成161鼄羌鐘　　睡虎地·秦律32　　睡虎地·效律54
睡虎地·秦律97　　睡虎地·日甲157正肆
省令戈

○**劉節**(1931)　(編按:鼄羌鐘)第九枚作令,字同命。

《古史考存》頁92,1958;原載《國立北平圖書館館刊》5卷6號

○**唐蘭**（1932） （編按：鬫羌鐘）賞于家，命于國，並告之王也。令字各家俱釋爲
"賓"，賓古文俱作命命等體，此作令，當釋令讀如命也。

《唐蘭先生金文論集》頁 4,1995；原載《國立北平圖書館館刊》6 卷 1 號

○**湯餘惠**（1993） （編按：鬫羌鐘）令（命）于晉公

命，策命。

《戰國銘文選》頁 10

○**何琳儀**（1998） 令，甲骨文作命（甲 597）。从倒口从卩，會人跽接受命令之
意。西周金文作命（卯簋），春秋金文作命（蔡侯鐘），加＝爲飾（或以爲分化符
號）。戰國文字承襲兩周金文。令、命一字分化。官令之令，晉系文字或作
命、倫、諭，楚系文字或作命、㪱、贈，秦系文字作令，各呈地域特點。《説文》：
"令，發號也。从亼、卩。"

陳逆簋令，讀命。《論語·子罕》"子罕言利與命與仁"，集解："命，天之
命也。"

鬫羌鐘令，讀命。被受瑞命。《國語·周語》上"襄王賜晉惠公命"，注：
"命，瑞命也。諸侯即位，天子賜之命圭，以爲瑞節。"《國語·周語》上"襄王
賜晉文公命"，注："命，命服也。"侯馬盟書令，讀命。《周禮·地官·小司徒》
"誅其犯命者"，注："命，所以誓告之。"

包山簡"司令"，讀"司命"，神名。

睡虎地簡令，見《集韻》："令，一曰，官署之長。漢法，縣萬户以上爲令，以
下爲長。"《韓非子·内儲説》："卜皮爲縣令。"

《戰國古文字典》頁 1145

【令尹】

○**舒之梅、羅運環**（1983） "令尹"是楚相的特殊稱呼，地位僅次於王。

《求索》1983-6，頁 169

○**裘錫圭、李家浩**（1989） "令尹"亦見於 202 號簡，楚國有"令尹"之官，見
《左傳》《史記·楚世家》等。徐國也有"令尹"之官，見徐令尹者旨罰爐盤（江
西省歷史博物館等《江西靖安出土春秋徐國銅器》，《文物》1980 年 8 期 14 頁
圖二）。

《曾侯乙墓》頁 518

○**羅運環**（1991） 一、令 尹

1.王子午鼎銘文：

"隹（唯）正月初吉，王子午擇其吉金，自乍（作）……命（令）尹子庚，敀

（緊）民之所亟；萬年無諆（期），子孫是利。

銘文拓本見《殷周金文集成》2811 號和《商周青銅器銘文選》643 號。

王子午鼎共 7 件，同銘。1979 年河南淅川縣下寺 2 號春秋楚墓出土。銘文中的王子午，即令尹子庚，見於《左傳》襄公十二至十五年及十八、二十一年，其爲楚莊王子，楚共王弟，楚康王二年（公元前 558 年）代子囊爲令尹，楚康王八年（公元前 552 年）死，任楚令尹近 7 年。

2.曾侯乙墓竹簡載曾侯乙死後贈車的人有楚令尹，其云："命（令）尹之䡅䡅：（田車），麗兩黄。"簡文見《湖北省考古學會論文集（一）》148 頁。

古文獻或稱楚令尹爲"相（或相國）"，尤其對戰國時的稱得最多。如：《史記・孫子吳起列傳》云吳起"相楚"，《楚世家》稱昭子爲"楚相"，《魏世家》説昭魚爲"楚相"；《韓非子・内儲説下》和《戰國策・楚策一》均謂"州侯相荊（楚）"。凡此，不勝枚舉。綜觀楚國出土文字資料，不見所謂"楚相"之稱，而"令尹"的稱呼，見於戰國早期的曾侯乙墓竹簡，還見於戰國中期的包山 2 號墓竹簡。顯然，稱"相"者爲"比擬之言"。出土的金文與簡文證實楚國的執政大臣，不僅春秋時稱令尹，戰國時也稱令尹。

1979 年江西靖安縣一處窖穴出土 3 件春秋晚期的銅器。其中 1 件爲《徐令尹者旨荊爐盤》。銘文爲：

> 雁（雁）君之孫郐（徐）敓（令）尹者（諸）旨（稽）𦱶（荊）擇其吉金，自乍（作）盧（爐）盤。

徐爲稱王之國，執政大臣使用"令尹"的名稱，"説明徐人的制度受到楚國的很大影響"。

《楚文化研究論集》2，頁 270—271

【令史】

○**栗勁**（1984） 六年四月，爲安陸令史。

原注：令史，縣令的屬吏，職掌文書等事。《史記・項羽本紀》集解引《漢儀注》："令吏曰令史，丞吏曰丞史。"

按：從新出土的秦簡上看，記有大量的關於縣丞主管司法方面的職務活動，證實了《續漢書・百官志》關於"丞署文書、典知倉獄"的記載。但不見有"丞史"的任何記載，卻有大量的關於令史接受縣丞命令參與司法活動的記載。按秦律"辭者不先辭官長、嗇夫"的原則，在縣受理訴訟的首先是縣丞，而縣丞又"令令史某往診"，或"令令史某往執"，或"令令史某齒牛"。由此可見，在參與司法活動方面，令史也受縣丞的指揮。這樣的令史就不單是縣令的屬吏,而是機關的屬吏。由此也可以推定:秦從不設有"丞史"一職,或原設有該職,後被撤銷,僅留有"令史"一職,既受縣令領導,也接受縣丞指揮,演變成縣機關的屬吏。

《吉林大學學報》1984-5

○睡簡整理小組(1990)　(編按:睡虎地・編年 13・2)令史,縣令的屬吏,職掌文書等事。

《睡虎地秦墓竹簡》頁 10

○湖南省文物考古研究所、湘西土家族苗族自治州文物處(2003)　［16］6背:

　　　三月戊午,遷陵丞歐敢言之:寫上。敢言之。/釦手　己未旦,令史犯
（2）行

　　（2）令史,縣令的屬吏,職掌文書等事。《史記・項羽本紀》集解引《漢儀注》:"令吏曰令史,丞吏曰丞史。"

《中國歷史文物》2003-1,頁 22

邵 卲 卯

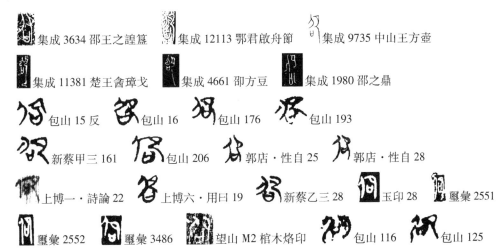

集成 3634 邵王之諻簠　集成 12113 鄂君啟舟節　集成 9735 中山王方壺

集成 11381 楚王酓璋戈　集成 4661 卲方豆　集成 1980 邵之鼎

包山 15 反　包山 16　包山 176　包山 193

新蔡甲三 161　包山 206　郭店・性自 25　郭店・性自 28

上博一・詩論 22　上博六・用曰 19　新蔡乙三 28　玉印 28　璽彙 2551

璽彙 2552　璽彙 3486　望山 M2 棺木烙印　包山 116　包山 125

集成 11285 相公子矰戈　古文字研究 22,頁 129 大市銅量　包山 203

○劉節(1931)　(編按:㝬羌鐘)昭字,鐘作邵,與宗周鐘同。其第十二枚从日作卲。昭於天子者,昭告於天子也。

《古史考存》頁 92,1958;原載《國立北平圖書館館刊》5 卷 6 號

○徐中舒(1932)　邵、昭同。銅器昭皆作邵。此圖一至三之銘文邵,並从日

作䢵。《詩・文王》:"於昭于天。"《傳》云:"昭見也。"昭于天,與昭于天子,文例正同。

《徐中舒歷史論文選輯》頁 215,1998;原載《鳳氏編鐘圖釋》

○于豪亮(1979)　昭字古多作邵,《書・文侯之命》:"昭升于上。"《三體石經》昭作邵;《汗簡・日部》:"邵,昭字也。"《逸周書・謚法》:"昭德有勞曰昭,容儀恭美曰昭,聖聞周達曰昭。"

《考古學報》1979-2,頁 174

○李學勤(1981)　"邵"應爲墓主的漢文名字,與上述符號有無對音之類關係,尚無法斷定。

《新出青銅器研究》頁 173,1990;原載《文物》1982-1

○商承祚(1982)　文獻所用之昭,金文皆作邵。頌鼎"王在周康邵公",毛公厝鼎"用仰邵皇天"等等,皆用爲昭。鳳羌鐘邵字一作𨛜,當爲昭字所本,又演變爲佋。

　　地名之字皆从邑,此作地名之邵而用爲邵(昭),是不能相通的,當爲別字。第三十七行"邵告後嗣"得以證明。

《古文字研究》7,頁 56、66

○吳振武(1983)　(編按:璽彙 2551、2552、3486)邵。

《古文字學論集》(初編)頁 516

○段渝(1991)　從墓中所出多數青銅器的性質判斷,"邵之飤鼎"的含義,應是經"昭祭"而後下葬,即是對墓主舉行昭祭時所用的燕享之器。"邵"爲祭名,這是明明白白的。(中略)

　　綜上所述,新都木椁墓乃戰國中期一代蜀王之墓,所出"邵之飤鼎",即是下葬前爲墓主舉行昭祭禮儀中所用燕享之器。

《考古與文物》1991-3,頁 68—69

○馮廣宏、王家祐(1997)　將邵鼎定爲楚國器物,而非蜀國鑄造,主要是從器物形制和文字兩個方面來論證的。邵鼎製作精美,與中原器物風格類同,好像不是巴蜀地方特色。特別是四字銘文的字體,與楚國文字風格十分一致。1957 年安徽壽縣出土的"鄂君啟節"上有個"邵"字,與邵鼎的"邵"字寫法完全一樣。徐中舒氏等認爲:邵,即昭。召、邵、淖、卓、昭,古音皆可通。湖北江陵滕店望山二號楚墓棺椁蓋板刻的"邵吕竿",應爲"昭魚"。昭、屈、景三氏爲楚國大姓,邵鼎當是楚國貴族昭氏之物。

　　邵鼎是楚昭氏的食鼎,又何以到了蜀國,還被葬於蜀王墓中呢? 論者提出了三種可能性：

　　1.昭氏支裔來到蜀國，擔任監管之官，猶如周初之“三監”，由他攜之而來。

　　2.楚國昭氏贈送給蜀王的禮物。

　　3.蜀人強取於楚，是一種戰利品。

　　徐氏以爲：第一種可能性較大。不過，楚官的私人財産，怎會到了蜀王手中？或是蜀王厚顔索要；但蜀王又怎會毫無架子，竟至乞討人家自用之物？或是楚人所贈，那也該贈個新鼎，怎會竟把刻了字的自家物事當作禮品？這總覺得有點不自然。因此，蜀人強取於楚，好象還説得通些。正因其爲戰利品，得之頗有光榮感；以致死後也要葬入墓中。這種推想，倒也符合開明蜀王的個性。（中略）

　　我們的意見是：邵鼎的主人名邵，而不是昭氏。他是名邵的蜀王，而不是楚國的貴族。邵鼎爲蜀國所選，銘文是蜀人所刻。開明王朝的蜀王之名，我們從《蜀王本紀》《華陽國志》等文獻中只知道有鱉靈、叢帝、盧帝、保子帝、開明尚這幾個，現在又多了一個“開明邵”。

《四川文物》1997-1，頁 39—40

○**何琳儀**（1998）　《説文》：“卲，高也。从卩，召聲。”

　　侯馬盟書卲，讀邵，姓氏。周召公奭後，加邑爲邵氏。又望出汝南。見《尚友録》。屬羌鐘卲，讀詔。“卲于天子”，見《禮記・學記》“大學之禮，雖詔于天子，無北面”，疏：“詔，告也。”中山王鼎“卲考”，讀“昭考”。《詩・周頌・載見》：“率見昭考。”《周禮・春官・小宗伯》“辨廟祧之昭穆”，注：“父爲昭，子爲穆。”中山王方壺“卲告”，讀“昭告”，明告。《書・湯誓》：“敢用玄牡，敢昭告于上帝神右。”

　　卲王鼎、包山簡“卲王”，讀“昭王”，見《史記・楚世家》。卲之飤鼎、楚璽、望山木烙印、包山簡卲，讀昭，姓氏。昭、屈、景，楚之三族也，以族爲氏。見《通志・氏族略・以族爲氏》。鄂君車節“卲陽”，讀“昭陽”。《史記・楚世家》懷王“六年，楚使柱國昭陽將兵而攻魏，破之於襄陵，得八邑”。

　　卲宮盉“卲宮”，見《竹書紀年》“周穆王元年，作昭宮。西王母來朝，賓於昭宮”。詛楚文卲，讀詔，詔告。

《戰國古文字典》頁 303—304

　　（編按：璽彙3577）卲。

《戰國古文字典》頁 1521

○**陳佩芬**（2001）　（編按：上博一・緇衣7）吕卲百眚　即“以昭百姓”。金文中

"卲"字,經籍作"昭",如《尚書·文侯之命》"昭升于上"。此句今本爲"貞教,尊仁,以子愛百姓",與簡文有較大出入。

《上海博物館藏戰國楚竹書》(一)頁 181

○**濮茅左**(2001)　(編按:上博一·性情 15)審《卲》《顗》,則免女也　"審"字下殘缺"卲(韶)、顗(夏),則免女(如)也斯僉"數字。

　(編按:上博一·性情 17)《卲》《顗》樂情　卲,《郭店楚墓竹簡·性自命出》作"佋"。

《上海博物館藏戰國楚竹書》(一)頁 242、246

○**陳佩芬**(2002)　(編按:上博二·昔者 2)卲(召)之。

《上海博物館藏戰國楚竹書》(二)頁 243

○**李守奎**(2003)　(編按:包山 203)所从刀訛作刃。

　(包山 125)所从刀訛作尸。

《楚文字編》頁 543

○**張光裕**(2007)　(編按:上博六·用曰 19)不卲其甚明　"卲"疑讀同"昭"。《漢書·楚元王傳·劉向》:"爲後嗣憂,昭昭甚明。不可不深圖,不可不蚤慮。"

《上海博物館藏戰國楚竹書》(六)頁 306

【卲王】

○**李零**(1986)　按:"卲王",即楚卲王。

《古文字研究》13,頁 366

○**劉信芳**(2003)　卲王:

　楚昭王。楚國昭氏即因昭王之謚號而得氏。依該簡所記左尹昭佗之祀譜,文坪夜君是昭王之子,其後至少分爲二支,一支繼承其封號,世襲爲坪夜君;另一支即郚公子春,依古代以王父之字爲氏的慣例,昭氏應始自郚公子春。

《包山楚簡解詁》頁 214

○**陳佩芬**(2004)　卲王爲室　"卲王",楚昭王。《史記·楚世家》:"平王卒,乃立太子珍,是爲昭王。"昭王在位二十七年(公元前 515—前 489 年),卒於城父,謚昭。

《上海博物館藏戰國楚竹書》(四)頁 182

【卲大皇工】

○**張克忠**(1979)　此句可譯爲名著大功。

《故宫博物院院刊》1979-1,頁 44

○**李學勤、李零**（1979） "昭肆皇功"意思是明陳大功。

《新出青銅器研究》頁 178,1990;原載《考古學報》1979-2

【邵公】

○**于豪亮**（1979） 邵公即召公奭,燕之始祖。《史記·燕召公世家》:"召公奭與周同姓,姓姬氏。周武王之滅紂,封召公於北燕。"召古或作邵,《詩·甘棠》"召伯所茇",《白虎通·封公侯》《巡狩》、《漢書·韋玄成傳》《王吉傳》、《文選·王融〈曲水詩序〉》注、《太平御覽》九七三並引作邵。"召伯所憩",《家語·廟制》引作邵。

《考古學報》1979-2,頁 179

○**張政烺**（1979） 邵公,指召公奭,燕國創業之君。

《古文字研究》1,頁 216

○**趙誠**（1979） 邵公,即召公,燕國的始祖,周武王時所封。燕王子噲禪位與子之,自己成了臣下,所以説斷"絕邵公之業"。

《古文字研究》1,頁 251

○**徐中舒、伍仕謙**（1979） 邵,同召,邵乃後起的形聲字。《漢書·地理志》及《谷永傳》,顔注:"召,讀曰邵。"召公即指燕之始祖召公奭。

《中國史研究》1979-4,頁 87

○**馬承源**（2001） 邵公也 "邵"字上半殘,但必定是邵公,因爲七篇詩名的次序是《闢定》《梂木》《灘里》《鴲樔》《甘棠》《緑衣》和《毲毲》,上述評《甘棠》之辭亦爲"吕邵公〔也〕",由此可以證明這是《甘棠》評語的第三次出現。

《上海博物館藏戰國楚竹書》（一）頁 145

【邵鶚】

○**郭沫若**（1958） "大司馬邵鶚敗晉币於襄陵":毫無疑問,確是《史記·楚世家》楚懷王六年（公元 323 年）"楚使柱國昭陽將兵而攻魏,破之於襄陵,得八邑"的那回事。邵鶚即昭陽。但一爲柱國,一爲大司馬者,蓋大司馬乃昭陽將兵攻魏時舊職,而柱國則是破魏得邑之後的新職。《戰國策》"昭陽爲楚伐魏,覆軍殺將,得八城,移兵而攻齊。陳軫爲齊王使昭陽,再拜賀戰勝,起而問楚之法:覆軍殺將,其官爵何也? 昭陽曰:官爲上柱國,爵爲上執圭"。觀此可知昭陽之爲上柱國是在"覆軍殺將"之後。故大司馬與柱國並不矛盾,有"鄂君節"出土反足以補史之缺文,即昭陽在升爲上柱國之前,其官爲大司馬。因此,李平心先生疑頃襄王時的大司馬昭常即大司馬昭陽,我看是不能令人首肯的,昭常是另外一個人。帀是師字的省文,與"齊國差螶"同。

○**李平心**(1958)　　大司馬邵陽即楚上柱國昭陽,敗晉於襄陵,即楚懷王六年(公元前323年)破魏於襄陵。《戰國策·齊策》與《史記·楚世家》記昭陽破魏事,謹録於下:（中略）

昭陽後事頃襄王,事見《楚策》。

又《楚策》記頃襄王命昭常爲大司馬,常、陽音近,疑常即陽,與簡銘稱大司馬邵陽合。惟據銘文,邵陽在襄陵之役已爲大司馬,與此記略異,蓋昭陽拜上柱國在勝晉之後,破魏時實任大司馬之職。

○**李零**(1986)　　按:首句是以事紀年。《史記·楚世家》:"懷王六年,楚使柱國昭陽將兵而攻魏,破之於襄陵,得八邑。"銘文"大司馬昭陽"即"柱國昭陽"("柱國"是其爵稱),"晉"是指"魏"。事亦見《戰國策·齊策二》和《韓策二》。

○**劉信芳**(2003)　　邵郢:

即昭陽,《戰國策·齊策二》:"昭陽爲楚伐魏,覆軍殺將,得八城。"《史記·楚世家》:"(懷王)六年。楚使柱國昭陽將兵而攻魏,破之於襄陵,得八邑。"鄂君啓節亦以此事紀年。

【邵旟】

○**李家浩**(1985)　　"邵旟"讀爲"昭揚",猶言"宣揚"。

○**湯餘惠**(1993)　　邵旟,即昭揚,明揚、昭顯的意思。

【邵繇】

○**黃人二**(1999)　　按,此"邵繇"即"皋陶"。《韓詩外傳》諸書所記皆傅説事,簡文抄寫者作邵繇,乃誤抄也。《孟子》《楚辭》所述諸人之事與簡文大體相同,《離騷》"摯咎繇而能調……説操築於傅巖兮,武丁用而不疑",王逸注云:"'説',傅説也。'傅巖',地名。'武丁',殷之高宗也。言傅説抱懷道德而遇刑罰,操築作於傅巖。武丁思想賢者,夢得聖人,以其形象使求之,因得説,登以爲公,道以大興。"咎繇下即傅説,或因粗心而誤。關於傅説傳説還有很多,

（中略）“卲”之字形從筆順看和包山簡不同,疑應從“尤”得聲,或從“召”得聲,不管如何,卲繇即皋陶則肯定也。

《古文字與古文獻》頁 123—124

○魏宜輝、周言（2000） 簡 3 之“卲繇”當即“皋陶”,“卲”與“皋”、“繇”與“陶”皆音近可通。

《古文字研究》22,頁 234

劼 𣐳 𣑆

劼 曾侯乙 64　劼 曾侯乙 129　劼 曾侯乙 43　劼 曾侯乙 213　劼 曾侯乙 12

劼 天星觀　劼 包山 253　劼 信陽 2·2　劼 望山 2·6

劼 上博五·鮑叔 8

○中大楚簡整理小組（1977）　（編按:信陽 2-18）劼,《說文·木部》有櫛字,曰櫛可爲杖,從木,劼聲。

《戰國楚簡研究》2,頁 22

○劉雨（1986）　“劼”

此字在“遣册”中凡十見。有“劼緹屨、劼青黃之緣、劼本栚、劼彫辟、劼案、劼緣”等。此“劼”即“漆”字的假借。《說文》:“劼,脛頭卩也。從卩,桼聲。”徐注:“今俗作膝,人之節也。”又《說文》:“𨛬,齊地也。從邑,桼聲。”在古文中“𨛬”可寫作“漆”。《春秋·襄公二十一年》:“邾庶其以漆閭邱來奔。”此“漆”即齊地之“𨛬”的假借字。“漆、𨛬”同音,可以互假,且與“劼”同音,當亦可通假。故簡文中凡“劼”字皆可釋爲“漆”。墓中出土物多漆器,可以爲證。

《信陽楚墓》頁 134

○劉彬徽、彭浩、胡雅麗、劉祖信（1991）　（編按:包山 253“皆彤劼中”）劼,讀作桼,此指生漆本色,近黑色。

《包山楚簡》頁 59

○郭若愚（1994）　（編按:信陽 2-02）一兩邾緹縷（柳）

《廣雅·釋器》:“朱,赤也。”《說文》:“絳,大赤也。”段注:“大赤者,今俗所謂大紅也。”朱又作絑。《說文》:“純赤也。虞書丹朱如此。從糸,朱聲。”朱通邾。《古今人表》朱庶其,《春秋》作“邾庶其”。

《戰國楚簡文字編》頁 66

○**何琳儀**(1998)　《説文》:"䣛,脛頭卪也。从卪,桼聲。"

　　楚系簡䣛,均讀漆。信陽簡"䣛劃",讀漆畫。《後漢書·五行志》:"婦女始嫁,至作漆畫。"隨縣簡"䣛輪",讀"漆輪"。《南史·宋建安王休仁傳》:"後又加漆輪車,劍履上殿。"隨縣簡"䣛壄",疑地名。

《戰國古文字典》頁 1099

○**李守奎**(2003)　䣛。

《楚文字編》頁 543

【䣛彫】

○**郭若愚**(1994)　(編按:信陽 2-25)屯郏凋磚磚之砡

　　郏,赤色。釋見 2-02 簡。

《戰國楚簡文字編》頁 96

【䣛敊】

○**朱德熙、裘錫圭、李家浩**(1995)　(編按:望山 2·6"䣛敊革")信陽二二五號簡有"十皇豆,屯郏彫……"之語,"屯"下二字與此二字顯然是同語的異寫,故知簡文第二字的左旁即"周"字變形,其字从"攴""周"聲,當讀爲"彫"。"彫、雕"字通。在古代"彫"不一定指雕刻而言。(中略)古代有漆雕氏,頗疑簡文"敊"上一字爲"䣛"之異文,讀爲"漆"。馬勒之"勒"古多作"革",如《詩·小雅·蓼蕭》"鞗革沖沖"。簡文"䣛敊革"疑指有漆飾的勒。《周禮·春官·巾車》"革路,龍勒",鄭玄注:"龍,駹也。以白黑飾韋,雜色爲勒。"可見古代的勒確有紋飾。

《望山楚簡》頁 117

○**何琳儀**(1998)　望山簡"䣛敊",讀"漆雕"。

《戰國古文字典》頁 1473

○**李守奎、曲冰、孫偉龍**(2007)　(編按:上博五·鮑叔 8)䢃。

《上海博物館藏戰國楚竹書(一—五)文字編》頁 436

△按　上博簡《鮑叔》8"䢃"當即"䣛"加"止"旁的繁體。

卷 齊

睡虎地·日甲 87 正貳

○**睡簡整理小組**（1990）　（編按：日甲 87 正貳）春三月庚辰可以筑（築）羊卷（圈）。

《睡虎地秦墓竹簡》頁 194

○**張守中**（1994）　卷　通圈。

《睡虎地秦簡文字編》頁 144

○**周偉洲**（1997）　卷丞□印　《漢書・地理志》河南郡本注"故秦三川郡"，所屬縣有"卷"。《史記・秦本紀》莊襄王元年（公元前 249 年）"秦界至大梁，初置三川郡"。《史記・秦始皇本紀》二年（公元前 245 年）"麃公將卒攻卷，斬首三萬"。同書《周勃世家》云勃"其先卷人"。是卷入秦後，爲三川郡屬縣，地在今河南原武西北。丞爲縣令佐官。

《西北大學學報》1997-1，頁 36

○**何琳儀**（1998）　《説文》："卷，厀曲也。从卩，龹聲。"

　　卷抵漆耳杯卷，讀圈。《禮記・玉藻》"母没而杯圈不能飲焉"，注："屈木所爲，謂巵匜之屬。"

　　睡虎簡卷，地名。《史記・秦本紀》："客卿吳傷攻魏卷。"在今河南原陽西。

《戰國古文字典》頁 1003

卻 卻

卻 睡虎地・封診 66

○**睡簡整理小組**（1990）　（編按：封診 66）下遺矢弱（溺），污兩卻（腳）。

《睡虎地秦墓竹簡》頁 158

○**張守中**（1994）　（編按：封診 66）卻　通腳。

《睡虎地秦簡文字編》頁 144

○**何琳儀**（1998）　卻　谷，金文作𧮫（九年衛鼎），从口从爻，會口的上部紋理交錯之意。爻亦聲。谷，溪紐；爻，匣紐。匣、見可喉、牙通轉。谷爲爻之準聲首。戰國文字承襲金文。小篆卻所从爻旁則演化爲欠形。《説文》："谷，口上阿也。从口，上象其理。嗋，谷或如此。朦，或从肉，从豦。"

　　《説文》："卻，節欲也。从卩，谷聲。"

　　睡虎地簡"卻"，讀"腳"。《説文》："腳，脛也。从肉，卻聲。"亦作脚。

《戰國古文字典》頁 498

卯 𠨋

𠨋 集成 9700 陳喜壺

○**馬承源**（1961）　"卯"字《說文》作"𠨋"，即"巽"的本字，甲骨文作"𠬞𠬞"，象兩人並跽狀，有恭順之義。

《文物》1961-2，頁 46

○**黃盛璋**（1961）　卯字若爲二個"卩"字，"卩"同"人"，可以釋爲"从"字。

《文物》1961-10，頁 37

○**何琳儀**（1998）　卯，甲骨文作𠬞𠬞（甲 3541）。从二卩，會順从之意（與从字構形相似）。卩亦聲。卯，從紐；卩，精紐。精、從均屬齒音，卯爲卩之準聲首。卯典籍作巽。《廣雅・釋詁》一："巽，順也。"戰國文字卯，或形變似从字作𠨋𠨋、𠨋、𠨋，或作𠨋、▽▽、○○等形。《說文》："𠨋，二卩也。巽从此。闕。"齊系文字卯中閒加口形爲飾作𠨋、𠨋、𠨋。

陳喜壺卯，讀選。《周書・常訓》"夫民群居而無選"，集訓校釋："選，善也。"

《戰國古文字典》頁 1354

郗

郗 包山 184

○**何琳儀**（1993）　應釋"郗"。《集韻》："郗，骨節閒也。"

《江漢考古》1993-4，頁 59

○**何琳儀**（1998）　郗，从卩，希聲。
　　包山簡郗，人名。

《戰國古文字典》頁 1175

○**湯餘惠等**（2001）　郗。

《戰國文字編》頁 616

○**李守奎**（2003）　郗，見《集韻》微韻。

《楚文字編》頁 543

㔕

 郭店·五行 36

○李零(1999)　　“懈”,原从木从田从卩,帛書《五行》作“懈”,字形待考,《古文四聲韻》卷三第 12 頁背“解”字作“🔲、🔲、🔲”,不知是否與此有關。

《道家文化研究》17,頁 492

○李零(2002)　　簡文相當於帛書《五行》“懈”字的字,寫法較怪,原从木从田从卩,整理者疑是“節”字,裘按說“此字恐亦書手寫錯之字,待考”,舊作也說“字形待考”,並有種種猜測。1999 年 10 月 18 日,我在荊門博物館參觀,見到《五行》篇簡 36 原物,其簡背有“解”字,爲《郭店楚墓竹簡》所遺(照片和釋文均未見),簡背此字應即改錯之字。

《郭店楚簡校讀記》(增訂本)頁 106

卻

 包山 135

○湯餘惠等(2001)　　卻。

《戰國文字編》頁 617

○李守奎(2003)　　卻。

《楚文字編》頁 543

△按　　包山簡“陳卻”之“卻”用作人名。

喬卩

 璽彙 3210

○何琳儀(1998)　　喬卩。

《戰國古文字典》頁 1520

△按　　古璽“喬卩相”之“喬卩”用作姓氏。

印

珍秦 146　　　　珍秦 46　　　　璽彙 0151

○**羅福頤等**（1981）　印。

《古璽文編》頁 228

○**何琳儀**（1996）　檢晚周文字中从爪从卩字有下列二式：

A 曾伯霥匿　　《璽彙》0150（編按：應作 0151）

B 黝鎛　　　　信陽 1・01

A，爪在上，卩在下，會壓抑之意，應釋印。《説文》："，執政所持信也。从爪从卩。""，按也。从反印。，俗从手。"印、抑一字分化，音義均通。

《于省吾教授百年誕辰紀念文集》頁 227

○**何琳儀**（1998）　印，甲骨文作（乙 100）。从爪从卩，會以手按抑一人之意。归（抑）之初文。《説文》："，按也。从反印。，俗从手。"归（抑）與印實爲一字之變。抑，影紐至部；印，影紐真部。至、真爲入陽對轉。西周金文作（毛公鼎），春秋金文作（曾伯霥匿）。秦系文字承襲兩周金文。《説文》："，執政所持信也。从爪从卩。"璽印之印有按下之意，與印之本義相函。故"執政所持信也"，爲印（抑）之引申義。

秦器印，印信。六國文字稱鈢。

《戰國古文字典》頁 1107

归 抑

集粹　　　睡虎地・答問 138　　　睡虎地・答問 55　　　睡虎地・效律 30

睡虎地・秦律 64　　　睡虎地・秦律 169

○**黃文傑**（1992）　1、釋"归"

秦簡中整理小組釋爲"色"字的共有 22 例，其中有 10 例作形，多集中在《日書》乙種；12 例作形，均集中在《日書》甲種。按，後一字""即"爪"。""是"卩"訛變之形，从"爪"从"卩"（原象人跽之形），應釋"归（抑）"字。《説文》"印、归、色"三字相次，分別作、、。這三個字的形體彼此有聯繫也有區別。由於三個字都从"卩"，所以才能以形系聯。但"色"字从"人"，而"印"和"归"

卻从"爪"，區別是十分明確的。反觀秦簡此字，顯然是从"爪"而非从"人"。從形體看，"ㇷ"與"ㇴ"兩個偏旁黏連在一起，形略有訛變，應是"归(抑)"字。可見，秦簡《日書》甲種釋文 12 例均誤把ㇷ隸釋爲"色"，應改爲"归〈色〉"。

《江漢考古》1992-4，頁 60—61

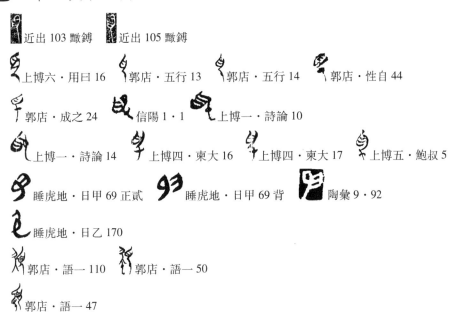

色 㐌　穎 頤

近出 103 甈鎛　　近出 105 甈鎛

上博六·用曰 16　　郭店·五行 13　　郭店·五行 14　　郭店·性自 44

郭店·成之 24　　信陽 1·1　　上博一·詩論 10

上博一·詩論 14　　上博四·柬大 16　　上博四·柬大 17　　上博五·鮑叔 5

睡虎地·日甲 69 正貳　　睡虎地·日甲 69 背　　陶彙 9·92

睡虎地·日乙 170

郭店·語一 110　　郭店·語一 50

郭店·語一 47

○**高明、葛英會**(1991)　　印。

《古陶文字徵》頁 39

○**趙世綱**(1991)　　李家浩先生見告，認爲"ㇷ"字可釋爲"色"字，信陽長臺關一號墓 1-01 號竹簡有"周公勃然作色"語，其"色"字寫作"㐌"狀。故此句應爲"霝色若華"，則作鐘的顏色如花一般華美解。

《淅川下寺春秋楚墓》頁 363—364

○**何琳儀**(1996)　　詛楚文《湫淵》"親△大沉垟湫而質焉"，《亞駝》"親△丕顯大神亞駝而質焉"，《巫咸》"親△丕顯大神巫咸而質焉"。以上三石之△，原篆均作ㇶ，唯《絳帖》作ㇷ。舊皆據《絳帖》釋ㇷ爲印，讀仰。印《璽彙》2060 作ㇶ，《珍秦》139 作ㇷ，《説文》："ㇷ，望欲有所庶及也。从匕从卩。《詩》曰，高山印止。"凡此與《絳帖》ㇷ相似，但也不盡相同。既然《湫淵》《亞駝》《巫咸》三石之△均从爪从卩，則應另尋比較材料而確定其釋讀。檢晚周文字中从爪从卩字有下列二式：

A ⿱爪卩 曾伯霖匜　　⿱爪卩《璽彙》0150（編按：應作 0151）

B ⿰爪卩 瞂鎛　　⿰爪卩 信陽 1·01

A，爪在上，卩在下，會壓抑之意，應釋印。《説文》：“⿱爪卩，執政所持信也。從爪，從卩。”“⿰卩爪，按也。從反印。⿰扌印，俗從手。”印、抑一字分化，音義均通。

B，爪在左，卩在右，會以手示“顔气”之意，應釋色。《説文》：“⿰人卩，顔气也。從人從卩。”信陽簡卩旁著一短横爲飾，也可能爲與印字區別而施。瞂鎛“靈（令）色如華”，參《詩·大雅·烝民》“令義令色”，傳：“令，善也。”信陽簡“慈（慨）然匡（作）色”，參《荀子·宥坐》“孔子慨然歎曰”，《禮記·哀公問》“孔子愀然作色而對”。

詛楚文三石之△與 B 式偏旁組合及偏旁位置密合無間，自應釋色。

色與賽音近可通。《禮記·中庸》“不變塞焉”，注“塞或爲色”。是其佐證。《史記·封禪書》“冬賽禱祠”，索隱：“賽，謂報神福也。”《説文新附》：“賽，報也。從貝，塞省聲。”鄭珍注：“自漢以前例作塞字。祀神字從貝，於義爲遠，蓋出六朝俗制。”按，鄭注非是。楚簡賽作⿱塞貝，均從貝從珏，表示以貝玉祭禱神靈。詛楚文以色爲賽，屬音近假借。“親賽”意謂秦王親自賽禱諸神而正之。《禮記·中庸》“質諸鬼神而無疑”，疏：“質，正也。”

《于省吾教授百年誕辰紀念文集》頁 227

○**楊澤生**（1996）　（編按：《古陶文字徵》）39 頁“印”字引《陶彙》9·92、《合證》63，據字形當釋爲“⿰卩爪（抑）”，不過，“印”和“⿰卩爪”本由一字分化，應予説明。

《江漢考古》1996-4，頁 85

○**李家浩**（1998）　印

楚國文字多以“印”爲“色”，除趙世綱《淅川下寺春秋楚墓銅器銘文考索》所引信陽楚簡之例外，還有許多楚簡文字所從的“色”也作“印”字形。睡虎地秦墓竹簡《日書》的“色”字寫法也是如此。根據文義，鐘銘的“印”也是作爲“色”字來用的。

《北大中文研究》頁 250

○**何琳儀**（1998）　色，春秋金文作⿰爪卩（編按：瞂鎛）。左從爪，右從卩（與上爪下卩之印字不同），會面部顔色之意。戰國文字承襲春秋金文。或卩旁加短横爲與印字區別。秦漢文字爪旁訛作⿰形，參帛書老子作⿰（甲後 442）。《説文》：“⿰人卩，顔气也。從人從卩。⿰，古文。”

信陽簡“⿰又卩色”，讀“作色”。

詛楚文色,讀賽。《禮記·中庸》"不變塞焉",注"塞或爲色"。是其佐證。見賽字。

《戰國古文字典》頁 115

△按　秦系文字"色"字皆"卩"在左、"爪"在右,而"印"字均"爪"在左、"卩"在右,故《陶彙》9·92 應釋爲"色"(禤健聰《釋"壬"並論"印"、"卬"、"色"諸字》,《中山大學學報》2014 年 1 期 78—79 頁)。睡虎地秦簡日甲 69 正貳"青色死"、69 背"手黑色"、日乙 170"把者赤色"之"色"皆用作顏色。頴、頤,皆"色"字異體,參看本卷"頴"字條和"頤"字條。

峜

 包山 99

○湯餘惠等(2001)　峜。

《戰國文字編》頁 617

○李守奎(2003)　峜。

《楚文字編》頁 544

衿

 包山 171

○何琳儀(1998)　衿,从色,今聲。

　　包山簡衿,人名。

《戰國古文字典》頁 1475

○湯餘惠等(2001)　衿。

《戰國文字編》頁 617

○李守奎(2003)　衿。

《楚文字編》頁 544

胋

 包山 182

○**何琳儀**（1998）　鮎，从色，占聲。

　　　包山簡鮎，人名。

《戰國古文字典》頁 1404

○**湯餘惠等**（2001）　鮎。

《戰國文字編》頁 618

○**李守奎**（2003）　鮎。

《楚文字編》頁 544

△**按**　“鮎”字从色，占聲，或是“點”的異體。包山簡“鮎”用作人名，孔子學生曾點亦以“點”爲名。

㢋

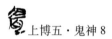

上博五・鬼神 8

△**按**　“㢋”爲“顔”字異體，重見本卷頁部“顔”字條。

䧤

九店 56・20

○**李家浩**（2000）　“䄰”字原文作，从“**夵**”从“**彡**”。“**彡**”可以有兩種釋法。一是“力”字的異體。古文字“嘉”或省去“口”作（《侯馬盟書》344 頁）、（《古璽文編》562 頁）等形，“**彡**”與上引“嘉”字第二體所从“力”旁相近。二是“色”字的變體。古文字“色”多以“印”爲之（參看《淅川下寺春秋楚墓》363 頁“需印若華”引李家浩説），例如包山楚墓竹簡作（182 號簡“舭”字偏旁）、（181 號簡“䶑”字偏旁）、（261 號簡“䄰”字偏旁）等形，“**彡**”與上引“色”字第三體相近。在這兩種釋法中，當以後一種釋法可能性較大，故釋文釋寫作“色”。“**夵**”見於西周九年衛鼎銘文（《文物》1976 年 5 期 39 頁），唐蘭先生將此字隸定作“夯”，从“爻”从“口”。唐先生説“夯字與戰國時子姣壺的姣字偏旁夵字相同。凡从爻的字古書多从交，較作較可證，所以夯通咬”（《陝西省岐山縣董家村新出西周重要銅器銘辭的釋文和注釋》，《文物》1976 年 5 期 57 頁注⑫）。據此，“䄰”當是一個从“色”从“咬”聲的字。（中略）簡文“䄰裼”與“衣裳"連言，"䶩裺"當是跟衣裳同類的東西。《方言》卷四："小袴謂之校衧，楚通語也。""䶩裺"與"校衧"古音相近。"咬、校"二字皆从"交"聲。"虐"屬藥部，"衧"屬宵部，宵、藥二部陰入對轉。頗疑簡文的"䶩裺"即"校衧"。

《九店楚簡》頁 73—74

○**劉國勝**（2002）　《日書》竹簡 20 號簡　凡盍日：利以制衣裳，貌色麗；制布葛，爲邦□。

　　"衣裳"下二字，原釋文隸定不誤，字从爻、口，从色。係"貌色"兩字合文。郭店《五行》簡："顔色容貌温變也。""顔色"合文之情形與"貌色"類似，又"貌"，字从爻、人，裘錫圭先生以爲讀作"貌"，可信。爻、貌古音近可通。簡文"貌色"下側漫涊，可能書有合文符號。或省寫。

《奮發荊楚　探索文明》頁 217

○**湯餘惠等**（2001）　餎。

《戰國文字編》頁 618

○**李守奎**（2003）　薵。

《楚文字編》頁 544

【䶩裺】

○**李家浩**（2000）　"裺"字原文作𧝓，从"屮"从"仌"从"止"。按包山楚墓竹簡"鹿"字作𢉖，"慶"字作𢆶（179 號），"屮"與此"鹿"頭相近。但是戰國文字"虎"字頭往往也寫作"鹿"字頭，例如"虘"或作𧆜（《包山楚簡》85・190）、𧆜（《古匋文䝉錄》附 15 頁），"纑"作𦇹（《古陶文彙編》3・1049），"𢠜"作𢠜（同上 3・913），"鄜"作𨟎（《中國歷代貨幣大系》第一卷 956・3790）。"屮"的下部只有向右斜的筆畫，没有向左斜的筆畫，與"虎"頭作"𠂆"（《古璽文編》107 頁"虘"字所从）者同，與"鹿"頭作"屮"者異。因此"屮"可能是作爲"虎"頭來用的。"仌"是"衣"字的省寫（關於簡文"衣"字的問題參看上考釋［五六］）。這種省寫的"衣"，作爲獨體見於包山楚墓竹籤（《包山楚墓》圖版四七・5），作爲偏旁見於包山楚墓竹簡 203 號𧝓（被）、信陽楚墓竹簡 2-019 𧝓（襡）、𧝓（裏）等。據此，可以把𧝓字隸定作"虘"，"虘"字字形結構比較特别，根據漢字結構規律，"衣"作爲偏旁，一般寫在另一個偏旁的旁邊或下方，或者將另一個偏旁寫在"衣"旁的中間，似乎没有像"虘"字這樣，把"衣"旁寫在上下二旁中間的。按曾侯乙墓竹簡 172 號的"䙝"字作𧞫，將"爰"旁所从的"又"寫在"衣"所从的"𠂤"旁之下。《汗簡》卷上之二虍部引《古論語》"虐"字作，從"虎"從"止"。簡文"虚"與之相近，疑是"虐"字。若此，"盧"字可以釋寫作"裻"，從"衣"從"虐"聲。簡文"豔裻"與"衣裳"連言，"豔裻"當是跟衣裳同類的東西。《方言》卷四："小袴謂之校衦，楚通語也。""豔裻"與"校衦"古音相近。"咬、校"二字皆從"交"聲。"虐"屬藥部，"衦"屬宵部，宵、藥二部陰入對轉。頗疑簡文的"豔裻"即"校衦"。

《九店楚簡》頁 73—74

鍺　耆

鍺 包山 261　　耆 望山 2・11　　鍺 集粹

耆 信陽 2・15

○**中大楚簡整理小組**（1977）　（編按：信陽 2・15）壽。

《戰國楚簡研究》2，頁 20

○**劉雨**（1986）　（編按：信陽 2・15）壽。

《信陽楚墓》頁 129

○**郭若愚**（1994）　鍺，從盂，孚聲。盂，《字彙補》："同盇。"盇，《説文》："血也。從血，亡聲。《春秋傳》曰：士刲羊，亦無盇也。"（編按：此"盂"《説文》作"盇"）此字"孚"聲爲"亡"聲所代替，再省簡即爲盇字。此處指血色。

《戰國楚簡文字編》頁 85

○**朱德熙、裘錫圭、李家浩**（1995）　（編按：望山 2・11"鍺膚之純"）此二字亦見本墓 12 號簡及信陽 215 號簡。信陽簡此字作鍺，上半是楚國文字中常見的的一個偏旁，當爲"者"字。下半當爲"色"字，信陽 101 號簡"周公戚然作色"句"色"字作色，可證。此字當指一種顔色，即"赭"之異體。

《望山楚簡》頁 120

○**田煒**（2006）　此字左部"色"旁與楚簡同，右部"者"旁與子禾子釜、《古陶文彙編》3・168 等材料中的"者"字形近。

《湖南省博物館館刊》3，頁 221

○**何琳儀**（1998）　鍺，從色，者聲。疑赭之異文。《説文》："赭，赤土也。從赤，者聲。"

楚簡鍺，讀赭。《廣雅・釋器》："赭，赤色。"

《戰國古文字典》頁 520

○**湯餘惠等**(2001)　䋿。

《戰國文字編》頁 618

○**李守奎**(2003)　䋿　䎂。

《楚文字編》頁 545

【䋿膚】
○**劉信芳**(2003)　䋿膚：

又見信陽簡 2-015。按"䋿膚"爲聯綿詞,其字簡 263 作"結蕪",信陽簡 2-023:"結芒之純。""芒"從亡得聲,讀與"蕪、膚"通。又簡 267:"鹽薦之純。"鹽從古聲,"薦"讀如"膚、蕪",知亦結蕪、䋿膚也。又仰天湖簡 7 有"虔竺",以音讀求之,亦"結蕪"之類。䋿膚、結蕪、䋿芒、鹽薦、虔竺急讀如"笁",《説文》:"笁,可以糾繩者也。從竹,象形。中象人手所推握也。"《廣雅・釋詁》:"軒謂之笁。"軒是紡車。從上釋可知,"䋿膚、結蕪"等應是以絲織品(或皮革之類)編織而成,或作衣裳之緣邊,或作車馬上的駕馭部件。

《包山楚簡解詁》頁 278—279

△**按**　"䋿、䎂"當爲"赭"之異體。

䎂

郭店・尊德 15

○**荊門市博物館**(1998)　䎂(教)以事,則民力䎂(嗇)以面利。

《郭店楚墓竹簡》頁 173

○**李守奎**(2003)　䎂。

《楚文字編》頁 545

△**按**　"䎂"也可能是以"爿"爲聲旁的字,待考。

鯷

望山 2・49　　包山 58

○**朱德熙、裘錫圭、李家浩**(1995)　此字左旁可能是"色"字(看考釋[五〇]),右從"是"聲,疑即"緹"之異體。《説文》:"緹,帛丹黄色。"

《望山楚簡》頁 128

○**何琳儀**（1998）　　緹，从色（參餘作緹），是聲。疑緹之異文。《字林》:“緹，帛丹黄色。”緹與緒（赭之異文）均爲顏色，結構相同。

　　　　望山簡“緹衣”，讀“緹衣”。《文選・西京賦》:“緹衣韎韐，睢盱拔扈。”注:“綜曰，緹衣、韎韐，武士之服。《字林》曰，緹，帛丹黄色。”

《戰國古文字典》頁 751

○**湯餘惠等**（2001）　　緹。

《戰國文字編》頁 618

○**李守奎**（2003）　　緹。

《楚文字編》頁 545

△**按**　　“緹”字从色，是聲，當是“緹”字異體。

蠲

包山 88　 包山 167　 包山 170　 包山 181

○**何琳儀**（1998）　　蠲，从色，蜀聲。

　　　　包山簡蠲，人名。

《戰國古文字典》頁 1466

○**湯餘惠等**（2001）　　蠲。

《戰國文字編》頁 618

○**李守奎**（2003）　　蠲。

《楚文字編》頁 545

卿 　卿 卿 卿

集成 9735 中山王方壺　 信陽 1・32　 信陽 1・35

郭店・窮達 7　 郭店・成之 12　 九店 56・26　 上博三・周易 30

上博四・柬大 7　 上博五・三德 4　 上博六・天乙 7

睡虎地・語書 3　 睡虎地・日乙 248　 睡虎地・效律 28

新蔡零 92　 郭店・緇衣 23　 璽彙 0874　 璽彙 4010

——————————————

○ **中大楚簡整理小組**（1977）　（編按:信陽1·35）此是簡足,下有組痕,卯讀爲饗,
古卯、鄉同字。"天子天饗",殆指天子秉承天命。

《戰國楚簡研究》2,頁5

○ **羅福頤等**（1981）　卯。

（編按:璽彙3742）卯。

《古璽文編》頁229、229

○ **睡簡整理小組**（1990）　（編按:語書3）鄉俗淫失（泆）之民不止。

（編按:日乙248）凡生子北首西鄉（嚮）,必爲上卿。

《睡虎地秦墓竹簡》頁13、254

○ **高明、葛英會**（1991）　卯。

《古陶文字徵》頁39

○ **裘錫圭**（1998）　（編按:郭店·老乙17）簡文此字是"向"之訛體,讀爲"鄉"。此
字又見本書《緇衣》四三號、《魯穆公問子思》三號、《尊德義》二八號、《語叢
四》一五號等簡,後三者的字形與"向"較近。"向"本从"∧（宀）",變从二
"∧"。簡文"輪"字所从的"侖"旁上部或變作∧∧（《語叢四》二〇號簡）,與此
相類。

《郭店楚墓竹簡》頁120

○ **何琳儀**（1998）（編按:璽彙3293、包山99）卯。

（編按:璽彙0247）卯。

《戰國古文字典》頁1510、1536

○**王輝、程學華**（1999）　　周曉以爲第一段中“卿”字與睡虎地秦簡、天水秦簡中“卿”字相似。秦統一前，“秦王拜李斯爲客卿”，周氏因疑“李卿”或爲李斯。

　　今按“李卿”應爲人名，而與李斯無關。漢禮器碑陰題名有“騶（鄒）書仲卿”，漢印有“田中卿”，而未見卿大夫自名某卿者。

《秦文字集證》頁 75

○**陳高志**（1999）　（編按：郭店·緇衣43）此字或應隸作“宫”。至今所見的楚系文字中，似未見過“向”字，但是在其他古文材料中，向字絶大多作“㑹”者。因爲有今本相校，再經上下文貫串疏讀，此字隸作“向”當無錯誤。但“宫”金文作㕭、㕭、㕭、㽡、在楚系文字中作㕭、㑯……，簡文之㑒與之形似，故將之隸作宫，比起隸作向來説，其形音義更爲貼切。

《張以仁先生七秩壽慶論文集》頁 373

○**黄人二**（1999）　　宫（鄉）：此字字形“㕉”，疑“㑒”之省，讀爲“享”，即“鄉”。或爲㑹之形訛。簡本《老子乙》：“以向（鄉）觀向（鄉）。”鄉作㕉。“向”字本義爲“北出牖”。不管正解爲何，“向、鄉”音同義通，王力先生舉《禮記·明堂位》《儀禮·士虞禮》證之，可參看。指子思揖而退之，過了一下子（鄉者），成孫弋就來見。《荀子·宥坐》“子貢觀於魯廟之北堂，出而問於孔子曰：‘鄉者，賜觀廟於太廟之北堂’”，義同。

《張以仁先生七秩壽慶論文集》頁 398—399

○**李家浩**（2000）　（編按：九店26“［祝（鬼）］神卿［饗］之”）“呂爲上下之禱裯，囗神卿之”，秦簡《日書》甲種楚除陽日占辭作“以蔡（祭）上下，群神鄉（饗）之”。此簡“神”上一字殘泐，從殘畫看，似是“祝”字，“卿”是“饗”的初文，象二人相嚮而食之形。簡文“卿”即用其本義。

《九店楚簡》頁 81

○**湯餘惠、吳良寶**（2001）　（編按：郭店·魯穆3）從文意看，釋爲“向”是正確的。但是，“向”字何以如此作，還可以進一步探討。今按，商周古文字已有“向”字，均從宀、口，春秋戰國時“宀”旁簡化作鋭角形，或離析爲八字形，“口”旁下邊或加一、二橫畫作飾筆，如：㑹九年鄭令矛（《文物》1972 年 10 期 40 頁圖 24）；㑹（向孝子鼎《三代吉金文存》2·16·6）。楚簡“口”旁之上寫作“㕨”形，則是進一步的變化。推測其訛變過程是這樣的：㑹—㑹—㑒—㕨—㕉。即“宀”旁由“∧”離析呈“八”，與下面的“八”形組合，再重新分裂所致。

包山 99 號簡有一字作下揭 c 型，爲人名用字，原書未釋。

　　　㐱 c　　　　㳡 d　　　㓞 e　　　㓞 f

滕壬生《楚系簡帛文字編》曾釋爲“昔”（第 567 頁）。該字應釋爲“向”。又，羅福頤《古璽彙編》3293 號璽文有字作 d 形，原文缺釋。從字形上看，也是“向”字。在璽文中用作人名。高明《古陶文彙編》3・248 有一人名用字作 e 形，原書未釋。此字也應釋“向”。又，同書 3・1080 有一字作 f 形，頗疑也是“向”字。戰國中後期，齊、楚交壤，齊陶文“向”字與楚簡寫法相同，是不足爲異的。我們注意到齊陶文“甚”字也有完全同於楚簡寫法的例子，應屬同樣的道理。

　　　　　　　　　　　　　　　　　　　《簡帛研究二〇〇一》頁 200—201

○李零（2002）　（編按：上博二・容成 47）文王乃迟（起）市（師）呂鄉（嚮）豐、喬（鎬）。

　　　　　　　　　　　　　　《上海博物館藏戰國楚竹書》（二）頁 287—288

○黃德寬、徐在國（2002）　（編按：上博一・緇衣 12）我們注意到簡文“向”字上部均像兩人背對之形，似應分析爲从“北”从“口”。《説文》：“向，北出牖也。”从“北”可爲《説文》訓“向”爲朝北窗户之一證。古音“向”，曉紐陽部；“卿”，溪紐陽部。簡文“向”可讀爲“卿”。或説“㓞”爲“饗”之省體。

　　　　　　　《新出楚簡文字考》頁 112，2007；原載《古籍整理研究學刊》2002-2

○廖名春（2003）　“㓞”即“鄉”字之異體。（中略）“㓞”字爲上下結構，上部“卯”爲“卿、鄉”之省，像兩人相向對坐，但省去了中閒的“簋”。下部从“口”，與“饗”字下部从“食”同。“口、食”作爲形符可以互用，因此，“㓞”當係“鄉、饗”字之異體。

　　　　　　　　　　　　　　　　　《郭店楚簡老子校釋》頁 488—489

○賈連敏（2003）　（編按：新蔡零 92）配卿（饗）。

　　　　　　　　　　　　　　　　　　　　《新蔡葛陵楚墓》頁 212

○李守奎（2003）　卿　簡文中有卿、享兩讀。

　　　　　　　　　　　　　　　　　　　　　《楚文字編》頁 545

○濮茅左（2003）　又孚，光卿，貞吉

　“卿”，古“饗”字，甲骨文、金文、簡文的字形都象兩人相對而飲，《説文・食部》：“饗，鄉人飲酒也，从食从鄉，鄉亦聲，許兩切。”通“亨”。

　卿，君子又怸　“卿”，讀爲“亨”。

　　　　　　　　　　　《上海博物館藏戰國楚竹書》（三）頁 138—139、153

○濮茅左（2004）　（編按：上博四·柬大 7）君與陵尹子高卿（饗）　　“卿”，讀爲“饗”。

《上海博物館藏戰國楚竹書》（四）頁 201—202

○李零（2004）　（編按：上博四·曹沫 2）昔堯之鄉（饗）埜（舜）也。

《上海博物館藏戰國楚竹書》（四）頁 244

○李零（2005）　（編按：上博五·三德 4）“政卿”，執政大臣。

《上海博物館藏戰國楚竹書》（五）頁 291

○曹錦炎（2007）　（編按：上博六·天甲 7“與卿、夫₌同恥氒”）“卿”，公卿。公卿、大夫之設見《禮記·王制》：“天子三公、九卿、二十七大夫、八十一元士。大國三卿，皆命於天子，下大夫五人，上士二十七人。次國三卿，二卿命於天子，一卿命於其君，下大夫五人，上士二十七人。小國二卿，皆命於君，下大夫五人，上士二十七人。”

《上海博物館藏戰國楚竹書》（六）頁 322

【卿大夫】信陽 1·32

○中大楚簡整理小組（1977）　卿夫₌（大夫）。

《戰國楚簡研究》2，頁 8

○李學勤（1992）　“卿大夫”即上大夫，見《管子·揆度》及注。

《綴古集》頁 136，1998；原載《中國社會科學院研究生院學報》1992-5

【卿里】上博五·競建 7+4

△按　“卿里”即鄉里。

【卿使】上博一·緇衣 12

△按　郭店本作“卿事”，今本作“卿士”。

【卿部】

○中國文物研究所、湖北省文物研究所（2001）　（編按：龍崗 10）取傳書鄉部稗官。

　　鄉部，鄉一級官府。《漢書·百官公卿表》：“大率十里一亭，亭有長。十亭一鄉，鄉有三老、有秩、嗇夫、游徼。三老掌教化。嗇夫職聽訟，收賦税。游徼，徼循禁賊盜。”《漢書·貢禹傳》：“鄉部私求，不可勝供。”顔《注》：“言鄉部之吏又私有所求，不能供之。”

《龍崗秦簡》頁 74—75

△按　睡虎地秦簡“卿”或如字讀，或用作“鄉”，或用作“饗”。“卿、卿”等字從田煒《古璽探研》（192—211 頁，華東師範大學出版社 2010 年）釋，今摘録

其文於下：

金文中有一個从卯从合的字，一般隸定爲"卿"。"卿"字在金文中凡九見，（中略）

《説文》："卯，事之制也。"又云："卿，章也……从卯，皀聲。"不少學者早已根據古文字材料指出《説文》對"卯、卿"二字的分析是錯誤的。方濬益指出金文"卿"字："𝔰乃兩人相向之形……蓋古卿與鄉本一字，彝器銘'立中廷北鄉'字習見，正作卿。小篆興始分爲二，專以此爲公卿字，而更製鄉字从㗊以別之。"可謂慧眼卓識。羅振玉先生在《殷虚書契考釋》中指出："《説文解字》：'卯，事之制也。从卩、卩。'卜辭𝔯字从二人相向，鄉字从此，亦从𝔰，知𝔯即𝔰矣。此爲嚮背之嚮字。卯象二人相嚮，猶北象二人相背，許君謂爲事之制者，非也。"又在《增訂殷虚書契考釋》中説："鄉"字"从𝔰从𝔟，或从𝔯从𝔟，皆象饗食時賓主相嚮之狀，即饗字也。古公卿之卿、鄉黨之鄉、饗食之饗，皆爲一字，後世析而爲三，許君遂以鄉入㗊部，卿入𝔯部，饗入食部，而初形初誼不可見矣"。

羅氏根據甲骨文字形分析出"卯"字的本義以及"卿"字的構形，爲不刊之論。其後，戴家祥先生詳細地論述了"卿"字所从之"皀"是"簋"字的象形初文，音義皆同"簋"，《説文》對"皀"字形、音、義的分析均有誤。這樣一來，"卿"字的構形就應該分析爲从卯从皀，會二人對食之意，卯亦聲。金文"卿"字或从食，"食"亦食器之象形，"皀、食"相替是義近形旁的換用，亦可知"卿"字所从之"皀"表義而不表音。

諸家謂"卿"从合聲，主要是受到了《説文》對"卿"字形體分析的誤導，今既知"卿"字之構形，則應該對"卿"字的形體進行重新分析。古文字中凡从卯之字，大都爲會意字，"卯"兼可表聲，未見有从中閒的偏旁得聲者。甲骨文中有一個寫作𝔞（《合集》16045）的字，金祥恆、姚孝遂、劉釗等先生均以爲"卿"之異體，可能是對的，可惜上下文均殘，無法驗證。以"卿、卿、卿"等字例之，"卿"字當分析爲从卯从合，卯亦聲。《説文》："合，合口也。从亼、口。"余永梁先生在《殷虚文字考》中指出："'合'象器蓋相合之形。許君云：'亼，三合也。从一，象三合之形。'乃望文生訓之肊説。"朱芳圃、唐蘭、姚孝遂、趙誠等學者均主此説。高鴻縉先生認爲"合"字"从口亼聲，乃對答之答之本字，凡對答必須用口，故合字从口亼聲"，未安。"合"字爲有蓋器物之象形，與"盇"字所从之"去"的構形相類,有相合之義,引申出會合、相應之義,繼而引申爲應答之義,與"口"字無涉。李孝定先生認爲:"'卿'字从卯从合,其結構與卿字同,合字象蓋器相合,爲容器之象形字,與皀之象食器者亦近,或疑此即饗字,以讀諸銘亦可;或釋'會'亦通,'會、合'形義並近,古蓋一字,其本義爲器蓋相合,引申爲凡遇合之稱,此義無取於'卯',或以前説爲優也。"李氏指出"卿"字即"卿"字之異體,以"合"易"皀"是義近形旁的換用,可謂慧眼卓識,然而仍保留釋"會"、釋"合"之説,則未安。

　　下面我們結合具體文例對"卿"字在金文中的用法進行考察。(中略)"卿"字也見於古璽。《璽彙》3742 號著録了下揭齊璽:

　次字原釋文作"卿",《璽文》收入卷九卯部下,以爲《説文》所無。此字無論讀爲"會",還是讀爲"合",均難貫通辭意。何琳儀先生釋爲"譔",並認爲"東譔"可能是複姓,未安。吳良寶、劉釗兩位先生分别釋"東卿"爲複姓"東鄉",甚是。《璽彙》1148 號重新著録了下揭齊璽:

　左上方一字略有殘泐,舊不識。細審璽文,該字从卿。結合齊系文字"邑"字作 (《璽彙》1590"邦"字所从)、(《陶彙》3·329 "郤"字所从)、(《璽彙》2203"郘"字所从)、(《陶彙》3·323"鄹"字所从)等形,該字中下部的 也應該是"邑"旁,只是由於位置狹窄,導致末筆無法舒展,與《陶彙》3·323 號"鄹"字所从的 相類,故 字當隸定爲"鄉",是"鄉"之專用字。日本東京國立博物館藏有下揭戰國封泥:

　次字和 當爲一字,只是下部的"邑"旁殘泐比較嚴重,只有其中的"卩"仍依稀可辨,裘錫圭先生將其釋爲"鄉"是完全正確的。或釋爲"嚌、齊"等字,不足徵信。值得注意的是,該字所从的"卯"寫作"卯",是訛變現象,並非《説文》訓爲"二卩"的"卯"字。

　　西周金文中還有一個从卯从口的字,寫作 (《集成》1612 父己鼎)、(《集成》8452 父丁爵)等形,容庚先生認爲"象兩人共食之形,其盛食物之器"。《金文編》將此字隸定爲"卿",當作《説文》所無之字附於第九卷卯部下。張亞初先生認爲"卿"是"卯"字的繁文。雖然古文字偏旁有時候單複無别,但是會意字的偏旁是不能隨便簡省的,正如我們不能把"卿"字等同於"即"字一樣,我們也不能隨便把"卿"字等同於"卯"字,張説明顯缺乏説服力。、二字的構形與"卿、卯"等字相類,應該分析爲从卯从口,卯亦聲。"口"在古文字中可充當器物的象形,上文討論到的"合"字即其佳證。另外如"去"("盍"字所从)、"害"

等字也都以"口"爲器物的象形。于省吾、唐蘭等先生認爲"口"象筥盧之形，可備參考。根據以上的討論，我們認爲容先生對"卿"字的分析是完全正確的。"食、皀、合、口"均象器物之形，故無論从食、从皀、从合還是从口，均會二人對食之意。根據一般的金文文例，銘文"卿父乙、卿父丁"中的"卿"當爲族名。

戰國文字有下列諸字：

A1　《包山》簡 33　　《郭店·語叢四》簡 11

A2　《九店》56 號墓簡 27

B1　《郭店·六德》簡 3　　《郭店·魯穆公問子思》簡 3

　　《郭店·尊德義》簡 28　　《上博（三）·彭祖》簡 8

　　《上博（四）·柬大王泊旱》簡 1　《上博（五）·競建內之》簡 7

　　《璽彙》3293　　《考古》1995 年第 1 期 75—77 頁襄城公競雎戈

B2　《九店》56 號墓簡 44　　《上博（二）·容成氏》簡 7

B3　《上博（一）·緇衣》簡 12

C1　《郭店·老子乙》簡 17　　《郭店·老子乙》簡 18

　　《郭店·老子乙》簡 18　《上博（六）·慎子曰恭儉》簡 6

C2　《陶彙》3·248　　《集成》11669 王立事鈹

D　《郭店·緇衣》簡 43

我們先將該字隸定爲"峃"。此字最早見於《包山》簡 99 和《九店》56 號墓簡 26、44。李家浩先生將九店楚簡中的"峃"字分別釋爲"享、昔"二字。後來公布的郭店簡，此字屢見，一般認爲是"向"字之訛。湯餘惠、吳良寶兩位先生同意這種觀點，並指出《璽彙》3293、《陶彙》3·248、3·1080 號等材料也有與簡文形同或形近的字。徐在國和黃德寬先生認爲該字上部象兩人背對之形，將其隸定爲"皆"。《古文字譜系疏證》沿用了徐、黃兩位先生的觀點，並進一步指出此字从北从向省。另外，還有學者將此字釋爲"丘、皿"等等，這兩種"皿"等觀點在字形上缺乏依據，用以疏通文義也頗覺迂曲，均未足徵信。近年來出版的幾種工具書大都把此字直接收入"向"字下。"峃"字在具體的文例中用爲"嚮"（**原注**：在文獻中，"嚮、向"可以通用，本書"嚮"字一般寫作"向"，但本段文字涉及《說文》訓爲"北出戶"的"向"字，故將"方向、向背、趨向"之"向"寫作"嚮"，以示區別）、"卿、鄉、饗"等字，其讀音與"向"字相同或相近是沒有問題的。然而，"峃"是否就是《說文》訓爲"北出戶"

的"向"字,則還有討論的餘地。如果説"凷"即"向"字之變體,那麼爲什麼在衆多从宀之字中,唯有"向"字所从之"宀"訛變成了"ΛΛ"?且戰國文字中也有从宀之"向"作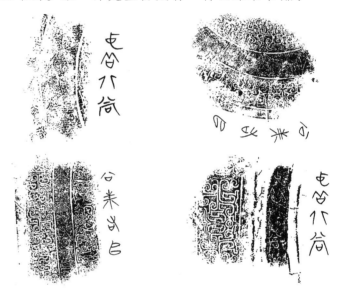(《集成》11565 二十三年襄城令矛)、(《集成》11551 九年鄭令矛)等形,"凷"字如果是偶然訛變而來的,那麼爲什麼在楚簡中無一寫作从宀之形?如果無法回答這些問題,那麼"凷"即"向"字訛體的説法是難以令人無疑的。至於把"凷"隸定爲"啇"的觀點,也是不正確的。嚴一萍先生舊藏有一件公朱右官鼎:

"凷、北"二字共見,"北"字與"凷"字所从完全不同。我們認爲,"凷"字上部象兩人相對之形(**原注**:蒙張光裕先生面告,他在數年前一次和曹錦炎先生的談話中已經指出"凷"字上部象二人相對之形,謹識於此,以致謝忱),而該形體應該也是由"卯"字演變而來的,故該字也是一個从卯得聲的字。在商代和西周早期的古文字中,"卯"字象兩人跪踞相對之形,到西周中期以後,象腿部跪踞之形的折筆大都被拉直,到春秋戰國時期,"卩"旁甚至進一步訛變成"人"形。如"卿"字,商代晚期到西周早期金文作▨(《集成》2709 尹光鼎),西周中期到晚期金文作▨(《集成》2841 毛公層鼎),到春秋戰國時期,或寫作▨(《集成》102 邾公▨鐘)、▨(《璽彙》0874)、▨(《璽彙》4010)。而戰國文字"人"字或作▨(《陶彙》3·410)、▨(《集成》11313 三十三年鄰令戈"年"字所从)、▨(《上博(三)·中弓》簡25)等形,倘作相對之形,則與"凷"字上部形體相同。值得注意的是,戰國文字"夾"字作▨(仰天湖楚簡簡32"綊"字所从)、▨(《璽彙》1972"痍"字所从)、▨

(《陶彙》3·376"痰"字所從)。《説文》:"夾,持也。从大俠二人。"其中象二人相對之形的部分寫作 ⌢、⋔、⌒ 等形,正可與"㕣"字相對照。據此可知戰國文字中的"㕣"字應該是由西周金文中的"卯"字演變而來的,如果要隸定,也應該寫作"卯"。上舉"卯"字的諸多形體之中,A 形最標準,B 形二人由相對之形逐步訛變爲相背之形,其中多數形體所從之"卯"仍介乎向背之間,是訛變的中間環節。C 形變成了二人相背之形。上文討論過的"竆"字也存在類似的變化情況,齊封泥 字所從之"卯"的其中一側發生訛變,變成了二卩相從的"卯"。D 形所從之"卯"進一步訛變成 Ν。

上引公朱右官鼎銘文有"中 北尚"一辭。張光裕先生認爲"中卯北尚"四字的釋讀有兩種可能,一是釋 爲"善"而讀爲"膳","北尚"是人名或地名,二是釋 爲向或鄉,則可讀爲"中向(鄉)北尚(上)","乃指鼎之陳設,以北爲上首,向中陳設",又認爲"鄉"或可假爲"卿",則"中卿"可能是職官名。董珊先生同意釋爲"中向北上","表示該器的陳設位置"。現在看來, 就是 A 形的"卯"字。"中卯北尚"可以讀爲"中鄉北黨","卯字的用法與前引《郭店·老子乙》簡 17、18,《上博(五)·競建内之》簡 7 用法相同。《古封泥集成》1853—1857 號重新著録了五枚"中鄉"封泥,可以與銘文互相印證。古代常以方位名詞命名行政區劃,如《包山》簡 20 的"南里",《璽彙》5554 號的"北州",秦印中的"西鄉、南鄉、北鄉"等等,皆其例,大家熟知的東郭、南郭、東鄉、東里等複姓也可以從一個側面反映出這一類地名在當時是十分常見的。《周禮·地官·大司徒》:"令五家爲比,使之相保。五比爲閭,使之相受。四閭爲族,使之相葬。五族爲黨,使之相救。五黨爲州,使之相賙。五州爲鄉,使之相賓。"黨正是鄉的下級單位。黨,古書或寫作"䣊",是在"尚"字的基礎上增益表義的"邑"旁形成的專用字。《説文·邑部》:"䣊,地名也。"段玉裁注:"䣊,今俗以爲鄉黨字。"《玉篇·邑部》也説:"一曰五百家爲䣊,今作黨。"戰國楚簡"黨"字或從里作 (《郭店·尊德義》簡 17),"里、邑"爲義近形旁,故可相通。按照戰國金文的常例,"中鄉北黨"當爲生産或放置公朱右官鼎的地方。最後順便談一下,《集成》11669 號王立事鈹銘文有"俾令肖(趙) ",其中俾令名《殷周金文集成》(修訂增補本)所附摹本作 ,或釋爲"世",未安,應該改釋爲"卯"。

辟 辟

辟 上博六·天甲8　　辟 上博六·天乙8　　辟 郭店·五行47　　辟 文博1998-1,頁45

辟 集成2746梁十九年亡智鼎　　辟 上博四·曹沫35　　辟 上博四·曹沫37　　辟 上博六·天乙8

辟 上博六·天甲9　　辟 上博六·天甲9　　辟 上博四·曹沫25

辟 集成10374子禾子釜

辟 睡虎地·雜抄4　　辟 睡虎地·答問96　　辟 睡虎地·秦律185

辟 集成157屬羌鐘

○**劉節**(1931)　　(編按:屬羌鐘)《爾雅·釋詁》:"辟,君也。"《詩·文王有聲》:"皇王維辟。"《蕩》"下民之辟",《棫樸》"濟濟辟王",皆可證。

　　　　　　　　　　《古史考存》頁87,1958;原載《國立北平圖書館館刊》5卷6號

○**唐蘭**(1932)　　(編按:屬羌鐘)辟即辟君也。

　　　　　　　　　　《唐蘭先生金文論集》頁2,1995;原載《國立北平圖書館館刊》6卷1號

○**蔡鏡浩**(1988)　　辟

　　《法律答問》:"伍人相告,且以辟罪,不審,以所辟罪罪之。"注:"辟,《爾雅·釋詁》:'罪也。'一説,辟應讀爲避。"(《睡虎地秦墓竹簡》192—193頁)

　　按:此兩説於文義皆不合。此條下文舉例云:"今甲曰伍人乙賊殺人,即執乙,問不殺人,甲言不審,當以告不審論,且以所辟?"(同上)據此則"辟罪"當指憑空捏造罪名,猶今所謂誣告。譯文云"加以罪名",雖已近之,似仍未諦。

　　"辟"訓爲不符事實,古已有之。《周禮·天官冢宰·宰夫》:"凡失財用物辟名者,以官刑詔冢宰而誅之。"鄭玄注:"辟名,詐爲書,以空作見,文書與實不相應也。"《經典釋文》云:"辟,徐芳石反,劉芳益反,干云:不當也。""辟"作不符事實講,似應是"僻"的通假字。古代"辟、僻"常通用。《莊子·駢拇》:"淫僻於仁義之行。"《經典釋文》:"本又作'辟'。"《廣韻》:"僻,誤也,邪僻也。"《論語·先進》:"師也僻。"王弼注:"飾過差也。"即以假象掩飾過錯。"僻"有偏僻義,引申之則爲不正,再引申則可爲誤、與事實不符之義。

　　　　　　　　　　　　　　　　　　　　　　　　《文史》29,頁142

○**何琳儀**（1989）　“辟”，郭據殘文補，可參。《説文》：“辟，法也。”

《古文字研究》17，頁 149

○**睡簡整理小組**（1990）　（編按：雜抄 4）不辟（避）席立

　　避席，《吕氏春秋·直諫》注：“下席也。”古時坐在席上，下席站立是表示恭敬。

《睡虎地秦墓竹簡》頁 80

　　（編按：日甲 81 正壹）東辟（壁），不可行。

　　（編按：日甲 70 背）大辟（臂）臑而僂。　　（編按：日甲 71 背）大疵在辟（臂）。

《睡虎地秦墓竹簡》頁 192、219

○**張守中**（1994）　（編按：秦律 185）辟　通壁。　　（編按：日甲 81）東辟　通避，　不辟席立。　　（編按：日甲 70 背）通臂　大辟臑而僂。

《睡虎地秦簡文字編》頁 144

○**何琳儀**（1998）　辟，甲骨文作𨐅（甲 1490）。从辛从卩，會以刑具（辛）制人之意。《管子·君臣》上“論法辟衡權斗斛”，注：“辟，刑也。”《爾雅·釋詁》：“辟，皋也。”引申訓法。金文作𨐡（毛公鼎），加璧之初文〇（象玉璧之形）分化爲璧字。故刑法之辟本應作𨐡，辟乃璧玉之璧的初文。𨐡爲會意，辟爲形聲（从〇，𨐡聲）。金文中已以辟爲𨐡。戰國文字承襲金文。〇或繁化爲𧺫形，或加飾點作𧺦形。《説文》：“𨐣，法也。从卩从辛，節制其皋也。从口，用法者也。（必益切）。”

　　子禾子釜辟，見《爾雅·釋詁》“辟，皋（罪）也”。

　　𪊨羌鐘、梁十九年亡智鼎辟，見《爾雅·釋詁》“辟，君也”。

　　楚璽辟，姓氏。周有辟氏，康叔後辟氏。見《路史》。

　　睡虎地簡辟，讀避。

《戰國古文字典》頁 774—775

○**陳佩芬**（2001）　辟　與“嬖”通。《荀子·君道》“案唯便嬖親比己者之用也”，《韓詩外傳》卷四“嬖”作“辟”。又《荀子·儒效》“事其便辟”，楊倞注：“辟，讀爲嬖。”郭店簡作“卑”，今本作“嬖”。

《上海博物館藏戰國楚竹書》（一）頁 188

○**李零**（2004）　（編按：曹沫 25）毋（無）𣟄（將）軍必又（有）䚆（數）獄夫〓（大夫）“獄大夫”，疑掌軍中之刑罰。

（編按：曹沫 35）毋辟（嬖）於便俾（嬖）。

（編按：曹沫 37）毋辟（避）皐。

《上海博物館藏戰國楚竹書》（四）頁 259、265、267

○**曹錦炎**（2007）　（編按：上博六‧天甲 8“天子四辟延［筵］筶［席］”）“辟”，義爲“疊”。《文選》張協《七命》：“乃鍊乃鑠，萬辟千灌。”李善注：“辟謂疊之，灌謂鑄之。”《莊子‧田子方》：“心困焉而不能知，口辟焉而不能言。”陸德明《釋文》引司馬彪云：“辟卷不開也。”由“疊”義引申，訓爲閉合。字亦同“襞”，訓爲摺疊，《漢書‧揚雄傳‧反離騷》：“芳酷烈而莫聞兮，固不如襞而幽之離房。”顏師古注：“襞，疊衣也。”“四辟”，猶言“四疊、四重”。

《上海博物館藏戰國楚竹書》（六）頁 324

【辟大夫】

○**李家浩**（1993）　貴將軍之“貴”和辟大夫之“辟”，很容易使人認爲是將軍和大夫的名字。不過這種看法是有一個問題，即古人稱謂習慣是把名字放在職官之後來説的。這裏舉兩個古文字中的例子作爲代表：

九年，牆（將）軍張。　戈　《文物》1982 年 8 期 44 頁圖三

陰成君邑大夫俞□。　印　《古璽彙編》18.0104

“張、俞”分別是將軍、大夫的姓。因此，對節銘“貴、辟”二字的正確含義需要從另一個方面去考察。

《左傳》成公二年記齊晉鞌之戰，齊頃公免於難時説：“齊侯見保者，曰：‘勉之。齊師敗矣！’辟（避）女子。女子曰：‘君勉（編按：當作“免”）乎！’曰：‘免矣。’曰：‘鋭司徒免乎？’曰：‘免矣。’曰：‘苟君與吾父免矣，可若何？’乃奔。齊侯以爲有禮。既而問之，辟司徒之妻也。”杜預注：“鋭司徒，主鋭兵者。辟司徒，主壘壁者。”杜注以爲“辟”是“壁”的假借。“壁”從“辟”聲，故“辟”可以假借爲“壁”。出土秦漢文字，也多借“辟”爲“壁”，例如睡虎地秦墓竹簡、馬王堆漢墓帛書二十八宿之一的“東壁”作“東辟”，居延漢簡“塢壁”作“塢辟”，敦煌漢簡“壁壘”作“辟壘”。不過壘壁之“壁”是後起的本字。原本以“辟”字爲之。《左傳》襄公九年知武子曰：“吾三分四軍，與諸侯之鋭，以逆來者，于我未病，楚不能矣。”銀雀山漢墓竹簡《孫臏兵法‧威王問》：“孫子曰：錐行者，所以沖堅毁兑（鋭）也。”此二“鋭”字都是指鋭兵。《史記‧齊太公世家》：“癸酉，陳於鞌。逢丑父爲齊公右……射傷郤克，流血至履，克欲還入壁。”《漢書‧高帝紀》：“羽聞漢王在宛，果引兵南，漢王堅壁不與戰。”此二“壁”字都是指壘壁。可見杜預對鋭司徒之“鋭”和辟司徒之“辟”的注釋是可信的。

節銘"辟大夫"與"辟司徒"文例相同,其"辟"字也應該像辟司徒之"辟"一樣讀爲"壁"。不言而喻,辟大夫的職掌跟辟司徒一樣主壘壁,其主要任務是"修溝塹,治壁壘,以備守禦"。

《中國歷史博物館館刊》1993-2,頁54

○**陳偉武**(1996) 《集成》12104 虎符有"辟夫=(大夫)信節"之語,"辟大夫"當讀爲壁大夫,相當於下大夫。

《華學》2,頁83

【辟席】

○**睡簡整理小組**(1990) (編按:雜抄4)避席,《吕氏春秋·直諫》注:"下席也。"古時坐於席上,下席站立是表示恭敬。

《睡虎地秦墓竹簡》頁80

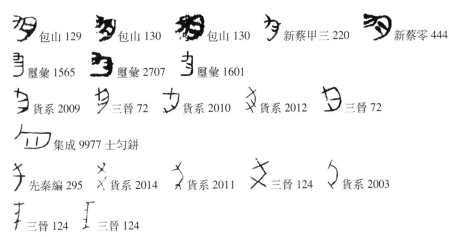

○**羅福頤等**(1981) 勹 王孫鐘旬作,所從與璽文合。

《古璽文編》頁229

○**何琳儀**(1998) 勹,甲骨文作(存下956),與云字同形。云,匣紐;勹,見紐。匣、見爲喉、牙通轉,勹爲云之準聲首。或作(京津472)、(甲256)、(甲1478),省略上之短橫。或穿透之筆畫作(乙7795),遂與云字有別。金文作(多友鼎),加=爲分化符號。戰國文字承襲商周文字。齊系文字加飾筆作、,燕系文字或與甲骨文同形作,晉系文字訛變尤甚(或與尋、爻字混同),楚系文字或加飾筆作,秦系文字作。《古文四聲韻》上平三十三均所從勹作,與齊系文字吻合。《說文》:",少也。从勹、二。"舊多據《廣韻》反切歸定紐,兹據《集韻》反切歸見紐。軍从勻得聲屬見紐,亦可資旁證。

　　趙器“土勻”,讀“土軍”(軍从勻聲),地名。中山王雜器“冶鈞”,疑冶煉陶鑄之機構。《史記·鄒陽傳》“獨化於陶鈞之上”,索隱:“鈞,範也。作器下轉者名鈞。”嗇夫戈“□勻”疑亦“冶勻”。右使車嗇夫鼎勻,讀鈞。《吕覽·仲春》“鈞衡石”,注:“鈞,銓。”

　　包山簡勻,見《説文》“鈞,三十斤也。从金,勻聲”。

　　古璽勻,姓氏。見《姓苑》。

　　　　　　　　　　　　　　　　　　　　　　　　《戰國古文字典》頁 1110—1111

△**按**　新蔡簡甲三 220“勻”字宋華强(《新蔡葛陵楚簡初探》464 頁)讀作“鈞”。

旬

集成 261 王孫遺者鐘　　上博二·容成 14　　上博六·競公 13　　九店 56·83　　九店 56·105　　九店 56·108　　九店 56·106　　睡虎地·日甲 138 背　　睡虎地·日乙 46 貳　　睡虎地·日乙 151

○**睡簡整理小組**(1990)　(編按:日乙 45 貳—46 貳)二旬二日皆知,旬六日毁二旬二日即二十二日,旬六日即十六日。

　　　　　　　　　　　　　　　　　　　　　　　　　《睡虎地秦墓竹簡》頁 236

○**何琳儀**(1998)　旬,西周金文作旬(新邑鼎)。从日,勻聲。春秋金文作旬(王孫鐘),加═爲分化符號(參勻字)。戰國文字承襲兩周金文。《古文四聲韻》上平三十三引《古老子》均作旬,其所从旬與齊陶吻合。《説文》:“旬,徧也。十日爲旬。从勹、日。旬,古文。”古文旬,从日,勻聲。旬即旬,前者═分寫於日旁之上下,遂似亘字。

　　齊陶旬,姓氏。晉逝遨之後有旬氏。見《路史》。

　　　　　　　　　　　　　　　　　　　　　　　　　《戰國古文字典》頁 1111

○**王寧**(2000)　旬　第三十三字舊釋“其”,不確,當釋“旬”,此讀爲“均”,同也。下一字即第三十四字舊釋“怡”,不通。仍當釋“台”,通以,古台、以同字。“旬(均)台(以)鼓之”者,言無論是自我娱樂還是招待賓客,皆用以鼓之也。

　　　　　　　　　　　　　　　　　　　　　　　　　《文物研究》12,頁 217

○李家浩(2000)　根據簡文文例,此"☑內月勾"是"十月"的往亡日。楚曆十月是夏曆七月。秦簡《日書》所記七月的往亡日皆作"九日"。例如甲種往亡 133 號正"入七月九日",乙種往亡 149 號"七月九日"。按本墓竹簡"勾"作 𢓀,從"日"從"勻"聲;"九"作 𠄏,與"旬"字所從"𣍘(勻)"旁形近。上 82號、78 號兩簡"九月"皆作合文。疑本簡的"勾"是"九日"合文之誤。

《九店楚簡》頁 132

【勼歔】

○李零(2002)　已三從坴(舜)於勼(歔)昏(歔)之中。

《上海博物館藏戰國楚竹書》(二)頁 260

○蘇建洲(2003)　勼:即"歔"。"勼",邪紐真部;"歔",見紐元部。韻部真元旁轉,古籍常見通假。聲紐見邪互通之例,如《侯馬盟書》"弁改"讀作"變改",《郭店·尊德勝》簡 1"改惪剠"即"改惪勝",而"巳",邪紐之部;"己",見紐之部,即爲一例(參李守奎《〈戰國楚竹書·孔子詩論·邦風〉釋文訂補》,《古籍整理研究學刊》2002 年 2 期 9 頁)。所以簡文"歔"寫作"勼"是可以的。

《〈上海博物館藏戰國楚竹書(二)〉讀本》頁 130

○濮茅左(2007)　(編按:上博六·競公 13"勼又五")即"一勼又五日",十五日。

《上海博物館藏戰國楚竹書》(六)頁 189

【旬陽】

○王輝、程學華(1999)　《考古與文物》1987 年 2 期旬陽縣博物館《陝西旬陽縣出土的漢代銅尺和銅鍾》一文以爲是漢器,陝西歷史博物館的展覽説明則以爲是秦器。今按《漢書·地理志》漢中郡有"旬陽"縣。《漢書補注》王先謙曰:"戰國楚地,作郇陽,見《楚策》;有關名旬關,見《酈商傳》。續《志》後漢省。"顧祖禹《讀史方輿紀要》卷五十六:"漢置旬陽縣,屬漢中郡。"今按顧氏之説,乃據《漢書·地理志》,然郇陽即旬陽,旬陽既爲楚舊地,入秦後自當仍之。漢中歸秦在惠文王後元十三年(前 312 年),本書六年漢中守戈考釋一節已有説,此器文字風格屬秦,則此器上限應即此年。從器形看,此壺與咸陽博物館所藏二年寺工壺接近,二年寺工壺拙著《秦銅集釋》以爲作於莊襄王二年。當然,僅從器形和文字風格,難於完全準確區分秦及漢初器,故此器可定爲秦漢之際。壺重 1750 克,銘稱"重七斤",每斤合 250 克,與《中國古代度量衡圖集》圖版一七六中國歷史博物館藏始皇詔二十斤權每斤克數相合。

《秦文字集證》頁 79

匃  脳

望山 1 · 37

○**中大楚簡整理小組**（1977）　脳，即胸。

《戰國楚簡研究》3,頁 21

○**朱德熙、裘錫圭、李家浩**（1995）　胸。

《望山楚簡》頁 72

○**何琳儀**（1998）　胃，從勹,肖聲。脳（肖）之繁文。《字彙》:"胸,同肖。"

　　望山簡胃,讀胸。胃上文辭殘缺,疑胃從上讀。簡文意謂,有胸疾故禱之,不久痊愈。胃字內著＝,疑裝飾部件。

《戰國古文字典》頁 406

○**李守奎**（2003）　（編按:望山 1 · 37）　脳　匃。

《楚文字編》頁 546

匓 匓

匓郭店 · 尊德 24　　匓郭店 · 尊德 26

○**李守奎**（2003）　匓　匃　勹聲化爲尤。

《楚文字編》頁 546

豕 豕 豜

豕侯馬 67:1　豕侯馬 67:46　豕集成 9734 舒盗壺　豕包山 257

豕集成 10447 十四年雙翼神獸　豕睡虎地 · 答問 190

豜天星觀　豜望山 1 · 116　豜包山 225　豜包山 227　豜包山 211

豜包山 202　豜包山 203　豜新蔡甲三 278　豜新蔡甲三 405

豜新蔡甲三 328　豜新蔡甲三 180　豜新蔡甲三 332

豜集成 2590 十三年上官鼎　豜璽彙 4047

集成 2451 梁上官鼎 "冢子" 合文　　　壐彙 3102 "冢子" 合文

望山 1・110 "冢豕" 合文　　　望山 1・117 "冢豕" 合文　　　望山 1・119

包山 243 "冢豕" 合文

○**朱德熙、裘錫圭**（1979）　（編按：矵盗壺 "冢任"）冢，借爲 "重"。壺足銘文中 "冢" 字亦當讀爲 "重"。（中略）"冢" 當讀爲 "重"。"重一石三百三十九刀之重" 的意思是：這個壺的重量是一石之外再加上三百三十九把刀的重量。

　　　　　　　　　　《朱德熙古文字論集》頁 105、106，1995；原載《文物》1979-1

○**李家浩**（1981）　戰國時代的 "冢" 字

　　金村銅器等刻辭中比 "寽" 低一級的重量單位是 "冢"。此字有以下一些寫法：

a. 冢　鼎　故宮博物院藏　　　　　b. 冢　壺　《墓考》圖版 186・6a

c. 冢　壺　《墓考》圖版 186・6c　　d. 冢　壺　《墓考》圖版 186・6b

e. 冢　壺　《三代》12・14 下

由於字形與戰國壐印文字中 "家、隊（墜）、豩" 等字所從的 "豕" 字近似：

《徵》附 24　　　《徵》附 21　　　《徵》附 40

所以朱德熙先生過去曾釋爲 "豕" 字。現在看來，此字應釋爲 "冢"，侯馬盟書 "冢" 字的寫法可以爲證：

a　b　c　d　e　《盟》324

據《説文》分析，"冢" 字 "從勹豕聲"。在上邊這幾種寫法裏，a、b 是正體，c、d、e 是簡體。c 把 "勹" 旁與 "豕" 旁重疊在一起，以 "勹" 旁兼充 "豕" 旁上端的一部分。這種偏旁筆畫公用的現象在戰國文字裏是很常見的，下邊引侯馬盟書裏的幾個字爲例：

醜：歸　歸《盟》352　　　群：羣　羣《盟》341

祗：極　禔《盟》320　　　嘉：嘉　嘉《盟》343

在 c 的基礎上，把 "勹" 旁與 "豕" 旁上部寫得分開一點，就成爲 d 和 e。上引金村銅器刻辭的 "冢" 字確實很像 "豕" 字，但 "豕" 的豎筆上有一短横，可見是從 "豕" 的字，如果跟侯馬盟書 c、d、e 幾種寫法相比較，就完全可以確定它是 "冢" 字的簡寫。此外，平山中山王墓圓壺銘文説：

（1）弓（冢）一石三百卅九刀𡆵（之冢）。　　壺《故宮博物院院刊》1979 年第 1 期
47 頁圖 5

此銘"冢"字讀爲"重"，文義妥帖。冢、重古音相近。《釋名·釋喪制》"冢，腫
也，山頂之高腫起也"，即以腫爲冢之聲訓。句末一字是"之冢"合文。"重一
石三百卅九刀之重"，意思是説這個壺的重量是一石之外再加上三百三十九
把刀的重量。因爲"刀"不是正式重量單位，所以下面要加"之冢（重）"二字。
這條銘文也可以證明我們對"冢"字的辨認是可信的。

除了"冢"字以外，戰國文字裏還有"塚"字：

（2）〔不（丕）顯出〕公大𡑙（塚）……　　沁陽盟書《考古》1966 年第 5 期圖版
10·6 及 280 頁圖 1·6

（3）春成侯中廥（府），伞（料）重（鍾），𠂤（塚）十八益（鎰）。　　鍾《三代》
18·19 上

（2）的"塚"字"土"旁與"勹"旁右側一筆公用，與下引戰國印"水丘塚"的
"塔"字所從的偏旁寫法相同：

（4）𦥑　　《碧》《漢書》有司隸校尉水邱岑

（3）把"土"旁移至"冢"字上方，"土"字下邊的橫畫爲"土、勹"和"豕"三個
偏旁所公用，簡化得越發屬害了。這個"塚"字在銘文中亦應讀爲"重"。
（中略）

以上主要討論"冢"字的形體並附帶論及"冢子"的意義。現在我們再回
過來討論金村諸器記重的"冢"字。就我們所知，金村銅器中出現"冢"字的有
下列諸器：

（16）四斗，䚡（司）客，五𡭖三冢，□。右内𨥏。　壺《墓考》圖版 186·6b

（17）四斗，䚡（司）客，四𡭖十冢，寏。右内𨥏。　壺同上圖版 186·6d

（18）四斗，䚡（司）客，四𡭖十一冢，□。右内𨥏七。　壺故宮博物院藏

（19）四斗，䚡（司）客，四𡭖廿二冢，毁。右内𨥏十五。　壺《墓考》圖版 186·6c

（20）四斗，䚡（司）客，四𡭖廿三冢，毁。右内𨥏十七。　壺同上圖版 186·6a

（21）四斗，䚡（司）客，四𡭖廿三冢，毁。右内𨥏廿一。　壺清華大學藏

（22）四斗，䚡（司）客，四𡭖十三冢，寏。右内𨥏廿四。　壺《聚英》圖版 8

（23）五𡭖十三冢，四斗，䚡（司）客，□。左内𨥏八。　壺《墓考》圖版 186·6e

（24）四斗，䚡（司）客，四𡭖七冢，毁。左内𨥏廿八。　壺《三代》12·14 下

（25）徣公左𠂤（官），十九再四𡭖廿九冢。左𨥏卅。　壺《三代》12·15 下

（26）公右厶（私）𠂤（官），重再三𡭖七冢。鼎《墓考》圖版 187·9

故宮博物院所藏一鼎,也有與金村銅器相似的記重銘文:

(27)一寽卅冢。笀。

據我們所知,金村銅器校量過的有下列七例:

“四寽十一冢” 實重 4912 克　　　“四寽廿三冢” 實重 5450 克

“四寽十三冢” 實重 5220 克　　　“四寽廿三冢” 實重 5103 克

“四寽廿二冢” 實重 4876.2 克　　“五寽三冢” 實重　6350.4 克

“三寽七冢” 實重 3247.5 克

日本林巳奈夫曾據(21)(22)二壺的實測重量推算出:

一寽 = 53.5 冢 = 1230.3 克

一“冢”之值約當 23 克。這些銅器由於銹蝕、磨損等原因,同原來的重量有較大出入,因此推算出的一寽之值,誤差可達 100 克以上。儘管如此,我們認爲林巳奈夫的推算大致是可信的。“冢”這個重量單位不見於載籍,朱德熙先生懷疑當讀爲“銖”。古音冢在東部,銖在侯部,二部陰陽對轉;二字聲母亦近。

一寽(鋝)之重舊有二説:一爲六兩大半兩,一爲十一銖二十五分銖之十三。這兩種説法不論哪一種都要比戰國寽的實際重量小得多。這一點還可以從下引梁幣得到進一步的證實。

(a)梁夸釿五十尚(當)寽。

(b)梁夸釿百尚(當)寽。

(c)梁正尚(幣)百尚(當)寽。

(d)梁伞(半)尚(幣)二百尚(當)寽。

(c)和(d)的第三字舊釋爲“尚”。按此字與幣文“寽”上“尚”字和古文字裏的“尚”字寫法有別,釋“尚”不確。從字形及其在文中所處的語法位置看,我們認爲應該是“尚”字,讀爲“幣”。“百”字舊釋作“金”,據近來河北平山縣出土的中山王壺銘文可以確定是“百”字。這四種布幣的實測重量分別爲:

(a)28.02—17.4 克　(b)15.05—7.21 克　(c)16—10.82 克　(d)7.03 克

另有一種形制與此完全相同的布幣,面文有“安陽二釿、安陽一釿、安陽半釿”三種,其實測重量如下:

安陽二釿 30—17.5 克　　安陽一釿 16.24—11 克　　安陽半釿 6.57 克

由此可知:梁幣(a)爲二釿布,(b)和(c)爲一釿布,(d)爲半釿布;寽與釿的比值是 1∶100。林巳奈夫曾根據梁幣重量和梁幣(a)面文,懷疑(b)(c)面文第四字和(d)面文第五字是跟“百”相當的一個字,因此他也得出同樣的結論。

關於一鉨的重量過去有人據大尖足布定在 35 克左右；又有人據平首布定在 12.5 克左右。大尖足布的時代較早，當在戰國初期，早的有可能早到春秋晚期；平首布的時代在戰國中晚期。一般來說平首一鉨布的重量不及大尖足布的一半。出現這種現象有兩種可能性：一是當時鑄造的就是面額價值大於實際重量的輕幣。一是戰國中晚期爲了適應各國之閒不同衡制單位的換算，曾有過一次衡制改革，鉨的重量減輕，可能就是這次改革的結果。根據有關情況，後一種可能性較大。平安君鼎銘文云：

　　　　卅二年坪安邦𨛦（司）客，膚（容）四分齋，五益（鎰）六鉨半鉨四分鉨。
《三代》4.20 上

“五益六鉨半鉨四分鉨”相當於 5 鎰又 6.75 鉨。此鼎實重 1980 克，如以一鉨重 12 克計，求一鎰之值：$5x + 6.75 \times 12 = 1980$ 克，每鎰合 379.96 克，約等於 32 鉨。在文獻記載中，一鎰之重有二十兩與二十四兩二説。據秦高奴禾石銅權實測，一斤之重在 256.25 克左右。上面求得的一鎰之重與後説大體相合。如此則一鉨相當秦斤十八銖，一寽相當秦斤四斤十一兩。那麼寽與冢的比值可能是 1：50，也就是説一冢等於二鉨，相當秦斤一兩半。當然這種説法也僅僅是一種推測，其實際情況還有待更多新的資料的發現和發表來作進一步的比較研究。

　　總之，東周寽的實際重量要比文獻記載的大，所以“冢”（銖）的實際重量比秦制大也不是不可能的。與上引金村銅器同出的銀器上，多刻有用朱兩記重的銘文。其中一件銀器腳上刻有“卅七年”，據唐蘭先生研究是周赧王的紀年。這説明東周至少到赧王三十七年（公元前 288 年）的時候已采用秦國的銖兩制，從此銖、寽的值發生了劇烈的變化，寽由約相當於秦制四斤十一兩變爲六兩大半兩或十一銖二十五銖之十三，冢（銖）由約一兩半變爲不到一克之重了。這一變化是當時商品經濟交換日益發展的必然結果。

　　追記：《陶齋吉金錄》5.3 著錄一杯，有銘文四字：

　　　　𢀖（冢）十六𢷎

“冢”亦當讀爲“重”。末一字即楚幣“旆比當忻”布背文“十𢷎”之“𢷎”，亦似重量單位。近得見馮其庸先生所搶救的一批無錫出土的楚國晚期銅器，其中一件銅豆上有記重銘文，所記重量上一字作“𢀖”，亦當釋“冢”，讀爲“重”。

　　補正：

　　（一）1992 年，湖南出版社出版的《馬王堆漢墓文物》著錄的《刑德》乙種中，關於風占部分提到的軍吏，有“將軍、司空、侯、尉、司馬、冢子”（見該書 137

頁 30—31 行）。此證明我們對戰國文字資料中的"冢子"爲職官的説法,是可信的。請看李學勤《馬王堆帛書〈刑德〉中的軍吏》,《簡帛研究》第 2 輯 156—159 頁,法律出版社 1996 年。

（二）1974 年,河南扶溝縣古城村出土的一批先秦銀幣中,馬蹄金 2 號刻有記重銘文"二塚四分"（河南省博物館、扶溝縣文化館《河南扶溝古城村出土的楚金銀幣》,《文物》1980 年 10 期 63 頁,圖版肆・7）,也以"塚（冢）"爲重量單位。馬蹄金 2 號的實際重量不詳。如果"二冢四分"是指馬蹄金 2 號的重量,從有關情況看,馬蹄金記重銘文一"冢"之值要比金村銅器記重銘文一"冢"之值高。

《著名中年語言學家自選集・李家浩卷》頁 1—4、8—14,2002;
原載《語言學論叢》7

○吳振武（1983） （編按:璽彙 4047 𡚦）陽城𢪒・陽城（成）冢。

《古文字學論集》（初編）頁 520

○黃盛璋（1985） 馬蹄二號上刻"二勹四分",四分二字合書屬三晉寫法,第二字見於春成侯鐘銘:

春成侯中府半重（鐘）勹十八益

此字乃"冢"字而借用爲重,中山用銅器銘刻也是借"冢"爲重。新鄭故城出土兵器,中有"春成君、春成□相邦",從銘刻格式與監造制度證知爲韓器,春成侯即爲韓國封君,故春成侯鐘亦爲韓器。"勹"爲韓國特有寫法,據此亦可證這批金餅亦應屬韓。

《古文字研究》12,頁 338

（6）𤲃其冢（重）四兩十八朱半（半）朱（中略）

編號（6）第二字爲"其"字明確,第三字當是從"勹"從"豕",即"冢"字,三晉、中山皆假"冢"爲"重",中閒所從之"豕"則省變多端,泌陽新出土平安君鼎有"冢子"合書爲"𢊖",銘末"之冢"合書爲"𦏶",此刻從勹即"勹"甚爲明確,中閒所從十,以上例推知,書爲"豕"字省變。合書中"冢"字可省爲𠃍或丁以示意,此省作十,戰國文字往往省變難識就在這裏。

《古文字研究》12,頁 350

○馮良珍（1985） 由勹演變爲《説文》勹,是偶然的訛變現象。《説文》從勹之字僅有一個冢字屬於此類。冢字,甲骨文未見（高明《古文字類編》191 頁冢下收甲骨文𡚦字,然此字下從豕,不從豕,當是家字,所從之勹有缺筆,高明同志定爲冢,可疑,故不取),金文作🦴(𠭯壺)、🦴(趞簋),戰國作🦴（盟書六七·一),均不从勹。《説文》勹部:"🦴,高也（**編按:**《説文》作"高墳也"）,从勹,豕聲。"按其訛變之迹,乃由金文🦴(广)演變爲戰國文字🦴,又演變爲小篆🦴。

《文物研究》1,頁 71

○**張桂光**（1986）　🦴、甲骨文作🦴（坊閒 4.28.2）,本義未明,但所从的🦴不是人曲形是顯而易見的,偏旁同化後作🦴,就是訛變了（參見表二）。

冢	🦴《坊閒》4.28.2	🦴《趞簋》🦴《𠭯壺》	🦴《侯馬》67:29　🦴《侯馬》67:1	🦴

《古文字論集》頁 14,2004;原載《古文字研究》15

○**黃盛璋**（1989）　"充"指充當的銚,意即次品,"正"與"充"對,指正品。

《古文字研究》17,頁 40

○**劉彬徽、彭浩、胡雅麗、劉祖信**（1991）　豜,似爲豣字異體,《説文》:"三歲豕,肩相及也。"

冢（**編按:**此爲豖之誤）,讀如豵。《説文》:"生六月豚也。"《周禮·夏官·大司馬》"大獸小禽",鄭司農注:"一歲爲豵,二歲爲豝。"冢（**編按:**此爲豖之誤）脯即用六個月或一歲的豬肉做成的脯。

《包山楚簡》頁 54、60

○**何琳儀**（1993）　1983 年 1 月,山東省沂水縣春秋古墓出土一件吳國銅劍,其上鏨款十六字:

工（句）盧（吳）王乍（作）元巳（祀）,用△又江之台（浅）。北南西行。

（中略）

"用"後一字《文物》拓本照片不清晰。1989 年 4 月,筆者赴沂水縣文化館參觀,承蒙馬璽倫館長予提供方便,有幸展示原器良久。經反復變換角度,尚可辨其點畫結構。茲摹寫原篆如次:🦴,分析其偏旁應由**十**、🦴兩部分組成,**十**爲"土"旁省簡,戰國文字習見,詳另文。🦴則了之演變。圓點可作虛框者參見:

十	🦴中山王鼎	🦴中山王墓帳杆母扣	宝	🦴侯馬 314	🦴侯馬 314
壬	🦴少虡劍	🦴鄦侯簋	盛	🦴中山王圓壺	🦴盛季壺
氏	🦴鄡羌鐘	🦴王子官鼎蓋	眠	🦴兆域圖	🦴平陰鼎蓋

其中平陰鼎蓋"眠"尤能説明問題。至於🦴上短橫乃飾筆,古文字習見。故🦴

即▯。▯見二十八年平安鼎蓋銘“之冢（重）”合文下半部分：▯，“之”與▯借用橫筆。其中▯是“冢”之省簡，亦即省“冢”後所剩偏旁。再者梁上官鼎“冢子”合文作：▯，其弧筆上圓點作虛框，與劍銘▯如出一轍。溫縣盟書“塚”作▯，如果撇開“豕”旁，所剩部分▯與▯顯然也有對應關係。準是，▯可直接隸定“塚”。

《正字通》：“塚，俗冢字。”其實晚周文字往往增加“土”旁爲飾，“塚”不過是“冢”的繁文而已，無所謂孰“正”孰“俗”。《爾雅·釋詁》：“冢，大也。”（中略）

劍銘“塚乂”應讀“冢乂”，訓“大治”。（中略）

下面討論“冢”字結構。

《說文》：“冢，高墳也。從勹，豕聲。”西周金文作：

▯智壺　　　　　　▯多友鼎

其右均不從“勹”。戰國文字“冢”字亦習見，試舉幾例：

▯侯馬324　　　　▯十三年上官鼎　　　　▯古墓6b

▯璽彙4047　　　　▯陶彙3·945　　　　▯陶彙3·146

其右旁亦不從“勹”。殷周文字“勹”象人匍匐之形，晚周文字“勹”亦習見，與上揭“冢”字右旁均不同。

按，“冢”之右旁疑本從“主”。以往在古文字中未發現明顯無疑之“主”，自侯馬盟書、中山王器“宝”被釋出後，戰國文字中“主”及從“主”字多可釋讀：（中略）

以上諸字所從▯、▯、▯、▯等，與“冢”所從▯、▯、▯、▯等多可對應，顯然爲同一偏旁，即“主”。其中陶文“冢”所從▯，由▯穿透豎筆所致。▯還可從商代金文“宝”作▯（戍嗣子鼎）中尋到其古老來源。溫縣盟書“宝”作▯，“塚”作▯，所從“主”亦屬戍嗣子鼎這一系統。比較侯馬盟書▯與句吳王劍▯，不難發現▯與▯的對應關係。至於二者中間豎筆是否彎曲應具體分析。上舉“冢”所從“主”旁固然以弧筆居多，但是也有作直筆者，如上舉金村銅器、陶文等。上舉“主”中間以直筆居多，但是也有作弧筆者，如上舉郟陵君豆“貯”、包山簡“宝”等。凡此爲上文推測“冢”從“主”提供了字形依據。

“冢”既然從“主”，則有可能從“主”得聲。主，照紐三等（古歸端紐）侯部；冢，端紐東部。侯東陰陽對轉。“冢”從“主”得聲音理契合。上文所引二年宝子戈“宝子”讀“冢子”，是戰國文字中習見的官名。參見寧鼎、梁上官鼎、十三年上官鼎、《璽彙》3102、《陶彙》3·945等“冢子”。郟陵君豆“貯三朱”

讀“冢（重）三銖”，文意調暢。凡此均“冢、主”音近可通之佐證。以往小學家多謂《説文》“冢”從“豖”聲，屬侯東陰陽對轉，實則“冢”從“主”聲，亦屬侯東陰陽對轉。

《説文》“冢”從“豖”聲，十分可疑。“豖”，甲骨文作𧱖，金文尚未發現豖身與生殖器脱離的“豖”。上舉兩周文字“冢”並不從“豖”，而從“豕”或“豭”（所從偏旁參見《金文編》668—669、《璽文》242—243）。《説文》：“豭，牡豕也。”甲骨文作𧱖，豕身與生殖器相連。“冢”似是“豵”之本字（“主、宗”一字之分化），從“豕”（或“豭”），“主”聲。檢《集韻》：“豵，牡豕。”引申則有“大”義。故“冢”《爾雅》訓“大”，《説文》訓“高墳”。以往學者多認爲丅、亍是“冢”之省簡，其實按照形聲字一般省形不省聲的規律，丅、亍恰是不應省的音符。（中略）

《説文》：“豣，三歲豕也，肩相及也。從豕，开聲。”望山簡作𧱖，右下“＝”爲省略符號，故此字非“豜”。包山簡𧱖202索性“＝”亦省。因包山簡與望山簡辭例相同（“肥豣酉食”），故包山簡“豜”形仍是“豣”，不是“豜”。當然或隸定包山簡“豣”爲“豜”，則混淆“干”與“主”的區別，失之彌遠。

　　　　　　　《第二屆國際中國古文字學研討會論文集》頁249—256、258

○湯餘惠（1993）　𧱖202　豜（豣）・冢　注381謂豜“似爲豣之異體，《説文》：‘三歲豕，肩相及也。’”今按應是冢字，十三年梁上官鼎“上官冢子”字作𧱖（《三代》3・40・4），古璽冢作𧱖4047，均其證。冢，簡文又稱“冢冢”（參看227、243等），或稱“肥冢”（參看202、203等簡），皆當讀爲豵，《詩・召南・騶虞》“壹發五豵”，《毛傳》：“一歲曰豵。”

　　　　　　　　　　　　　　　　《考古與文物》1993-2，頁75

○袁國華（1993）　釋“豜”

《包山楚簡》圖版一四二第九行“豣”條下共收三字，而此字全文共出現六次，分別見於簡202、203、211、225、227、243，寫法有四類：1.𧱖202、203；2.𧱖211、225；3.𧱖227；4.𧱖243，字皆從“豕”從“亍”。𧱖、𧱖、𧱖、𧱖是“豕”字的不同寫法，“包山楚簡”“豕”字作𧱖146・246、𧱖168・211、𧱖227、𧱖202・204（“豣”字所從）可以爲證。亍不是“干”。“干”字甲骨文作𧱖鄴三下・三九・一一；西周金文作𧱖干氏叔子盤、𧱖毛公鼎；“包山楚簡”作𧱖269、𧱖牘1。于與𧱖不是一字，顯而易見。“包山楚簡”有“宝”字，字形作𧱖，凡六見，分別見簡22、128、185、202、207、219；又《汗簡》“主”作𧱖；《古文四聲韻》錄《古老子》“主”作𧱖、𧱖，錄《華嶽碑》作𧱖；

中山王鼎作宋;姧盗壺作宋,此外,侯馬盟書、溫縣盟書均有此字,過去已被釋爲"主"字,今從字形考量,宋、宋、宋皆應釋爲从"宀"从"主"的"宝"字,疑與《説文》"宗廟宝祏"之"宝"同義。就以上論據,牪、牪、牪、牪等字皆宜隸定作"狂",從簡中"狂"字的用例看,"狂"是用作"祭祀先公東陵連囂的犧牲"。"狂"字,字書未見。

《第二屆國際中國古文字學研討會論文集》頁 433—434

○劉信芳(1996) "辭"應隸定爲"疃",吳振武正確地指出辭與牵、胜諸字的聯繫,惟隸"辭"爲"肳",是其不足。吳氏推測"銉"即"鍾","旌"即"動","陞"即"陣","駩"是"驄"字異體(信芳按:應是假借),這都是對的。同樣的道理,"牪"是"猣"之假。上列諸字皆从"重"得聲,可無疑問。

《爾雅・釋獸》:"豕生三,猣。"又《釋畜》:"犬生三,獌。"《國語・周語上》:"人三爲衆。"《説文》"蟲"从三虫,諸字皆讀與"重"通,準此,鄂君啟節"疃"乃三舟之專名。

《考古與文物》1996-2,頁 82

○白於藍(1998) 一 釋冢

包山楚簡中有如下一字,作:

目前,學術界均傾向於將此字釋爲冢。按釋冢是。《説文》冢字云:"高墳也。从勹,豕聲。"此説殊屬可疑,故何琳儀先生將冢字考訂爲从豕(或貚)主聲的形聲字。甲骨文中未見冢字,西周金文中冢字較爲標準的寫法作:

包山簡此六例字與西周金文一脈相承,亦當釋爲冢,其所從之"于(或于)"即由金文中冢字所從之"丁"旁演變而來,實屬變形音化,"于(或于)"乃"主"字,楚簡文字中"宝"字習見,作:

所從之"主"均與包山簡此六例字所從之右旁相同。古音主是章母侯部字,冢是端母東部字,兩字聲紐同屬舌音,韻則對轉,可見,冢字確可以主作爲聲符。

包山簡此六例字左旁所從均當是豕。包山簡 211、227 中"冢、豕"二字連言,其字形作:

冢字所从之左旁與豸字字形完全一致,再如包山簡中从豸之鑣作:

所从之豸旁亦與前舉包山簡六例豕字所从之左旁相同。由此可見,何琳儀先生認爲冢字本是"从豸(或豻)主聲"的形聲字至少在包山簡文字材料中是成立的。

　　狅(冢)字在包山簡中出現在以下諸辭例當中:

　　1.褚新母肥狅,酉(酒)飤(食)。(簡202)

　　2.獬禱東陵連囂肥狅,酉(酒)飤(食)。(簡203)

　　3.賽禱東陵連囂狅豕,酉(酒)飤(食),蒿之。(簡211)

　　4.杠尹之杠執事人晅瞏、衛妝爲子左尹鴕瞏禱於殤東陵連囂子發肥狅,蒿繫之。(簡225)

　　5.瞏禱覎(兄)俤(弟)無後者邵良、邵輬(乘)縣貉(貉)公各狅豕、酉(酒)飤(食),蒿之。(簡227)

　　6.瞏禱東陵連囂狅〓,酉(酒)飤(食),蒿之。(簡243)

　　狅(冢)字亦見於望山一號墓竹簡,共出現四例,作如下之形:

除簡116之字外,其它三例均加注有合文符號,其辭例分別是:

　　1.遪祭公宔(主)狅〓,酉(酒)飤(食)。(簡110)

　　2.☐戠陵君肥狅、酉(酒)飤(食)。(簡116)

　　3.☐王之北子各狅〓、酉(酒)飤(食),庿之。(簡117)

　　4.罷禱王孫杲狅,☐。(簡119)

通過以上兩種材料的對比研究,我們不難産生以下兩點認識:第一,合文"狅〓"(包山簡243,望山簡110、117、119)應即包山簡211、227之"狅豕"二字合文,這一點,在《望山一號墓竹簡釋文與考釋》的"補正"部分第六條已經有所說明。第二,"肥狅"一詞在兩種簡册材料中共出現四例(包山簡202、203、225,望山簡116),而其"狅"字下從未見加注有合文符號,可見,將其理解爲省略合文符號的"狅豕"二字合文的可能性不大,因此,仍需將其當作單字來看待。以上述兩點認識爲前提,我們認爲"肥狅"應讀爲"肥豕","狅豕"應讀作"椓豕"。

甲骨文有𠦪字,聞一多先生將其釋爲豖,認爲其本義當是去勢之豖。其說精審獨到,已爲學術界所公認。《説文》云豖从豕聲,儘管就古文字材料來看,其說並不可信,但至少可以證明豖、豕古音必然相近。朱駿聲《説文通訓定聲》豖字下云:"豖、豕一聲之轉,或曰从椓省,會意。"可見,楚簡之"肥狕(豖)"當可讀爲"肥豖",意即形體肥大之去勢之豖。"狕(豖)豖"之"狕"當讀爲"椓"。《書・吕刑》:"殺戮無辜,爰始淫爲劓、刖、椓、黥。"孔穎達《疏》:"椓陰,即宫刑也……鄭玄云:'椓,謂椓破陰也。'"《集韻・覺韻》:"斲,《説文》:'去陰之刑也,或作椓。'"故此,楚簡中之"椓豖"意即去勢之豖,"豖"與"椓豖"雖然在書面形式上有所不同,其義則是一致的。

甲骨文中豖每爲祭祀所用之物,並經常是與牛、羊、豕、犬等並用,如:

1.辛巳卜,㱿貞,坎三牛,尞五犬、五豕,卯三牛,一月。(《前》七・三・三)

2.壬午卜,爭貞,尞三豖、卯一羊。(《庫》一七〇一)

3.壬辰卜,翌甲午尞于蚰羊又豖。(《後》上九・十一)

包山楚簡中豖亦爲祭祀時所用之物,並每與牛、豢、狙、殺等並用,如:(中略)

聞一多先生在考釋甲骨文之豖字時說:"意者祭祀用牲,本尚肥腯,而既劇之豖,膚革尤易充盈,故殷人祭祀,多用豖爲牲歟?"如此看來,戰國時之楚人,在祭祀用牲的方式上同殷人多少是有承接關係的。

《易・大畜》:"六五,豶豕之牙,吉。"陸德明《釋文》引劉表《注》:"豕去勢曰豶。"此"豶豕"與甲骨文、楚簡之"豖"及"椓豖"應是同一意思,均指勢(編按:"勢"前當脱一"去"字)之豖。

　　　　　《吉林大學古籍整理研究所建所十五周年紀念文集》頁 68—73

○**何琳儀**(1998)　豖,金文作𡰪(智壺)、𡰪(多友鼎)。从豰之初文,主聲。豰,端紐東部;主,端紐侯部。侯、東陰陽對轉。豖爲主之準聲首。戰國文字承襲金文。豰形或省作豖形,主形或訛變作𠃌、冂、勹等形,或豖形與主形借用部分筆畫,或加飾筆卜。《説文》:"𡧑,高墳也。从勹,豖聲。"

齊陶"冢子",官名。《禮記・内則》:"父没母存,冢子御食。"注"謂長子"。引申爲官長。

金村器冢,疑讀銖,重量單位。　侯馬盟書冢,或作塚,墳墓。冢十六偵杯、中山雜器冢,讀重。《釋名・釋喪制》:"冢,腫也。"(又見《釋山》)是其佐證。　十三年上官鼎"冢子",見上。　中山王圓壺"冢賃",讀"重任"。《左・

襄十年》:“余羸老也,可重任乎?”

包山簡冢,疑讀豵。主、宗一字分化,參宗字。《集韻》:“豵,牡豕。”

睡虎地簡冢,或作塚,墳墓。

《戰國古文字典》頁 360

冢子,官名。見冢字。

《戰國古文字典》頁 1486

○**馮時**(2000) 1983 年山東沂水諸葛鄉春秋墓出土工𫊸王兵器,舊定爲劍。此器身長 30 釐米,寬 3—4 釐米,中起脊,扁圓形莖,殘長 3 釐米,形制與工𫊸大獻鍦相似,也應爲矛屬。此器身銘 2 行 16 字:

工𫊸王乍元巳(祀)用冢

其江之台(涘)北南西行

學者或定“工𫊸王”即諸樊,可從。銘文首行語同“以乍其元用劍”(工盧季子劍)、“攻敔工(夫)差自乍用戟”(攻敔夫差戟),故銘中“冢”字當爲器名,讀如鏦。古音冢、鏦同在東部,疊韻可通。鏦或作穜,古音冢聲在端紐,重聲在定紐,同屬舌頭,韻俱在東部,同音可通。是諸樊、餘祭時代仍將無骹之短矛稱作鍦或鏦。

《古文字研究》22,頁 114

○**唐友波**(2000) 塚字从土从冢,讀作重。古文字多借冢、塚爲重,然此銘冢字下从犬,作㹥。前述春成侯鍾之“塚”的寫法與此相同,相同者還見於河南扶溝出土的馬蹄金刻文。這些都是戰國韓器,是否此爲韓國“塚”字的特有寫法呢?以前“冢”字从“犬”的情況没有引起研究者的注意,因受《説文》“从勹豕聲”的影響,仍將之分析爲从“偏旁所公用”的“豕”,是不恰當的。事實上,因爲古文字中,“家”和“逐”等字都有以“犬”代替“豕”的情況;同時,戰國文字中“冢”字所从也多爲“豕”字,所以,何琳儀主張“冢”字“从‘豕’(或豭)‘主’聲”,可信性倒是很大的。

《上海博物館集刊》8,頁 156

○**中國文物研究所、湖北省文物研究所**(2001) 盜徙封,侵蝕冢廬。(中略)

冢,墳墓。

《龍崗秦簡》頁 112

○**劉信芳**(2003) 豻:

字从豕,从干聲,“干”字在古文字中多用如“重”(去聲)。楚郪陵君豆盤銘文:“郢□府(府)所散(造),盱(重)十晉四晉坙朱;□襄盱(重)三朱二坙朱

四□。”(《文物》1980年8期)或認爲“貯”从貝从塚,讀爲“重”。楚簡从“𠄐”之字計有:

宔 簡202、207等,字釋爲“宔”,讀爲“宔”。其字望山簡、郭店簡多見。

㨖 簡163、180,用作人名,或可隸定爲“動”。

陦 簡86,用作地名,或可隸定爲“陲”。

䂐 字从“石”,“𠄐”聲,其字有二讀,其一,望山簡2-2:“丹䂐綊之純。”2-23:“丹䂐綊之裏。”郭店簡《語叢一》14:“有物有容,有盡有䂐。”以上諸例“䂐”字讀“厚”;其二,郭店簡《老子》甲5:“辠莫䂐乎甚欲。”《緇衣》44:“䂐絶富貴。”《成之聞之》39:“文王之刑莫䂐安。”以上諸例“䂐”字讀“重”。

𢻹 郭店簡《老子》甲1:“絶𢻹棄利。”乙14:“大𢻹若詘。”“𢻹”讀爲“重”。

迬 郭店簡《老子》甲10:“篤能牝以迬者將徐生。”“迬”字讀爲“徸”。

杄 字从“木”,“𠄐”聲,望山簡2-15:“杄昜馬。”字讀爲“柱”。

䍀 字从“缶”,“𠄐”聲,簡85記有“䍀缶公”,郭店簡《語叢四》26:“三䍀一䓍。”字或可隸定爲“缍”,《集韻》:“缍,量名,六斛四斗曰缍……通作鍾。”疑“䍀缶公”是量器製作的監造官。

䑼 鄂君啟節:“屯三舟爲一䑼。”“䑼”字吴振武隸定爲“艟”,釋爲船隊(《鄂君啟節“䑼”字解》,《第二屆國際古文字學研討會論文集》,香港中文大學中文系1993年)。

綜上,“𠄐”作爲聲符,讀爲“重”,歧讀爲“主”。“豜”作爲祭祀犧牲,讀爲“豵”,《説文》:“豵,生六月豚也。”《詩·豳風·七月》:“言私其豵。”毛《傳》:“豖一(歲)曰豵。”

《包山楚簡解詁》頁217—218

○**李守奎**(2003) 豜 豖字異體。詳見勹部。

《楚文字編》頁564

○**大西克也**(2006) (編按:新蔡甲三320等)字从“主”聲,爲“豖”之聲化字。“豵”“主”聲母有齒舌之别,通假條件不太理想。竊以爲應讀作“豬”。《爾雅·釋獸》:“豬,豖子。”“豬”古音讀魚部知母,“主”讀侯部章母,聲母都屬舌音。李新魁先生説:“魚侯相押是《老子》《楚辭》的一大特點,它們都反映了上古楚方言的情況。”

《古文字研究》26,頁272

【冢子】

○**李學勤**（1980）　庖宰也是合文。《新書・春秋》云："楚惠王食寒菹而得蛭，因遂吞之，腹有疾而不能食。令尹入問曰：'王安得此疾？'王曰：'我食寒菹而得蛭……讁而行其誅，則庖宰、監食者法皆當死……'"可見庖宰是戰國時管理膳食的官員。這個官名常見於六國器銘，如魏國的寧庖宰鼎、梁陰令鼎以及韓國的兵器（稱太官庖宰），字的寫法時有變異。宰字都作 $\large{?}$，與子字有別。庖字有的从卜，按《說文》鞄字讀若朴，故庖也可以卜爲聲。鼎銘庖宰喜是單父地方職司膳食的上官的負責人。

《文物》1980–9，頁 28

○**李家浩**（1981）　戰國文字裏屢見"冢（或書作"塚"）子"的稱呼。魏國銅器有"冢子"：

(5)二年寧 $\large{?}$（塚）子尋（得），冶譜爲，肘（載）四分齎。（鼎《三代》3・24 下）

(6)十三年梁陰（陰）命（令）率（**原注**：梁陰，地名，不見於史籍。此器銘文"鑄"字作"釙"，與梁廿七年鼎[《三代》3・43 上]等器同，疑梁陰應在魏都大梁之北），上官 $\large{?}$（冢）子疾，冶勲釙（鑄），膚（容）半（料）。（鼎《三代》3・40 下）

(6)的"冢"字把"勹"旁與"豕"旁分開寫，不再有公用的部分，與下引齊陶文的寫法相同：

(7)蔓圉南里人 $\large{?}$（冢）。（《季》56・1）

"冢子"之稱又見於古璽及陶文：

(8) $\large{?}$ 明顧氏《集古印譜》3・28 下　　(9) $\large{?}$《夢》15 上

(8)的文字應自右向左橫讀爲"承匡冢子"。"承"字見於小臣謎簋"白懋父承王令（命）易自"及令狐君厚子壺"承受屯（純）德"，"承"皆當讀爲"承"。承匡，地名。《左傳》文公十一年經："夏，叔仲彭生會晉郤缺於承匡。"杜預注："承匡，宋地，在陳留襄邑縣西。"其地在戰國時期屬魏。《戰國策・齊策三》："犀首以梁爲（鮑彪本作"與"）齊戰於承匡而勝。"

"冢子"又見於韓國兵器銘文，"冢"字的寫法很特別：

(10)十八年 $\large{?}$（塚）子韓繒，邦庫嗇夫夵湯，冶舒戲（造）戈。（戈　湖南省博物館藏）

"年"下一字當是"塚"字。與上文所引諸"冢"字比較，字形變化較大。由於此字與"子"字連文，可以確定是"塚"字，只不過是把"土"旁移到"勹"旁左下側,省去原來占據在這個位置上的"豕"旁,並在"勹"旁右側加上"卜"作爲飾筆。

《三代吉金文存》20·28上著録下引戈銘:

(11)二年豖子攻凶、明義,左工帀(師)鄔許,馬重(童)丹所告(造)。

此戈屬三晉類型,國別待考。"豖"字左側稍有銹蝕,但字形仍可辨認,舊釋爲"秦"或"群",不可信。

"豖子"二字有時寫作合文,如下引古璽:

(12) 𡧃 《續齊魯古印捃》2·28

此印左側一字有合文符號,當是"塚(豖)子"二字的合文。特點是省去"豖"字所从的"豕",在這個位置上填入"子"字。此與古璽文字和兵器文字"司馬"合文作下録之形的情況相同:

𤲃 《徵》附53　　𤲃 十六年戈　《三代》20·27下

《璽印集林》1·9上有與(12)同文的一枚古璽:(13) 𡧃

惟"豖"字簡化更甚,且無合文符號。這種無合文符號的"豖子"合文,又見於下録兩件魏器刻銘:

(14)梁上官,脀(容)參分。　　(鼎蓋)

　　宜詩(信)𡧃(塚子),脀(容)參分。　　(鼎器《三代》2·53下)

(15)卅三年單父上官𡧃(豖子)憙所受坪安君者也。(鼎　《三代》4·20上)

上引戰國文字資料裏的"豖子",除(12)(13)或有可能是私名外,似皆爲職官名。有的"豖子"冠以地名,如(5)(8),有的"豖子"冠以機構名稱"上官",如(6)(15),他們似與文獻裏稱太子爲豖子的豖子名同而實異。

《著名中年語言學家自選集・李家浩卷》頁4—7,2002;原載《語言學論叢》7

○黄盛璋(1982)　豖子:平安君鼎"上官豖子",豖子合文作𡧃,舊釋爲宰,李學勤同志釋爲"勹(庖)宰"合文,近見裘錫圭文引李家浩説,釋爲"豖子"合文,未詳其説。按二年寧鼎有"寧豖子得","豖"字作𡧃,中閒从豕,明確是"彖"即"豖"。梁陰鼎有"上官豖子疾","豖"字作𡧃从"豕",又新鄭出土韓兵器有"太官豖子",確證豖子爲上官、太官之長官,合文豖子利用彖字上半與"子"合,省併之迹完全清楚。職官世襲來自奴隸社會,所謂世官,一般皆以長子即豖子承襲,但統治階級可以利用在位時職權,任用其子,占據官位,甚至代理自己處理政務,等於變相之世襲,久之即以"豖子"名官。新鄭出土韓兵器有以世子爲執政與監造者,而三晉兵器中也有以庶子爲主造者,而少庶子爲三晉縣之屬官。見《韓非子》,冢子、庶子此時皆爲官名。但來源必與長子、庶子長期占據某一官位有關。上述銘刻中的冢子,皆爲主造者。冢子必爲上官、太官等官之主管官吏。

《考古與文物》1982-2,頁 60

○**沙孟海**(1983)　(編按:配兒鈎鑃)甲器第二行"子"上一字應釋爲犬或豕,但意義不相屬。疑是冢字。冢子,嫡子也,見《禮記》《左傳》。

《考古》1983-4,頁 340

○**李學勤**(1985)　庖宰官名常見於韓、魏、衛等國青銅器,我們曾指出其"宰"字的寫法時有變異。宰字都作彑,與子字有別。庖字有的从卜,按《説文》鞄字讀若朴,故庖也可以卜爲聲"。我們釋"庖"的這個字,有同志釋作"冢",如果將這一官名讀爲"冢宰",作爲韓國的相職,由本戈銘論,列在邦庫嗇夫之前似更合理。但是白廟范村兵器多以這官名與太官聯繫,釋爲掌管飲食的庖宰可能更爲恰當。這個問題的解決,需要等待白廟范村材料的全部發表。

《古文字研究》12,頁 330

○**曹錦炎**(1989)　冢,原篆存作了,疑爲冢字之殘。《爾雅·釋詁》:"冢,大也。"《周禮·天官》"乃立天官冢宰",注:"冢宰,大宰也。"冢子即大子。

《古文字研究》17,頁 86

○**黃盛璋**(1990)　"彑"舊釋爲"宰",我釋爲"冢子"二字合文;何琳儀釋爲"嗣子"二字合文,從而解釋單父上官姓嗣名憙,與衛嗣君爲同族,唯一根據是《通志》、《佩觿》引《風俗通》佚文,以嗣姓爲嗣君之後,並進一步以平安君即衛嗣君。"彑"如爲"嗣子"合文,則應和"冢子"一樣,表示職官或子嗣之意,但既有上官官稱,即不應再有職官之嗣子,子嗣之説更屬不稱,銘文在説明單父上官從平安君接受此鼎是他本人,而非其子嗣。至於説此字爲嗣姓,與衛嗣君爲同族,嗣君未死,如何能有嗣姓? 否則就是嗣姓早已存在,與嗣君無關。《風俗通》佚文"嗣君之後"之説爲漢人附會,根本不足信,至於以平安君爲衛嗣君,則全屬無稽之談。《史記·衛世家》"成侯十六年衛更貶號曰侯","嗣君五年更貶號曰君,獨有濮陽",平安君兩鼎明確自稱爲平安君,與嗣君明爲兩人,如何能合二爲一? 衛嗣君僅有濮陽如掌之地,如何能領有很遠之單父? 且"彑"如釋爲"嗣子"二字合文,二字之"嗣子"如何能簡去"子"字而爲一字之"嗣"字? 據此更證明嗣姓之説根本站不住,如此則和嗣君風馬牛不相及,而以平安君爲衛嗣君更無法成立了。

○湯餘惠(1993)　冢子,即大子,嫡長子,通常是古代王侯或封君的繼承人。

《戰國銘文選》頁 9

○吴振武(1993)　(2)"塚(冢)子"合文作𩰫。魏梁上官鼎器"宜訽(信)塚(冢)子",《三代吉金文存》2·53 下。李家浩先生釋。

(3)"塚(冢)子"合文作𩰫。古璽"栖塚(冢)子",《古璽彙編》292·3102。李家浩先生釋。這裏還可以再補充兩個例子:

(4)"賵"字作𡥜。楚郊陵君豆(一)豆盤外底"郘□寘(府)所敓(造),賵(重)十𤔔四𤔔全朱;□𣪘賵(重)三朱二全朱四□",《文物》1980 年 8 期 30 頁、《商周青銅器銘文選》第二卷 438 頁 680(2)號。

(5)"塚(冢)"字作𤔔。韓十八年戈"十八年,塚(冢)子𫎚(韓)𦉬(?),邦宰(庫)嗇夫犬湯,冶舒𣪘(造)戈",《湖南考古輯刊》第 1 集(岳麓書社 1982 年)88 頁圖一·5、《古文字研究》第 10 輯(中華書局 1983 年)274 頁圖三十。

這兩個例子需要作一點説明。(4)中的𡥜字出現在記重銘文中,李家浩先生和李學勤先生都釋爲"冢",讀作"重"。這個讀法無疑是正確的,但細審拓本,把這個字所從的𡥜看成是"冢"字所從的"豕",恐怕是有問題的。比較同銘"寘"字"貝"旁的寫法,可知最早研究此器的李零、劉雨兩位先生把這個偏旁看作"貝"是不錯的。"賵"字不見於字書。趙國銘刻中有一個寫作𩰫形的字(《文物》1980 年 7 期 2 頁圖二·2—7),湯餘惠先生認爲"字殆從貝省冢聲",可資參校。(5)中的"塚(冢)"字係李家浩先生釋。這是一種從"卜"的"塚(冢)"字。魏六年寧鼎中的"塚(冢)子"之"塚(冢)"作𩰫(《三代吉金文存》3·24 下),與此同例。(原注:六年寧鼎中的"塚[冢]"字亦係李家浩先生釋。見注⑰所引文 115 頁。但李先生未注意到這個字也是從"卜"的。按"塚[冢]"字從"卜",似跟下揭二事有關:一、古時候,有些冢子是用"卜"的辦法確立的(參孫詒讓《周禮正義》卷 47"大卜");二、《説文·勹部》:"冢,高墳也。"古有"卜宅[宅,葬居]、卜葬兆"之事[參《周禮正義》卷三六"小宗伯"、卷四一"冢人"、卷四七"大卜"]。)

《第二屆國際中國古文字學研討會論文集》頁 281—282、291

【冢任】妟盗壺

○朱德熙、裘錫圭(1979)　冢,借爲"重"。壺足銘文中"冢"字亦當讀爲"重"。

《朱德熙古文字論集》頁 105,1995;原載《文物》1979-1

○**李學勤、李零**(1979) 第十五行“冢”,《爾雅・釋詁》:“大也。”

《考古學報》1979-2,頁161

○**于豪亮**(1979) 豥當爲冢字,讀爲重,《釋名・釋喪制》:“冢,腫也。”《水經注・渭水》引《春秋説題辭》:“冢,種也。”故得讀爲重。賃(賃)讀爲任。

《考古學報》1979-2,頁181

○**張政烺**(1979) 冢,裘錫圭同志謂當讀爲重。

《古文字研究》1,頁237

【豣冢】望山1・110、117、118

○**陳初生**(1981) 豣₌=豣冢。

《中山大學研究生學刊》1981-2,頁111

○**朱德熙、裘錫圭、李家浩**(1995) (編按:望山1・110)“冢”字亦見116號、117號、118號、119號諸簡(關於“冢”字字形的考釋見《語言學論叢》第七輯李家浩《戰國文字中的“冢”字》)。116號簡“冢”上有“肥”字,其下無重文號;其它三簡“冢”上無“肥”字,其下均有重文號,與此簡同。116號簡以“肥冢”與“肥豢”對舉。“肥豢”之語見於《文選・七啟》:“玄熊素膚,肥豢膿肌。”古書常以“芻豢”連言,例如《吕氏春秋・季冬》“供寢廟之芻豢”,《大戴禮記・曾子天圓》“宗廟曰芻豢,山川曰牲牷”。《吕氏春秋》高誘注及《大戴禮記》盧辯注並云“牛羊曰芻,犬豕曰豢”。簡文以“冢冢”與“肥冢”對舉,二“冢”字相連不可能代表同一個詞。今按“冢”古東部字,“芻”古侯部字,東、侯二部陰陽對轉(《説文》謂“冢”从“豖”聲,“豖”正是侯部入聲字)。疑“肥冢”之“冢”與“冢冢”的後一“冢”字並當讀爲“芻”,“冢冢”的前一個“冢”讀如字。《爾雅・釋詁》:“冢,大也。”“冢冢”蓋指大牛或大羊。

【補正】簡文所記祭禱用的犧牲中有“冢₌”(見110號、117號、118號等簡),考釋[八八]根據116號簡“肥冢(芻)”與“肥豢”對言,懷疑“冢₌”應該釋讀爲“冢冢(芻)”。包山同類簡所記犧牲中也有“冢₌”,例如243號簡:“舉禱東陵連囂冢₌酉(酒)飤(食),蒿之。”此外還有“冢豕”,例如210號、211號簡:“賽禱東陵連囂冢豕酉(酒)飤(食),蒿之。”上舉兩條簡文所記的祭禱對象相同,文例相同,“冢₌”與“冢豕”應是表示同一詞語的。也就是説,“冢₌”應讀爲“冢豕”。《説文》説“冢”从“豖”聲,但楚簡文字“冢”字實从“豕”,所以“冢₌”可以讀爲“冢豕”,就跟“夫₌”可以讀成“大夫”一樣。這樣看來,望山簡的“冢₌”也應該釋讀爲“冢豕”,而不應該釋讀爲“冢冢(芻)”。“肥冢”之

"冢"究竟能否讀爲"芻",也有待進一步研究。

《望山楚簡》頁 100、105—106

○襧健聰（2006）　　卜筮祭禱類楚簡中有一字作：

　　a　包山 227　　　b　望山 1-116　　　c　包山 202

或單用，或與"冢"連用，皆用作犧牲名。現在學者普遍將此字釋爲"冢"，主要是受李家浩先生《戰國時代的"冢"字》一文啟發。李文考察戰國金文的"冢"字，指出部分"冢"字形體訛變、結構分離，相當精準。但是以戰國金文的少數訛變現象推導上述字形爲"冢"之變形，則是有疑問的。

首先，戰國金文中部分"冢"字"豖"與"勹"分離爲左右結構，在戰國金文全部"冢"字中僅占很小比例，屬爲數不多的字形訛變現象；而上揭的字形，在望山、包山、新蔡等數批楚簡中比比皆是，我們卻無法找到一例"不省"的"冢"。其次，楚簡不少豖類犧牲名的用字，如"狄、猪"等，與上揭字形結構相同，均應分析爲左右結構。真正的"冢"字作（包山 257），與我們討論的字形區別明顯。

我們有必要對此字進行重新分析。其所從的右旁"亐"，在戰國古文字材料中有三種可能：一是"丂"旁的變形，如郭店《老子》甲 1"巧"字所從，郭店《唐虞之道》6"考"字所從；二是"冢"字所從的"勹"旁的變形，如上述李文所列的梁上官鼎等器的例子；三是"主"旁，在戰國文字中最爲常見，是戰國時代"主"的基本形體。因此，此字隸定爲"狌"（△）較爲適宜。事實上，也有學者持類似的看法，但或未作進一步釋讀，或仍視之爲"冢"的異體，問題仍未解決：

其一，楚簡"△豖"與"肥△"並見，若釋△爲"冢"，"冢豖"之"冢"義爲"大"，"肥冢"之"冢"爲犧牲名，這樣一個常用字在同類簡中異義異讀如此，值得懷疑。再者，傳世典籍中，既找不到"冢豖"的用例，也没有發現以"冢"名豖的例子，或謂"冢"通"豵"、通"豵"，僅爲音近，尚乏他證。其二，楚文字多借從"主"之字爲"重"，如邾陵君豆的"賍"，郭店《老子》甲 5、《緇衣》44、《成之聞之》18 的"砫"，新蔡簡屢見的處於簡末的"砫"（乙四 135、乙四 142、乙三 52），也應讀爲"重"；而三晉系文字則多借"冢"爲"重"，如平山中山王圓壺中的"冢（重）"等。就目前所見材料來看，兩種用字方法涇渭分明，"冢"與"△"難以混爲一談。新蔡簡中"△""砫"並見，更證明這一點：

（1）……豭，禱二△。砫……（乙三 52）

（2）……禱二△。砫……（乙三62）

尚未正式公布的天星觀楚簡也有卜筮祭禱内容,據滕壬生先生《楚系簡帛文字編》(1116頁)所引,該批簡有"豬₌"的文例,如:

（1）舉禱東城夫人豬₌酉食。

（2）舉禱巫豬₌靈酉,鍮鐘樂之。

"豬₌"當讀爲"豬豕",如《管子·地員》:"凡聽徵如負豬豕,覺而駭。"與"豕"同義的"豬"字,先秦傳世文獻已經有見,如:

（3）野人歌之曰:"既定爾婁豬,盍歸吾艾豭。"(《左傳·定公十四年》)

（4）今人之生也,方知蓄雞狗豬彘,又蓄牛羊。(《荀子·榮辱》)

而秦漢出土材料,更是多見:

（5）豬雞之息子不用者,賣之,別計其錢。(睡虎地秦簡《秦律十八種》)

（6）取雷矢三顆冶,以豬煎膏和之。(馬王堆帛書《五十二病方》)

（7）禁鮮魚,豬肉。(武威漢代醫簡木牘)[15]

以上例證,説明"豬"理應在先秦口語中已經常用,戰國後期則正是稱豕爲"豬"這一語言現象的發生發展期。天星觀楚簡"豬豕"連用,正是"豕"與"豬"同義的一個體現。

但是,時代屬於戰國晚期、豕類犧牲名又大量出現的楚簡材料,"豬"卻僅見於天星觀楚簡,顯然與上述的語言發展事實很不相稱。一個合理的解釋是,"△"就是"豬"字異體。"△₌"與天星觀楚簡的"豬₌"形式全同,均當爲"豬豕"合文。我們認爲,"△"應分析爲从豕主聲,在楚簡中當讀爲"豬"。者,章母魚部,主,章母侯部,二字聲紐相同,韻部旁轉,讀音相近;豬从者得聲,△从主得聲,故兩字例可相通。"豬豕"與"豕"或"豬"同義,泛指一般的豬。

《江漢考古》2006-4,頁83—84

△按　睡虎地秦簡《答問》190"'甸人'守孝公、灖(獻)公冢者殹(也)"之"冢"意爲墳墓。楚簡"狂"字的釋讀意見宋華强(《新蔡葛陵楚簡初探116—117頁》)作過如下梳理:

> 包山簡整理者原把"冢"字釋爲"豜"字異體,不可信。湯餘惠《包山楚簡讀後記》改釋爲"冢",讀爲"豵"。何琳儀認爲此字有些寫法已經聲符化爲从"豕""主"聲,作爲犧牲名可讀爲"豵"。禤健聰、大西克也均同意把此字分析爲从"主"得聲,但禤健聰認爲此字是"豬"字異體,因爲"者,章母魚部,主,章母侯部,二字聲紐相同,韻部旁轉,讀音相近;豬从

者得聲，△（編按：即"狅"）从主得聲，故兩字例可相通"；而大西克也認爲此字還是"豕"之聲化字，與上引何琳儀説同，但是也認爲應該讀爲"豬"，並引李新魁説"魚侯相押是《老子》《楚辭》的一大特點，它們都反映了上古楚方言的情況"以爲證。按，《楚辭》和傳世本《老子》中魚侯相押之例並不多見，即便有也只能反映戰國晚期的語音現象。邵榮芬根據傳世文獻資料已經證明直到西漢時期魚侯兩部尚未合併，韻文通押的比例也比較低。李玉根據秦漢簡帛資料中魚、侯兩部的通假情況，認爲"從幾率統計的原則來看，魚、侯兩部當無音理關係"，楚方言中魚侯趨於合流可能是秦漢閒的語音現象。根據學者的討論，葛陵簡年代下限在戰國中期早段；根據本文的結論，葛陵簡年代下限在戰國早、中期之交。無論如何，簡文所反映的語音現象不會晚於戰國早期，此時魚侯二部讀音的區別應該是非常明顯的。天星觀簡中已經有从"豕""者"聲的"豬"字，當時的楚人恐怕不可能再造一個聲符讀音與"者"明顯有別的"狅"字來作"豬"字的異體。

但從文義看，"狅"讀作"豬"較爲合理。

勹

睡虎地·日甲 41 背壹

○**睡簡整理小組**（1990）　（編按：日甲 41 背壹"是是勹鬼貍（埋）焉"）勹，疑即"包"字。一説，即"孕"字。

《睡虎地秦墓竹簡》頁 216

○**劉樂賢**（1994）　按：鄭剛釋此字爲"字"。

《睡虎地秦簡日書研究》頁 236

○**張守中**（1994）　勹，《説文》所無。

《睡虎地秦簡文字編》頁 145

○**湯餘惠等**（2001）　勹

《戰國文字編》頁 621

矛

郭店·老丙 1　　郭店·成之 13　　郭店·成之 25

○**荊門市博物館**（1998）　（編按：郭店·老丙1“其即（次）𤞤（侮）之”）𤞤，簡文字形从
“矛”从“人”。《古文四聲韻》引《古孝經》“侮”字即从“矛”从“人”，與簡
文同。

《郭店楚墓竹簡》頁121

○**裘錫圭**（1998）　（編按：郭店·成之13“戎夫𤞤臥不强”）此句疑當釋爲：戎（農）夫𤞤
（務）臥（食）不强

　　（編按：郭店·成之25“𤞤才信於衆”）　“𤞤”，讀爲“務”。

《郭店楚墓竹簡》頁169、170

○**白於藍**（1999）　郭店楚墓竹簡《成之聞之》中有一段話，原《郭店楚墓竹簡
釋文注釋》將其録寫爲：

　　　戎夫𤞤臥不强，加糧弗足悇（矣）。士成言不行，名弗得悇（矣）。
其後有裘錫圭先生按語，云：“此句疑當讀爲：戎（農）夫𤞤（務）臥（食）不强，
加糧弗足悇（矣）。‘糧’上一字左側似有‘田’字，也許不當釋爲‘加’，待考。
‘𤞤’亦見於《老子》丙一號簡，用爲‘侮’。”

　　這段文字之上句看上去有些語不成義，難以通讀。筆者以爲，裘先生按
語中將“戎夫”讀爲“農夫”，將“𤞤臥”讀爲“務食”均確不可易。古“戎、農”
音近可通。《韓詩外傳》九：“孔子與子貢子路顔淵遊於戎山之上。”《説苑·
指武》戎作農。即其例。又古農（即農夫）每與士對言，如《孟子章句·滕文公
下》：“士之仕也，猶農之耕也。”再如《孟子章句·公孫丑上》：“尊賢使能，俊
傑在位，則天下之士皆悦而願立於朝矣……耕者助而不税，則天下之農皆悦
而願耕於其野矣。”簡文這段文字中亦是“戎（農）夫”與“士”對言，與典籍文
句相合。

　　“𤞤”字从人矛聲，“務”字从力孜聲，而孜又从矛聲，故“𤞤”可讀爲務。
又“侮”从“每”聲，而“矛、每”古音很近，故郭店簡《老子》丙一號簡及《古文四
聲韻》引《古孝經》均將“侮”字寫作“𤞤”，“𤞤”字或即“侮”字異構。古侮與
務亦可通用。《集韻·噳韻》：“侮，慢也。或作務。”《詩·小雅·常棣》：“外
御其務。”毛《傳》：“務，侮也。”《左傳·僖公二十四年》引此詩作“外御其侮”。
亦可證“𤞤”可讀“務”。簡文“務食”之“務”意爲致力、從事。《管子·乘
馬》：“故事者生於慮，成於務，失於傲。”尹知章《注》：“專務則事成也。”又《管
子·牧民》：“不務地利，則倉廩不盈。”此務字亦爲致力、從事之義。簡文之
“務食”猶《管子·牧民》“積於不涸之倉者，務五穀也”之“務五穀”。

《吉林大學學報》1999-2，頁90

○**李天虹**（2000） 10.《老子丙》一號簡釋文：

大上下智（知）又（有）之，其即（次）……其即（次）攴（侮）之。

"攴"字原文作：

《郭店》九：一

字又見於《成之聞之》一三、二五號簡，均讀作"務"：

《郭店》五〇：一三 《郭店》五一：二五

侮、務古音同在明母侯部，是以攴於簡文既可讀作侮，又可讀作務。關於攴字的形體結構，整理者未作解説。從字面來看，該字下部所從確似人字。但是，在古文字裏，作爲偏旁的人字，通常位於字體的左邊，鮮見位於下方者；而與人旁形體相似的伏的本字勹，作爲偏旁，卻常常位於字體的下方。因此，所謂攴字的下部恐非"人"，而是伏的本字。于省吾先生曾經指出，今鳧字所從"几"原爲伏的本字"勹"，鳧並以勹爲聲。鳧字仲鳧父簠作（《金文編》208頁）；又長沙楚帛書"雹"以勹爲聲，作，所從勹均與人旁相若。上舉簡文中，第一例所從最近人旁，第二例所從作"勹"，形體上與"勹"無甚差別，這也是我們認爲該字從"勹"而不是從"人"的一個理由。古勹爲並母職部字，韻部與侮、務相隔稍遠，但從勹聲的鳧字古音在侯部，可證勹與侯部字關係密切，勹與侮、務音近可以通轉。又《説文・力部》云務（勞）從孜聲，《攴部》云孜從矛聲，是矛與務古音亦通。綜上，釋文"攴"當改隸作"矛"，字從"勹"爲聲，矛亦聲，也是一個雙聲符字。

最後附帶談一下《説文》中的"僰"字。《説文・人部》："僰，犍爲蠻夷。從人，棘聲。"今按僰字所從人旁位於字體的下方，也有可能是從勹訛變而來，其演變過程與《説文》佣字相似。僰古音與勹（伏）相同，勹應該也是僰字的聲符。

《郭店楚簡國際學術研討會論文集》頁98—99

○**湯餘惠等**（2001） 攴。

《戰國文字編》頁563

△**按** "矛"字從矛從勹，矛、勹皆聲，郭店簡讀作"侮"或"務"。

冇

新收 1559 貴將軍符節

○**李家浩**(1993)　同行第三字原文寫作从"兄"从"勹","兄"字的寫法與齊子仲姜鎛銘文"兄"字相同。《古文四聲韻》卷一臻韻引古文"軍"字作下列諸形:

《古老子》 《王庶子碑》 《華嶽碑》 《王存乂切韻》

節銘右行第三字與《王存乂切韻》"軍"字的寫法十分相似,當是古文"軍"字無疑。《說文》說"軍"字从"車"从"包"省,據古文字"軍"的寫法,實从"車"从"勹"。"勹"字見於甲骨文,用爲"旬";後來的"旬"字即从其得聲。"軍、旬"古音相近。"軍"屬文部,"旬"屬真部,真文二部字音關係密切。所以王國維認爲"軍"字从"勹"聲。"匀"亦从"勹"聲,故戰國文字"軍"或寫作从"匀"聲。節銘古文"軍"字也是从"勹"得聲。上揭《古老子》《王庶子碑》和《華嶽碑》古文"軍",皆寫作从《說文》"光"字古文第二體。"兄、光"音近古通。如金文當賜予講的"貺"就有"兄、光"兩種寫法。疑《說文》"光"字古文第二體即"兄"字的變體。《古文四聲韻》卷一微韻引《雲臺碑》古文"輝"作"灳"。《汗簡》卷下之二和《古文四聲韻》卷四問韻引《碧洛(**編按**:"洛"當作"落")碑》古文"運"也从"灳"。"灳"字的字形結構與古文"軍"相同,當分析爲从"火"从"勹"聲。據《說文》所說,"光"字"从火在儿上",本義是指火光,所以"火、光"二字作爲形聲字的形旁可以通用。"煇"字異體作"輝"即其例。因此,古文"軍"可能是古文"輝"字的另一種寫法,假借爲"軍"的。

《中國歷史博物館館刊》1993-2,頁51

△**按**　貴將軍虎節""字當从兄,匀省聲,用作"軍"。

郭店・尊德24

○**荊門市博物館**(1998)　。

《郭店楚墓竹簡》頁174

○**何琳儀**(2000)　爲邦而不以豊(禮),猶所人之亡(无)遅(狀)。《尊德義》24

"所人"原篆爲合文,應讀"黨人"。"所"與"黨"均屬舌音,魚、陽陰陽對轉。《釋名・釋州國》:"黨,所也。"《左傳・哀公五年》"何黨之乎",注:"黨,所也。"均屬聲訓。《楚辭・離騷》"惟夫黨人之偷樂兮",注:"黨,朋也。""亡遅"讀"無狀"。《漢書・賈誼傳》"誼自傷爲傅無狀",注:"無善狀。"

《文物研究》12,頁202

○湯餘惠等（2001）　　�。

《戰國文字編》頁 565

○李零（2002）　　"猶炤之無𤳨也"，疑讀"猶户之無樞也"，但第二、第五字不識。

《郭店楚簡校讀記》（增訂本）頁 142

○陳斯鵬（2002）　　《尊德義》簡 24 云："爲邦而不以豊（禮），猷（猶）炤之亡（無）𤳨也。"整理者無説。因爲有兩個關鍵字没弄明白，故文義不可通解。劉釗先生認爲："此句有誤書，本應作'爲邦而不以禮，猶人之亡所𤳨也'。因該寫'人'之處誤書作'所'，故只好將'人'字補在'所'字下。"劉先生又據溫縣盟書"適（諦）"字作𤳨，將原釋文未隸定之字釋爲"適"，訓爲歸從、歸向。何琳儀先生則認爲炤乃"所人"合文，讀作"黨人"，並釋"亡"後的字爲"遅"，讀爲"狀"。

　　筆者認爲，劉、何二先生之説皆有可商。細審簡影，原隸作炤的字，無論從字本身的結構，還是與上下字的閒距看，都可以確定其爲一字無疑，故劉先生"誤書"之説恐不可靠。又不見合文標志，若本身可以釋通，亦不宜遽以合文説之。按此字原篆作炤，上從"所"，下部所從似"人"，其實是"勹"，即"伏"之初文。郭店簡有字作炤，整理者隸爲炤，字在簡文中或讀爲"侮"，或讀爲"務"，李天虹先生分析爲從矛從勹，矛、勹皆聲，甚有見地。二字所從的"勹"正可相互印證。這樣看來，炤當隸爲𠁥，疑乃"所"字纍增聲符"勹"而成，在此讀作"户"。"所"從"户"聲，故二字通假當無問題。從古文字材料來看，勹與侯部字關係十分密切，故可與侯部字侮、務、皃等通，李天虹先生已有論證。又戰國璽印和陶文中的"勹"經常應讀作符節的"符"，符亦屬侯部。而上古侯、魚二部頗多糾葛，在《詩經》中已有通押現象，戰國秦漢以降更逐漸呈通合之勢。這樣看來，勹用作魚部字"所"的疊加聲符應是可能的。而就𠁥字與其所記録的詞"户"的關係而言，我們亦可以把它看成是一個從所從勹，所、勹皆聲的雙聲符字。

　　𤳨字，劉先生釋爲"適"，可從。（中略）然而這裏的"適"不宜如字解，而應讀爲"楠"。"適、楠"聲符相同，故可通。《説文》云："楠，户楠也，從木，啻聲。《爾雅》曰：'檐謂之楠。'"又："檐，桅也。"又："桅，柶也。"又："柶，楣也。"可知"楠"乃門檐、門柶、門楣之屬。門户無楠，則無所框範，且不蔽風日，其危可知。故簡文以此比況"爲邦而不以禮"，十分恰當。

《古文字研究》24，頁 409—410

○**彭裕商**（2003）　《尊德義》24 簡云：“爲邦而不以禮，猷[火/犬]之無[堂/土]也。”此句學者多有解釋，然終不如人意。筆者以爲後一句當讀爲“猶瞽之無相也”。《禮記·仲尼燕居》：“治國而無禮，譬猶瞽之無相與？”此句亦見《孔子家語·論禮》。簡文[火/犬]字構形與《古文四聲韻》卷三瞽字構形非常接近，當即瞽字。此字當以所爲聲，所、瞽均魚部字。

《考古與文物》2003-6，頁 84

○**李守奎**（2003）　[火/犬]。

《楚文字編》頁 499

○**劉樂賢**（2006）　曾侯乙墓竹簡“所”字的下部也有一類似的“人”形偏旁（原注：參看李守奎《楚文字編》806—808 頁，華東師範大學出版社 2003 年版），與《尊德義》的這個“所”字的寫法十分接近。據此可以肯定，《尊德義》的這個字確實是“所”字的異體。

關於這種“所”字的構形，陳斯鵬先生曾作過分析。他認爲，該字下部所謂“人”實爲“勹”即“伏”的初文，可以看作“所”的添加聲符。按，此説值得考慮，但現在還無法證實。（中略）

據《説文解字》，“所”字係從“户”得聲，故讀“所”爲“户”應當不成問題。

《中國古代文明研究與學術史》頁 109、111

△**按**　“[火/犬]”字從勹從所，“勹”和“所”中的“户”皆爲音符，簡文讀作“户”。

包　

睡虎地·封診 48　　睡虎地·答問 61

○**睡簡整理小組**（1990）　（編按：答問 61）包，據簡文指罪人被流放時其家屬應隨往流放的地點。包疑讀爲保，《漢書·元帝紀》：“除光禄大夫以下至郎中保父母同産之令。”注引應劭云：“舊時相保，一人有過，皆當坐之。”

《睡虎地秦墓竹簡》頁 107

○**何琳儀**（1998）　包，從巳（甲骨文以子爲巳），勹聲。胞之初文。《説文》：“胞，兒生裹也。從肉從包。”《漢書·外戚傳》“善藏我兒胞”，注：“胞，胎衣也。”《説文》：“[包]，象人裹妊，巳在中，象子未成形也。元气起於子，子，人所生也。男左行三十，女右行二十，俱立於巳，爲夫婦。裹妊於巳，巳爲子，十月而生，男起巳至寅，女起巳至申，故男年始寅，女年始申也。”

秦漆包，讀麃。《説文》：“麃，桼垸巳復桼之。從桼，包聲。”朱駿聲注“重縣也。始以桼和灰垸縣之,復桼之以光其外。漢代漆銘習見‘髹工’”。

《戰國古文字典》頁 237

茍

 集成 10125 楚季茍盤 ⚆ 璽彙 4167 ⚆ 璽彙 4227 ⚆ 璽彙 4257

⚆ 璽彙 5323

○**羅福頤等**(1981) （編按:璽彙 4164、4165 等）敬。

《古璽文編》頁 232

○**吳振武**(1983) （編按:璽彙 3535）敬。

《古文字學論集》(初編) 頁 524

○**何琳儀**(1998) 茍,甲骨文作⚆(後下 36·6),構形不明。西周金文作⚆(盂鼎)、⚆(大保簋),或加口旁爲飾作⚆(何尊)。春秋金文作⚆(楚季茍盤),上方 ⌄ 演化爲 ∧∧,人形加 = 爲飾,┃遂與羊旁相似。茍加攴旁孳乳爲敬。茍、敬均屬見紐,敬爲茍之準聲首。參耕部敬字。《説文》:“⚆,自急敕也。从羊省,从包省,从口。口,猶慎言也。从羊,羊與義、善、美同意。⚆,古文羊不省。”

　　晉璽茍,讀敬。見敬字。　　晉璽“茍行”,讀“敬行”。《吕覽·孝行》:“敬行其身。”

《戰國古文字典》頁 34

【茍身】

○**葉其峰**(1983)　“敬身”(圖一⚆)。這是儒家修身理論中的基本準則,有特定含義。《禮記·哀公問》記孔子語:“敬身爲大。身也者,親之枝也,敢不敬與!”又説:“君子言不過辭,動不過則,百姓不命而敬恭。如是,則能敬其身,則能成其親矣。”可見,“敬身”是指用禮制來約束自己的言行,其要點是“言不過辭,動不過則”,一切都按照禮的規定辦。

《故宫博物院院刊》1983-1,頁 75

【茍官正下】

○**田煒**(2006)　《鴨雄緑齋藏中國古璽印精選》著録了左揭一方古璽,原釋文作“□□敬上”。《璽彙》4916 號璽印文與之相同,只是殘泐較甚,釋文作“上□□□”。印文左邊一字形體很特別。古璽文字“官”字或省作⚆、⚆等形,與⚆形近,故⚆也應該釋爲“官”。印文下方一字亦不易識。《璽彙》4918 號和《湖南省博物館藏古璽印集》51 號分别著録了右揭兩方古璽,其中"正"字分別作 與 ,可證 也應該釋爲"正"。參照《璽彙》4918 號環形璽的讀法,鴨雄緑齋所藏的那方璽印應該讀爲"敬官正 下"。官,指君主。《廣雅·釋詁一》:"官、長,君也。"王念孫疏證:"官與長同義,故皆訓爲君。"《大戴禮記·虞戴德》:"此唯官民之上德也。"王聘珍解詁:"官,君也。"正,或作"政",是匡正的意思。《釋名·釋言語》:"政,正也,下所取正也。"《墨子·天志》:"無從下之政上,必從上之政下。""敬官正下",意謂恭謹事君,匡正下民。

《古文字研究》26,頁 389

敬 敬

璽彙 5049　　 陶彙 5·151　　 睡虎地·爲吏 1　　 睡虎地·秦律 196

睡虎地·日甲 87 背壹　　 睡虎地·爲吏 46 肆

近出 71 王孫誥鐘十二　　 集成 2811 王子午鼎　　 近出 77 王孫誥鐘十八

集成 80 敬事天王鐘　　 郭店·緇衣 21　　 上博一·性情 33　　 上博六·天甲 9

郭店·成之 3　　 郭店·成之 8　　 郭店·成之 20　　 郭店·語一 95

新蔡零 198、203　　 楚帛書　　 璽彙 5044　　 璽彙 0239　　 璽彙 0612

璽彙 1617　　 璽彙 2540　　 璽彙 5046　　 璽彙 5047　　 璽彙 5579

璽彙 3529　　 璽彙 5048　　 璽彙 3672　　 璽彙 3579　　 璽彙 5698

上博五·季庚 7　　 郭店·五行 22　　 璽彙 3655

集成 9734 䣄䣑壺　　 璽彙 4149　　 璽彙 4171　　 璽彙 4143　　 璽彙 4145　　 璽彙 4219

璽彙 4244　　 璽彙 4229　　 璽彙 4719　　 璽彙 4703　　 璽彙 5028

璽彙 4162

璽彙 4211"敬上"合文　　 璽彙 4236"敬文"合文

璽彙 4231"敬守"合文　　 璽彙 4234"敬守"合文

璽彙 4193"敬事"合文　　 璽彙 4196"敬事"合文

○張政烺(1979)　（編按：中山侯鉞）敬讀爲警。

《古文字研究》1，頁 212

（編按：奴盜壺）敬命新隆（地）

敬字不從口，古璽文中常見。譽壺，"嚴敬不敢怠荒"，"故辭禮敬則賢人至"，又"以懺嗣王"懺字從之，確是敬字無疑。

《古文字研究》1，頁 244

○羅福頤等(1981)　敬。

《古璽文編》頁 229—232

○商承祚(1982)　（編按：中山王譽鼎）敬，古鉩文多作繋，與此大同小異。

《古文字研究》7，頁 51

○周世榮(1982)　上敬。

《湖南考古輯刊》1，頁 96

○陳邦懷(1983)　以敬乒衆

按，此敬字從詞意講，當讀爲警。古有用敬爲警者，《詩·大雅·常武》"既敬既戒"，鄭箋曰："敬之言警也。"據此可證鉩銘是借敬爲警。

《天津社會科學》1983-1，頁 66

○吳振武(1983)　（編按：璽彙 0612、3399、3529）敬。

《古文字學論集》(初編) 頁 493、515、516

○睡簡整理小組(1990)　（編按：編年 26 貳）南郡備敬（警）。

（編按：秦律 196）慎守唯敬（儆）。

《睡虎地秦墓竹簡》頁 7、64

○張守中(1994)　（編按：編年 26 貳）敬　通警　南郡備敬。

（編按：秦律 196）通儆　慎守唯敬。

《睡虎地秦簡文字編》頁 145

○何琳儀(1998)　敬，西周金文作敊（師酉簋）。從攴，苟聲。敬，見紐；苟，見紐。敬爲苟之準聲首。春秋金文作敊（秦公鐘），或聲化從羌作茲（吳王光鑑）。敬，見紐；羌，溪紐。敬又爲羌之準聲首。戰國文字承襲兩周金文。苟旁頗多變化。齊系作茍，上從羊頭。燕系作苟，羊頭有省簡。晉璽作苟、苟、苟等，最爲複雜，亦有從羌作苟者。楚系均從羌。秦系作苟，直接承襲甲骨文勾形。《説文》："敬，肅也。從攴、苟。"參苟、羌二字。苟、敬一字分化。苟、羌本無關，因形音相近，故在晚周文字偏旁中以敊爲敬。

晉璽"敬事",見《論語·學而》"敬事而信"。晉璽"敬命",見《逸周書·大開武解》"其維天命,王其敬命",注:"言天命在周,當敬命而已。"晉璽"敬守",見《禮記·郊特牲》"知其義而敬守之,天子之所以治天下也"。晉璽"敬上",見《孟子·萬章》下"用下敬上,謂之貴貴"。晉璽"敬文",見《荀子·禮論》"事生不忠厚,不敬文,謂之野;送死不忠厚,不敬文,謂之瘠",注:"敬文,恭敬有文飾。" 晉璽"敬之",見《詩·周頌·敬之》序"敬之,群臣進戒嗣王也"。或作"敬止"。《詩·大雅·文王》:"穆穆文王,於緝熙敬止。" 晉璽"敬老",見《孟子·告子》下"敬老慈幼,無忘賓旅"。晉璽"敬申",讀"敬神"。《禮記·表記》:"夏道遵命事鬼,敬神而遠之。"晉陶"敬事",見上。中山王鼎"敬忑",讀"敬順"。《國語·晉語》一:"敬順所安爲孝。"《史記·五帝紀》:"敬順昊天。"中山侯鈇敬,讀警。《詩·大雅·常武》"既敬既戒",箋"敬之言警也"。

楚璽"敬事",見上。楚璽"敬上",見上。帛書"敬之",見上。

秦璽"敬事",見上。

古璽"敬身",見《禮記·哀公問》"君子無不敬也,敬身爲大"。

《戰國古文字典》頁 783—784

○**徐在國**(2002)　十七、釋"敬"

三晉陶文有如下一字:S　　剒陶彙 6·18

《陶彙》缺釋。《陶徵》放入附錄(364 頁),《陶字》從之。或釋爲"□作"。

按:我們懷疑此字應釋爲"敬"。戰國文字"敬"字或作:

將璽彙 5029　　羖同上 5001　　𢼸同上 4248

𢽮同上 5045　　𢾭同上 5016

並從"苟"從"攴"。"苟"又從 㞋、㞎、㞏,從 ꜰ、ꜰ、ꜰ(人)。S 所從的"㞋",與㞎、㞏形體相近;所從的"ꜰ",陳偉武先生認爲是"人",甚確。"ꜰ"與《璽彙》5029"敬"字所從的"ꜰ"形同。"㞋"與"ꜰ"應釋爲"苟",只是"人"旁放到右邊,位置發生了移動。我們注意到古璽中"敬"字所從各偏旁位置有移動的現象,像上舉第三形即是如此。S 所從的"ꜰ"與"午"形近,但在這裏似乎是"攴"旁的訛變,上舉"敬"字第四、五形所從的"攴"作ꜰ、ꜰ可爲證明。

如上所述,S 似應釋"敬"。與古璽單字"敬"性質相同,屬吉語璽。

《古文字研究》23,頁 117

○**李天虹**(2003) 二 敬

《性情論》三三號簡兩見“敬”字,其中第一例原文較爲清晰,作 A:

A

下部右邊似有缺筆。也許是“攴”的殘文;左邊係“肉”形,寫法與常見的古文字“敬”有一定區别。

“敬”字金文从“茍”从“攴”,作(《金文編》652 頁),戰國文字“茍”的頭部或繁變爲“羊”,形體與“羌”一致,或謂聲化使然,作 B:

B 《彙》5033 《彙》5046 郭《語二》3

A、B 的差異在於 A 作“肉”形之處,B 均作“”。但是,《性自命出》相當之字作“敬”(簡 39),所以將 A 釋爲“敬”是可以憑信的。

在戰國文字裏,有一個用作人名的字,从羊从肉从壬,學者多隸定爲“胮”,其形作 C:

C 《彙》2258 包 155 包 222

與 A 對比,有必要對 C 的形體重作分析。C、A 的左半完全相同,但 A 作“攴”之處,B 作“壬”,我懷疑“壬”是 C 的聲符。

古敬、壬同屬耕部,敬見母,壬透母。與“敬”同音的“巠”,《説文》云:“水脈也,从川,在一下。一,地也。壬省聲。一曰水冥巠也。,古文巠不省。”認爲“巠”从“壬”爲聲。戰國文字“巠”多从壬聲,與《説文》古文相同,如:

包 193“勁” 望二:45“桱” 郭《太》7“經”

若此,敬、壬音亦可通。

綜上,C 可能應當釋爲“敬”。古璽《彙》1020 有“”,七年邦司寇矛有“”(《戰國古文字典》673 頁),大概也是“敬”字的異體。包山 102 號簡有“”,字从“首”,也許可以釋爲“頸”。

《郭店竹簡〈性自命出〉研究》頁 257—258

○**曹錦炎**(2007) (**編按**:上博六·天甲 9“事禝[鬼]則行敬”)“敬”,敬畏,尊敬,《説文》:“敬,肅也。”《論語·先進》:“門人不敬子路。”

《上海博物館藏戰國楚竹書》(六)頁 326

【敬士】

○**羅福頤等**(1981) (**編按**:璽彙 4259)敬士。

《古璽文編》頁 364

【敬开上】
○**羅福頤等**（1981）　（編按：璽彙 4715—4726）敬其上。

《古璽彙編》頁 429

○**李東琬**（1997）　見【敬老】條。

《北方文物》1997–2，頁 30

【敬才】
○**曹錦炎**（1985）　"敬才"爲冶即工匠的名，這裏都省略了姓氏。

《考古》1985–7，頁 634

○**李東琬**（1997）　見【敬老】條。

《北方文物》1997–2，頁 30

【敬上】
○**羅福頤等**（1981）　（編按：璽彙 4209—4212、4216、4217）敬上。

《古璽文編》頁 363

○**李東琬**（1997）　見【敬老】條。

《北方文物》1997–2，頁 30

【敬之】璽彙 4243—4246
○**羅福頤等**（1981）　敬之。

《古璽彙編》頁 389

○**王人聰**（1997）　1.敬之，編號 4243—4246　〔印〕 4244 敬之

　　《説文》云："敬，肅也。"段注："肅者，持事振敬也。"《釋名·釋言語》："敬，警也，恆自肅警也。"敬，是春秋戰國時期儒家修身的基本操守之一。《論語·憲問》："子路問君子，子曰：修己以敬。"《荀子·議兵》："凡百事之成也，必在敬之，其敗也，必在慢之。故敬能勝怠則吉，怠勝敬則滅。"璽文敬之即是此義。

《故宮博物院院刊》1997–4，頁 52

【敬王】璽彙 0612
○**羅福頤等**（1981）　王□。

《古璽彙編》頁 85

○**吳振武**（1983）　王舍·敬王。

《古文字學論集》（初編）頁 493

【敬文】璽彙 4236、4237、4239、4240、4242

○羅福頤等（1981）　敬文。

《古璽文編》頁 363

○葉其峰（1983）　"敬文"🔲。"文"是指標志古代等級制度的車馬服裝的不同紋飾。《禮記·禮器》説："禮有以文爲貴者：天子龍袞，諸侯黼、大夫黻、士玄衣纁裳。""敬文"，意即尊敬這種制度，不得逾越。《荀子·禮論》："不敬文，謂之野。"表明儒家對敬文是非常重視的。

《故宫博物院院刊》1983-1，頁 75

【敬立】璽彙 4247—4249

○羅福頤等（1983）　敬位。

《古璽彙編》頁 390

○葉其峰（1983）　"敬位"（圖三）。遵守禮制規定的君臣上下長幼的名位制度。《禮記·哀公問》："非禮，無以弁君臣上下長幼之位也……君子以此爲尊敬然。"講的就是敬位的道理。

圖三

《故宫博物院院刊》1983-1，頁 75

○吳振武（1983）　（編按：璽彙 4247）敬位·敬🔲。

《古文字學論集》（初編）頁 521

○李東琬（1997）　孔子生活在一個"禮崩樂壞"的動盪時代，他不能容忍違禮僭越的"犯上作亂"局面，於是孔子疾呼要"正名"，他在回答齊景公的問政時提出"君君、臣臣、父父、子子"。要所有的人各從其類，各稱其事，每個人的言行都要符合禮制的規定，合乎自已的名分，各安其位，不得逾越。這就是"敬位"璽（圖 5）的含意。

圖 5

《北方文物》1997-2，頁 30

【敬老】

○羅福頤等（1981）　（編按：璽彙 4255）敬老。

《古璽彙編》頁 390

○李東琬（1997）　在古代漢語中，"敬"字還可以作動詞用，璽文"敬老（圖 1）、敬上、敬其上"（圖 2）中的"敬"即當動詞尊敬、尊重講。"敬老"見於《孟子·告子下》："三命曰：'敬老慈幼，無忘賓旅。'""敬上"則見於《孟子·萬章下》："用下敬上，

謂之貴貴。”趙岐注:“下敬上,臣恭於君也。”

【敬行】

○**葉其峰**(1983)　與“敬守”意思相近的成語璽,有“敬行”。《左傳·襄二十五年》:“楚令尹若敬行其禮,道之以文辭,以靖諸侯,兵可以弭。”所以,“敬行”的含義是恭敬施行禮制的規定。

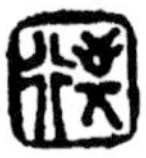

○**李東琬**(1997)　“禮”是儒家崇尚的治國之綱,人的立身之本,孔子提倡“齊之以禮”,要以“禮”教民,以“禮”作爲人們的行動準則。璽文
　　　　　　　“敬守”(圖3)、“敬行”(圖4)就是要恭敬地認真地去遵守、
圖3　　圖4　履行禮制的規定。《禮記·郊特牲》曰:“知其義而敬守之,天
子之所以治天下也。”孔穎達疏:“言聖人能知其義理而恭敬守之,是天子所以
治天下也。”《禮記》是一部從理論上對儀禮作説明的古代倫理學著作,這裏的
“敬守”即恭敬遵守儀禮之意。《左傳·襄公二十五年》也有“楚令尹若敬行
其禮”的記載,由此可見璽文“敬行”是要把禮制的規定化爲行動,恭敬認真地
去實踐。

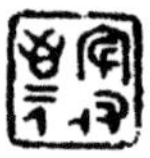

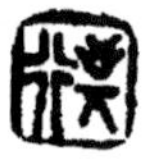

【敬守】璽彙4231、4233—4235

○**羅福頤等**(1981)　敬守。

○**葉其峰**(1983)　“敬守”。恭敬尊守禮制的原則。《禮記·郊特牲》:“知其 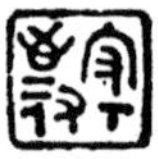
　　　　　　　義而敬守之,天子之所以治天下也。”孔穎達疏:“言聖人能知其義理
　　　　　　　而恭敬守之,是天子所以治天下也。”

○**李東琬**(1997)　見上【敬行】條。

【敬身】

○**李東琬**(1997)　璽文“敬身”,見於《禮記·哀公問》,孔子回答哀公問説:
“敬身爲大。身也者,親之枝也,敢不敬與!”哀公問何謂敬身? 孔子對曰:“君
於言不過辭,動不過則,百姓不命而恭敬。如是則能敬其身,則能成其親矣。”
講的是以禮作爲準則約束自己的言行,可見敬身的重要。

【敬事】璽彙 4193、4196、4197

○羅福頤等（1981）　敬事。

《古璽文編》頁 363

○葉其峰（1983）　"敬事"（圖六）。對國事恭敬勤敏。《論語·學而》："敬事而信。"劉寶楠注："包曰，爲國者舉事必敬慎，與民必誠信。"又《論語·衛靈公》："事君敬其事而後其食。"成語璽有"悊事"（圖七）。"悊"訓"敬"，《説文》："悊，敬也，从心折聲。"因此，"悊事"亦即"敬事"。此外，還有"悊命、悊官、悊之、悊言、悊上、悊行"等璽，"悊"字均應作"敬"字解。

圖六 　圖七

《故宮博物院院刊》1983-1，頁 75

○李恩佳（1987）　敬事。

《文物》1987-4，頁 66

○徐在國（2002）　十六、釋"敬事"

洛陽市西工區 212 號東周墓中出土的陶壺中有如下二字：

Q 　　　R

原發掘報告釋爲"敁事"，並考證説：

　　I 式壺上的兩個陶文，乃"敁事"二字。第一字左邊作"才"，東周時的"兄"字常作此形，如侯馬盟書中的兄弟之兄作才，祝字作祝。右邊的"又"，即反文，所以此字从兄从攴，識作敁。第二字爲"事"字的東周習見寫法之一……敁字字書所無，估計是以兄爲聲符的字。兄古音在陽部，讀音和黄相近。事字和吏字古代是一個音，也就是使字。我們認爲前字是陶壺主人的姓氏或名字，這二字之意是説明此器是何人所享用的。

按：Q 釋"敁"，誤。我們認爲應釋爲"敬"。戰國文字中"敬"字或作：

郭店·五行 23 　　　璽彙 3655 　　　同上 4149 　　　同上 5049

上引郭店簡，《璽彙》3655"敬"字所从"苟"作、，雖與"兄"字形體相近，但並不是"兄"字，而是"苟"之訛變。Q 與《璽彙》3655"敬"字形體相同，應釋爲"敬"。《説文》："敬，肅也。从攴、苟。"R 原報告釋"事"是正確的，但讀爲"使"則不可從。原報告認爲陶文是主人的姓氏和名字，不可信。陶文"敬事"是一方成語陶文，性質與古璽文字中常見的"敬事"成語璽（《璽彙》3655、4142—4198）是相同的。

　　附帶説一下，《璽彙》3655"敬事"璽作：

二字形體與陶壺上"敬事"形體相同。此又爲陶璽文字形體、内容相同增添一佳例。

《古文字研究》23,頁 116—117

鬼 鬼 䰬

近出 1194 六年上郡守閒戈

睡虎地・爲吏 38 貳　　　　睡虎地・日乙 90 壹　　　　睡虎地・日甲 30 背貳

曾侯乙衣箱　　　上博三・亙先 3

郭店・老乙 5　　　郭店・老乙 5　　　信陽 2・13　　　九店 56・26　　　上博五・鬼神 1

上博二・民之 11　　　上博五・競建 7　　　集成 4190 陳貦簋蓋

璽彙 2767"鬼月"合文　　　璽彙 2934"鬼月"合文　　　輯存 50"鬼月"合文

○**睡簡整理小組**（1990）　（編按:爲吏 38 貳）以此爲人君則鬼

鬼,讀爲懷,和柔。懷字漢代多寫作裛。

《睡虎地秦墓竹簡》頁 169—170

○**劉樂賢**（1994）　（編按:睡虎地・日甲 145 正 6）鬼,疑讀爲猥,鄙淺。

《睡虎地秦簡日書研究》頁 183

○**何琳儀**（1998）　鬼,甲骨文作鬼（菁 5・1）。从人从囟,會人死魂氣由囟門上出之意。《爾雅・釋言》:"鬼之爲言歸也。"《禮記・郊特牲》:"魂氣歸於天,形魄歸於地。"西周金文作鬼（鬼壺）。在偏旁中或省作囟,參魃作魃（盂鼎）。春秋金文作鬼（梁伯戈魃作魃）。戰國文字承襲兩周金文。或加足趾而上移作鬼,或加口爲飾作鬼,或加八爲飾作鬼、鬼,或加一爲飾作鬼,遂演化鬼、鬼。《説文》:"鬼,人所歸爲鬼。从人,象鬼頭。鬼,陰气賊害,从厶。䰬,古文从示。"又:"甶,鬼頭也。象形。"據戰國文字囟作⊗或作⊕,鬼作鬼或作鬼,知囟、甶實爲一字。《説文》甶實乃鬼之省文（僅見於文字偏旁）,不能獨立成字。鬼,从囟,不从甶。《説文》以畀从甶聲,亦非是,詳畀字。《説文》甶之字義緣鬼而釋,字音緣畀而讀,殊爲舛錯。故《説文》甶實可廢。

廿八宿漆書"與鬼",讀"輿鬼",廿八宿之一,見《吕覽・有始》。

秦器"鬼薪",刑徒。《史記・秦始皇本紀》"輕爲鬼薪",集解引應劭曰:

"取薪給宗廟爲鬼薪也。如淳曰,律説,鬼薪爲三歲。"疑鬼讀饋。

《戰國古文字典》頁 1184

（編按:陶彙 3・760）鬼。

《戰國古文字典》頁 1554

○王輝、程學華（1999）　從拓本看,冉字很清楚,其爲魏冉監造之兵器,應無疑問。"工師"之"師"作"𫝆",與十二年上郡守壽戈"師"字接近。"丞"名原隸作叟,從拓本看,似應隸作鬼。鬼字,廿五年上郡守趞戈作"𮥆",睡虎地秦簡《日書》乙種 1059 簡作"𩲜",均接近。

《秦文字集證》頁 46

○李守奎（2003）　祟　《説文》古文从示。

《楚文字編》頁 548

○濮茅左（2002）　禔（威）我（儀）。

《上海博物館藏戰國楚竹書》（二）頁 171

○李零（2003）　異生異,鬼生鬼　"異",疑讀"翼",是恭敬之義。"鬼",疑讀"畏",是畏懼之義。

《上海博物館藏戰國楚竹書》（三）頁 290

△按　《清華大學藏戰國竹簡》（壹）中《金縢》簡 12"鬼"字作𮥆,《清華大學藏戰國竹簡》（叁）中《説命下》簡 4 作𮥆,比較特別。《説文》以"禔"爲"鬼"字之古文,又見卷一示部"禔"字條。

【鬼月】璽彙 2767、2934

○何琳儀（1998）　鬼月,人名。

《戰國古文字典》頁 1497

【鬼薪】

○張政烺（1958）　郭沫若先生在《金文叢考》裏有一篇《上郡戈》,專門考證這件戈的銘文。郭先生説這個戈的年代是秦,"蓋秦始皇之二十五年",這是完全正確的。郭先生考釋"鬼薪"一辭説:

　　　"鬼薪"見《始皇本紀》,九年處治嫪毐餘黨,"及其舍人,輕者爲鬼薪"。集解引應劭曰"取薪給宗廟爲鬼薪也",又如淳曰"《律説》鬼薪作三歲"。此言"工鬼薪戠",蓋戠乃罪人,受三歲之徒刑,流徒於上郡而爲工者,鬼薪而爲戈工,則應劭謂"取薪給宗廟",蓋望文生訓之説。

郭先生的這段考證是對的,應劭的注解也不錯,鬼薪從"取薪給宗廟"變成冶鑄工人,正説明中國古代的奴隸制度從原始階段要走上發展的階段。

醜　醜

醜 睡虎地‧語書 12　　陶彙 5‧15　　陶彙 5‧16

侯馬八五:二　　侯馬一九五:一　　侯馬八五:八　　侯馬三:一

侯馬一九八:一三

中原文物 1994-3-119

侯馬三:一九

○山西省文物工作委員會(1976)　醜。

○睡簡整理小組(1990)　醜,慚愧。

○高明、葛英會(1991)　醜。

○范毓周(1996)　該戈銘文雖僅四字,但原釋卻未能正確釋讀,從而造成理解上的偏失。從拓本看,該戈銘文首字上部爲"曾",下部從"女",原釋爲"嬒"無誤。但原釋謂此"嬒"爲曾,應爲國名,謂爲曾國之器,則顯然有誤。(中略)

循此,此戈銘文之"嬒"當非曾國之"曾",可能爲作器者的族姓或名字。

○董蓮池(1996)　一、釋洛陽出土的一件中胡二穿戈銘中的"醜"和"造"

1993 年春,在距河南洛陽西南約九十公里的洛寧縣境內太原至澗口公路附近古墓中,出土一件中胡二穿戈,戈上內穿下部勒有銘文四字,其銘爲"𩵋𢀖𩱔戈"(詳見後附圖)。《中原文物》1994 年第 3 期發表了楊平先生介紹此戈的文章(以下簡稱楊文),楊文在介紹中,將戈銘釋爲"嬒之肘戈"。實際上,這四字釋文,除"之、戈"二字是正確者外,其余二字均屬誤釋。(中略)"𩵋"既不當釋爲"嬒"字,則應釋爲何字? 我們認爲當釋爲"醜"字。在山

西發現的侯馬盟書中,有一被詛之人,其名"史醜",（中略）此文則作"𩲔",與上舉盟書"醜"之簡體作"𩲔"者酷似,（中略）"𩲔"爲見於盟書中之"𩲔"應不可疑。（中略）

戈銘即明,則此"醜"應是何人？頗疑即見於侯馬盟書中之"史醜",在侯馬盟書中,"史醜"是被詛的一個異姓大族的代表,當爲其族長,此戈或其遺物。據介紹,戈之形制爲"援較短,狹於内部,胡更短,故而增加了内的闊度。胡有二穿,内上有方塊單穿",如此則應爲春秋中期器。若此戈銘之"醜"真是盟書中之"史醜",則據此戈可知"史醜"乃春秋中期人物,那麼李裕民先生曾考證盟書訂於春秋中葉的説法恐怕是正確的。

《于省吾教授百年誕辰紀念文集》頁 134—135

○**何琳儀**（1998） 《説文》:"醜,可惡也。從鬼,酉聲。"

秦陶醜,人名。

《戰國古文字典》頁 211

醜,從鬼,酉聲,醜之繁文。酉或訛作𩰍形,或酉與鬼之頭部借用偏旁,醜或作醜。《説文》:"醜,可惡也。從鬼,酉聲。"

侯馬盟書醜,人名。

《戰國古文字典》頁 212—213

魋 魋

秦印

○**湯餘惠等**（2001） 魋。

《戰國文字編》頁 623

魖

侯馬九二:八

○**山西省文物工作委員會**（1976） 醜。

《侯馬盟書》頁 352

○**何琳儀**（1998） 魖,從鬼,臭聲。醜之異文。酉、臭均屬舌音幽部,音符互換。詳見醜字。

侯馬盟書䰰,人名。

《戰國古文字典》頁 199

○**湯餘惠等**(2001)　　䰰。

《戰國文字編》頁 623

㲉

　璽彙 1819

○**何琳儀**(1998)　　㲉,从鬼,殼聲。
　　晉璽㲉,人名。

《戰國古文字典》頁 351

巍

　曾侯乙 67　　曾侯乙 71

○**何琳儀**(1998)　　《説文》:"毚,疾也。从三兔。闕。"
　　巍,从鬼,毚省聲。
　　隨縣簡巍,讀莩。《集韻》:"毚,《説文》疾也,或作趬。"是其佐證。《説文》:"莩,艸也。从艸,孚聲。"朱駿聲注"字亦作符。《爾雅‧釋草》'符,鬼目'"。巍从鬼似與其名"鬼目"有關。疏引郭云:"今江東有鬼目草,莖似葛葉,圓而毛,子如耳璫也。赤色,叢生。"疑"巍組"爲紅色之組。

《戰國古文字典》頁 250

甶　田

　近出 1049 分益環權　　貨系 280　　貨系 282

△**按**　《説文》:"甶,鬼頭也。象形。"權文、幣文此字待考。

畏　畏

　　上博二‧容成 50　　上博四‧曹沫 48　　上博六‧用曰 15　　上博五‧鬼神 5

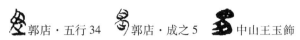

郭店·五行 34　　郭店·成之 5　　中山王玉飾

詛楚文　　睡虎地·日甲 24 背貳

集成 261 王孫遺者鐘

○**睡簡整理小組**（1990）　（編按:日甲 24 背貳）故丘鬼恆畏人，畏人所
畏人，恐嚇人。

《睡虎地秦墓竹簡》頁 217

○**高明、葛英會**（1991）　畏　《古文四聲韻》引《古孝經》畏作 與此同

《古陶文字徵》頁 158

○**何琳儀**（1998）　畏，甲骨文作 （乙 669）。从卜从鬼，會可畏之意。鬼亦
聲。鬼、畏一字分化。西周金文作 （盂鼎）。春秋金文作 （王孫鐘敳作 ）。
戰國文字承襲兩周金文。卜旁或變形作 、 ，與三體石經《君奭》 吻合。楚
系文字或作 、 ，卜旁又訛作止形。《説文》:“ ，惡也。从甶，虎省。鬼頭而
虎爪，可畏也。 ，古文省。”

齊陶畏，姓氏。見《姓苑》。

《戰國古文字典》頁 1187

○**劉釗**（1999）　（編按:中山王墓玉珮）“畏”字形體很特別，其下部與戰國秦漢已
知的“畏”字差別很大，所以這個字是否一定是“畏”字還可斟酌。但字釋爲
“畏”卻很適合於文義。十多年前筆者曾在一篇未發表的油印本習作中釋此
銘文爲“吉之玉麻（靡）不卑”。“卑”字的考釋今天看來仍有是正確的可能。
古代“卑”字在幫紐支部，“辟”字在幫紐錫部，二字音近，所以“卑”字可與
“辟”或从“辟”得聲的字相通。《郭店楚簡·老子·甲》假“卑”爲“譬”字可
證。如此則釋文可作“吉之玉麻（靡）不卑（辟）”，讀“卑”爲“辟”。銘文意爲
“吉利的玉，没有不辟除的”。當然，“卑”字釋爲“畏”，釋文讀作“吉之玉麻
（靡）不畏”也通。所以字釋爲“畏”或“卑（辟）”不影響文義。

《中國古文字研究》1，頁 160

○**李零**（2002）　（編按:容成 50、53）畏（威）。

《上海博物館藏戰國楚竹書》（二）頁 290、292

○**李零**（2005）　（編按:三德 4）君無宝（主）臣，是胃（謂）畏（危）。

《上海博物館藏戰國楚竹書》（五）頁 290

【畏忌】

○**廖序東**（1991）　畏忌　叔夷鐘："女小心惎忌。""惎忌"即畏忌。《禮記·中庸》"無所忌憚也"，《釋文》："忌，畏也。"又《左傳·昭公元年》"幼而不忌"，杜注："忌，畏也。"是"畏忌"二字同義。黐鎛"余彌心畏誋"，陳胅段"襄辪惎忌"，均同此。古文獻中亦多見，如《詩·大雅·桑柔》"胡斯畏忌"，《左傳·昭二十五年》"使民畏忌"。而《儀禮·士虞禮》"小心畏忌"，則與叔夷鐘全同。文獻中亦有倒用者，如《後漢書·桓帝紀》"冀心懷忌畏"。

字亦作"威忌"。郂公牼鐘、郂公華鐘："余畢辪威忌。"《詩·小雅·常棣》"死喪之威"傳："威，畏也。"《周禮·考工記·弓人》注："故書畏作威。"是"威忌"即畏忌。

《中國語言學報》4，頁 168

○**張光裕**（2007）　（編按：上博六·用曰 15"告衆之所畏忌"）"畏忌"，《左傳·昭公二十五年》："爲政事庸力行務，以從四時，爲刑罰威獄，使民畏忌。"

《上海博物館藏戰國楚竹書》（六）頁 302

禺　禺

○**睡簡整理小組**（1990）　（編按：日甲 65 正壹）西禺（遇）英（殃）。

（編按：日甲 66 正壹）北禺（遇）英（殃）。

《睡虎地秦墓竹簡》頁 190

（編按：日乙 181）甲乙有疾，禺（遇）御於豕肉。

《睡虎地秦墓竹簡》頁 246

○**何琳儀**（1998）　禺，象動物之形，待考。《説文》："禺，母猴屬，頭似鬼。从甶从内。"

侯馬盟書、趙孟壺禺，讀遇。

五里牌簡禺，讀偶，一對。

《戰國古文字典》頁 352

○**李零**（2005） （編按：上博五・三德4）必禺（遇）凶央（殃）。

《上海博物館藏戰國楚竹書》（五）頁290

【禺邗】

○**唐蘭**（1937） "禺邗王于黃池"者，馬叔平先生衡云："禺，當讀爲遇。"甚是。或以禺爲人名，或以禺邗王爲一名，皆非也。《春秋・哀公十三年》："夏，公會晉侯及吳子於黃池。"與此銘所述，當同時。

《唐蘭先生金文論集》頁43，1995；原載《考古社刊》6

○**童書業**（1962） 釋"攻吳"與"禺邗"

春秋吳國的銅器銘文中，吳人自稱的國名很不一致，有稱"攻吳"的（攻吳王夫差監），有稱"攻敔"的（攻敔王元劍），也有稱"工䥁"的（者減鐘）。"攻吳、攻敔、工䥁"，該是一名之變，亦即古書中所謂"句吳"。近年出土的"禺邗王壺"又稱爲"禺邗"，（"禺"字或是動詞"遇"字，近人有此說），這是什麼緣由呢？我曾經根據了"禺邗王壺"的銘文假定：春秋末年吳國曾遷都到江北的邗城（今揚州附近），見拙作《春秋末吳越國都辨疑》。現在我覺得吳、干二國早有關係，吳在夫差前已稱"干"，"攻吳"即是"干吳"。"攻""干"一音之轉；"干吳"猶言干地之吳。夫差遷邗後又稱"禺邗"，"禺邗"即是"吳干"。（《戰國策・趙策》三："夫吳干之劍。"《呂氏春秋・疑似》篇："患劍之似吳干者。"）"禺、虞"同音，"虞"就是"吳"，"吳干"猶言吳人之干。如"禺邗"之"禺"爲動詞，則吳單稱"干"（古書中常稱"干越"，即"吳越"），即"邗"，以遷都而去故號，猶魏惠王遷都於梁後稱"梁惠王"，韓哀侯遷都於鄭後稱"鄭哀侯"也。（《史記・韓世家》"哀侯……二年，滅鄭，因徙都鄭"，《索隱》："韓既徙都，因改號曰鄭，故《戰國策》謂韓惠王曰鄭惠王，猶魏徙大梁稱梁王然也。"）

干當是一個大族之名，似是"百越"的一種，其支族大概分布於大江南北。《漢書・貨殖傳》注："孟康曰：'干越，南方越名也。'"《太平御覽》州郡部引韋昭云："干越，今餘干縣，越之別名。"《越絕書》云："馬安溪上干城者，故越干王之城也。"（卷二）《史記・楚世家》載："熊渠……興兵伐庸，楊粵，至于鄂……立其長子康爲句亶王，中子紅爲鄂王，少子執疵爲越章王；皆在江上楚蠻之地。""越章"即是春秋時的"豫章"，地在淮南江北。春秋時的越國即是越章王之後，所以本爲羋姓，（越爲羋姓，見《鄭語》和《世本》。）執疵的封越章，是楚人征服越族的開始；其後越國東南遷，與之同遷的有吳國。

吳在春秋初年似曾遷至今安徽;《西清續鑑》甲編十六載:"乾隆二十有六年,臨江民耕地,得古鐘十一,大吏具奏以進。"這古鐘即是"者減鐘",據郭沫若先生的考證,爲春秋初年的吳器。臨江蓋指今安徽和縣,地亦屬廣義的豫章,(臨江如爲江西之臨江,則古亦爲越族地。)《左傳》宣八年:"楚爲衆舒叛故,伐舒蓼,滅之,楚子疆之,及滑汭,盟吳、越而還。")舒蓼當在今安徽中部廬江、舒城一帶地,此時吳、越或尚均在淮南江北安徽、江蘇兩省間,其後避楚之逼,兩國都遷江東,自此漸强,到晉人通吳時,吳已開始强盛,再西上與楚爭鋒,楚人也扶助越起來,襲吳人的後路,遂釀成楚、吳、越混戰的局面了。

我從前曾假定吳的王室也是楚的支族(見拙作《春秋史》),後來我又覺得吳或本是"漢陽諸姬"之一,受楚的壓迫而東南遷的。否則吳人自稱爲周後,爲什麽春秋時人一無反對的呢? 爲什麽吳子壽夢死了,魯國要"臨於周廟"(見《左傳》襄十二年)呢? 爲什麽魯昭公娶於吳,謂之"吳孟子",陳司敗要譏爲不知禮(見《論語·述而》篇)呢? 而且春秋時晉國與吳國極爲親善,和楚國的拉攏越國一樣,似乎都有同姓的關係。所以我們現在雖可斷定太伯、仲雍所建的吳國決不在江東。(太伯、仲雍所建的乃是山西的虞國,近人多有考證,已可論定。所謂鎮江所出西周吳器,是否吳器,尚有問題,即使真是吳器,我們知道器物是可以遷移的,北方器物出土於南方,或南方器物出土於北方,在考古學上不乏例證。又西周時周人曾南征至江南,古書中本有明證,吳人隨征至江東,完全有此可能。至於大伯、仲雍所建的吳的初國本在河東,即虞國,《左傳》中具有明證,似應根據古文獻的明確指示。但吳爲姬姓之説,似乎還不能推翻。至於吳王名字的不像中原人,恐怕用的是越語,吳王也有華名,如壽夢名"乘",諸樊名"遏",闔廬名"光"是。)

《史記·吳太伯世家》説太伯、仲雍"犇荆蠻",古書中所謂"荆蠻"多指楚地。太伯、仲雍"犇荆蠻"之説雖不可信,但此傳説似有史影存乎其間,即是太伯、仲雍之後的虞國支族的吳國本與楚相近,建於所謂"荆蠻"之地。我們且看汾水流域附近的國名、地名,常出現於江淮、漢水之間,如江淮、漢水之間有隨、鄂、沈、黃、唐等國,汾水流域附近也有同樣的地名、國名。《左傳》載"曲沃莊伯以鄭人、邢人伐翼……翼侯奔隨"(隱五年)。"翼九宗五正頃父之子嘉父,逆晉侯於隨,納諸鄂,晉人謂之鄂侯"(隱六年)。臺駘之後《左傳》説:"沈、姒、蓐、黃,實守其祀,今晉主汾而滅之矣。"(昭元年)至於汾水流域的唐國,就是晉國的前身(晉本稱"唐")。唐、虞兩國有密切的關係,漢水附近既有唐國,怕也有虞國,這個虞國該就是吳國了。這可算是個比較近情的推測。

　　《史記·吳太伯世家》説"壽夢立而吳始益大,稱王"。《索隱》説"自壽夢已下始有其年"。則吳在壽夢以前尚是小國,世系年代,尚不甚可考信,其封於何時似只可存疑。《史記正義》説"太伯居梅里,在常州無錫縣東南六十里,至十九世孫壽夢居之,號句吳。壽夢卒,請樊南徙吳。至二十一代孫光,使子胥築闔廬城都之,今蘇州也"。《索隱》:"《系本》曰:吳孰哉居藩籬。宋忠曰:孰哉,仲雍字;藩籬,今吳之餘暨也。""《系本》曰:吳孰姑徙句吳。宋忠曰:孰姑,壽夢也。"《集解》:"《系本》曰:諸樊徙吳也。"案:太伯居梅里之説,自不可信,居梅里者當是壽夢。孰哉亦決非仲雍,其名與壽夢一字相同,疑爲兄弟。藩籬究在何處,亦難考,餘暨之地(今浙江蕭山縣西)太南,其説必屬附會。要之,吳人曾屢次遷徙,當是事實。

　　《管子·小問》篇:"昔者吳干戰,未齔不得入軍門,國子擿其齒,遂入,爲干國多。"這是吳干交戰的唯一記載,其時代雖不可考,然必是吳人東南遷後的事情。吳據干地後遂稱"干吳"(攻吳),到夫差遷邗,又單稱"邗"(干),或稱"禺邗"(吳干)了。

《中國古代地理考證論文集》頁 113—116

○**吳聿明**(1992)　　關於"禺"字的釋讀:陳夢家先生釋禺爲虞、吳,認定"禺邗王"爲"吳邗王",即指吳王夫差。而唐蘭先生將"禺"釋爲"遇",認作動詞。（中略）

　　王文清先生《"禺邗王"銘辨》一文,基本上承襲了唐蘭先生的觀點,至於"庎"字釋爲"副手",與唐蘭先生之釋爲"擯介"近似。然筆者撰寫本篇《再辨》,則是贊同和維持陳夢家先生的觀點。理由如次:

　　其一,吳王夫差自稱"吳邗王"可通。晉吳黃池之會,正值吳國强盛之時,"吳晉爭長,吳以兵威脅晉,使屈居亞盟。然吳亦許以稱吳公而不稱吳王,故此器作邗王者,疑所以避稱吳王也"。吳王夫差不自稱吳王而自稱邗王或吳邗王,這是外交上的策略,我覺得吳既滅了邗國,吳王自稱"邗王"或"吳邗王"都未始不可。王文清先生提出無此連稱之先例,確實有一定道理,但作變例視之似亦可通。

　　其二,如果按照陳夢家先生對"禺、庎"二字的解釋,全句文意可暢達無滯地讀通;但依唐蘭、王文清的釋讀將文意展開:"遇到邗王在黃池,爲趙孟介,邗王的惕金,用來作祠器。"如果主語是趙孟介,則上半句主謂倒裝尚可理解;

而下半句“邘王之惕金,以爲祠器”,“邘王”之前缺動詞或介詞,與上半句脱節,無法讀通。而這種關鍵的成分在句中是不可簡略的。因此,如果從句法上分析,唐蘭和王文清先生之説則無法成立。陳夢家先生和聞一多先生對該句句法有圖解分析,可資參考。

《東南文化》1992-1,頁 196

○謝堯亭(1995)　禺《説文》:“禺,母猴屬,頭似鬼。”《正字通》:“禺似彌猴而大,赤目,長尾,山中多有之,《説文》專指爲母猴屬誤。”該銘字非本義。唐蘭文云馬衡讀爲遇確是。今略補證。禺、遇同音可通,《侯馬盟書》有借遇作禺者(K3:25,K79:1,K79:5)。《玉篇》:“遇,見也。”盟書“遇之行道而弗伐”,亦作“見之行道而弗伐”(K156:19)。壺銘“禺”字或從“諸侯未及期相見曰遇”之意。但“遇”與“會”的區別並不十分嚴格,理解爲會或更合理。至於釋禺爲吳,從該字本身看並無問題,問題在於楊樹達所云“銘文首句無動字,不成文理,又與不稱邘王者不合,其説非也”。又吳邘王之稱實屬罕見。

《文物季刊》1995-2,頁 56

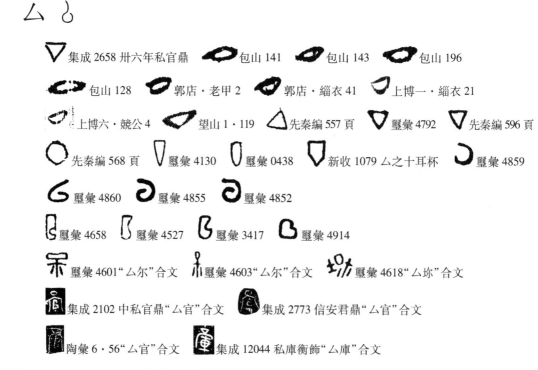

○羅福頤等(1981)　厶。

《古璽文編》頁 232

○**黃盛璋**(1983)　"鍴公左宮"乃鍴宮左私官之略稱,金村所出有一鼎銘云:

第一字顯爲"鍴"字,第四字作〇,舊不能識,其爲"私"字無疑。

《古文字研究》10,頁 223

□公左私官重爰三冡七豕(《洛陽古墓考》圖 187)

○**何琳儀**(1993)　燕國明刀背文相當複雜。因缺少文意制約,其釋讀頗難確定。即便比較簡單的數目字也有亟待解決者,本文試舉一例。

《貨系》(下文所引貨幣文字編號均見此書)有一習見數目字,編者引陳鐵卿説釋"百"。其形體大致可分四類:

A ▽3567(圖1)　B △3558(圖2)　C ☖3559(圖3)　D ◯3121(圖4)

檢戰國文字"百"除通常寫法外,或寫作"全"形。這已由中山王墓所出銅器銘文中得到確證。全是公認的"百"字異體。近年貨幣文字中這類"百"(下文用△號表示)也被陸續釋讀出來,例如:

梁正幣 △當鋝 1350　　梁半幣二△當鋝 1370

盧氏△涅 1215　　舟△涅 1220　　△陽 1201

△邑 711　　一△2652　　右△3740(圖5)

值得注意的是,"右△"見燕明刀,這證明燕文字已有"百"(又見燕侯載簠)。上揭燕明刀銘文中數目字的四種類型與"△"並無形體演變關係,因此釋▽、△、☖、◯爲"百"頗值得懷疑。

　　筆者認爲燕明刀數目字的四式均應釋"厶"讀"四",下面從形體、音讀、異文等方面予以證明。

　　一、戰國文字"厶"和"私"習見:

齊系　▽陶彙 3・417"高閈厶(私)"

燕系　▽璽彙 4130"厶(私)句(鉤)"(原注:《古璽彙編》4584—4588 頁"曲爾"[編按:"爾"應作"尒"]疑讀"鉤璽",與"厶[私]句[鉤]"有關)

晉系　▽卅六年私官鼎"厶(私)官"　　☖璽彙 4589"厶(私)璽"

　　　◯中私官鼎"厶(私)官"　　◯中山 121"厶(私)庫"

楚系　☖包山 128"王厶(私)司敗"

秦系　🐾邵宮盉"厶(私)工"　　🐾璽彙 4623"厶(私)璽"

這些形體與上揭燕明刀背文四式相較,多可找到對應關係,無疑應是一字。

　　二、從上古音分析。"厶"屬心紐脂部,"四"屬心紐質部;二字聲紐相同,韻部也恰是陰聲和入聲的關係。二者讀音顯然十分接近。

　　三、曾侯乙墓出土石磬木匣漆書數目字"一、二、三、四、五、七、九"（圖7）、"卅四"（圖6）、"十四"（圖8），其中的"四"字均作"〇"形，與上揭燕明刀D式吻合無間。這是"厶"可讀"四"的佳證。

　　以上三條證據説明，"厶"與"四"可能是一字分化。細心的讀者也許會提出疑問：既然燕幣以"厶"爲"四"，那麼燕幣中標準的"四"字又如何解釋？

　　衆所周知，商周文字"四"均作"〓"形，並一直延續使用至戰國，見齊圜錢"賹四朏"、趙尖足布背文"十四"等。春秋晚期才出現與小篆形體相同或略有變化的"四"，例如：

　　　A Ⅲ 邾王子鐘　　　B 𝕍 楚帛書　　　C ⅠⅠ 貨系4189
　　　D ⅠⅠ 邱鐘　　　　　E ⅠⅠ 大梁鼎

以上C式是由A、B式兩撇延長的結果。D、E式分別在"四"内增"一"或"二"，乃裝飾筆畫，並無深意。燕幣文字除保存古寫"〓"之外，若干變體均由戰國文字"四"形演化：

　　　ⅩⅩ 3499　　　ⅤⅩ 3077　　　ⅩⅠ 3079　　　Ⅴ 3553

如果省簡其兩撇筆即成"▽"形。換言之，戰國文字"四"是在"厶"的基礎上增加兩撇筆演變而來。這既有形的變化，也有音的分化（參上文）。類似的分化現象參見"向"—"尚"、"豕"—"豢"、"丂"—"兮"、"平"—"采"等形音關係。

　　關於"四"的本義，《説文》："四，陰數也，象四分之形。"實不足爲訓。近代學者或推測"四"爲"呬"之本字，亦有未安。因爲"四"的外圍並非"口"字，當然"兼口舌氣象之也"也就失去依據。從形體分析，與其説"四"爲"呬"之本字，不如説"四"爲"厶"之分化字。

　　無獨有偶，數目字"六"也是"入"的分化字，即在"入"下加兩撇筆成爲"六"。不過這一分化發生在甲骨文，比"厶"與"四"的分化時間要早得多。饒有趣味的是，燕刀幣銘文"入"與"六"均爲數目字：

　　　　　左入（六）3425　　　　　左六 3426

這一現象與上面論及的"厶"與"四"有平行對應關係。廣義而言，二者均屬假借；狹義而言，二者實屬分化。因此，燕刀幣銘文以"厶"爲"四"，且同在刀幣銘文中出現，也就不足爲奇了。

最後用燕刀幣銘文辭例驗證以上結論是否正確,兹選有代表性者十二例:

左厶 3323　　右厶 3556　　右一厶 3564　　右三厶 3566

右四厶 3731　　右五厶 3567　　右六厶 3569　　右七厶 3573

右八厶 3575　　右廿厶 3577　　右千厶 3580　　右萬厶 3733

以上"四"字均處個位數,讀"四"十分通順。後二例讀"右一千零四、右一萬零四"。至於"右四厶"即"右四四",應讀"右四十四"。十位數"四"采用標準字形,個位數則以"厶"爲"四",這大概是書寫者爲求其變化,將"四"故意寫成兩種形體,相當後代書法藝術中的所謂"避復"。

就現有材料分析,以"厶"爲"四"在燕國明刀中最爲習見。齊國刀幣一見(《貨系》3799"齊阹厶刀"),晉系布幣偶見(尖足布"甘丹"背文、小直刀"白刀"背文),楚系漆書二見(見上文所引)。由此可見,以"厶"爲"四"的現象,在戰國文字中較爲普遍。

順便簡説數目字。古文字"一、二、三、 三(四)"是積畫而成的原始指事字。"弌"(陶彙 3·658)、"弍"(襄安君鉈)、"弎"(《陶彙》5·407)分別是"一、二、三"的繁文。"四"由"厶"分化,"五"即"㐅"字,"六"由"入"分化,"七"即"切"字,"八"爲"分"之初文,"九"由"又"分化。將"一"豎立即"十"。(中略)"百"由"白"分化,"千"由"人"分化,"萬"爲"蠆"之初文,"億"同"意"由"音"分化,"兆"與"涉"同源。以上是數目字的大致情況,詳見另文。

綜上所述,燕明刀背文▽、〇等形不應釋"百"(背文"百"作"全"形),而應釋"厶"讀"四"。"四"是"厶"的分化字,這一分化發生在春秋戰國之際,"四"形一直使用到今天。

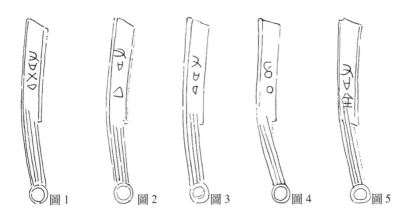

圖1　圖2　圖3　圖4　圖5

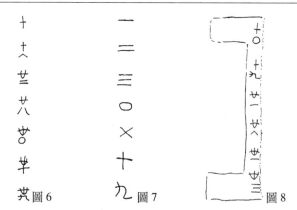

圖6　　　　圖7　　　　圖8

《古幣叢考》（增訂本）頁 24—32,2002;原載《文物春秋》1993-4

○朱德熙、裘錫圭、李家浩（1995）　（編按:望1·119）厶（私）。

《望山楚簡》頁 78

○何琳儀（1998）　厶,構形不明。或説,口、厶一字分化。《説文》:“厶,姦衺也。《韓非》曰,蒼頡作字,自營爲厶。”

　齊陶厶,讀私,“厶鈢”之省。見下。

　燕璽厶,見上。

　卅六年私官鼎“厶官”,讀“私官”。《漢書·張延壽傳》:“大官私官,並供其第。”注:“服虔曰,私官,皇后之官也。”晉璽“厶坅”,讀“私璽”,私人之璽印。晉璽“亡厶”,讀“無私”,箴言。中山雜器“厶庫”,讀“私庫”,疑皇后之府庫。參“厶官”。

　包山簡厶,讀私。《國語·晉語》六“君多私”,注:“私,嬖臣妾也。”

　古璽“厶鈢、厶坅、厶佘”,讀“私璽”。私人之璽印。

《戰國古文字典》頁 1278

○陳佩芬（2001）　厶　古“私”字。《説文》:“厶,姦衺也。《韓非》曰:倉頡作字,自營爲厶。”段玉裁注:“公私字,本如此。今字私行而厶廢矣。”《廣韻》:“厶,自營也。”

《上海博物館藏戰國楚竹書》（一）頁 196

○濮茅左（2004）　“厶”,《説文·厶部》:“厶,姦衺也。《韓非》曰:‘蒼頡作字,自營爲厶。’”《集韻》:“厶通作私。”

《上海博物館藏戰國楚竹書》（四）頁 212

○濮茅左（2007）　（編按:上博六·競公 4“吏亓厶”）“厶”,《説文·厶部》:“厶,姦衺也。《韓非》曰:‘蒼頡作字,自營爲厶。’”徐鍇曰:“此公厶字,今皆作私,先茲反。”

《上海博物館藏戰國楚竹書》（六）頁 174

【厶尒】

○**羅福頤等**（1981） （編按：璽彙 4601、4603、4591）私璽。

《古璽文編》頁 364

○**何琳儀**（1998） （編按：璽彙 4599）厶尒，讀“私璽”。見厶字。

《戰國古文字典》頁 1498

【厶坏】

○**羅福頤等**（1981） （編按：璽彙 4619、4618）私璽。

《古璽文編》頁 364

○**李先登**（1982） 印文作，隸定爲“”，即私璽二字。《古璽文字徵》第十三・三璽字或作，可爲其證。

《古文字研究》7，頁 217

○**何琳儀**（1998） （編按：璽彙 4618）厶坏，讀“私璽”。見厶字。

《戰國古文字典》頁 1498

【厶官】

○**朱德熙、裘錫圭**（1973） 戰國銅器刻辭裏常常出現“自”字。例如：

（1）□公左○自重☑（《洛陽古城古墓考》圖版 187 之 9）

（中略）上引第（1）器“自”上一字應釋作“自環者謂之厶”的厶字。戰國璽印文字厶字寫作▽、◁、□等形，可證。“厶自”應讀爲“私官”。私官之稱數見於戰國及漢代遺物。關於漢代封泥及印章上的“私官”，我們下面還要討論，這裏先列舉戰國銅器銘文中的“私官”。

《三代》2・53 著録鼎銘云：

（7）

原書目録稱此器爲“中○官鼎”，官上一字未釋。《金文編》則誤認“○官”爲一字，稱之爲中晳鼎。其實鼎銘右側一行顯然是“中厶（私）官”三字。陝西省博物館藏銅鼎銘曰：

（8）

首二字亦應釋爲“厶（私）官”。私官的名稱又見於下引銅器銘文：

(9)邵宮𥝢官四斗少半斗

　　𥝢工二感

　　廿三斤十兩

　　十五　　（《三代》14·11）

從銘文字體看,這件銅器當是秦代或戰國末年秦國的東西。銘文"官"和"工"上邊的兩個字並當釋"私"。漢印私字或作𥝢可證。（中略）

　　總之,漢代所謂私官可以是皇后的食官,也可以是太后或公主的食官。戰國時代私官的性質不會和漢代有多大出入。

　　　　　　　　《朱德熙古文字論集》頁 83—84、86,1995;原載《文物》1973-12

○**咸陽市博物館**（1975）　蓋面直刻"私官"二字（圖一三:1）。"私官"常見於戰國和秦漢的器物銘文中,原是戰國的一種官制,後被秦漢沿用下來,有人認爲"私官"是皇后的食官,總之是和管理王室後宮有關的一種官職。

　　　　　　　　　　　　　　　　　　　　　　　　　　《文物》1975-6,頁 69

○**羅昊**（1981）　"厶官"係合文,即私官,亦即食官,"平安君私官"當是平安君夫人的食官,説明戰國時期諸侯國有采邑的君侯之妻亦可設立食官。

　　　　　　　　　　　　　　　　　　　　　　《考古與文物》1981-2,頁 19

○**李學勤**（1981）　吳大澂曾著録鼎蓋一件,所刻銘文可與此信安君鼎對照:

　　　　　　　　　　　　張（長）訷（信）侯厶（私）官,□,己。

銘文摹本見《恆軒所見所藏吉金録》22,摹寫有些訛誤。（中略）"長信侯私官"和"信安君私官"一樣,都是魏相的食官。

　　　　　　　　《新出青銅器研究》頁 211,1990;原載《中原文物》1981-4

○**黄盛璋**（1982）　私官秦漢皆有,當來自戰國,本鼎"私官"寫法連爲一字作"𥝢",凡有此寫法的所見大抵皆爲魏器,如咸陽塔兒坡出土之私官鼎,與安邑下官鼎、修武府耳杯同出,從地名考察皆爲魏器,墓主當爲魏國貴族,死葬於秦咸陽境,（中略）

　　信安君鼎爲私官所造。私官,漢銘刻多見,如"長信私官"殘陶,"黄室私官右丞"印,"私官丞印"封泥,又作中私官,如太初二年造"中私官銅鍾","中私官丞"封泥,《漢舊儀》"太官尚食用黄金釦器,中官私官尚食用白銀釦器",如祠廟器,中宮爲皇后所居,所以服虔謂"私官,皇后之官也"。朱德熙、裘錫圭同志據此考訂私官爲皇后飲官,則未免過於拘泥。私官掌皇后起居日常生活,包括衣食住行等一切私事,故稱私官,皇后居中宮,故皇后之官稱中官,《漢官儀》之中宮私官,簡稱中私官,亦稱中私府,漢器有中私府銅鍾,《後漢書・百官志》有“中官私府令”,《漢書・百官表》詹事府屬官亦有“大長秋,私府……食官令、丞”,師古曰:“自此以上皆皇后之官。”《後漢書》之中官私府令亦即《漢書》之私府令,而其下又有食官,此私官非食官之確證,官職並高於食官,中宫私府簡稱中私府,亦即中私官,漢銘刻中常見“私官”。有丞必有令或長,可是兩漢書中僅有私府令、長、丞等,而無私官,看來私官爲早期之名,後來即改爲私府。秦有私官見邵宮私官銅器,邵宮當爲昭王后所居之宮,漢私官來自秦,而秦私官又來自戰國東周、三晉,金村出土之銅器有“㠱公左私官”與“㠱公右私官”。(中略)

　　私官,戰國銅器雖已數見,但制度不詳,私官有視吏有冶,則私官亦爲官府之名,設有造器之官吏與作坊。東周㠱公(宮)有左、右私官,則其官長戰國即名私官,本器之私官既表造器之官府,亦表官長,私官在視吏與冶之上,當表監造者,視吏爲主造者,冶則爲製造者,三級監造爲三晉鑄造制度與銘刻格式之特點。

　　私官設有冶鑄作坊,置有製造吏匠,至少可以鑄造銅器,咸陽塔兒坡出土私官鼎,蓋刻“私官”,説明它是私官所造,其餘如“中私官脊半”鼎,陝西博物館之“私官□”鼎,據此皆可確定私官爲造地,私官後一字大抵皆私官之名,器爲他所鑄造更無可疑。由此亦可證明私官並不等於飤官。私官爲帝王、君侯家主造物,亦不限於飲食一事。

《考古與文物》1982-2,頁 56、58—59

○**黄盛璋**(1989)　　私官亦見於秦、漢器,秦器有邵宮私官鼎(《三代》14・11),爲邵宮私官私工感所造,邵宮即昭宮當即秦昭王之宮,私工即私官所屬之工匠,則私官設有冶鑄作坊。漢器有“長信私官”殘陶、“黄室私官右丞”印、“私官丞印”封泥。又作中私官,有太初二年造“中私官銅鍾”,“中私官丞”封泥,《漢舊儀》:“太官尚食用黄金釦器,中官私官尚食用白銀釦器,如祠廟器。”太官爲掌皇帝“御飲食”之官,私官與太官對,乃掌管皇后私事之官,服虔謂“私官,皇后之官也”,是正確的。但不必如朱德熙、裘錫圭同志所考的皇后飤官,猶如太官雖“掌御飲食”。但亦不必爲皇帝飤官,所掌除飲食外,也包括起居日常生活,衣住行等生活私事,故稱爲私官,皇后居中宮,所以皇后之官亦稱中官,《漢官儀》之中宮私官,簡稱就是中私官,亦稱中私府,(中略)中私府既即中私官,則私官亦即私府令,而非食官。

《古文字研究》17,頁 49—50

○**王輝**（1990）　私官之名見三晉、中山、秦及西漢器物，亦見《漢書・張湯傳》所附張放傳。據朱德熙、裘錫圭二位先生的研究，"私官應是皇后食官"。此太后應指昭王之母宣太后。

《秦銅器銘文編年集釋》頁 69

《文物》1966 年第 1 期陝西省博物館《介紹陝西省博物館收藏的幾件戰國時期的秦器》釋"私官"二字合文兪爲"宦"，非是。（中略）

"私官"之"私"作▽，與昭王三十六年私官鼎同，而醴泉出土的刻有始皇二十六年詔版及二世元年詔版的"北私府"銅橢量"私"字作私，則此鼎不能晚於始皇末年及二世時，大致以昭王時爲近是。

《秦銅器銘文編年集釋》頁 160

○**湯餘惠**（1993）　私官，主管後宮私事及日常事務之官。

《戰國銘文選》頁 6

○**何琳儀**（1998）　厶官，讀"私官"，見厶字。

《戰國古文字典》頁 1497

【厶庫】

○**吳振武**（1982）　二、厶庫

　　二號車馬坑中出土的衡帽刻銘云：

　　　　十四茶（世?），厶庫嗇夫煮正、工道。（130 頁）

厶字原篆作▽。這個字在河北省文物管理處編寫的《河北省平山縣戰國時期中山國墓葬發掘簡報》一文中曾被釋爲"厶"（《文物》1979 年 1 期 4 頁），但無説；而張守中同志在《中山王䂞器文字編》一書卻持闕疑態度，把它編入了"存疑字"欄內。值得注意的是，在其他有關中山國墓葬和文化研究的論文中，凡涉及探討中山國冶鑄作坊的時候，一般都不引用這條材料。因此有必要再加以討論。

　　我們認爲把▽字釋爲"厶"是有根據的。在戰國璽印文字中"厶（私）璽"之"厶"作▽者習見（可參看《古璽文字徵》9・2 及《尊古齋古璽集林》第一集第六册），吳大澂在《説文古籀補》中就已指出："▽，古厶字，別於厶爲公（即公字）。"按厶字《説文》謂："姦衺也。韓非曰：蒼頡作字，自營爲厶。"吳氏説的"別於厶爲公"當出諸《説文》公字下所引韓非"背厶爲公"之説。我們認爲儘管"背厶爲公"這種説法多少帶一些哲理色彩，但在戰國文字中"公"字從厶則是可以肯定的。因此，和本器同時出土的其他器物上的"公"字所從之厶作▽、▽、▽等形便是最好的證據（參看《中山王䂞器文字編》14 頁"公"字條及第 100 頁《守丘石刻》中的“公乘”合文），在銘文中“厶庫”應讀爲“私庫”，段玉裁《説文解字注》厶字條下謂：“公私字本如此。今字私行而厶廢矣。”“私庫”和中山國墓所出的其他器物上的“左徒車、右徒車、冶勺”等一樣，不見於典籍記載和別國器物題銘，當是中山國職司冶鑄的官手工業機構，和三晉地區督造兵器或其他器物的“庫、武庫、左庫、右庫、市庫”等相仿。銘文中的“嗇夫”爲主造官吏，“工”即是直接製造器物的工匠。

我們在確證了上引衡帽銘文中的“厶庫”之後，主室中所出的下列三件泡飾鑄銘中的一個疑難字也就可以連帶解決了。

十三茉，𧙕嗇夫𩨳□、工孟鮮。　銀泡飾（121 頁）

十三茉，𧙕嗇夫煮□、工□□。　金泡飾（121 頁）

十三茉，𧙕嗇夫𩨳正、工□□。　金泡飾（121 頁）

從字形和辭例來看，“茉”下一字顯然是“厶庫”二字的合文。“厶庫”的這種合文形式，我們可以舉出私官鼎（《文物》1966 年 1 期）和新近出土的信安君鼎（《考古與文物》1981 年 2 期，原報道誤釋爲“平安君鼎”）銘文中的“厶（私）官”合文爲例：

𠆢私官鼎　　𠆢信安君鼎

可見二者的合文形式是完全一致的。至於合文不加合文符號“＝”，這在戰國文字中也不罕見，如古璽文字中“上官”可作𡭔；兵器銘文中“工帀（師）”合文作𠆢；貨幣銘文中“行易”合文可作𧗞；侯馬盟書中“至于”合文可作𡴍等等均是。所以，現在我們應該把“厶庫”合文從《中山王𧣪器文字編》的“存疑字”欄中移出，列入“合文”欄内。

《史學集刊》1982-3，頁 69

〇**何琳儀**（1998）　厶庫，讀“私庫”，見厶字。

《戰國古文字典》頁 1498

〇**吳振武**（2000）　七、𧙕——厶（私）庫

1977 年河北平山戰國中山王墓出土的一件銀泡飾銘云：“十三異（祀），𧙕嗇夫𩨳□、工孟鮮。”（主室：40）另一件金泡飾銘云：“十三異（祀），𧙕嗇夫煮□、工□□。”（主室：43，均見《中山王𧣪器文字編》121 頁）銘文中的𧙕、𧙕二字《中山王𧣪器文字編》列於“存疑字”欄（83 頁），我們在《釋平山戰國中山王墓器物銘文中的“瓡”和“私庫”》一文中曾釋爲“厶庫”合文。二號車馬坑出土的衡帽銘云：“十四異（祀），厶庫嗇夫煮正、工道。”“厶庫”二字分書作“▽

”(同上 130 頁),是其證。在“厶庫”合文中,作者亦有借筆現象,即下部“庫”()字以乛畫兼充“广”(或“宀”)旁和“車”旁的上面一横畫。中山王譽方壺“䡴”(載)字作,借筆情形與此相似。“厶庫”即“私庫”,當是中山國職司冶鑄的官手工業機構。《上海博物館藏印選》28・4 著録一方秦或漢初印,文曰“北私庫印”,可參看。

《古文字研究》20,頁 312

篡 

睡虎地・封诊 71

○**睡簡整理小組**(1990) (編按:睡虎地・封诊 71)盡視其身、頭髮中及篡

篡,會陰,《黄帝内經太素》卷十楊注:“篡,音督,此兩陰前後也。”

《睡虎地秦墓竹簡》頁 158、159

羑  誘

睡虎地・秦律 1

○**睡簡整理小組**(1990) 誘(秀)粟

秀,《爾雅・釋草》:“不榮而實者謂之秀。”秀粟,禾稼抽穗結實。

《睡虎地秦墓竹簡》頁 19—20

○**湯餘惠等**(2001) [誘]羑 《説文》:“或體作誘。”

《戰國文字編》頁 624

△**按** 《清華大學藏戰國竹簡》(貳)中《繫年》簡 27“誘”字作,與睡虎地秦簡相同。

巍 

睡虎地・爲吏 21 伍 睡虎地・爲吏 28 伍

十鐘 十鐘 集粹 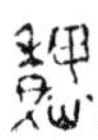秦陶 302

○**高明、葛英會**(1991) 魏。

《古陶文字徵》頁 270

○**何琳儀**(1998)　巍,从山,魏聲。《説文》:"巍,高也。从嵬,委聲。"

　　秦璽巍,讀魏,姓氏。出自姬姓,周文王第十五子畢么(編按:當作"公")高受封於畢,其後國絶,裔孫萬爲晉獻公大夫,封於魏,河中河西縣是也,因爲魏氏。見《唐書·宰相世系表》。

《戰國古文字典》頁 1169—1170

△**按**　睡虎地秦簡《爲吏》21 伍"魏户律"、28 伍"魏奔命律"之"魏"作"巍",睡簡整理小組在《爲吏之道》的"説明"中説:"第五欄末尾還附抄了兩條魏國法律,是非常珍貴的史料。"清華簡《繫年》115、116 等魏姓之"魏"作🐛。

山 山

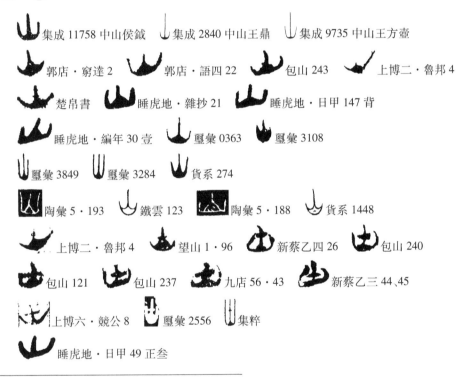

○**羅福頤等**(1981)　山。

《古璽文編》頁 233

○**湯餘惠**(1986)　古璽文字有🔱(2556)、🔱(2764),《古璽文編》均作爲不識字收入附録。按即山字,字中所加·或-爲繁飾。春秋金文岺字古寫作🔱(須岺生鼎),字下山旁寫法正同;又《六書通》上平聲"删"引"魴山"印字作🔱,可爲佐證。

《古文字研究》15,頁 91

○**睡簡整理小組**(1990)　(編按:雜抄 21"采山重殿")采山,即采礦,《文選·吳都賦》:"采山鑄錢。"

《睡虎地秦墓竹簡》頁 85

○**高明、葛英會**(1991)　山。

《古陶文字徵》頁 82

○**何琳儀**(1998)　山,甲骨文作 (甲 3642),象三山之形。金文作 山(善夫山鼎),兩側山峰已不顯。戰國文字承襲金文。或加飾筆作 山、 山、 山、 山形。《説文》:"山,宣也。宣气散生萬物,有石而高。象形。"

　　燕璽"山金",猶"山銅"。《管子・國準》:"益利搏流,出山金立幣。"燕璽山,姓氏。古烈山氏之後。見《風俗通》。

　　魏橋形布"山陽",地名。《戰國策・楚策》一:"梁山陽君。"《漢書・地理志》河内郡"山陽"。在今河南焦作東。中山器"中山",國名。

　　望山簡山川,山川之神。《論語・雍也》:"雖欲勿用,山川其舍諸。"包山簡"山易",地名。包山"嵳山、坐山",山名。帛書"山川",見《詩・小雅・漸漸之石》"山川悠遠"。帛書"山陵",見《禮記・月令》"時雨不降,山陵不收"。

　　秦陶"麗山",山名。

《戰國古文字典》頁 1048

【山川】

○**朱德熙、裘錫圭、李家浩**(1995)　(編按:望山 1・96"山川☐")此疑是與祭山川有關之辭,惜文字已殘損。

《望山楚簡》頁 98

△**按**　"山川"又見於帛甲 3、帛乙 11 和上博二・魯邦 2、4 以及秦駰玉版。

【山武】

○**何琳儀**(1998)　(編按:璽彙 1059、2732)山武,人名。

《戰國古文字典》頁 1494

【山桑】

○**趙平安**(2003)　(編按:周秦古璽精華 145"山桑行宛大夫璽")山桑可與《漢書・地理志》沛郡屬下的山桑對應。

《第四屆國際中國古文字學研討會論文集》頁 533

【山陵】

△**按**　"山陵"見於帛甲 3、5 和帛乙 2,上博二・容成氏 18、23。

【山替】

○**濮茅左**（2007）　（編按：上博六·競公 8"山替吏萊守之"）"替"亦"林"字。（中略）《春秋左傳·昭公二十年》："山林之木，衡鹿守之。"孔穎達疏曰："《周禮》司徒之屬，有林衡之官，掌巡林麓之禁。鄭玄云：'衡，平也。平林麓之大小及所生者。竹木生平地曰林，山足曰麓。'此置衡鹿之官，守山林之木，是其宜也。"

《上海博物館藏戰國楚竹書》（六）頁 181

【山陽】

○**何琳儀**（1992）　"山陽"（如圖），見《戰國策·楚策一》"梁山陽君"。戰國屬魏，隸《地理志》河内郡，在今河南焦作。"山陽"傳（編按：當作"篆"）形左讀，比較特殊。

《古幣叢考》（增訂本）頁 180,2002；原載《吉林大學學報》1992-2

△**按**　"山"字早期作▲、▲之形，象群山。戰國文字承此字形並有所變化，主要是"山峰"單線條化，"山體"或保留填實或勾廓，勾廓内或加飾筆，表示中閒"山峰"的豎筆或加點、橫等飾筆。"山"和"川、陵、林"組合爲常用詞"山川、山陵、山林"；睡虎地秦簡等多處"山"爲山川之山，望山簡"山川"則爲山川之神。"山"又和其他字組合表示專名，"山武"爲人名，"山桑、山陽"爲地名。

嶽　嶽　出　岳

<table>
<tr><td>温縣</td><td>侯馬 16:3</td><td>侯馬 67:54</td><td>侯馬 67:51</td></tr>
<tr><td>温縣</td><td>侯馬 67:1</td><td>侯馬 67:4</td><td>侯馬 67:29</td></tr>
</table>

陶彙 3·497

○**山西省文物工作委員會**（1976）　晉。

《侯馬盟書》頁 324

○**高明、葛英會**（1991）　嶽　《說文》古文嶽作▲，與此近似。

《古陶文字徵》頁 83

○**黄盛璋**（1984）　"嶽"字，上從丘，下從山形。按《說文》"嶽"下收古文，云"象高形"，下亦明確從山。《重訂六書通》嶽字下亦收有《六書正譌》與《古文奇字》中類似之字，與戈銘結構正同，而與"丘"字結構不同，"丘"下皆從

"土",此"丘、嶽"之大別,"嶽陵"不見記載,可能即岳陽前身。

《安徽史學》1984-1,頁43

○**湯餘惠等**(2001)　　萳

《戰國文字編》頁626

【**岳公**】侯馬盟書、溫縣盟書

△**按**　侯馬和溫縣盟書的"岳"字,過去對這個字的隸定主要依據侯馬盟書,或隸定爲"奀"(陳夢家《東周盟誓與出土載書》,《考古》1966年第5期);"晉"(唐蘭《侯馬出土晉國趙嘉之盟載書新釋》,《文物》1972年第8期;又張頷《"侯馬盟書"叢考續》,《張頷學術文集》91—109頁,中華書局1995年);"出"(高明《侯馬載書盟主考》,《古文字研究》1輯103—115頁,中華書局1979年);"芷"(吳振武《釋侯馬盟書和溫縣盟書中的"芷公"》,中國古文字研究會第九屆學術討論會論文,1992年11月;吳振武《關於溫縣盟書中的"芷公"》,《新出簡帛研究·第二屆新出簡帛國際學術研討會文集》206—207頁,文物出版社2004年);"舌"(李家浩《鼥鐘銘文考釋》),《著名中年語言學家自選集·李家浩卷》64—81頁,安徽教育出版社2002年),此從魏克彬《侯馬與溫縣盟書中的"岳公"》(《文物》2010年10期,76—83頁)釋。該文論述詳密,謹摘録如下:

在侯馬與溫縣盟書中常見有"X公",係指被召唤來監督參盟人的神。"X公"的寫法較多,學者對該字曾提出幾種考釋,雖尚未取得共識,但大都認爲應是晉國的一位或多位先公。在溫縣盟書整理過程中,我們發現有四片盟書在X字的位置用了另一個字。筆者認爲這個字是"獄",這裏應讀爲"岳",且常見的X字應釋爲"岳"。進而認爲"岳公"不是晉國的先公而是一位山神。

一　侯馬盟書與溫縣盟書所召喚的神的幾種稱謂

(**中略**)如上所述,侯馬與溫縣盟書中被召喚之神最長的名稱是"丕顯X公大冢"。其中"丕顯"是定語,盟書裏或可省去。"大冢"在這裏的意思則一直没有很合理的解釋。傳世文獻中"冢"主要指"山"和"墳墓"。《侯馬盟書》將"冢"解釋爲"太廟",恐怕不妥。溫縣WT1K2、WT4K6與WT4K2盟書都省略"大冢"。那麽,這句裏不能省的關鍵就是"X公"。

"X公"的稱呼引起了很多研究者的關注,大部分人認爲這個被稱爲"公"的神指晉國(或周)的一位或多位先君。而且,如爲一位先君同時又能斷定其身份,就可進而解決這兩批盟書的年代問題。這類考釋包括吳振武把"X 公"考釋爲"頃公"（前 525—前 512 年），正符合衆多學者把侯馬盟書盟主定爲趙鞅（趙簡子），溫縣盟書盟主定爲韓不信的看法。對 X 字的考釋，現常被引用的除"頃"之外還有更早提出的"晉"，即晉國的多位先公。但也有人提出過別的可能，江村治樹推測"X 公"也許是自然神，如《詛楚文》所奉獻的對象，並據 X 字從"山"提出該字指山，並指出"大冢"有"山"的意思。

二　X 字在侯馬盟書與溫縣盟書中的幾種寫法

此字由上下兩個偏旁構成，下半没有疑問應該釋爲"山"，考釋的難題在於其上半偏旁。下面按其上半偏旁寫法的不同舉出一些字例（侯馬盟書用"侯馬"注明，其餘均屬溫縣盟書）。

A.上半偏旁由四筆組成，中閒兩筆交叉，四筆交接處構成橢圓等形的空閒。

A.1.中閒兩筆交叉成彎曲狀，同時其下端相接；兩側斜筆和中閒兩筆相接的位置無規律。

侯馬 67:54　　67:51　　1-14-3751　　4-9-332　　1-14-867
1-14-2264　　4-9-138　　1-1-2533　　1-1-3056

A.2.中閒兩筆較直，交叉後不再相接。

侯馬 67:32　　1-1-1927　　1-1-501　　1-1-626
1-1-312　　1-1-4544

A.3.中閒兩筆交叉後與兩側斜筆再交叉，兩側斜筆下段也相互交叉。

1-1-3232　　1-1-3586

A.4.與 A.1 同，但上半偏旁的下端另加一横筆。

1-17-54

B.上半偏旁由四筆組成，中閒兩筆不交叉。

B.1.四筆都在下端相接。

侯馬 67:4　　侯馬 16:3　　1-2-159　　1-14-2298　　1-14-1740
1-1-3214

B.2.中閒跟兩側的筆畫平行，且其下端不一定相接。

1-1-34　　1-1-2475　　1-1-1980　　1-1-3190　　1-1-3532

1-1-2510

B.3.兩側的筆畫縮短,不一定與中閒兩筆相接。

1-1-15　 1-1-92　 1-1-1811　 1-1-2255　 1-1-3037

1-17-100

B.4.中閒兩筆内凹,上端外傾。

4-10-8　　 1-2-139

C.上半偏旁由五筆組成,中閒有一豎筆,兩側各有兩道平行的斜筆。

C.1. 1-1-3412　 1-1-172　 1-1-18　 4-9-423　 5-21-3

1-1-3215

C.2.與 C.1 同,但上半偏旁的下端另加一橫筆。

1-2-61

D.上半偏旁由三筆組成,中閒有一豎筆,兩側各有一斜筆,三道筆畫在下端相接。

侯馬 67:1　侯馬 67:29　 1-1-1964　 1-1-314　 1-14-572

1-1-57

E.其他

侯馬 67:49　 1-14-550　 1-14-545　 5-14-30

4-9-598　 1-1-2258　 4-9-98　 1-1-3202　 5-21-28　 1-17-122

以上幾種寫法中 A、B 最常見。過去對這個字的隸定主要依據侯馬盟書,或也參考温縣盟書已發表或展示過的少數例子,隸定爲:"羑、昏、出、茁、舌"。温縣盟書的整理工作提供了許多該字未見過的寫法,如 A.3、A.4、B.4、C.1、C.2、E 等,但這些字形的上半顯然是同一個偏旁的變體,並未新提供能解決該字的意義或讀音的不同偏旁。而且,由於這些變體又往往跟其他偏旁類似,反而把事情複雜化了。

　　三　"岳、獄"考釋

　　在我們拍攝過的 400 多片温縣盟書中,有四片在 X 字的位置用了一個不同的字。此四片均出自 WTIK14,根據文字的書寫風格可以斷定是同一人書寫的,四片都用"丕顯某公大冢"的説法。該字四個例子如下:

1-14-3730　　 1-14-3731　　 1-14-3749　　 1-14-615

此字上部有對稱的偏旁,與《説文》"狀"接近,區别僅在於《説文》"狀"的兩個"犬"均朝左。(中略)

可見,上舉溫縣盟書 1-14-3749 代替 X 的字上半右旁的"犬"與盟書的"犬"字和"犬"旁接近。溫縣盟書這 4 個字的"犬"旁另外幾個例子略有變化而成,其右上方表示犬喙的一筆又與表示犬身和犬尾的筆畫連成一筆;上舉侯馬盟書"獻"字 67:21、67:2 兩例"犬"旁的寫法與此接近,而晉國貨幣文字之例就如此。較早古文字裏反寫的偏旁發展到小篆中被類化變爲普通的正寫偏旁,是很常見的。那麽,此字上半左右對稱的"犬"没有問題,即《説文》的"狀"字。該字下半接近於《説文》中的"言"或"音"。"狀"部的字有"獄",除了上部不對稱,與溫縣盟書的這個字完全一致。"獄"有幾個跟法律有關的意義,"獄"字金文中的字形與溫縣盟書非常接近,可以證明溫縣盟書該字應定爲"獄"。以"獄"爲諧聲偏旁的字有"嶽",而值得特别注意的是,"嶽"字常被"岳"字代替。《説文》"嶽"字的"古文"即"岳"字,其字形顯然跟侯馬與溫縣盟書的 X 字多少有點相似。筆者認爲 X 字就是"岳"。

到目前爲止,古文字資料裏還没有可以被確認爲"岳"字的例子。不過傳抄古文中卻有幾例:

《汗簡》:〔圖〕華嶽碑　　〔圖〕華嶽碑

《古文四聲韻》:〔圖〕古尚書　　〔圖〕華嶽碑　　〔圖〕籀韻　　〔圖〕崔希裕纂古

這些例子的下半没有什麽變化,都可確認爲"山"。而其上半的寫法則不穩定。不過其中有跟 X 字相似的寫法:B.2 形的字,與《汗簡》所收華嶽碑一字非常接近。另外 B.1 形的字,與《古文四聲韻》的籀韻一字也較接近。這兩例與前述溫縣盟書以"獄"字代替 X 字的例子結合起來,可以確定 X 字就是"岳"。

(中略)總之,根據溫縣盟書用"獄"代替 X 字的四例以及傳抄古文"岳"和 X 字字形接近的例子,我們可以確定 X 字應就是"岳"。用"獄"代替"岳"是假借用法,應該是"嶽"字的前身。漢代的古文資料已有"嶽"字,是從"獄"得聲、用來代替"岳"的後起形聲字。此也説明從古音方面來講,溫縣盟書以"獄"表示"岳"没有問題。

四　"岳"字在侯馬與溫縣盟書中的意思

如前所述,對神的稱呼最完整的格式是"丕顯岳公大冢"。"岳、獄"

均不能假借爲晉國國君或周王的謚號。而將"岳"和"獄"讀爲"岳",即高山,則完全講得通。這裏召喚的應是一位山神。這樣講,"大冢"很自然就是"大山"。《史記·封禪書》:"自華以西,名山七,名川四……而四大冢鴻、歧、吳、岳皆有嘗禾。"《索隱》曰:"案謂四山爲大冢也,又《爾雅》云'山頂曰冢'……"《詩經·小雅·十月之交》"山冢崒崩"鄭玄箋:"山頂曰冢。"《釋名·釋山》云:"山頂曰冢;冢,腫也,言腫起也。""冢"用來表示"墳墓",原指有封土的陵墓,正如孫詒讓《周禮正義》所云:"冢,本義爲山頂。山頂必高起;凡丘墓封土高起爲壟,與山頂相似,故亦通謂之冢也。"盟書的"冢"係用其本義,即"山","大冢"即"大山"。"岳公大冢","岳公"指一位山神,而它所在或所代表的山,亦即"大冢"。晉國的範圍是被高山圍繞的一系列盆地。侯馬即其中一個,溫縣則離太行山南端不遠。

戰國時期包山楚簡裏常見對山祭祀的記載,如:"與禱五山,各一牂""峗山一块""高丘、下丘,各一全豢"等。另外,1993年陝西華陰縣華山下出土的公元前4世紀末的秦駰玉版,記載了秦惠文王病中對華山祈求保佑和早日康復,其對山神祭祀的内容非常豐富,是戰國時期對山的崇拜的一個非常重要的證據。傳世文獻裏也常提到對山的崇拜,如《詩經·大雅·崧高》:"崧高維岳,駿極于天。維岳降神,生甫及申。"《國語·魯語下》:"仲尼曰:'山川之靈,足以紀綱天下者,其守爲神。'"《國語·楚語下》:"天子遍祀群神品物,諸侯祀天地、三辰及其土之山川,卿、大夫祀其禮,士、庶人不過其祖。"《周禮·春官·大宗伯》:"大宗伯之職……以血祭社稷、五祀、五嶽,以貍(埋)沈祭山、林、川、澤……"侯馬與溫縣盟書的"岳公大冢"是這一現象的一個新發現的例子。

請求山神來監督盟誓非常自然,如《左傳》襄公十一年:"……乃盟。載書曰:'凡我同盟,毋蘊年,毋雍利,毋保奸,毋留慝;救災患,恤禍亂,同好惡,獎王室。或間兹命,司慎、司盟,名山、名川,群神、群祀,先王、先公,七姓、十二國之祖,明神殛之,俾失其民,隊(墜)命亡氏,踣其國家。'"這裏引用的盟詞所召喚的神包括"名山",應是山神監督盟誓的例證。

雖然傳世文獻中未見被稱爲"岳公"的神,但有學者認爲可以證明侯馬地區原有名叫"岳"的山。屈萬里在1960年發表的《岳義稽古》一文中主張:"在先秦典籍中所見的單獨的岳字,除了里名的岳、和荒唐難信的《山海經》中之岳而外,只是兩座山的名字——霍山和岍山。而霍山叫做岳較早,岍山叫做岳則較晚。"霍山也叫太岳山,位置在侯馬以北約100公里。《國語·齊語》記載齊桓公把用來祭祀的肉(即"胙")帶去晉都絳:"南城於周,反胙於絳。嶽濱諸侯莫敢不來服,而大朝諸侯於陽穀。"屈萬里指出:"《國語》此節,是説齊桓公西征的功績,所舉的地方,多在晉的西南部一帶……而太岳卻正在晉國的西南部,所以這裏所謂'嶽濱'之岳,必然是太岳無疑。"屈萬里還引用《管子·小匡》記載同一件事作"成周反胙於隆嶽,荆州諸侯莫不來服",謂:"絳是靠近太岳的地方;所以《管子》裏所謂'隆嶽',仍是指的太岳。"也就是説,《國語》提到晉都説"絳",而《管子》指同處用"嶽",説明晉都附近有一座嶽山,屈氏認爲就是今天的太岳山(即霍山)。這些例子説明晉國很可能有名爲"岳"的山,也許就是今天的霍山(太岳山)。

　　五　"岳公"之"公"的解釋

　　還有必要討論"岳公"的"公"字。被稱爲"公"不一定指某國的先君。給自然神冠上爵號、官名、尊稱等是對自然物人格化的表現,體現出用人間社會的結構和制度,比如宗法和爵位,來組織所信仰的自然神的世界。甲骨文、金文與更晚的出土和傳世文獻中都有反映這種現象的資料。艾蘭指出在商代"上帝位於天上。在天上,帝有一個由五位'臣'組成的宫廷,他命'令'各種自然現象。因此,上帝是天上僅有的一位統治者,正像國王是人世的統治者一樣"。春秋時期齊國的洹子孟姜壺銘文反映了類似的情況:"齊侯拜嘉命,于上天子用璧玉備,于大巫司誓,于大司命用璧、兩壺、八鼎,于南宫子用璧二備、玉二笥、鼓鐘。"銘文説明齊國人用人間的官僚制度來組織他們所信仰的神。這方面的資料漢代很多,譬如馬王堆漢墓"避兵圖"用圖畫來描繪自然神的等級制度,包括太一、雷公、雨師等神。在傳世文獻中河神常冠有"伯"的作"河伯"。公元前4世紀的《穆天子傳》已有其例:"戊寅,天子西征,鶩行,至於陽紆之山,河伯無夷之所都居,是惟河宗氏。"這些例子都説明古人以當時人間社會和政治的框架來組織他們所信仰的神。因而我們常會見到自然神冠上爵號、官名等現象。雖然傳世文獻中未見被稱爲"岳公"的神,但卻有把"公"字和稱爲"岳"的山聯繫起來的例子,《禮記·王制》:"天子祭天下名山大川:五嶽視三公,四瀆視諸侯。諸侯祭名山大川在其地者。"這裏的"五嶽視三公"指在自然神的等級制度裏"五嶽"山神的地位相當於人間最高的官銜,即所謂的"三公"。《尚書大傳·夏傳·禹貢》中有類似的話:"五嶽視三公,四瀆視諸侯,其餘山川視伯,小者視子男。"這裏更明確地以人閒的爵位制度來劃分自然神,把"五嶽"看作"公"。

通過以上的討論不難看出,"岳公"應是晉國崇拜的一個山神,山的名字叫"岳",而"公"表示這位神在晉國自然神的制度中的位置。

"岳公"前面常用"丕顯"作定語,而出土文獻中"丕顯"除了在金文裏修飾祖先之外,還可以修飾別的神,如《詛楚文》云"丕顯大神巫咸"。除了常見的"[丕顯]岳公大冢"外,温縣第二類盟書(WTIK2)有"皇君岳公",而侯馬盟書 16.3 片(宗盟類一)有"丕顯皇君岳公"。根據金文裏類似的用詞習慣,這裏的"皇君"和"岳公"應指同一對象。金文中類似的例子有"丕顯皇考官公","皇考"即"官公"(師望鼎),"皇君"是尊稱,其可以指稱的對象範圍很廣,包括在世的周王君侯、賞賜者、官長和去世的先公及夫人等。那麽,用"皇君"來稱呼自然神應該没有問題。總之,把"丕顯岳公大冢"看作對晉國山神的稱呼,從文字、用詞及當時社會信仰和祭祀的習俗幾個方面看都是可以的。

岡　岡

陶彙 3・1193　　　璽彙 1617

○**高明、葛英會**(1991)　岡。

《古陶文字徵》頁 83

○**何琳儀**(1998)　《説文》:"岡,山骨也。从山,网聲。"

楚璽岡,人名。

《戰國古文字典》頁 730

△**按**　"岡"字在陶璽中用作人名。

岑　岑

睡虎地・爲吏 48 壹

○**睡簡整理小組**(1990)　(編按:簡文"同能而異,毋窮窮,毋岑岑,毋衰衰")岑,讀爲矜,《爾雅・釋詁》:"苦也。"

《睡虎地秦墓竹簡》頁 168

△按　簡文"岑(矜)"或認爲應作"鰥"理解,《禮記·王制》:"老而無妻者謂之矜。"陸德明《釋文》:"矜,本又作鰥,同。"《史記·五帝本紀》:"衆皆言於堯曰:'有矜在民間,曰虞舜。'"集解:孔安國曰:"無妻曰矜。"參戴世君《〈睡虎地秦墓竹簡〉注譯商榷六則》119 頁,《江漢考古》2012 年 4 期。

密

集成 11023 高密戈　　　睡虎地·爲吏 5 壹

○何琳儀(1998)　《説文》:"密,山如堂者。从山,宓聲。"

齊兵"高密",地名。

《戰國古文字典》頁 1102

△按　高密戈之"高密"爲地名;睡虎地秦簡"微密纖察"之"密"意爲細密。

岫 岫 宙

貨系 359

○吳良寶(2006)　岫　與籀文同。

《先秦貨幣文字編》頁 153

△按　《説文》:"岫,山穴也。从山,由聲。宙,籀文从穴。"

嵒

包山 166　　　包山 185

○何琳儀(1998)　《説文》:"嵒,山巖也。从山,品聲。"

包山簡嵒,讀嚴(參嚴字)。姓氏。楚莊王支孫以謚爲姓,後漢莊光避明帝諱並改爲嚴。見《元和姓纂》。

《戰國古文字典》頁 1422

陸 陸

包山 163

○**何琳儀**(1998)　陾,從山,阱聲。即隫之省文。《説文》:"隫,山皃。從山,陸聲。"

　　包山簡陾,讀隋,姓氏。見阱字。包山簡隋姓作阱、陾、隫、隋等。

《戰國古文字典》頁 878

○**李守奎**(2003)　隫　隫。

《楚文字編》頁 550

嵎　𡹀　崩

集粹

○**湯餘惠等**(2001)　嵎。

《戰國文字編》頁 625

△按　《説文》山部:"嵎,山壞也。從山,朋聲。""嵎"今作"崩"。

嵍　𡵒　𡵯

集成 2238 須𡵯生鼎蓋　郭店・老乙 13　　上博五・鬼神 3

○**何琳儀**(1998)　𡵯,從山,矛聲。疑嵍之省文。《説文》:"嵍,山名。從山,敄聲。"

　　須𡵯生鼎蓋𡵯,人名。

《戰國古文字典》頁 257

○**李零**(1999)　"侮",原從矛從山,與《老子》丙本簡 1 從矛從人讀爲"侮"的字構形相似,這裏可能也是讀爲"侮"。

《道家文化研究》17,頁 472

○**顔世鉉**(1999)　(編按:郭店・老乙 13"閉其門,塞其兑,終身不𡵯")𡵯,王弼本作"勤",帛書本作"堇",劉信芳先生釋作"務"(劉信芳《楚簡〈老子〉釋讀二則》稿本),李零先生釋作從"矜"省,讀爲"勤"(李零《讀郭店楚簡〈老子〉》,郭店老子國際研討會論文,1998 年 5 月)。按,此字當釋作"務"。《尊德義》簡一:"爲人上者之炙(務)也",炙從"人",𡵯從"山",均可讀作"務"。而《老子丙》簡一:"其即(次)炙(侮)之",炙讀作"侮",侮、務均爲明紐侯部。《説文》:"務,趣也。"段《注》:"趣者,疾走也。務者,言其促疾於事也。"《左傳・僖公二十八

年》：“非神敗令尹，令尹其不勤民，實自敗也。”杜預《注》：“盡心盡力無所愛惜爲勤。”務、勤義相近可通。

《張以仁先生七秩壽慶論文集》頁 379—380

○**白於藍**（2000）　郭店楚墓竹簡《老子》乙中有一段話爲：

閔（閉）其門，賽（塞）其逸（兌），終身不爾；啟其逸（兌），賽（塞）其事，終身不棶。

簡本《老子》這段話中有三個字與今本《老子》及馬王堆漢墓帛書本《老子》明顯不同。第一個字是“爾”字，今本《老子》寫作“勤”，帛書本《老子》甲、乙本中均寫作“菫”；（**中略**）

　　首先我們來分析第一個字。由聲假關係來看，今本和帛書本《老子》並無實質性區別，“勤”從“菫”聲，故“勤”與“菫”可相通假。簡本《老子》中與此字相對應的字原篆作“🈁”，從山從矛。原《郭店楚墓竹簡釋文注釋》中將此字隸作“爾”，可從。“爾”字未見於字書，循音義以推求，此字應即《説文》“岑”字。從字音上來看，岑從今聲。今字上古音爲見母侵部字，菫爲見母文部字。兩字雙聲，韻亦不遠。典籍中從今聲之字與從菫聲之字亦有相通之例證。《漢書·陳勝項籍傳·贊》：“鉏櫌棘矜。”顔師古《注》：“矜與䅩同。”《方言》卷九：“矛，其柄謂之矜。”郭璞《注》：“矜，今作䅩。”即其證。此外，《列子·説符篇》：“此而不報，無以立懂於天下。”《淮南子·人閒訓》中寫作：“如此不報，無以立務於天下。”高誘《注》：“務，勢也。”王念孫《讀書雜誌·淮南內篇十八》引王引之説云：“務與勢義不相近，務當爲矜字之誤也……懂與矜古同聲而通用，猶䅩之爲矜也。張湛注《列子》云：‘懂，勇也。’……《説山篇》云：‘立懂者非學鬥爭，懂立而生不讓。’《氾論篇》云：‘立氣矜，奮勇力。’《韓詩外傳》云：‘外立節矜，而敵不侵擾。’是立矜即立懂也。”亦其例。從字義上來看，《説文》：“岑，山小而高，從山，今聲。”《方言》卷十二：“岑，高也。”《孟子·告子下》：“不揣其本而齊其末，方寸之木，可使高於岑樓”，趙岐《注》：“岑樓，山之鋭嶺者。”《楚辭·劉向〈九歎·逢紛〉》：“揄揚滌盪，漂流隕往，觸岑石兮。”王逸《注》：“岑，鋭也。”《後漢書·禰衡傳》：“更著岑牟，單絞之服。”李賢《注》：“岑牟，鼓角士冑也。”朱駿聲《説文通訓定聲》“岑”字下云：“按，冑鋭上，故謂這（**編按：當作“之”**）岑鍪歟？”可見，岑字之本義當是指山之高鋭者，引申之則有鋭利之義。從字形上看，楚簡此字從山上從矛，矛爲鋒利、尖鋭之兵器。上從矛正取其鋭利之義，用以表示山勢之高聳險峻之貌。其字形與岑字之字義正相吻合，應即岑字之原始會意初文。此字形亦見於西周早期青銅器銘文,作:“”(須盂生鼎),應即楚簡此字所本。《説文》岑字篆文作:“”,從山今聲,乃後起之形聲字。有些學者認爲:“古”字甲骨文作“”從“囗”從“母”(編按:“母”爲“冊”之誤)就是盾牌,“古”字應即堅固之“固”的初文。盾牌具有堅固的特點,所以古人造成“古”來表示“固”這個詞。拉弓需要很强的力,故古代曾以“”來表示强弱的“强”這個詞。岑字從矛,與此屬同類現象。

　　從《老子》這段話的整體文義來看,應仍以今本作“勤”爲正字,寫作“菫”或“岑”均爲借字。《説文》:“勤,勞也。”“終身不勞”王弼《注》:“無事永逸,故終身不勤也。”又疑此字或可讀爲“矜”,《爾雅·釋言》:“矜,苦也。”郝懿行《義疏》:“(《詩·小雅·菀柳》:)‘居以凶矜。’《傳》:‘矜,危也。’危、苦義近。”

《古籍整理研究學刊》2000-2,頁 58—59

○**湯餘惠等**(2001)　盂。

《戰國文字編》頁 626

△**按**　郭店簡“盂”跟王弼本“勤”和帛書本“菫”到底是怎樣一種關係,有待進一步研究。上博五·鬼神 3“盂”字所從的“矛”古音屬明母幽部,“穆”屬明母覺部,幽、覺兩部具有陰入對轉關係,故“盂”可讀作“穆”。參看楊澤生《説上博簡“宋穆公者,天下之亂人也”》,簡帛網 2006 年 3 月 10 日;李家浩、楊澤生《談上博竹書〈鬼神之明〉中的“送盂公”》,《簡帛》4 輯 179 頁,上海古籍出版社 2009 年)。

崔　

考古與文物 2000-1,頁 10　　陶彙 5·194

○**陳初生**(1981)　“崔”下裘錫圭同志注明有兩短橫,而在王健民等同志的摹本及釋文中均没有這個符號。因見不到原器,雜志上的圖版又不清楚,誤摹與否不得而知。如果原器上確有合書符號,又與裘錫圭同志提示的《吕氏春秋》所載二十八宿的觜觿星位置相當,就可以肯定“崔”是“此崔”合書即是觜觿了。

《中山大學研究生學刊》1981-2,頁 117—118

○高明、葛英會(1991)　崔。

《古陶文字徵》頁 83

○何琳儀(1998)　《説文》:"崔,大高也。从山,隹聲。"

（編按:陶彙5・194"麗邑五斗崔"）秦陶崔,人名。或讀摧。《爾雅・釋詁》:"摧,至也。"

《戰國古文字典》頁 1206

○王望生(2000)　"咸陽工崖"。（中略）"崖"爲陶工名。

《考古與文物》2000-1,頁 11

△按　秦陶文所謂"崖"應改釋作"崔",爲陶工名。

峋　峋

陶彙 9・23

○高明、葛英會(1991)　《説文》新附。古文字中勻與旬通作,此从山勻聲,與从山旬聲同。

《古陶文字徵》頁 83

△按　《説文》新附:"峋,嶙峋也。从山,旬聲。"又:"嶙,嶙峋,深崖兒。"陶文"峋"用作人名。

嶠　嶠　喬

璽彙 1245　璽彙 1237

○何琳儀(1998)　《説文》新附:"嶠,山鋭而高也。从山,喬聲。古通用喬。"
　燕璽嶠,讀喬,姓氏。

《戰國古文字典》頁 295

△按　古璽"喬"即"嶠"字。《玉篇》山部:"嶠,峻也。形似橋。"《廣韻》宵韻:"嶠,亦作嶠,山鋭而高。"古璽"嶠(嶠)"用作姓氏,讀"喬"。

嵩　嵩

郭店・語三 15

○**荊門市博物館**(1998) 崇志,益。才(在)心,益。

《郭店楚墓竹簡》頁 209

○**李守奎**(2003) 崈 嵩。

《楚文字編》頁 550

△**按** 郭店簡“崈志,益”之“崈”即“崇”字異體,故整理者直接釋作“崇”。《説文》山部:“崇,嵬高也。从山,宗聲。”段玉裁改“嵬高”作“山大而高”,並注云:“《大雅》‘崧高維嶽’,《釋山》《毛傳》皆曰:‘山大而高曰崧。’《孔子閒居》引《詩》‘崧’作‘嵩’,‘崧、嵩’二形,皆即崇之異體。”《漢書·郊祀志下》:“莽遂崈鬼神淫祀。”《玉篇》山部:“崈,同崇。”

⿱井山

璽彙 3820

○**羅福頤等**(1981) ⿱井山。

《古璽文編》頁 325

○**何琳儀**(1998) ⿱井山,从山,井聲。

燕璽⿱井山,人名。

《戰國古文字典》頁 818

○**湯餘惠等**(2001) ⿱井山。

《戰國文字編》頁 626

⿱弌山

史學集刊 2004-4,頁 98

○**吳振武、于閏儀、劉爽**(2004) (3)楚郭巷⿱弌山里腊(室藏編號:1-526)

3

泥質灰陶。器形不明,殘片當是器之底部。陶文印戳,陰文。舊未見著録,但有同文者,見《陶彙》3.362 和 3.363。“里”前一字从“山”从“一”之古文,在此用作里名,《陶彙》釋爲“武”,不可信。陶工名“腊”,即《説文》中當乾肉講的“昔”字的籀文。

《史學集刊》2004-4,頁 95

岃　岙

璽彙 5300

○**羅福頤等**（1981）　岃。

《古璽文編》頁 233

○**施謝捷**（1998）　(編按：璽彙 5300) （岃）·方山。

《容庚先生百年誕辰紀念文集》頁 651

○**湯餘惠等**（2001）　岙。

《戰國文字編》頁 626

卣

集成 9515 下官壺　　璽彙 3047　　集粹　　璽彙 3042　　璽彙 3055　　璽彙 3053

璽彙 5376　　貨系 1411　　貨系 1240

○**湯餘惠**（1986）　在戰國貨幣研究中，魏邑繁陽有沒有布幣鑄行於世，是個值得注意的問題。

迄今爲止，古代貨幣研究者似乎都没有發現繁陽鑄幣的存在。是該地從來未曾鑄行過，還是至今沉埋地下未曾面世？看來都不大可能。衆所周知，魏國的繁陽屢見故籍，《史記》的《趙世家》和《廉頗藺相如列傳》、《漢書·地理志》、《水經注·河水》和《括地志》等書都有明確的記載，其地北鄰趙國，南瀕繁水故瀆（在今河南省内黃縣東北），在當時魏國的北方是個不算小的都會。戰國時期，三晉各國凡重要縣邑都有布幣鑄行，目前所見，布幣地名不下百餘個。像繁陽這樣的城邑在當時没有貨幣鑄行，後世又無作品出土傳世、不見於各家譜録，顯然是不合情理的。

早些時候，我們曾經對戰國時期的古文字資料做過綜合的排比和考察，覺得繁陽的鑄幣事實上是存在的，只是由於文字識讀上的原因至今不爲世人所知罷了。

在以往的古家譜録中，有一種面文爲“帛一新”的圓跨布（見圖一。《古錢大辭典》160,以下或簡稱《古大》),貨幣單位"一釿"之前的地名,又作"🔲"
(同上 161)、"🔲"(同上 162)、"🔲"(同上 163)(原注:此篆爲正寫,原幣文倒書)等
形。過去有釋"趙"、釋"京"、釋"殷"等説,今按釋"趙"於文字形體相差懸殊,
與"京"字的古文寫法亦有明顯的差别,二説均不可信。至於釋"殷",雖舉三
體石經古文殷(作🔲)爲證,不爲無據,但是至今我們還不能確知古文殷的構
形原理如(編按:此處有脱文),而且即就形體論,與幣文尚有若干不盡相合之處,
很難奉爲定論。

　　據我們考察,這個字還見於約略同時的璽印、兵器和銅器銘文,其字又寫
作"🔲"(戈,羅振玉《三代吉金文存》20,29,2)、"🔲"(印,羅福頤《古璽彙編》3046)、"🔲"(同上
3047)、"🔲"(鼎,羅振玉《貞松堂集古遺文》續上 12,4)、"🔲"(鍾,吳大澂《愙齋集古録》25,4,2)
等形,繁簡有别但顯然是一個字(詳見另文),應隸定爲"𡉢",殆从山,每聲。
據《説文》"繁",从糸,敏聲。又"敏",从攴,每聲。"繁"與"𡉢"古讀相同,
"𡉢"應即"繁"之古文異體。秦併天下廢六國古文,"繁"字通行而"𡉢"字
遂廢。

　　上引文字材料,璽印用"𡉢"爲姓氏可姑置而不論。戈銘全稱"繁陽"(詳
見另文),鼎、鍾銘省稱爲"繁"。此種地名省稱的現象,戰國秦漢器物銘文屢
見,學者早已指出(原注:地名省稱如四年吕不韋戈"高奴"省稱爲"高",高奴銅權"漆垣"省爲
"漆",安令盉及"安邑一釿、安邑二釿"布背文"安邑"省作"安",秦代陶文"咸陽"省爲"咸","臨菑"省
作"臨"或"菑",漢代漆器刻款"成都"省作"成"等,李學勤、朱德熙、裘錫圭等學者均已指出)。"繁
一釿"當即"繁陽一釿"。

　　另外,這種布幣與"陰晉一釿、言(圓)陽一釿、甫反一釿"等典型魏幣相
比,共同點是顯而易見的,即(1)形制爲平首方肩、方足、圓跨;(2)貨幣單位用
"釿"。其國别屬魏,爲戰國魏繁陽鑄幣,應該是没有問題的。

　　與此相關,還有一種"鋭角布",形制爲平首、方肩、方足、尖跨,突出的特
點是幣首左右兩邊作鋭角形(見圖二)。這種布幣的面文僅一字,寫作"🔲"
(《古大》180),又作"🔲"(同上 181)、"🔲"(同上 183),均當釋"繁",亦爲魏
繁陽鑄幣。舊釋爲"垂",指爲宋或衛幣,或釋爲"殷",指爲韓幣,看來都是不
甚妥當的。

　　總之,圓跨布"繁一釿"及"繁"字鋭角布都是戰國魏繁陽的鑄幣。過去曾
有一種意見認爲,鋭角布均出自韓,看來有加以修正的必要。

 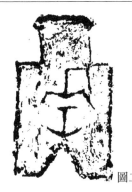

圖一　　　　　　　　　　　圖二

《史學集刊》1986-4,頁 78—79

○黄盛璋(1989)　(編按:集成 9515)從字結構分析,當即《説文》之"䲜"字:"小口䔽也。從缶,乘聲。""乘",草木葉下垂,即今下垂之本字,故異體字作甀。在此則爲地名,(中略)上半明顯從"乘",下半從"缶",而稍詭異,"缶"上從"午",天君鼎"午"作♀,弭叔盨作♂,中閒一筆或作●,或作○,或作一横畫"一"。本銘此字中閒作中,即"午";因上與"乘"連貫而下,故無午字之尖端。"缶"字下多從Ⴈ,此從"ᨆ",稍有變異。從字形結構分析其爲"䲜"字無疑。

《古文字研究》17,頁 14—15

○黄盛璋(1990)　垂即《史記·高祖本紀》"擊布軍會甀"之甀,《漢書·地理志》沛郡蘄縣有下䲜鄉,垂下官鍾之垂正從乘從缶,此地處楚魏之交,城則屬魏。

《人文雜志》1990-1,頁 100

○高明、葛英會(1991)　䗊　岷　《説文》氓古文作𡤶(編按:應爲"民"字古文),與此匋文所從同。

《古陶文字徵》頁 83

○湯餘惠(1992)　歷史上的繁陽非止一地,以繁陽命名的城邑,見之於古籍的,至少有兩個:其一在南,春秋戰國時期屬楚;其一在北,戰國時屬魏。(中略)

一　魏繁陽的兵器

戰國時期魏邑繁陽所造的兵器,迄今所見只有一件戈和一柄劍。

(1)十三年繁陽戈

這件銅戈係羅振玉氏舊藏,(中略)除少數字畫略有殘損,其餘均清晰可辨(參摹本,圖一),今隸釋如下:

十三年,䅾(繁)陽命(令)䅾(繁)戲,　　　(戈内)

帀=(工師)北宫壐,冶黄。　　(戈胡)

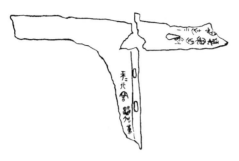

圖一　十三年繁陽戈（《三代》20·20·2）

戈銘毎字兩見，前例山旁右半部殘損，尋繹字畫可據後例補足。近年出版羅福頤先生主編《三代吉金文存釋文》前例摹作，後例摹作，極具慧眼。

　　我們把毎字釋爲"繁"，出於下面的理由：戰國文字山字作，爲通常寫法；每旁作、，略同於侯馬盟書，隸定應作毎，字殆從山，每聲。此其一。《説文》緐，"從糸，每聲"；繁，"從糸，敏聲"；又敏，"從攴，每聲"。是毎與緐、繁，歸根結柢均從每得聲，古讀理應相同。此其二。古代地名用字多從邑，異構則往往從山，《説文》邑部：邠，"從邑，分聲"；或體作豳，"從山，豩聲"（見《段注》）。又郊，"從邑，攴聲"；或體作岐，"從山，攴聲"。作爲地名的繁字，曾伯霙匜作"鄬"，本戈作"毎"，應屬同類現象。

　　"繁戲"，又見於三晉私名璽印（詳後），文字結體風格十分相似，但是否爲同一人，一時還難於遽定。（中略）

　　"繁陽"，於本戈爲魏邑，（中略）

　　三晉的繁陽屬魏，《史記》亦有明文可稽。《趙世家》："孝成王二十一年，孝成王卒，廉頗將攻繁陽，取之。"《正義》引《括地志》云："繁陽故城在相州内黄縣東北二十里。"瀧川資言《考證》："繁陽，魏地。今直隷大名府開州。"又《廉頗藺相如列傳》："趙使廉頗攻魏之繁陽。"繁陽是魏國東北部的邊邑，與趙緊鄰，故廉頗攻魏，首當其衝。繁陽西漢時屬魏郡，《漢書·地理志》繁陽下應劭注云："在繁水之陽。"張晏注云："其界在繁淵。"《水經·河水四》："河水又東北逕委粟津，左會浮水故瀆。"注云："故瀆上承大河於頓丘縣，而北出，東逕繁陽故城南……《春秋》襄公二十年經書，公與晉侯、齊侯盟于澶淵。杜預曰：在頓丘縣南，今名繁淵，澶淵即繁淵也，亦謂之浮水焉。昔魏徙大梁，趙以中牟易魏，故《志》曰趙南至浮水繁陽，即是瀆也。"是繁陽在魏由安邑徙都大梁，即公元前361年以後，亦曾一度爲趙國轄地。何時復歸魏人所有，不詳。但據前引《趙世家》，至遲在孝成王二十一年（公元前245年）前後已歸魏而不屬趙了。總之，經傳注疏以繁水、浮水、繁淵、澶淵爲一事，繁陽因水而得名，地處繁水故瀆之北，地望當在今河南省内黄縣東北。（中略）

　　（2）繁邑劍

　　著録於鄒安《周金文存》6·99·3，舊傳出河閒龐氏。銘文四字，縱書，字體狹長,筆畫屈曲婉轉,略帶蟲書意味。偏旁結體不拘一格,或率意出之(如山旁作𡗜、𡗜)。此劍銘文舊多誤釋,今按劍銘四字(見圖二),當釋爲:

　　　　匎(繁)邑虫曰

"匎",疑从山,匎省聲。"匎"即"緐"字異體,兩周金文屢見。據此,則"匎"也可能是匎字的省體。魏邑繁陽出土器物銘文每省稱爲"繁"(詳後),此銘之"繁邑"指稱繁陽,似無可疑。(中略)

　　二　魏繁陽所造的銅器

　　戰國時代有銘文可考的魏繁陽鑄器,共發現兩件,即繁宮鼎和繁下官鍾。

　　(3)繁宮鼎

　　銘文著録於《貞松堂集古遺文續編》上 12·4。鼎銘二字,橫書,係用刻款(見圖四)。字體方正疏朗,正是典型的三晉作風。銘文今釋爲:

　　　　匎(繁)公(宮)

鼎銘首字作𡨁,每旁未加點,即前考戈銘𡨁形省作。每字本从"母",但古文字往往省掉兩點而寫成"女"形,在戰國文字中,此例尤多,不煩舉證。但值得留意的一例是《古璽彙編》3276 著録的"𡨁耑"私名璽,我們曾指出首字當是緐字,其所从每旁與鼎銘正合。(中略)

　　(4)繁下官鍾

　　著録於《綴遺》288·14,銘文係刻款,縱書三字(見圖五)

　　　　𡨁下官

　　首字爲舊所不識,今按亦當是匎字。與前考戈、鼎銘此字對勘,不難看出漸次省易的迹象來。三者相較,鍾銘顯得更爲簡率。

　　"匎下官"的"匎(繁)"和繁宮鼎一樣,也是繁陽的省稱。(中略)

　圖二　繁邑劍銘文(《周金》6·99·3)　　圖三　繁邑鐓銘文(《周金》6·118·2)

圖四　繁公鼎銘文(《貞松》續上 12·4)　　　圖五　繁下官鍾銘文(《綴遺》28·14)

三　魏繁陽的鑄幣

(5)戰國時期的金屬鑄幣中,有一種平首方肩圓跨布,面文爲"🔲一鈈",或省稱"🔲鈈"(見圖六 a、b)。首字爲鑄造地名,幣文又作🔲(《古錢大字典》161)、🔲(同上 162)等形,舊誤釋爲京、爲趙、爲殽,均於字形不合,不可據。今按此字亦應釋"𣄵"。"𣄵一鈈"即繁陽一鈈,意謂繁陽所鑄的一鈈布幣。(中略)

圖六 a　"繁一鈈"布　　　圖六 b　"繁鈈"布　　　圖六 c　"繁"字銳角布
（《古錢》160）　　　　　（《古錢》159）　　　　　（《古錢》180）

貨幣單位用"鈈",其國別屬魏,爲戰國魏繁陽鑄幣,應該是沒有疑問的。

(6)與此相關,還有一種"銳角布",形制爲平首、方肩、方足、尖跨,面文一字作🔲(《古錢大字典》180、見圖六 c)、🔲(同上 181)、🔲(同上 183)等形,傳出河南。我們曾指出應即𣄵字,屬於魏繁陽鑄幣之一種。舊釋爲"垂",指爲宋幣或衛幣,或釋爲"殽",以爲韓幣,都是不妥的。過去,曾有人認爲銳角布均出自韓,現在看來似有重新考慮的必要。

四　"𣄵"字璽和𣄵氏印

(7)羅福頤主編《古璽彙編》單字璽類 5376 所收🔲字朱文方璽(見圖七 a),丁佛言《説文古籀補補》釋"民"(12·5),不可信。以前考諸𣄵字例之,自當同釋。如前所論,𣄵(繁)即繁陽之省。古璽之單刻縣邑名而未加具體職官名者,如"洵城、平陰、襄陰、平阿"之類,均爲地方守令官印。

"𣄵"字璽應即繁陽縣令使用的官印。

(8)晚周私名璽中還有不少繁氏的印鑒,如《古璽彙編》所收:

a　緐耑 3276

b　鄹㫃 2129　　鄹疧 2130

c　𣄵晬 3042　　𣄵雩 3043　　𣄵妥 3044　　𣄵𥲤 3045　　𣄵迷 3046　　𣄵莫 3047

　　𣄵邸 3048　　𣄵蟲 3049　　𣄵閒 3050　　𣄵戲 3051,見圖七 b　　𣄵秦 3052

垆纕 3053　　垆□3054　　垆盍逴 3055

a 類作"絲"，b 類作"鄉"，因襲西周以來的傳統寫法；c 類作"垆"，采用晚周異體。從字體風格考察，除 a 之 3276、b 之 2130、c 之 3053（見圖七 c）三例爲燕人之作，其餘各品均爲三晉手筆。由此可見，繁氏印鑒多出三晉，再聯想到"垆"字只見於魏國的銅器、兵器、貨幣這一事實，似乎還可以進一步推論，寫作"垆"的繁氏私名璽絶大部分應是戰國時期魏人的作品。

魏人多繁氏，自有其歷史上的原因。我們知道，西周初年封諸侯，建同姓，屏藩周室，武王之弟康叔封被分封到殷周故都一帶建立了衞國，並賜以殷民七族，即陶氏、施氏、繁氏、錡氏、樊氏、飢氏、終葵氏。經春秋入戰國，這裏成爲魏國的轄地。繁氏在魏乃是世代相傳、瓜瓞有年的舊族，繁氏之印多出自三晉之魏國，看來不是純乎偶然的現象。

圖七 a　"繁"字印　　　圖七 b　"繁戲"印　　　圖七 c　"繁纕"印

《古文字研究》19，頁 500—508

○何琳儀（1992）　垆一新（圖 3）　　　　1409

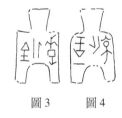

圖3　　圖4

"垆"，舊釋"京"，近或釋"殷"，或隸定"垆"讀"繁"。釋"京"主要依據《辭典》163（圖 4）形體。其中"釿"字倒書。如是右字顯然非"京"，而可能是圖 3 右字的誤寫。因此，圖 4 之類橋形布的真僞頗值得懷疑。

釋"殷"根據三體石經"殷"古文作𡥘。近年浙江紹興出土徐賠尹鼎銘中已發現與三體石經古文形體完全相同的"殷"，但與橋形布形體明顯不同。

檢戰國文字"垆"字習見：

A 𡥘 陶彙 4・172　B 𡥘 璽彙 3047　C 𡥘 璽彙 5376　D 𡥘 貨系 1390

A 式"母"旁省兩點爲"女"成 B 式，B 式收縮左方豎筆成 C 式，如果割裂 C 式"女"旁中閒豎筆則成 D 式，即橋形布"垆"。凡此省變軌迹十分清晰，故或隸定此字爲"垆"可信。

"垆"，字書所無，當是"坶"之異文。（"山"與"土"形旁義近可通，例不贅舉。）見隸古定《尚書》"牧"作"坶"。又《集韻》："坶，《説文》朝歌南七十里也。《周書》武王與紂戰於坶野。或从每。""坶"顯然就是典籍之"牧"。《詩・大雅・大明》"牧野洋洋"，《水經注・清水》引"牧"作"坶"。《韓詩外傳》三"行克紂於牧之野",《説苑·貴德》"牧"作"坶"。"牧",春秋衛邑,見《左傳·隱公五年》:"鄭人侵衛牧。"注:"牧,衛邑。"或云即《詩·邶風·靜女》"自牧歸荑"之"牧"。戰國應屬魏境,在今河南汲縣。

鋭角布有一字(《貨系》1238),與橋形布"𡶁"相近,但非一字,舊釋"垂"可信。

《古幣叢考》(增訂本)頁176—177,2002;原載《吉林大學學報》1992-2

○**湯餘惠**(1993) 𡶁,从山,每聲,當讀爲繁。繁从敏聲,敏又从每聲,𡶁、繁聲類相同。此器銘爲三晉字體,"𡶁"作爲地名使用,疑即魏邑繁陽的省稱。戰國器物銘文中的地名,二字的往往省爲一字,如"咸陽"省作"咸"、"安邑"省作"安"之例。魏繁陽因繁水而得名,在今河南省内黄縣北(楚亦有繁陽,在今河南新蔡北,與此不是一地)。

𡶁,从山,每聲,與緐、繁聲類相同,當是異體;𡶁陽,即繁陽,地名。晚周繁陽之見於器物銘文者有二:一在今河南省新蔡縣北,屬楚;一在今河南省内黄縣西北,屬魏。從文字風格結體看,此爲後者。魏繁陽或省稱爲"繁",寫作"𡶁",又見於銅器和貨幣文字。

《戰國銘文選》頁8、63

○**何琳儀**(1998) 𡶁,从山,每聲。疑坶之異文,亦作坶。《集韻》:"坶,《説文》朝歌南七十里也。《周書》武王與紂戰於坶野。或从每。"典籍亦作牧。𡶁演變序列爲。

燕璽𡶁,讀每,姓氏。見每字。

晉器𡶁,讀每,姓氏。見每字。魏器𡶁,讀坶或牧,地名。《詩·大雅·大明》"牧野洋洋",《水經注·清水》引牧作坶。《韓詩外傳》三"行克紂於牧之野",《説苑·貴德》牧作坶。隸古定《尚書·牧誓》之牧作𡶁。《左·隱五》"鄭人侵衛牧",注:"牧,衛邑。"在今河南汲縣。

《戰國古文字典》頁131

○**湯餘惠等**(2001) 𡶁。

《戰國文字編》頁627

【𡶁㠯】

△**按** 字形見上文湯餘惠(1992)圖四,湯氏釋作"繁宫"。所謂"宫"應改釋爲"予"。

【㠡陽】

△按 字形見上文湯餘惠(1992)圖一,有關考釋參看湯文。

崒

包山 214 包山 215

○何琳儀(1998) 崒,從山,坐聲。《集韻》:"崒,山摧也。"

包山簡崒,見《集韻》"崒,山名"。

《戰國古文字典》頁 881

○湯餘惠等(2001) 崒。

《戰國文字編》頁 627

㟖

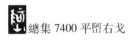總集 7400 平㟖右戈

△按 "㟖"當爲山阿之"阿"加"山"旁的繁體。

䡇

包山 87

○湯餘惠等(2001) 䡇。

《戰國文字編》頁 627

△按 簡文"䡇度"之"䡇"用作姓氏。

嵔

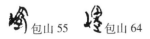包山 55 包山 64

○何琳儀(1998) 嵔,從山,畏聲。《集韻》:"嵔,山曲。"

包山簡嵔,人名。

《戰國古文字典》頁 1187

○**湯餘惠等**（2001）　峴。

《戰國文字編》頁 627

○**李守奎**（2003）　峴。

《楚文字編》頁 550

△**按**　清華簡《繫年》115 等號**🐾**字用作"魏"，此"峴"字亦當用作"魏"。

𡺸

集成 11077 滕侯耆戈　　　集成 11078 滕侯耆戈

○**何琳儀**（1998）　𡺸，从山，朕聲。

𡺸侯器"𡺸侯"，讀"滕侯"。《左·隱七》："滕侯卒。"滕國在今山東滕縣。

《戰國古文字典》頁 150

頋

睡虎地·爲吏 11 伍

○**睡簡整理小組**（1990）　彼邦之頋（傾）。

《睡虎地秦墓竹簡》頁 173

○**湯餘惠等**（2001）　頋。

《戰國文字編》頁 626

△**按**　根據秦簡字形和參照"穎、潁"等字的構形，此字改隸作"頋"，"頋"或爲傾倒之"傾"的專字。

陽

集成 11155 成陽辛城里戈

○**湯餘惠**（1993）　陽，同陽；成陽，《漢書·地理志》屬濟陰郡，在今山東鄄城西北，戰國齊邑。

《戰國銘文選》頁 73—74

△**按**　參看卷十四"陽"字條。

嶬　嶬

 陶彙 3·919

○何琳儀（1998）　嶬，从山，義聲。《玉篇》：“嶬，山名。”《集韻》：“嶬，屶嶬，山高貌。”或作隑，亦書作巇。

　　齊陶嶬，人名。

《戰國古文字典》頁 857

○湯餘惠等（2001）　嶬。

《戰國文字編》頁 627

△按　陶文“嶬”即“嶬”字，用作人名。

府府　符寶廈貿

 集成 288 曾侯乙鐘　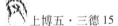 上博五·三德 15　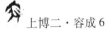 上博二·容成 6　 集成 11106 少府戈

 官印 5　 睡虎地·雜抄 23　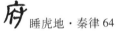 睡虎地·秦律 64　 睡虎地·爲吏 23 貳

 璽彙 3358　 集成 12110 鄂君啟車節　 集成 2397 壽春鼎

 集成 4634 大府盍　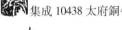 集成 10438 太府銅牛　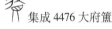 集成 4476 大府簠　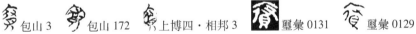 總集 7933 太府鎬

 包山 3　 包山 172　 上博四·相邦 3　 璽彙 0131　 璽彙 0129

 璽彙 0132　 璽彙 0128　 璽彙 0130　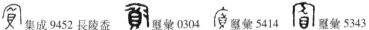 璽彙 0337

 集成 9452 長陵盉　 璽彙 0304　 璽彙 5414　 璽彙 5343

集成 10478 中山兆域圖　集成 9616 春成侯壺

○郭沫若（1958）　廈乃府庫字之繁文，以與財政經濟有關，故字从貝。

《文物參考資料》1958-4，頁 4

○殷滌非（1959）　“公廈之器”。

　　廈即府字繁文，伯要敦“府”作“廏”形，彼敦銘府下加一“入”，此牛銘府下加一“貝”，這是金文中常見的一種繁文。鄂君啟金節銘有府作“貪”形，王子齊鎬銘有府作“貪”形，二者都是楚器，其形體與之近似，所以當係府字無疑。

　　按《禮記・曲禮》下有“六府”。注：“府者藏物之所。”又説：“君命，大夫與士肄，在官言官，在府言府，在庫言庫，在朝言朝。”注：“府庫者，貨器藏貯之異號。”牛銘的“府”字，正與上述府庫的注釋意思相合，也就是指藏貯貨器的地方。

《文物》1959-4，頁 1—2

○于省吾（1963）　（十一）“女（如）載馬牛羊以出内（入）闈（關），則政（征）于大寶，母（毋）政于闈”　張政烺謂寶即府庫之府，甚是，今則府行而寶廢。

《考古》1963-8，頁 444

○王丕忠（1974）　府是官府。

《光明日報》1974-7-6

○張克忠（1979）　府，謂地府。此句意爲一致敬饗王陵。

《故宫博物院院刊》1979-1，頁 48

○黄翔鵬（1979）　“宷”作“符”或“附”解。

《文物》1979-7，頁 35

○徐中舒、伍仕謙（1979）　庿，从苗，當即薨之省文。人死曰薨。《禮記・曲禮》“公侯曰薨”，以此爲公侯死之專稱，乃經師强爲分别之詞。如朕之本義爲我，自秦始皇自稱曰朕之後，遂爲專制帝王自我之詞。

《中國史研究》1979-4，頁 95

○殷滌非（1980）　按過去拙稿名鎬曰“王子鎬”，非是。鎬自名“大賡爲王僉晉鎬”，更名爲“大賡鎬”較爲適當。賡即府，釋“賞”爲非。

《文物》1980-8，頁 26

○李純一（1981）　與濁割肁相當者尚有宷於素。這個律名也不見於先秦文獻。楚國六個濁律只缺濁吕鐘一律，而宷於素與之相當，它會不會就是楚國律名，因無旁證，只能説有其可能，而無法肯定。它是不是曾國濁割肁的另稱，也無從判斷。

　　宷字爲金文所首見，又爲《説文》所無。从宀从付，付當爲聲符。从宀與府字所从的广在字義上大概不會有太大的差别，可能宷是府字的别體，而在這裏通假爲“附”。

《音樂研究》1981-1，頁 59

○黄盛璋（1982）　《兆窆圖》：“其一藏府。”“府”字作“𦥑”，下从“目”乃是“貝”字簡作，但其上所从詭譎，長子盉所刻“少府”作“𩢸”，決知爲“府”字，長子爲韓器，“少府”亦爲韓國鑄造器二處。

《古文字研究》7，頁 72

○**李學勤、鄭紹宗**（1982）　《禮記・曲禮》注：“府，謂寶藏貨賄之處也。”

《古文字研究》7，頁 129

○**許學仁**（1983）　（編按：鄂君啟節）于思泊氏釋𧶜爲“賓”，讀爲府庫之府，是也。古文字宀广一也。《説文》寓字重文作厲，宅字古文作㡯，是賓亦得書爲𧶜。金祥恆氏釋“貨”，謂字從貝化聲，假爲府，義則是也，形則未符。（中略）𧶜司治藏貨賄，故字從貝作𧶜，今則府行而𧶜廢。

《中國文字》新 7，頁 117—118

○**湯餘惠**（1986）　府　秦文字作𤡮（修武府耳杯），略同小篆。楚文字作𧶜、𦙠；三晉作𠐤、𠐤，均從貝作，與秦文字異。

《古文字研究》15，頁 47

○**郝本性**（1987）　楚器銘文中所見的府均作𧶜，張政烺先生釋爲府庫的府是正確的。

府的涵義是貯藏貨賄的處所。（中略）從宀，表示屋宇，從貝表示財貨，付爲聲符。（中略）𧶜字在小篆問世以後便廢而不用了，而府字卻沿用至今。

《楚文化研究論集》1，頁 313

○**王輝**（1987）　府的第一種職能，是貯藏財貨。《説文》：“府，文書藏也。”段注：“文書所藏之處曰府。”《睡虎地秦墓竹簡》有“書府、臧府”，許慎説的可能是書府的情形，所以許氏給府下的定義是很不全面的。其實，府的主要職能是貯藏財貨。《論語・先進》：“魯人爲長府。”鄭注：“長府，藏名也，藏財貨曰府。”戰國時六國文字府多作𧶜，從貝府聲。貝爲早期貨幣，府從貝顯然與貨幣也即財富有關。所謂財富，包括金、帛、貨幣、粟米、兵器，甚至文書等。因爲金、帛、粟米都可轉化爲貨幣，文書也是國家的寶貴財富。

戰國古文獻多次説到府的貯藏功能。（中略）

府的貯藏功能，古文字材料也有反映。中山國《兆域圖》銘文：“其一从，其一藏府。”可見此圖原有兩份，一份隨葬（出土者即隨葬者），另一份藏在府中，作爲檔案。（中略）

府的第二種功能是製造器物。

楚大府鎬銘文説：“大𧶜爲王儈晉（進）鎬。”鑄客鼎銘文説：“鑄客爲王句（后）大𧶜爲之。”明二器爲大府所造。（中略）

府的第三種職能是經營商業，徵收賦税。（中略）

特別值得注意的，是戰國晚期至秦初，府也可指一種人的身份。《秦律十八種·傳食律》:“上造以下到官佐、史毋(無)爵者,及卜、史、司御、寺、府、糈(糒)米一斗,有采(菜)羹,鹽廿二分升二。”這裏講的是官府中低級辦事人員在驛傳時的伙食標準,府與官佐、史無爵者、卜等並列,可見其身份不高。

《中國考古學研究論集》頁 352、353、355

○**黄盛璋**(1989)　　此銅鳩杖首舊藏于省吾雙劍誃,(中略)此銘最難辨認的是“府”字,近出中山王《兆窆圖》王令中最後“藏府”之“府”或釋作“薨”,與此銘互驗,確證皆爲“府”字,説詳拙文《銘刻叢考》。

《古文字研究》17, 頁 32

○**睡簡整理小組**(1990)　　(編按:答問 113)其有府(腐)罪

　　腐,《漢書·景帝紀》注:“宫刑也。”

《睡虎地秦墓竹簡》頁 120

○**杜宇、孫敬明**(1992)　　(5)(6)戈名的鑄地名泐蝕缺佚,難作推斷。(5)戈銘“□府”,亦是齊兵器的鑄造處所名。燕國中央所鑄兵器,銘辭中見有作“右府”者(濰坊市博物館《濰坊市博物館新徵集的部分青銅兵器》,《文物》1986年 3 期;孫敬明等《山東濰坊新出銅戈銘文考釋及有關問題》,《江漢考古》1986 年 3 期;孫敬明《先秦時期濰淄流域的兵器》,《中國文物報》1989 年 6 月23 日第三版)凡此某“府”,當是兵器鑄造和存放處所,或與三晉的“庫”相當。

《管子學刊》1992-2, 頁 90

○**湯餘惠**(1993)　　府,指封君私府。主管財政收支、器物收藏等事。

《戰國銘文選》頁 46

○**何琳儀**(1995)　　《中國歷代貨幣大系》1886 著録一枚上海博物館所藏方足小布(圖1),原書闕釋,又疑釋“鄭”。該布銘文右旁非“邑”,左旁亦非“奠”,故釋“鄭”顯然不妥。

圖1

　　一、首先討論左字。從該旁得聲的字有:

A　1 䕃 中山 82　　2 䕃 中山 82

B　1 𦥑 文編 264　　2 𦥑 文編 284　　3 𦥑 貨系 1884

　　4 𦥑 璽彙 0049　　5 𦥑 貨系 1874　　6 𦥑 文編 264

C　1 𠙽 少府銀節約　　2 㝉 璽彙 5343　　3 𠙽 長陵盉

　　4 𠙽 中山鐏　　5 𠙽 璽彙 0304　　6 㾁 璽彙 5414

D　𧥛 陶彙 3·749　　E　𩚛 璽彙 0504

以上各字最能説明問題的是 C 字。絶大多數學者都認爲 C 應讀"府",如"少府"（Cl、C3），"中府"（C4）、"饒府"（C5）等。不過對 C 字的隸定有兩種不同的理解：

隸定"賡",讀"府"。

隸定"賡",讀"府"。

第一種隸定的主要根據是上揭 C6（圖 2），應釋"賡",C 各體均爲"賡"之省簡（省"又"）。其實這方官璽應釋"又賡"二字,讀"右府"（見燕國右府尹象尊），不一定必釋一字"賡"。因此,筆者傾向第二種解釋,即釋"賡",讀"府"。

圖 2

從字形分析,上揭 A—E 各字均從"負"。秦文字"負"作：

貟 雲夢 24 · 34

明確從"人"從"貝",與《説文》吻合。上揭六國文字"負"所從"人"作 N 形,其右側加一斜筆爲飾,乃"人"形之變體,參見：

及 𢍺 侯馬 300   胎 𧵳 璽彙 2976

長 𨱗 璽彙 0878   夏 𩓥 璽彙 0015

六國文字"負"所從"貝"或省作"目"形,在戰國文字中屢見不鮮,勿庸舉例。至於 B5、B6 從雙"貝",屬"重疊偏旁"現象,筆者曾舉大量例證説明。故 A—E 各字均可以釋讀。（中略）

C、"賡",諸家均讀"府"。"少府、中府"是習見的官府名。"又賡"讀"右府"顯然是與"中府"相對而言。至於"饒賡"應讀"貸府",應是古代原始信貸的機構,參見《周禮·地官·泉府》。

《古幣叢考》（增訂本）頁 194—196,2002；原載《中國文字》新 20

○陳應時（1996）　饒解"苻讀爲符"；"索與素二字古書通用習見。索宮、索商即素宮、素商","素即指本音而言"。一語道破,"苻於素商之顤"和"苻於素宮之顤"這兩句銘文就不難讀通了。現按饒解之"苻、索",將已知鐘銘中的律名和聲名用今之音名注入,對上引五鐘的銘文進行驗證。（中略）

由上可證,"苻、索"二字字義只有按饒宗頤教授"苻爲符、索爲本"的解釋,曾侯乙編鐘中上述此五鐘的銘文方能讀通。

《華學》2,頁 40、42

○何琳儀（1998）　《説文》："府,文書藏也。从广,付聲。"

秦器府,官府。

《戰國古文字典》頁 392

○**李守奎**（2003）　府庫之府專字。

《楚文字編》頁 551

○**李零**（2005）　（編按：三德 15）府（俯）視。

《上海博物館藏戰國楚竹書》（五）頁 298

【寶庫】

○**張光裕**（2004）　已實寶庫　"已（以）實寶（府）庫"，《史記·孫子吳起列傳》："起曰：治百官，親萬民，實府庫，子孰與起？" "府庫"乃國家財政所繫，故有關稅收皆存於茲。《周禮·天官冢宰·大府》："凡萬民之貢，以充府庫。"倘有需要，天子乃布德行惠，"命有司發倉廩，賜貧窮，根（編按：當作"振"）乏絕，開府庫，出幣帛，周天下"（《禮記·月令》）。

《上海博物館藏戰國楚竹書》（四）頁 236

【府嗇夫】

○**裘錫圭**（1981）　銅鍾上另有"安邑下官"銘文，府嗇夫可能屬安邑，也可能屬安邑的下官。中國歷史博物館所藏可能為趙器的十四年戈銘文中有"嗇"字，大概也是"嗇夫"殘文。由於銘文殘損，嗇夫性質不明。

　　上引兵器、銅器銘文裏的庫嗇夫、府嗇夫都是主管鑄造這些器物的官吏，可見古代府、庫不但負保管的責任，並且也從事鑄造等生產工作。

《雲夢秦簡研究》頁 244

○**李學勤**（2003）　"十年九月"銘文，所見職官是"府嗇夫成、佐史狄"。"府"是儲藏的機構，《周禮》大府、玉府、內府、外府，都有保藏的功能。嗇夫是府的官長，佐是嗇夫的副手。由此可見"十年"銘文是保藏兩器的機構刻的。這種保藏機構的刻銘，可能與置用單位的刻銘同時做成，例如該器在保藏前屬什麼單位，需要記錄，或者將來預定給予什麼單位，也可以寫出；又可能與置用場所的刻銘不是同時做成，其間存在種種轉移易手的情形。類似現象，在漢代青銅器銘文裏不難找出許多例子。

《文物》2003-10，頁 79

廯　廯

陶彙 6·184

○**牛濟普**（1989） 廱。

《中原文物》1989-4,頁 91

△按 《説文》:"廱,天子饗飲辟廱。从广,雝聲。"陶文"華廱"之"廱"當用作人名。

庭廙 㢴

上博五・君子 8

△按 上博簡《爲禮》"㢴"即"庭"字異體,簡文"才庭"即"在廷"。

廡廥 厖

睡虎地・日甲 21 背肆   包山 53

○**劉信芳**（2003） 廡,《説文》:"廡,堂下周屋也。"簡文"廡下"似代指庫房。《漢書・竇嬰傳》:"拜嬰爲大將軍,賜金千斤……所賜金陳廊廡下,軍吏過,輒令財取爲用。"師古《注》:"廊,堂下周屋也。廡,門屋也,音侮……財與裁同,謂裁量而用之也。"所謂"不量廡下之貸",謂不依約支付廡下借貸。

《包山楚簡解詁》頁 59

△按 睡虎地秦簡"廡居東方"之"廡"和包山簡"厖(廡)下"之"廡"皆用本義。

廚廚 廚床

秦陶 1476   秦陶 1481

官印 0011

集成 2105 上樂鼎

○**高明、葛英會**（1991） 廚。

《古陶文字徵》頁 94

○**黃盛璋**（1989） "床"即"廚",郭沫若同志已指出:"床疑廚之異文,从广,朱聲,朱聲與廚聲同部。"(《金文叢考》217 頁)是也。（中略）

據“牀”字寫法兩器應同國別,“庸”字寫法同於魏器,而韓國之“廚”陶文寫作“朱、𦞦”,不作“牀”。上樂鼎出於山西,出土地望亦不宜屬韓,而趙、魏兩國又以魏爲有根據,故訂爲魏。

《古文字研究》17,頁 16—17

○**何琳儀**(1998)　《説文》:“廚,庖屋也。从广,尌聲。”

秦陶廚,廚房。

《戰國古文字典》頁 372

牀,从广,朱聲。廚之異文。參朱字。

上樂牀鼎牀,讀廚。

《戰國古文字典》頁 399

△**按**　“廚”或作“廚、牀”,又或作“脰、𦞦”,參看卷四肉部,其不同反映了不同地方的用字差異。

庫 庫

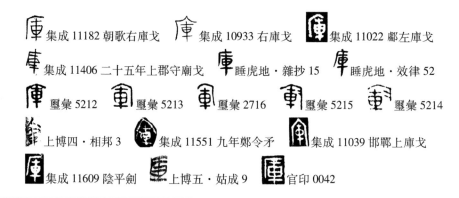

集成 11182 朝歌右庫戈　　集成 10933 右庫戈　　集成 11022 鄅左庫戈

集成 11406 二十五年上郡守廟戈　　睡虎地·雜抄 15　　睡虎地·效律 52

璽彙 5212　　璽彙 5213　　璽彙 2716　　璽彙 5215　　璽彙 5214

上博四·相邦 3　　集成 11551 九年鄭令矛　　集成 11039 邯鄲上庫戈

集成 11609 陰平劍　　上博五·姑成 9　　官印 0042

○**黃茂琳**(1973)　韓國都鄭所造兵器,大抵記明爲某庫所造,庫名不止一個,所見有武庫、左庫、右庫、生庫。這種“庫”字,過去多釋爲“軍”,間或也有釋“庫”,究竟是“庫”,是“軍”,問題迄未獲得很好解決。“庫、軍”之爭,從清代就已開始,阮元在《積古齋鐘鼎彝器款識》(以下簡稱《積古》)卷十“晉左軍戈”下説:

案左軍舊釋作左庫。

張廷濟也跋此戈説:

晉左軍戈《積古齋款識》僅釋三字,餘缺,疑左軍亦釋作左庫。廷濟按“軍”字作𤰝,曾見古璽文。舊説作“庫”,似未妥。

以上見《小校經閣金文拓本》(以下簡稱《小校》)10·43,《周金文存》(以下簡稱《周存》）6·29，也有此戈拓本，戈銘云："陰晉左庫冶富。""庫"字作"𤈪"，明顯是"庫"非"軍"，可是自阮、張以後，這一類"庫"字絕大多數都釋"軍"，釋"庫"幾如"鳳毛麟角"，所見僅《陶齋吉金録》（以下簡稱《陶齋》）和《續録》，並且出於隨意，同一書中同一個字釋"庫"釋"軍"也不統一。釋"軍"可説兩百年以來占絶對優勢。這究竟爲什麼呢？雖然各家從來都没有交代他們如此隸定的理由，但據我們分析，主要原因大概有二：一是戰國兵器銘刻中確有"左軍、右軍"，也有"左庫、右庫"。我們就看到一戈銘作"左軍"，一矛銘作"右軍"，而一戈銘作"右庫"《三代吉金文存》（以下簡稱《三代》）20·4·2的；二是有不少"庫"字的寫法確是和漢代"軍"字的篆書或隸書有非常相似之處，究竟是"庫"是"軍"，何者爲"庫"，何者爲"軍"，不仔細分析研究，這問題就不能獲得很好解決。

戰國兵器銘刻中的"左軍、右軍"，大多見於燕國兵器中。（中略）

這些兵器銘刻中的"軍"都作"𤤶"，从"勻"省聲，與後文討論"庫"字各種寫法全不一樣，同時都不是製造兵器之處，制度也不同，這種"軍"字的寫法還見於古印，有的从"勻"聲不省，肯定是"軍"不是"庫"。

阮元、張廷濟所跋的"晉左軍戈"，係"陰晉左庫冶富"所造，陰晉是魏地，見《史記·魏世家》及《秦本紀》，這種銘刻格式爲三晉兵器的特點，東周與三晉緊接，銅器製造、制度與銘刻格式基本屬同一系統，至少三晉、東周兵器銘刻中"左庫、右庫"等，肯定是"庫"不是"軍"，過去釋"軍"都是錯誤的，這種"庫"字寫法有如下幾種：

（一）从厂：如"陰平左庫之造"劍《陶齋》5·32

（二）从𠂆：如"陰晉左庫冶富"戈

从𠆢：如新鄭所出"東周左庫"矛

（三）从⋀、⋂、ハ：所見較多，新鄭出土韓兵器幾乎皆如此作，見郝文所附圖17—30及圖版肆、伍

（四）作𤈪：如"右庫"戈及"朝歌右庫"戈《三代》19·46·1

（五）作庫：如"上黨武庫"矛鐏、矛，現藏中國歷史博物館

《意園古今官印匀》6·39著録一個"武庫丞印"，"庫"字作"厙"，同書1·19還著録一個"右庫"印（原書也誤釋爲"右軍"），"庫"字作"厙"，都與第（一）種"庫"字寫法相同，證明"厙"確是"庫"字。只有第（三）種寫法，與漢代隸書及小篆的"軍"字相接近，容易混淆爲"軍"字，而這種寫法還是比較多的，其實仍然是"庫"不是"軍"。《説文》説："軍"是"从車从包省"，可是據周代銘刻所

見,軍是从"勹"聲,或从"勹"省聲。不管怎樣說,第(三)種的"庫"字,既不是从包,更非从"勹"或"勹"省聲,而所从∩、∩、∧等與从厂、冖、𠆢等同意,皆表房屋頂部及建築外形,這就決定它是"庫"不是"軍"。至於第(四)(五)兩種,特別是第(五)種的"庫",已與隸書的"庫"字相當接近,這就決定此字非釋"庫"不可。

這類"庫"字肯定是"庫"不是"軍",除文字學上證據外,還有制度上的證據,傳世有"十一年鼎":

> 十一年庫嗇夫肖(趙)不㒸(茲)戬□□夫斞(令)所爲,空二斗。《三代》3·43

"庫"字作"庫"舊亦釋爲"軍",它和上述"庫"字同屬一類。按"庫嗇夫"見於漢"雒陽武庫鍾":

> 雒陽武庫丞闕。嗇夫管□,令史樂時,工置造。《漢金文録》2·1

也見於居延漢簡:

> 初元五年四月壬子居延庫嗇夫賀……(312·16)《居延漢簡考釋釋文之部》67頁。

> 三月丙戌庫嗇夫宋宗以來。(284·4背),同上11頁。

鄭玄在《儀禮·覲禮》注:"嗇夫蓋司空之屬也。"漢代銅器、漆器銘文中的嗇夫正是屬於工宮。"庫嗇夫"絕對不能是"軍嗇夫",所以"庫"字也就絕對不能是"軍"字,討論至此,哪一個是"庫"哪一個是"軍",完全可以確定。

"軍、庫"的考定,不僅是解決一個古文字學上的問題,同時也可以用作鑒定兵器偽刻的一個標準,更重要的是"庫"關係戰國冶鑄工業、兵器製造和職官、工匠制度以及冶鑄作坊等問題的研究,我們有必要根據地下發現的文物材料加以探討,以補文獻之缺,下面打算就此點提出個人一些粗淺的看法。

韓國兵器由庫製造,庫必然附設有冶鑄作坊,每一個庫都有工師、冶尹和冶人,說明庫確有完整一套工技人員及其相應的冶鑄設備。庫不僅是藏器之處。更主要的是製器之處,所以有時只簡單記爲某庫,主要即表明作坊。(中略)

庫既有完整一套冶鑄工技人員與冶鑄設備,就不一定限於製造兵器,當然也可以製造別的器,上引"十一年鼎"就是庫所製造的,此鼎正是三晉之器。武庫後代主要是貯藏兵器之所,但戰國的武庫不僅是貯藏兵器,更主要是製造兵器,秦國的上郡戈銘有"上郡武庫",也是由武庫冶所製造的。武庫也可以製造別的器。傳世有一器形不明銅器,正是由韓國都鄭武庫冶所製造的。

奠（鄭）武庫，冶□。《三代》18·31·1鄭武庫銅器

上引漢雒陽武庫鍾也是由武庫製造的，此外還有汝陰侯鼎銘文有"……汝陰庫守訢，工□造"（《漢金文録》1·97）。則是由庫製造的，説明庫設有冶鑄作坊至少漢代還沿承戰國之制。

　　韓國都鄭製造兵器之處至少有四處庫冶，這一點充分説明韓國冶鑄業特別鑄造兵器業之發達。《戰國策·韓策》記蘇秦説韓王曰："天下之强弓勁弩皆自韓出。"下文極力誇説韓所造兵器之精良，《鹽鐵論》也提到"强楚勁韓"。韓國在當時既以鑄造兵器聞名，所以韓國都鄭也就是當時天下鑄造兵器的一個中心，現在新鄭發現這批兵器一方面和文獻記載互相印證，而更重要的是它提供文獻所缺失的東西，本文所討論的庫和庫冶制度就是一例。

《考古》1973-6，頁 372—376

○**黄盛璋**（1974）　傳統的意見總以爲府、庫、倉、廩等是儲藏器物之所，其實在戰國也是造器之所，已另有考證（《新鄭出土戰國兵器中的一些問題》，《考古》1973 年 6 期）。當指出的是，三晉兵器多由庫造，庫應該是以製造兵器爲主，而府則以製造其他器物爲主，三晉、東周有不少銅、銀器係由府製造者，庫與府都各有作坊，所造器物當有所分工，但並非絶對，兵器製造量大，所以專設庫製造，但少數也有由府製造之例。例如傳世有一戈鐓，銘爲"中府"（《貞圖》中 77）。還有一杖首，銘爲"三年，中府丞趙□冶泗"（《十二家》雙 6）。洛陽金村所出東周銀器銘中也有中府，足證中府也可兼造兵器。上引《戰國策》"天下之强弓勁弩皆自韓出，谿子、少府、時力、距來，皆射百步之外"，所謂少府係指少府所造兵器，因取以爲弓弩之名，韓國所造長子盉銘刻中有"少府"（《文物》1972 年 6 期），還有一銀器："少府匋（容）工益"（《貞松》11·14·2），我們考訂亦是韓國之器，至於少府所造兵器傳世正有一矛："十三年少府工檐（面）、武庫□屬邦（背）"（中國歷史博物館藏），據背銘"屬邦"兩字，可定爲秦刻，但至少可以證明少府也製造兵器。

　　庫雖然以製造兵器爲主，但有時也可製造別的器物，傳世有一鼎："十一年庫嗇夫肖（趙）不絑（兹）賚□□端所爲，空二斗"（《三代》3·34）。還有一車軸："右庫"（《泉屋清賞》彝器部第三册 148 圖）。前一件顯然爲三晉的鼎，後一件也該是三晉車器，證明三晉的庫除兵器之外，確可製造別的器物。

《考古學報》1974-1，頁 39

○**江西省博物館、遂川縣文化館**（1978）　"庫"可能是武庫的簡稱，指武器的

鑄造兼收藏之所。大凡國都咸陽鑄造和收藏兵器的“庫”較多,1961 年咸陽長陵車站北沙坑中出土一件銅鋪首,背面刻有“北庫”兩字,既有“北庫”,必有南庫,還可能有東庫、西庫、左庫、右庫等,由於國都庫冶較多,故在“庫”前冠以某庫,以示區別;地方上庫冶相對較少,有的可能只有一庫,那就無須在“庫”前冠以庫名,如已發現的“上郡武庫戈”“上黨武庫”矛鐓等。

《考古》1978-1,頁 66

○**張政烺**(1979)　　(編按:中山侯鉞)庫疑是軍。

《古文字研究》1,頁 212

○**王克林**(1983)　　今考上文所述,我國的一些古籍和古今學者議論的,關於在漢字中有無由庫字別出的“庫”字問題。這裏有必要先從金文中有關庫字的形體與結構談起。(中略)由此可見,戰國時期金文庫字作“庫”者,確是庫字之省或簡體,而不是由庫別出讀“舍”的“庫”字。(中略)

　　至於庫字的字義問題,前文業已述及。(中略)由此可見庫字之義與舍、居的字義也是吻合的。

《古文字研究》10,頁 65—68

○**田鳳嶺、陳雍**(1986)　　“庫脾”之“庫”,爲庫嗇夫的簡稱。秦二十二年臨汾守曋戈亦簡稱庫嗇夫爲“庫”。《秦律》云:“稟卒兵,不完善(繕),丞、庫嗇夫、吏貲二甲,法(廢)。”律文所敘的職官順序與戈銘相同,可證戈銘“庫”確爲“庫嗇夫”之省。

《文物》1986-3,頁 42

○**彭澤元**(1989)　　戈銘“庫”即“庫”。(中略)筆者以爲,古人造字係文字統一之前,當以物見類的。“軍”之从“冖”,其字部件所从,當實指行軍之帷帳。(中略)而“庫”其字字形、意符號甚明,从“广”从“車”,“厂”,許慎云:“山石之厓巖,人可居,象形。”觀此字字形、意,其訓至明。“山石之厓巖”處,人必可居也。車兵等器械庫藏置於“山石之厓巖”處,此乃古今有之。“軍”許慎云:“从車,从包省。”“包”筆者以爲當是“帷帳”之象。蒙古包,亦謂稱“敖包”。今日之舞臺上古代軍旅營帳,其外形與“軍”所从“冖”酷似。“敖”《漢書·食貨志上》注:“敖,謂逸遊也。”釋“軍、軍”爲軍,釋“庫、庫、庫”爲庫,可見古人造此二字,各皆意昭至明。應當是:軍,係指“兵車”藏於“幕府”(帷帳)內之象;庫,則爲“兵車”或“車兵等器械”藏於“山石之厓巖”處之形矣!

《江漢考古》1989-3,頁 65—66

○**王輝**（1990）　“庫”爲“庫嗇夫”之省，河北平山縣出土的中山王嚳金銀泡飾上已有“私庫嗇夫”，睡虎地簡《秦律雜抄》：“稟卒兵，不完善（繕），丞、庫嗇夫、吏資二甲。”而二十二年臨汾守暊戈亦簡稱庫。

　　“庫”即武庫，乃“庫嗇夫”一職之簡稱，十七年丞相啟狀戈有“庫脾”，與此同例。

《秦銅器銘文編年集釋》頁 59、104

○**睡簡整理小組**（1990）　庫，指收藏兵器的武庫，居延漢簡有“酒泉庫嗇夫”。

《睡虎地秦墓竹簡》頁 83

○**陳偉武**（1996）　庫　軍器題銘稱“上庫、左庫、右庫”。“圭（廣）庫、武庫”等，例俱見前文。此外，還有《集成》l0919 吳庫戈、11055 信陽君庫戈、11459 乇庫戈等。庫爲軍用物資儲藏之所，《孫子兵法・火攻》以“火庫”作爲破壞敵人戰爭給養的重要措施。銀雀山簡有《庫法》，論述對諸庫器物善否美惡的鑒定、校試及保管的有關法令。專門製造兵器的機構，《庫法》稱“兵官”。據《庫法》所述，管理庫的官員，有“庫嗇夫、庫上（工）師、庫吏”等。西域簡牘有“庫嗇夫”（《合校》90.41、214.96）、“庫令”（《新簡》E. P. T63、《合校》303.12A）、“庫長”（《合校》248.15）等。

《華學》2，頁 84

○**何琳儀**（1998）　庫，从广（或厂、宀）从車，會車在建築物內之意。車亦聲。《説文》：“庫，兵車藏也。从車在广下。”

　　戰國文字庫，多爲府庫機構之名。

　　秦兵庫，姓氏。古守庫大夫之後，以官爲氏。見《風俗通》。

《戰國古文字典》頁 532

【庫嗇夫】
○**裘錫圭**（1981）　十一年鼎的庫嗇夫當是貫氏邑的官嗇夫。十八年戈，據銘文的字體、格式可以定爲韓器。承河南省博物館郝本性同志見告，在新鄭鄭韓故城發現的大批韓國兵器銘文的未發表部分中，也數見“庫嗇夫、邦庫嗇夫、大（太）官上庫嗇夫、大（太）官下庫嗇夫”等官名。（中略）

　　上引兵器、銅器銘文裏的庫嗇夫、府嗇夫都是主管鑄造這些器物的官吏，可見古代的府、庫不但負保管的責任，並且也從事鑄造等生產工作。（中略）

　　在屬於一號墓的二號車馬坑所出的車衡飾件上，還有“十四年厶（私）庫嗇夫……”刻銘。“庫”字從“广”從“車”，庫的本職是管理車和各種武器，所

以車器由庫嗇夫監鑄。（中略）

　　庫的主要任務是管理車和兵甲等作戰物資,所以上引秦律規定,發給士卒的武器如"不完繕",庫嗇夫和庫吏要受"罰二甲,廢"的處分。從出土的兵器和其他器物的銘文看,戰國秦漢時代的庫都是從事生產的。並且除了製造兵器、車器以外,也製造鼎、鍾等其他器物。（中略）

　　庫既然從事生產,就要控制勞動力。戰國時韓國的庫所造的兵器,往往由司寇監造,有的同志由此推論韓國官府冶鑄工業使用刑徒勞動力。傳世的一把趙國劍有如下銘文:

　　　　四年,春平相邦鄗㝵,邦右庫工帀(師)昀(?)輅,徒冶臣成執(?)齋
　　（齊）　（《貞松堂集古遺文》12・22）
這更是庫使用刑徒勞動力的明證。

　　　　　　　　　　　　　　　　　《雲夢秦簡研究》頁 243—245、254、255

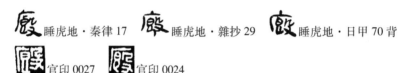

睡虎地・秦律 17　　廄睡虎地・雜抄 29　　廄睡虎地・日甲 70 背

廄官印 0027　　廄官印 0024

廄曾侯乙 4

集成 3634 卲王之諻簋　　廄陶彙 5・229　　廄陶彙 5・230　　廄秦陶 1462

包山 61　　廄包山 99　　廄包山 176

包山 154　　廄璽彙 5590

○**湯餘惠**（1983）　附帶談一下另一鈕古璽。《善齋吉金録・璽印録》6・12著録一鈕白文璽印,璽面陰刻"飤鉨"二字,飤字作廄,和前面討論的太飤璽結體風格基本相同,這種增加厂旁繁寫的飤字在楚以外的列國文字中我們還從没見到,因此這鈕印也應該是楚國的東西。飤字之前没有冠以"太"或"大"字,未必會是王室之物,不過"飤"和"太飤"一定是性質相類的有司,這大概是不成問題的。

　　　　　　　　　　　　　　　　　　　　　《古文字論集》(一)頁 61

○**陳雍**（1988）　厩,原銘作廄或廄,秦漢文字殳、攴往往互作混用。小廄,《簡

報》和《論》文均誤釋作"三廄"。中廄,又見於《史記·李斯列傳》。左廄,《故宫博物院藏古璽印選》第 42 頁 225 號秦印"左馬廄將",或即此廄之將印。據《上海博物館藏印選》第 28 頁秦印"右馬廄將",還應有右廄。

睡虎地秦簡《廄苑律》云:"其大廄、中廄、宫廄馬牛殹(也),以其筋、革、角及其賈(價)錢效。"值得注意的是,這條律文僅列舉了大廄、中廄和宫廄。據此推測,秦中央所屬的馬廄,大約以此三廄爲代表分作三個系統:

大廄系統:大廄、小廄。

中廄系統:中廄、左廄、右廄。

宫廄系統:宫廄。

上焦村西馬廄遺址三行排列有序的馬廄坑,或許象徵着當時三個系統的馬廄。遺憾的是,據已發表的資料,無法得知有銘器物在坑群中的分布情況。

《北方文物》1988-3,頁 18

○**睡簡整理小組**(1990)　(編按:秦律 17)其大廄、中廄、宫廄馬牛殹(也)

大廄、中廄、宫廄,均係秦朝廷廄名。《漢書·百官表》有大廄令,係太僕屬官。中廄見《史記·李斯列傳》。據《漢舊儀》載,漢代大廄爲天子六廄之一,中廄爲皇后車馬所在。

《睡虎地秦墓竹簡》頁 24

○**高明、葛英會**(1991)　(編按:陶彙 5·229 等)廄。

《古陶文字徵》頁 94

○**湯餘惠**(1993)　圖 154　廄(廄)·厵(飲)　字从厂从飲,至清楚,與 167 簡之廄字顯有不同。廄可釋廄,此應是"飲"之繁構,二者爲不同官署名,不得混而爲一。楚二合璽有"大厵",與簡文之"新大厵"爲同類官屬;楚器大寶鎬銘文裏的"王飲",則可能是"大飲"的異稱(另參拙作《楚器銘文八考·王飲考》,《古文字論集[一]》,《考古與文物叢刊》第二號)。

《考古與文物》1993-2,頁 74

○**李家浩**(1996)　1956 年長沙楚墓出土一枚二合印的左半,其上有陰文二字:"大厵。"朱德熙先生在《戰國文字中所見有關廄的資料》一文中,引用我的說法,將第二個字釋爲"廄"(**原注**:見國際中國古文字學研討會《古文字學論集》419 頁,香港中文大學 1983 年;《出土文獻研究》247 頁,文物出版社 1985 年;《朱德熙古文字論集》163 頁,中華書局 1995 年)。由於論證不夠充分,恐怕有人會不相信這一説法,因此有必要對"厵"字的釋讀重新加以説明。爲了便於大家瞭解字形,先把"大厵"印原文揭示於下:

“廏”从“广”从“飤”。文字學家指出，“廄”是形聲字，从“广”从“㲃”聲，“㲃”是“簋”的古文。從表面上看，“飤”與“㲃”形音都不相同，“廏”不可能是“廄”字。不過這裏有一個情況應當注意，那就是朱先生在上面提到的那篇文章中指出的，“在楚國文字裏，廄字往往寫作从食”，並且還列舉了楚邵王簋和曾侯乙墓竹簡的“廄”字爲例。我們把邵王簋的“廄”字轉引在這裏作爲代表：

廄《金文編》301 頁

此“廄”字所从“㲃”作“𣪊”，其字形與“飤”相近。我們曾在一篇小文裏指出，在戰國文字中，兩個形近的字作爲偏旁，往往混用不分，並舉“弓”與“尸”、“人”與“弓”、“弋”與“戈”、“隻”與“魚”、“畐”與“酉”、“云”與“虫、缶”等偏旁互訛的例子。“廄”字的俗體作“廐”，“廐”將“廄”所从的“㲃”作“既”，也是形近訛誤的例子。璽印文字把“廏（廄）”寫作“廏”，即屬於這種情況，它們的關係跟“廄”與“廐”的關係相同。

《説文》古文“簋”也可以證明“廏”即“廄”字。《説文》竹部説：“簋，黍稷方器也。从竹从皿从皀。𠥗，古文簋从匚、飢。匭，古文簋或从軌。朹，亦古文簋。”

王筠《説文句讀》“𠥗”作“匭”，注云：“朱竹君本如此……《廣韻》引作‘匭’，中从‘飤’。”王氏在《説文釋例》中又指出，“‘匭’當依《集韻》作‘匭’”。王氏在他另一部著作《説文繫傳校録》中也有類似的説法。主張《説文》古文“簋”第一體从“飤”的還有姚文田、嚴可均《説文校議》、桂未谷《説文解字義證》、朱孔彰《説文粹》等。《汗簡》卷下之一匚部和《古文四聲韻》卷三旨韻引《尚書》古文“簋”，也是从“飤”作“匭”。可見《説文》古文“簋”第一體本作“匭”，“𠥗”乃是“匭”傳寫之誤。《説文》古文“簋”第二體“匭”，大家公認其所从“軌”是聲旁。“匭”與“匭”的結構相同，其所从“飤”也應當是聲旁，在此無疑是作爲“㲃（𣪊）”字來用的，與璽印文字“廏”可以互證。

更值得注意的是，包山楚墓竹簡也有“廏”字。154 號簡説：

王所舍新大廏㠯（以）䐓蔽之田。　　　《包山楚簡》圖版七〇

同墓 61、99、183、189 號等簡多次説到“新大廏（廄）”。“新大廏”顯然是“新大廏（廄）”的異文，《包山楚簡》將簡文“廏”釋爲“廄”，無疑是正確的。可以説，我們把璽文“廏”釋爲“廄”，在此得到進一步落實。

《善齋吉金録》六·一二著録一枚陰文璽印，文曰“廏璽”，也以“廏”爲“廄”。此璽印只説廄，與《秦漢南北朝官印徵存》著録的八八、八九號“廄印”

形式相同。

總之,"廄"應當釋爲"廄"。"大廄"是宫廷御廄,屢見於古文獻。朱德熙先生説:"楚國的大廄當是楚王御廄。"

《著名中年語言學家自選集·李家浩卷》,2002,頁 144—147;
原載《于省吾教授百年誕辰紀念文集》

○**劉樂賢**(1994)　廄,馬二百一十六匹稱爲廄。《周禮·校人》:"三乘爲皂,皂一趨馬;三皂爲繫,繫一馭夫;六繫爲廄,廄一僕夫。"注:"自乘至廄,其數二百一十六匹。"按:劉信芳以"四廄行大夫"爲句,並説:"行大夫當爲管理四廄的官名,主持祭馬儀式,有如《周禮》之'校人'。"此説缺少根據。

《睡虎地秦簡日書研究》頁 310

○**何琳儀**(1998)　廄,從广,敀聲。(敀或作 、形,參《説文》簋字古文作 。)疑廄之異文。《説文》:"廄,馬舍也。從广,段聲。《周禮》曰,馬有二百十四匹爲廄,廄有僕夫。"

昭王之諲簋廄,讀簋。包山簡"廄尹",讀"廄尹",官名。演化爲複姓。廄尹氏,芈姓。《姓纂》云,楚大夫廄尹然之後。見《通志·氏族略·以官爲氏》。

《戰國古文字典》頁 169

△**按**　"廄、廄、廄"皆"廄"字異體。

【廄司馬】

○**羅運環**(1991)　參看【大廄尹】條。

《楚文化研究論集》2,頁 282—283

【廄佐】

○**羅運環**(1991)　參看【大廄尹】條。

《楚文化研究論集》2,頁 282—283

序 庌 圬 坿

陶彙 6·1　璽彙 3103

九店 56·48　睡虎地·日甲 100 正

○**高明、葛英會**(1991)　盾。

《古陶文字徵》頁 93

○**何琳儀**(1998)　廇,从广,酉聲。廇之繁文。《説文》:"廇,久屋朽木。从广,酉聲。《周禮》曰:牛鳴則廇,臭如朽木。"

　　韓陶廇,人名。

《戰國古文字典》頁213

　　(編按:璽彙3103)序。

《戰國古文字典》頁1532

○**劉釗**(2003)　其實此二字應該釋爲"南序"。此"序"字所从之"予"上部也是从"八"形作,可資比較。《説文·广部》序字段玉裁注:"堂上以東西牆爲介,《禮》經謂階上序端之南曰序南;謂正堂近序之處曰南序、西序。"不知此陶文"南序"與禮經所指之"序南"或"南序"是否有關。

《古文字考釋叢稿》頁337,2005;原載《語言學論叢》28

○**楊澤生**(2006)　93頁"廇"字引6·1 [字], 此字右下部即戰國金文常見的舊釋爲"公"或"宮"的[字]字的草率寫法,但蔡侯鎛的 [字](鏊)字和古璽的 [字](豫)字皆以它爲聲旁;古璽的"豫"字何琳儀先生曾有專門論證,可以參看。可見該字實應改釋爲从"予"聲的"序"。陶文"序"字和"南"字連成"南序"一詞。序是古代學校的名稱。《周禮·地官·州長》:"春秋以禮會民而射於州序。"鄭玄注:"序,州黨之學也。"《孟子·滕文公上》:"夏曰校,殷曰序,周曰庠,學則三代共之。"《禮記·王制》:"夏后氏養國老於東序,養庶老於西序。"南序當與"東序"和"西序"相當,猶如古代除了有東宮、西宮還有南宮。南序應該是陶器的使用單位。

《論衡》4,頁115

△**按**　楚簡"圩"和秦簡"坿"都是"序"的異體,參見卷十三土部"圩"字條。

廦　廦

[字]睡虎地·封診81

○**睡簡整理小組**(1990)　廦(音畢),《説文》:"牆也。"與壁字音義均同。

《睡虎地秦墓竹簡》頁159

廣　廣　廣

[字]睡虎地·秦律66　[字]睡虎地·答問52　[字]集粹　[字]集成11918 丞廣弩牙

集成 11509 廣衍矛 陶彙 3・734

○顧廷龍（1936） 廣。

《古匋文香録》卷 9,頁 1

○金祥恆（1964） 廣。

《匋文編》9・66

○睡簡整理小組（1990） （答問 52）廣衆心,聲聞左右者,賞。

廣,通"擴"字。廣衆心,發揚士氣,與臨沂銀雀山漢墓竹簡《孫臏兵法・威王問》中的"廣志"意同。

《睡虎地秦墓竹簡》頁 105

○高明、葛英會（1991） 廣。

《古陶文字徵》頁 93

○何琳儀（1998） 《説文》:"廣,殿之大屋也。从广,黄聲。"

秦兵"廣衍",地名。見《漢書・地理志》西河郡。在今内蒙準格爾旗西南。秦陶廣,地名。青川牘廣,見《禮記・月令》注"廣五尺,輪四尺"。疏:"東西爲廣,南北爲輪。"

《戰國古文字典》頁 636

○湯餘惠等（2001） 廣。

《戰國文字編》頁 629

【廣衍】

○黃盛璋（1988） 古城東墓葬出土一陶壺,腹也豎刻"廣衍"二字。《漢書・地理志》西河郡屬縣三十六,中有廣衍,但沿革失考,自求不詳所在。《中國歷史地圖集》亦歸"朔方刺史無考縣名"中,銅兵器可以流動用於他地,但陶器價廉且易碎,一般皆爲本地燒造、使用,此刻"廣衍"之陶器又出於古城東墓葬中,肯定爲本地居民之墓主家用器,爲本地燒造。緊接古城東牆斷崖上已發現有坩鍋,銅渣,鐵渣,多種泥、石範和半兩錢,則此地有漢冶煉鑄造作坊,燒造陶器更不成問題。出土器物有秦葉紋、獸紋瓦當,秦銅鍪（雙耳銅釜）,陶器和有銘文的秦戈、矛,最早係秦縣城,按其城位置應屬秦上郡,西漢後改屬河西郡,《續漢志》因。出土有西漢半兩、五銖與新莽"大泉五十",時代正合,古城位於勿爾圖河注入㹀牛川南岸臺上,大部已被㹀牛川沖毀,僅存不完整之東牆 390 米,北牆 87 米,可據以補繪兩漢廣衍縣城與冶煉作坊確址。

《文博》1988-6,頁 38

○**王輝**(1990)　廣衍據《漢書·地理志》乃西河郡屬縣。西河郡據王先謙《漢書補注》引全祖望的説法,原爲魏郡,"然魏之西河,自焦、虢、桃林之塞西抵關、洛,其界最廣。秦以其西界併入内史,而西界併入上郡"。漢武帝元朔四年分置西河郡時,"特秦上郡所屬地耳"。此銘廣衍屬上郡,顯然在秦併入之後這段時閒。據崔璿説,令勿爾圖溝注入牸牛川口南岸有一古城,殘存東牆與北牆,城内出有半兩、五銖、大泉五十等貨幣,方格罔紋、葉紋、雲紋瓦當,還有"長樂未央""千秋萬歲"紋瓦當。古城附近有同時代的墓葬多座,其中一墓所出壺上腹刻"廣衍"兩字(《文物》1977 年 5 期 36 頁圖二十六),據崔同志考證,此古城即廣衍故城。

《秦銅器銘文編年集釋》頁 52

㔃　廥　廥

陶彙 6·59　　睡虎地·效律 32　　睡虎地·秦律 168　　睡虎地·日甲 115 正貳

封成 2139

○**睡簡整理小組**(1990)　《説文·广部》:"廥,芻藁之藏也。"

《睡虎地秦墓竹簡》頁 200

○**高明、葛英會**(1991)　廥。

《古陶文字徵》頁 94

○**劉樂賢**(1994)　(編按:日甲 115 正貳"囷居北鄉廥")按,囷是圓倉,此句是説倉庫位於北面對着廥。

《睡虎地秦簡日書研究》頁 150

○**張守中**(1994)　廥。

《睡虎地秦簡文字編》頁 147

○**何琳儀**(1998)　《説文》:"廥,芻藁之藏。从广,會聲。"
　　韓陶廥,見《廣雅·釋宫》"廥,倉也"。

《戰國古文字典》頁 893

屏　𤳡

集成 11320 六年𤳡令戈

○**李學勤、鄭紹宗**(1982)　二、趙器

（十三）六年庰令戈（圖 5，《選集》一〇二）：1972 年邯鄲市出土。欄側三穿，内部一穿，援内通長 28.3 釐米，欄長 13.6 釐米。内上刻銘：

圖5

六年，庰命（令）肖（趙）軏，下庫工帀（師）天□。

"庰"字見《説文》，在銘中爲地名，不能確指今當何地。按殷墟卜辭已有地名并。文獻所云并州，以恆山爲山鎮，戰國時大體屬趙。此戈從出土地及令爲趙氏看，係趙器無疑。銘文"工帀"二字合文，也與其他三晉兵器相合。

《古文字研究》7，頁 130

厠 廁

廁 睡虎地·日乙 188 貳

○**何琳儀**(1998)　厠，從厂，則聲。廁之異文。《正韻》："厠，同廁。"《説文》："廁，清也。從广，則聲。"

包山簡厠，人名。

《戰國古文字典》頁 95

○**李家浩**(2000)　（**編按**：九店 621·3：敗亓〔其〕□□□□之厠□□□□☑）"厠"字原文"厂"旁左側筆畫殘去。此"厠"字所從的"則"和下 10 號、24 號簡的"則"，原文皆寫作《説文》"則"的籀文"劋"。

《九店楚簡》頁 143

○**劉信芳**(2003)　厠：

讀爲"次"，潘安仁《秋興賦》（《文選》卷一三）："猥厠朝列。"《注》引《倉頡篇》："厠，次也。""次爲右史"，謂官爵及於右史。

《包山楚簡解詁》頁 166

△**按**　《説文》："廁，清也。從广，則聲。"睡虎地簡"廁"即廁所。

廛 廛

廛 郭店·緇衣 36　　廛 上博六·用曰 17

○**楊澤生**（2002）　《緇衣》18 號簡引用了相當於今本《小雅·車攻》"允矣君子，展也大成"的詩句，但文字略有差異。其中"矣"字作"也"，"展"字上部作"日"字形和"亦"字形，下部爲"土"，整理者隸定作从"炅"从"土"，讀爲"則"。郭店簡《緇衣》也引用了同樣的詩句，與此字相當的字整理者分析爲从"厂"从"土"从"則"省，讀爲"則"，裘錫圭先生認爲該字應釋"廛"，與"展"音近可通；李零先生也釋作"展"，説此字从"石"从"貝"从"土"，懷疑是"廛"字的誤寫，而上博所藏《緇衣》此字的寫法與郭店本相似，上从"貝"下从"土"。可見，整理者將與"展"字相當的這個字釋爲"則"，依據的是郭店簡整理者的意見，這是靠不住的。

　　我們認爲李先生對此字的分析有得有失。實際上，郭店簡此字應該分析爲从"石"省、从"鼎"从"土"，其中"鼎"爲聲。所从"石"省寫作"厂"下一橫，這在戰國文字中很常見。所从"鼎"旁原文寫作从"目"从"火"，與郭店簡"則"字所从的"鼎"旁，以及許多省去了"刀"旁而用作"則"的"鼎"相同或相近；"則"字所从的"鼎"後來變作"貝"，這大概是李先生誤認爲从"貝"的原因。上博所藏《緇衣》此字上部爲"鼎"的變形，也是聲旁。古音"鼎"在端母耕部，"展"在端母元部，它們聲母相同，而韻母所屬的耕、元二部關係密切，通用的例子非常多，所以郭店簡和上博所藏《緇衣》此字並可讀"展"。

《江漢考古》2002-3，頁 79—80

○**禤健聰**（2008）　此字所从，確與楚簡"則"字所从形近。"則"字本从鼎从刀會意，不過，楚簡的"則"常用作連詞，用法與字形本義已無聯繫，寫法漸趨符號化，"刀"旁絶大多數情況下寫作"勿"，"鼎"旁亦多已省變不成鼎形，甚至可徑省作🐾（郭店《緇衣》簡 18）、🐾（郭店《緇衣》簡 31）等形，無從窺見其造字原意。換言之，🐾實際上已不成爲鼎，當時人不必根據从刀从鼎來認讀"則"字。故上揭之字所从雖與之形近，但未必就是"鼎"。而且，"則"字所从的"鼎"，上部均作"⬮"形，而此字四形中有三形是从"⬮"的。然則，字可能本从"日"，郭店簡从"目"之字形反而是訛寫。基於以上考慮，我們試沿着楊先生的思路，提出另一種推測，即所謂的"鼎"可能是"炅"。古文字中"炅"是"熱"字異體，又可作"鎮"的聲符，其變體又可借爲"慎"。熱屬日母月部，鎮屬章母真部，慎屬禪母真部，上古音娘、日歸泥，故"炅"與端母元部的"展"古音應該十分接近。

《古文字研究》27，頁 374

庆 庍　厇 宖

璽彙 3382　瘦雲 19 · 2

○**羅福頤等**（1981）　庆。

《古璽文編》頁 234

○**高明、葛英會**（1991）　庆　此从宀,古宀與广旁通作。

《古陶文字徵》頁 92

○**何琳儀**（1998）　厇,从厂,弋聲。疑庆之異文,亦作廙。《集韻》:“廙,或作厇。”《説文》:“廙,行屋也。从广,異聲。”

　　晉璽厇,讀廙,姓氏。見《姓苑》。

《戰國古文字典》頁 70

○**何琳儀**（1998）　庍,从厂,戈聲。疑庆之異文。《説文》:“庆,屋牝瓦下。一曰,維綱也。从广,閔省聲。讀若環。”戈,見紐歌部;庆,匣紐元部。匣、見喉牙通轉;歌、元陰陽對轉。庆爲戈之準聲首。參閔字。

　　晉璽庍,讀環,姓氏。出楚環列之尹,後以爲氏。見《風俗通》。

《戰國古文字典》頁 845—846

○**湯餘惠等**（2001）　庆。

《戰國文字編》頁 630

△按　“厇、宖”爲“庆”字異體。

廉 赚　壓

睡虎地 · 語書 9

上博三 · 周易 12　上博三 · 周易 13

○**濮茅左**（2003）　“壓”,《説文》所無,讀爲“謙”,同“嗛”。《説文 · 言部》:“謙,敬也。从言,兼聲。”徐鍇曰:“謙猶嗛也,或从口。”“謙”,《周易》第十五卦,艮下坤上,馬王堆漢墓帛書又作“嗛、溓”。《易之義》:“《嗛》也者,德之枋也”、“《嗛》奠（尊）而光”、“《嗛》,以制禮也”。帛書《繫辭上》:“溓（謙）也者,致共（恭）以存亓位者也。”《二三子》孔子曰:“吉,嗛也。凶,橋（驕）也。

天乳驕而成嗛,地徹驕而實嗛,鬼神禍福嗛,人亞(惡)驕而好嗛。”

《上海博物館藏戰國楚竹書》(三)頁153

△按　“厴”當爲“廉”之異體。

【廉而勿刏】睡虎地·爲吏9·1

○睡簡整理小組(1990)　廉本義爲棱角,刏本義爲割斷。廉而毋刏,行事正直而不傷人,與《老子》等古書常見的“廉而不劌”同義。下面“斷割不刏”一句,意與此句相近。

《睡虎地秦墓竹簡》頁168

【廉絜】睡虎地·語書9

○睡簡整理小組(1990)　有(又)廉絜(潔)敦慤而好佐上。

《睡虎地秦墓竹簡》頁15

庶 庻　炗 砅 㶱

○强運開(1935)　**㢊**,《説文》作**庶**,屋下衆也。从广、炗。炗,古文光字。此篆作**庻**,蓋籀文筆迹,小異也。運開按,齊侯鎛作**庻**,毛公鼎作**庻**,伯庶父盨作**庻**,子仲匜作**庻**,均與鼓文近似。

《石鼓釋文》乙鼓,頁11

○李學勤、李零(1979)　“社稷其庶乎”,庶字義爲幸,見《爾雅·釋言》。

《考古學報》1979-2,頁158

○于豪亮(1979)　　又：“庶，幸也。”

《考古學報》1979-2，頁 173

○張政烺(1979)　《爾雅・釋言》：“庶，幸也。”又：“庶幾，尚也。”

《古文字研究》1，頁 226

○徐中舒、伍仕謙(1979)　庶，《論語》：“回也其庶乎。”言庶幾近是也。

《中國史研究》1979-4，頁 90

○羅福頤等(1981)　庶。

《古璽文編》頁 234

○吳振武(1983)　(編按：璽彙 3198，璽文附錄 69)嗇𧰼・嗇庶。

《古文字學論集》(初編)頁 513

○高明、葛英會(1991)　庶。

《古陶文字徵》頁 93

○湯餘惠(1993)　庶，《爾雅・釋言》：“幸也。”

《戰國銘文選》頁 35

○何琳儀(1998)　庶，甲骨文作𤇾(珠 979)。从火从石，會以火燒石烙烤食物(或以燒熱的石頭投於盛水器而煮熟食物)之意。石亦聲。煮之初文。《周禮・秋官・序官》“庶氏”，注：“庶讀如藥煮之煮。”西周金文作𤇾(盂鼎)，春秋金文作𤇾(邾王子鐘)、𤇾(沇兒鐘)、𤇾(蔡侯申鐘)。戰國文字承襲春秋金文。《説文》：“庶，屋下眾也。从广、炗。炗，古文光字。”

　　侯馬盟書“庶子”，見《禮記・内則》“適子、庶子見於外寢”，注：“庶子，妾子也。”晉璽“庶犀”，地名。待考。梁十九年亡智鼎庶，姓氏。本出衛之公族，以非正嫡，號庶氏。見《古今姓氏書辯證》。中山王鼎庶，庶幾。《爾雅・釋詁》：“庶，幸也。”中山王壺“庶民”，百姓。《書・梓材》：“厥庶民暨厥臣。”

　　包山簡庶，讀煮。者汈鐘庶，見《爾雅・釋詁》“庶，眾也”。

　　秦器“庶長”，爵名。《左・襄十一年》“秦庶長鮑、庶長武，帥師伐晉以救鄭”，注：“庶長，秦爵也。”石鼓“孔庶”，甚多。《詩・小雅・小明》“我事孔庶”，箋：“庶，眾也。”

《戰國古文字典》頁 548

○李家浩(2000)　(編按：九店 56・47：□庶民尻[居]之□)　“庶”字原文作𤇾，从“火”从古文“石”。下 53 號簡“庶”字寫法與此相同，唯“石”旁之上無短橫。

這種寫法的"庶"字還見於包山楚墓竹簡 258 號,《包山楚簡》將其釋寫作
"庹",非是。

（編按:九店 56·53:日出庶［炙］之）　　上古音"庶、炙"都是章組鐸部字,音近可
通。《漢書·賈誼傳》"又苦跣蹵",顏師古注:"跣,古'蹠'字也。"《顏氏家
訓·書證》說吳人"炙"作"燺",从"庶"聲。包山楚墓竹簡 257 號、258 號記有
"庶豬、庶鷄",二"庶"字皆應當讀爲"炙"（參看《包山楚簡》60 頁考釋）,本簡
"庶"字也應當讀爲"炙",是照曬的意思。《文選》卷四三嵇叔夜《與山巨源絕
交書》:"野人有快炙背而美芹子者。"

《九店楚簡》頁 114、118

○**劉信芳**（2003）　庶:

原簡字从火,石聲,九店簡 56-47"庶民処之","庶"字亦如是作。讀爲
"炙",《説文》:"炙,炙肉也,从肉在火上。"（編者按:此"炙"爲"炙"之誤,下同）《大
招》:"炙鴰蒸鳧。"洪興祖《補注》:"炙,音柘,燔肉也。"《詩·小雅·瓠葉》:
"有兔斯首,燔之炙之。"毛《傳》:"炕火曰炙。"孔穎達《疏》:"炕,舉也,謂以物
貫之而舉於火上以炙之。""庶膳"即烤豬肉。江陵鳳凰山 168 號漢墓出土二
組竹串,以十二根竹籤爲一組,竹籤長 21 至 23、寬 0.3 至 0.6 釐米,同出之竹
簡記爲"脯六串"（《考古學報》1993 年 4 期,第 493 頁）,此類竹串馬王堆 1 號
漢墓亦曾出土。

《包山楚簡解詁》頁 264

○**濮茅左**（2004）　"庶",《集韻》同"遮"。

《上海博物館藏戰國楚竹書》（四）頁 196

○**李朝遠**（2004）　不庶語　"庶",衆,多。本句意謂不多説話。

《上海博物館藏戰國楚竹書》（四）頁 227

【庶人】

○**睡簡整理小組**（1990）　錢大昕《廿二史考異》卷十《光武帝紀下》:"凡律言
庶人者,對奴婢及有罪者而言。"

《睡虎地秦墓竹簡》頁 54

【㐱民】

○**馬承源**（2002）　"㐱",从石从仄,字書所無,文獻中从石得聲字常與从庶得
聲字通假,如《説文·手部》:"拓,或从庶。"《吕氏春秋·用衆》:"善學者若齊
王之食雞也,必食其跖,數千而後足。"高誘注:"跖讀如捃摭之摭。"同書《重
言》"有執蹠癗而上視者",《説苑·權謀》"蹠癗"作"柘杵"。《孟子·滕文公

下》“盗跖”,《淮南子·主術》高誘注作“盗蹠”。《史記·司馬相如列傳》“諸蔗猼且”,《漢書·司馬相如傳》“蔗”作“柘”。字以石爲聲符,以仫爲意符。《説文·广部》:“庶,屋下衆也。”此字亦以仫爲意符,可讀爲庶民之“庶”,當爲“庶”之古文異體。“庶民”,乃與公室相對而言的衆民。《左傳·昭公三年》:“雖吾公室,今亦季世也。戎馬不駕,卿無軍行,公乘無人,卒列無長。庶民罷敝,而宫室滋侈。”

《上海博物館藏戰國楚竹書》(二)頁 205—206

【庶長】

○**張占民**(1986)　商鞅戟鐓

《三代吉金文存》卷二十第 60 頁商鞅鐓,有同志確定爲矛鐓。按秦兵器題銘特點,矛題銘一般比較簡略,唯戟題銘内容複雜,格式完整。就題銘特點定爲戟鐓似乎妥當一些。

“十六年大良造庶長鞅之造雍□”,以往考證文章對大良造之下兩字未加考釋,據拓本摹爲“**庶長**”。第一字隸定爲“庶”,第二字疑爲“長”字。釋“庶長”。據《史記》(孝公六年)“乃拜鞅爲左庶長”“十年,衛鞅爲大良造”,可見釋庶長與商鞅身份相合。同時惠文王四年瓦書亦有“大良造庶長”並列的用法。可與鐓銘“大良造庶長”相互印證。

“大良造”官名。“庶長”爵名。秦早期題銘特點,一般官名在前,爵名在後。如“司御不更顤”。另外爵名在題銘中有時出現,有時則可以不題。如“十八年大良造”方升題銘則不見爵名。但一般作爲官名是非題不可的。“大良造”釋官名,“庶長”釋爵名符合秦題銘特點。從職權考察,“大良造”也應爲官名。秦國中央政府所鑄兵器,其督造者不是相邦便是丞相。秦未設相邦之前,即由“大良造”行使相邦之權。因而“大良造”作爲兵器督造出現無疑是官名。“庶長”只能屬爵名。

《古文字研究》14,頁 61—62

○**袁仲一**(1987)　“庶長”的名稱出現較早,始見於秦出子元年(公元前 703年),直到昭襄王時代,前後有二十一人爲庶長,其中大庶長三人,右庶長一人,左庶長三人,庶長十三人。在孝公以前,庶長的權力甚大,可以擅自廢立國君。《史記·秦本紀》記載:“(秦出子元年)寧公卒,大庶長弗忌、威壘、三父廢太子而立出子爲君。出子六年,三父等復共令人賊殺出子……三父等乃復立故太子武公。”又“懷公四年(公元前 425年),庶長鼂與大臣圍懷公,懷公自殺。懷公太子曰昭子,蚤死,大臣乃立太子昭子之子,是爲靈公”;“出子二年(公元前 385 年),庶長改迎靈公之子獻公於河西而立之。殺出子及其母,沈之淵旁"。上引史實説明孝公以前庶長可以操縱國柄,權力很大。自孝公時以大良造掌握國家大權,削弱了庶長的權力。這時庶長似由官名變成了爵名。並由庶長分爲左庶長、右庶長、馹車庶長和大庶長。秦的二十等爵中無庶長。根據文獻看,庶長又可稱爲大庶長。如《史記·秦始皇本紀》附《秦紀》:"庶長弗忌、威累、參父三人,率賊賊出子鄢衍,葬衙。"而《秦本紀》稱此三人爲大庶長。

《秦代陶文》頁 78

○**王輝**(1988)　十六年大良造鞅戈鐏銘文:"十六年大良造庶長鞅之造雍矛。"

庶長一名屢見於文獻。《左傳·襄公十一年》記秦庶長鮑、武帥師伐晉,《史記·秦本紀》記昭王六年庶長奐伐楚,則自景公至昭王二百餘年閒秦均有庶長。馬非百《秦集史·封爵表》認爲:"庶長一爵,最初似亦爲官名。""至孝公、武王時,王權漸盛,庶長失去權威,始由官名分化而爲左、右馹車及大庶長等四種爵位耳。"馬先生的説法是有道理的。《漢書·百官公卿表》顏注:"庶長言爲衆列之長也。"這説明庶長的地位相當於相邦。《史記·商君列傳》説孝公"以鞅爲左庶長,卒定變法之令"。既任左庶長後變法,足見其權力之大。《商君列傳》還説"鞅相秦十八年(八字乃馬非百補)",顯然亦以爲庶長即相。

秦器監造者春秋早期爲秦子(亦即秦公),戰國中期惠文王之後爲相邦或丞相,則此器之監造者庶長之地位約與相邦相當。

庶長二字,前人多未識出,其中庶字比較清楚,長字則刻畫潦草,不易辨認。但《秦漢瓦當文字》所收"長樂未央"瓦當、"長毋相忘"瓦當,長字有作長者,與此銘相似。庶長之名,又見惠文王四年秦封宗邑瓦書銘文,銘稱"大良造庶長游","游"即相邦樛斿。

《文博》1988-2,頁 9

○**王輝**(1990)　庶長一名屢見於文獻。《左傳·襄公十一年》記秦庶長鮑、武帥師伐晉,《史記·秦本紀》記昭王六年庶長奐伐楚,可見自景公至昭王二百年閒秦均有庶長。馬非百《秦集史·封爵表》認爲:"庶長一爵,最初似亦爲官名。""至孝公、武王時,王權漸盛,庶長失去權威,始由官名分化而爲左、右馹車及大庶長等四種爵位耳。"馬先生的説法是有道理的。《漢書·百官公卿表》顏注:"庶長言爲衆列之長也。"這説明庶長的地位約相當於相邦。《史記·商君列傳》説孝公"以鞅爲左庶長,卒定變法之令"。既任左庶長之後變法,足見其權力之大。《商君列傳》還説,"鞅相秦十八年"(原無八字,八乃馬非百補),顯然以爲庶長即相。

　　秦器監造者春秋早期爲秦子(亦即秦公),戰國中期惠文王之後爲相邦或丞相,則此器之監造者庶長,其地位約與相邦相當。

　　庶長二字,前人多未識出,其中庶字比較清楚,長字則比較潦草,不易辨認。但《秦漢瓦當文字》所收"長樂未央""長毋相忘"瓦當,長字有作𤣥者,與此銘類似。庶長之名,又見惠文王四年秦封宗邑瓦書銘文,銘稱"大良造庶長游","游"即相邦樛斿,瓦書又有"右庶長歜(?)",陳直先生以爲即昭王時代魏冉爲相的客卿壽燭。

《秦銅器銘文編年集釋》頁 32—33

【庶物】

○**李零**(2002)　　(四)"故君子不貴庶物,而貴與民有同也"(3 章:簡 16—17)。

　　"庶物"指衆物,是古書固有的詞彙,如《易・乾》"首出庶物,萬國咸寧",《孟子・離婁下》"舜明於庶物,察於人倫"。簡文的意思是説,君子不貴物多,而貴與民同,意思與孔子所説"不患寡而患不均"(《論語・季氏》)略同。

《郭店楚簡校讀記》(增訂本)頁 126

○**陳偉**(2003)　　[十一]僻,原釋爲"庶",恐不確。其字與《汗簡》所録《尚書》《義雲章》中的"辟"字類似,似應釋爲"辟",讀爲"僻",偏遠之義。《僞尚書・旅獒》云:"不貴異物賤用物,民乃足。犬馬非其土性不畜;珍禽奇獸,不育于國。不寶遠物,則遠人格;所寶惟賢,則邇人安。"《老子》三章云:"不貴難得之貨。"這裏的"異物、遠物、難得之貨",約與"僻物"相當。有同,指簡書隨後説到的一些情形。

《郭店竹書別釋》頁 149

【庶盟】

○**何琳儀**(1989)　　"庶盟",《書・皋陶謨》作"庶明",即"庶民"。典籍亦作"庶萌、庶氓"。又張亞初釋"庶盟"爲"諸盟國",亦可通。

《古文字研究》17,頁 150

㢊　㢊

璽彙 5521

○**羅福頤**（1981）　廔。

《古璽文編》頁 234

○**陳漢平**（1985）　古璽文有字作![图](）（《彙編》5521），舊不識。此字从广，婁聲，字當釋廔。《説文》:“廔,屋麗廔也。从广,婁聲。一曰:穜也。”

《出土文獻研究》頁 232

○**何琳儀**（1998）　《説文》:“廔,屋麗廔也。从广,婁聲。一曰:穜也。”
　古璽廔,人名。

《戰國古文字典》頁 337

○**湯餘惠等**（2001）　廔　同樓。

《戰國文字編》頁 630

雁　庵　厏

![图]集粹　![图]秦印　![图]續齊 69　![图]澂秋 39

○**湯餘惠等**（2001）　厏　雁。

《戰國文字編》頁 631

廢　廢

![图]考古與文物 1997-1,頁 48

【廢丘】

○**周曉陸、路東之、龐睿**（1997）　廢丘丞印　《漢書·地理志》右扶風:“槐里,周曰犬丘,懿王都之,秦更名廢丘,高祖三年更名。”

《考古與文物》1997-1,頁 42

○**周偉洲**（1997）　廢丘丞印　《漢書·地理志》右扶風槐里本注:“周曰犬丘,懿王都之。秦更名廢丘,高祖三年更名。”則廢丘當爲秦舊縣,地在今陝西興平。秦併六國前後,其爲秦内史所屬;丞爲縣令佐官。

《西北大學學報》1997-1,頁 34

廟　廟　庿　宙　届　�　淳

![图]集成 9735 中山王方壺

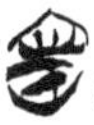郭店·性自20 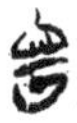郭店·性自63

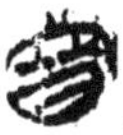上博一·詩論5 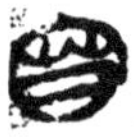上博一·詩論24 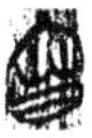上博六·天乙3

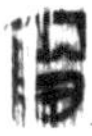上博六·鄭壽1 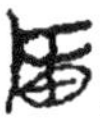郭店·語四27

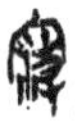郭店·唐虞5 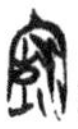郭店·語一88

○**于豪亮**(1979)　庿爲廟之古文,見《説文·广部》。

《考古學報》1979-2,頁179

○**張政烺**(1979)　庿,《説文》古文廟。

《古文字研究》1,頁216

○**商承祚**(1982)　庿,《説文》廟之古文同。

《古文字研究》7,頁67

○**陳邦懷**(1983)　《説文》广部廟,古文作。段注曰:"古文以苗爲形聲。"

《天津社會科學》1983-1,頁64

○**荆門市博物館**(1998)　(**編按**:郭店·性自20)至頌宙(廟)。

《郭店楚墓竹簡》頁179

○**裘錫圭**(1998)　(**編按**:郭店·性自20)"頌廟"當讀爲"容貌"。

《郭店楚墓竹簡》頁182

○**何琳儀**(1998)　庿,从广,苗聲。廟之異文。《説文》:"廟,尊先祖皃也。从广,朝聲。,古文。"

中山王方壺庿,讀廟。

《戰國古文字典》頁330

○**馬承源**(2001)　清宙　即今本《清廟》。"宙"即"廟",西周金文多作"廟"或"䏚",個别作"朝",戰國中山王譽方壺作"庿",此詩鄭玄箋云:"廟,本又作庿,古今字也。"《説文》古文與此相同。此字據金文例从广與从宀相通,則"宙"亦爲古文。

《上海博物館藏戰國楚竹書》(一)頁132

○**陳偉武**(2002)　《説文》"廟"之古文作"庿",郭簡以"宙"爲"廟"(11.20),實爲"庿"之異構。

《中國文字研究》3,頁126—127

○**濮茅左**(2003)　"宙",从宀,苗聲,同"庿、廟"。《説文·广部》:"廟,尊先祖皃也,从广,朝聲。”徐鍇曰:“《古今注》:廟,皃也。所以仿佛先人之容皃。”
《説文》古文作“庿”,簡文作“窅”,从“广”與从“宀”同義,《廟傿鼎》《彝方鼎》
中“廟”字均从“宀”。《爾雅·釋宫》:“室有東西廂曰廟。”《彖》曰:“‘王假有
廟’,致孝享也。‘利見大人亨’,聚以正也。”

《上海博物館藏戰國楚竹書》(三)頁 193

○**李守奎**(2003)　庿,《説文》古文作庿。

《楚文字編》頁 553

○**陳佩芬**(2007)　(**編按**:上博六·鄭壽 1“繇[繇]之於㞋窅”)“窅”,从宀,苗聲,與从广
之“庿”同。《説文·广部》:“廟,庿古文。”

《上海博物館藏戰國楚竹書》(六)頁 257

○**曹錦炎**(2007)　(**編按**:上博六·天甲 3“豊之於㞋窅”)“窅”,“廟”字異體,或作
“庿”,見《説文》古文。“廟”,宗廟,供祭祀祖先的建築。《詩·周頌·清廟》:
“於穆清廟,肅雝顯相。”

《上海博物館藏戰國楚竹書》(六)頁 314

△**按**　庿、窅、庿、𡩟和㵵皆廟字異體。與郭店《性自命出》簡 20“窅”對應之
字,上博一《性情論》作“貌”。郭店簡《語叢一》88 號簡“青㵵”,2007 年 11 月
李家浩提交臺灣大學“中國簡帛學國際論壇”的論文讀作“情貌”:

　　　　宆(賓)客,青(清)㵵(廟)之閔(文)也。

　　上面是《語叢一》88 號簡的釋文,除第六字的釋讀外,其他文字的釋讀都
是按照《郭簡》的釋文。(**中略**)

　　“㵵”字所从聲旁“淖”,即潮水之“潮”的異體,原文“水”旁寫在右邊。
《郭簡》認爲此字是“廟”,甚是。按“㵵”字亦見於《唐虞之道》5 號簡,唯“淖”
所从的“水”旁寫在左邊而已。盠方彝銘文有兩個“廟”字,其中一個的寫法與
《唐虞之道》相同。《古文四聲韻》卷四笑韻所引古文“廟”,當是由盠方彝和
《唐虞之道》“㵵”之類的寫法訛誤而成。盠方彝銘文另一個“廟”字作从
“厂”,“淖”聲。《汗簡》卷中之二厂部引《義雲章》“廟”作从“厂”,“淖”聲。
黄錫全指出古文字“广、厂、宀”三旁不别。下文將要提到的《性自命出》20、63
號和《語叢四》27 號簡原文,把《説文》“廟”字古文“庿”分别寫作从“宀”从
“苗”和从“厂”从“苗”即其例。這些不同寫法的“廟”,本文一律采用通行寫
法作“廟”。(**中略**)

　　古書中有語詞“情貌”。例如:《荀子·禮論》:“故情貌之變,足以别吉
凶、明貴賤親疏之節。”又:“君之喪所以取三年,何也? 曰:君者,治辨之主也,

文理之原也,情貌之盡也,相率而致隆之,不亦可乎?"《後漢書·郭太傳》:"故深厚之性,詭於情貌。"嵇康《答釋難宅無吉凶攝生論》:"聖人鈞疾,而禱不同。故於臣弟,則周公請命;親其身,則尼父不禱。所謂禮爲情貌者也。"上古音"青廟"與"情貌"音近可通。"情"從"青"得聲,故"青"與"情"相通很容易看出,但是"廟"與"貌"相通就不容易看出,需要作點説明。上古音"廟"屬明母宵部,"貌"屬明母藥部,二字聲母相同,韻部陰入對轉。《釋名·釋宫室》:"廟,貌也,先祖形貌所在也。"《毛詩·周頌·清廟·序》鄭玄箋:"廟之言貌也,死者精神不可得而見,但以生時之居立宫室,象貌爲之耳。"此皆以"貌"爲"廟"的聲訓。《荀子·禮論》"疏房、檖貌、越席、牀笫、几筵,所以養體也",楊倞注:"貌,古貌字……貌,廟也。"《尚書·吕刑》有"惟貌有稽"之語,《説文》系部"緢"字説解引"貌"作"緢"。《説文》古文"廟"作"庿",與"緢"皆從"苗"得聲。這些例子都可以説明"廟、貌"音近可通。疑簡文"青廟"應該讀爲"情貌"。

以上是從字音懷疑"青廟"應該讀爲"情貌"。其實從郭店竹簡本身的用字習慣和有關文字,也可以證明這一懷疑是能夠成立的。

郭店竹簡中的"青"字凡二十三見(包括《性自命出》3 號簡的一個重文),把《語叢一》88 號的"青"字除外,剩下的二十二個"青"字有四種用法:一、用爲"靜",一見(《老子》甲組 32 號);二、用爲"清",一見(《老子》乙組 15 號);三、用爲"請",一見(《太一生水》10 號);四、用爲"情",十九見(《緇衣》3 號,《唐虞之道》11 號,《性自命出》3、18、20、38、40、42、47、50、51 號,《語叢三》44 號)。"情"字用法占絕對多數。"廟"字凡五見,把《語叢一》88 號"廟"字除外,剩下的四個"廟"字有三種用法:一、用爲本字,一見(《唐虞之道》5 號);二用爲"貌",二見(《性自命出》20、63 號);三用爲"朝",一見(《語叢四》27 號)。"貌"字用法占多數。我們把"青廟"讀爲"情貌",正好符合郭店竹簡"青、廟"二字多數用字習慣。

庻 庮

睡虎地·語書 11

○**睡簡整理小組**(1990)　　是以善斥(訴)事

訴,爭訟。

○**張守中**（1994）　㢋　段注:俗作斥。《語》11 通訴　是从善㢋事。

　　　　　　　　　　　　　　　　　　　　《睡虎地秦簡文字編》頁 148

○**何琳儀**（1998）　《説文》:"㢋,邸屋也。从广,㡿聲。"

　　睡虎地簡㢋,讀斥。《玉篇》:"㢋,亦作斥。"斥爲㢋之訛變,即庈、庈（相馬經四上）、庈（曹全碑）、庁（魯峻碑陰）。或説斥由乇訛變,即庈（中山王鼎）、庈（三體石經宅）、庁（魯峻碑陰）。乇、㡿均屬魚部。《史記·李將軍傳》"亦遠斥侯",索隱:"斥,度也。"而宅（乇）與度音義均通。《詩·大雅·文王有聲》:"宅是鎬京。"《禮記·坊記》:"度是鎬京。"故"㢋事",讀"斥事",或"度事",即"謀事"。

　　　　　　　　　　　　　　　　　　　　《戰國古文字典》頁 514

【㢋事】

○**劉桓**（1998）　而"斥事"實與"疾事"相承一致,斥有排斥推脱之意。《鹽鐵論·利議》:"是孔丘斥逐於魯君。"斥即排斥意。《廣雅·釋詁三》:"斥,推也。"王念孫《廣雅疏證》卷十四引"《三倉》云:'斥,推也。'《説文》:'斥,邸屋也。'邸與推同義。昭十六年《左傳》云:'大國之求,無禮以斥之,其何饜之有?'"可爲證。

　　　　　　　　　　　　　　　　　　　　《簡帛研究》3,頁 164

庎

集成 9678 趙孟庎壺

○**唐蘭**（1937）　庎字舊不識,今按从广从小,戰國時人作乀,故知小爲介也。庎字《説文》所無,當是庎之異文,《方言》《廣雅》俱有庎字,古宀广二形往往通也。（《集韻》有庎字,似是唐以後新字。）此當借爲擯介之介。

　　　　　　《唐蘭先生金文論集》頁 43—44,1995;原載《考古社刊》6

○**曹錦炎**（1989）　此器作者自稱爲"趙孟介",當是趙鞅之副手,因隨同出席黃池之會,受到夫差賜銅,因作祭器以志紀念。

　　　　　　　　　　　　　　　　　　　　《古文字研究》17,頁 115

○**吳聿明**（1992）　關於"庎"字的釋讀:陳夢家先生釋爲動詞"給予",唐蘭先生釋爲"擯介"。（中略）

　　其三,關於誰送給誰"金"的問題,可從事理上理解。我覺得吳王從千里

之遥的邘地把製作銅器的青銅帶到黃池送給趙孟介,這在事理上難於理解。相反地倒是吳王在黃池接受趙孟介贈予的青銅就地鑄造,比較順理成章。陳夢家先生在《禺邘王壺考釋》一文中除了對銘文作詳盡的考釋外,還對歷來出土的同形制諸壺之器形、紋飾、出土地點及時代等作了科學的比較和分析。他認爲:"禺邘王壺"在器形和紋飾上呈現出典型的晉器特徵,故稱:"此壺鑄作者乃晉工也,由銘文記知吳王於黃地受晉趙鞅之敬金,以之就地鑄壺,而鑄工必亦晉人矣。"

《東南文化》1992-1,頁 196—197

○張崇寧(1994) 那麼"爲趙孟庎"之"庎"如何解釋,《國語·周語》:"簡王八年,魯成公來朝……及魯侯至,中孫蔑爲介。"注:"介,上介,所以佑(編按:當作"佐")儀也。"《詩·豳風·七月》:"以介眉壽。"注:"補(編按:當作"輔")助。"《春秋左傳注·宣十八年》:"復命于介。"注:"使者有上介,有衆介,上介爲副手,衆介爲助手。"《左傳·襄二十七年》:"宋人享趙文子,叔向爲介。"《禮記·檀弓下》:"子服惠伯爲介。"注:"介,副也。"顯而易見,司馬寅此次是以趙鞅之附介(副手)的身份參加黃池之會的,他在此次會上受了吳王所贈之銅("邘王之愆金")做了這件銅壺。所以"爲趙孟庎"者實應該就是司馬寅(董褐)其人。此壺銘文中所稱之"趙孟"乃作器人司馬寅自不勒名,而云"趙孟"者,同樣是對趙鞅的尊諱之稱。如果是趙鞅自作之器,斷然不會自稱趙孟的。

《華夏考古》1994-1,頁 48

○謝堯亭(1995) 庎 字爲介,義甚多。聞一多、陳夢家等釋義,舉例皆未適。當如唐蘭所云擯介之介。《禮記·聘義》:"上公七介,侯伯五介,子男三介,所以名貴賤也,介紹而傳命。"古者主有擯,客有介。關於介,《左傳》例證很多。黃池會爲吳所召集,吳爲主,晉爲客。《左傳》哀公十三年:"子服景伯對使者曰:'王合諸侯……且執事以伯召諸侯,而以侯終之,何利之有焉?'"故介爲擯介之介甚是,不必迂曲釋爲它字。

《文物季刊》1995-2,頁 56

○何琳儀(1998) 庎,從广,介聲。《集韻》:"庎,所以庋食器者。"

趙孟壺庎,讀介。《爾雅·釋詁》:"介,右也。"

《戰國古文字典》頁 903

○湯餘惠等(2001) 庎。

《戰國文字編》頁 632

疋

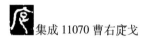集成 11070 曹右疋戈

○**湯餘惠等**（2001）　疋。

《戰國文字編》頁 632

庍

庍睡虎地・封診 84

○**睡簡整理小組**（1990）　庍，疑即庍（音餅）字，不詳。

《睡虎地秦墓竹簡》頁 162

○**劉釗**（1996）　"封診式"簡 84 有一句説：

甲懷子六月矣，自晝與同里大女子丙鬭，甲與丙相捽，丙債庍甲。
《秦簡》一書注釋謂："捽（音昨），《説文》：'持頭髮也。'"又"債（音奮），摔倒。庍，疑即庍（音餅），不詳"。按疑"庍"字爲"庍"字非是。庍應即"厎"字。從古文字看，"厂""广"兩個偏旁應該是由一個字分化，所以在戰國秦漢文字中這兩個偏旁經常混用無別，例多不舉。又早期從"开"的字，在後來的文字中常常訛變爲"开"。如"研""汧""開"三字在漢代就已大多寫作"研""汧""開"之形。由以上兩條文字演變規律來看，庍應該就是後世的"厎"字。《玉篇・厂部》："厎，音溪，倒地。"從"开"得聲的字如"筓""枅""蚈"等字皆讀"古奚切"，而"厎"音溪，可見"厎"確有可能是從"开"得聲的。"厎"訓爲"倒地"，與"債"訓爲"仆僵"其義相同，所以"債厎"也應是一個同義複合詞。

《簡帛研究》2，頁 109—110

○**湯餘惠等**（2001）　庍。

《戰國文字編》頁 632

厓

厓睡虎地・答問 28

○**睡簡整理小組**（1990）　可（何）謂"盜陟厓"？王室祠，貍（薶）其具，是謂"厓"。

圭,疑讀爲圭,《廣雅・釋詁三》:"潔也。"《詩・天保》:"吉蠲爲饎,是用孝享。"《儀禮・士虞禮》注引作"吉圭爲饎",意思是把祭祀用的酒食準備精潔,故本條瘞埋的祭品稱爲圭。

《睡虎地秦墓竹簡》頁 100

〇湯餘惠等(2001) 圭。

《戰國文字編》頁 632

庩

集成 2105 上樂廚鼎

△按 "庩"爲"廚"字異體,參看"廚"字。

庚 庚

先秦編 222 貨系 1391 先秦編 223 貨系 1408 貨系 1406

貨系 1400 貨系 1403 先秦編 223

〇張頷(1983) 現在所見到的"庚"地鑄造的貨幣有大小兩種,大者其文爲"庚一釿",小者爲"庚半釿",還有簡書作"庚釿"者,也應該是"一釿"布的簡稱。魏國以"釿"計值的貨幣是從春秋時期晉國貨幣中繼承下來的一種制度。侯馬晉國鑄造貨幣遺址中(包括於整個鑄銅遺址範圍中)1963 年曾發現一個帶有多字的空首布,文字大都漫漶不清,其確然可辨者僅一個半字,即"黄釿",它應該就是"黄釿"二字的殘體。"黄"字和晉國銅器"趙孟庎壺"銘文中"禺邗王于黄池"的"黄"字作"黄"形體相同。"黄釿"就是可當一釿的意思。"黄"爲"横"的省體字,"横"又爲"衡"的通假字。到後來新莽依托古制鑄造貨幣時,在泉曰"直",如"小泉直一";在刀曰"平",如"一刀平五千";在布則曰"黄",如"大布黄千"。也就是小泉當一個錢;一個刀幣可當五千個錢;一個大布可當一千個錢。由此可見古代幣文中以"黄"爲"當"字是由來已久了,而且最早的資料是見於春秋時期晉國的"黄釿"空首布。空首布中還有一種"郮釿"亦同樣是春秋時晉國郮邑的貨幣。《侯馬盟書》中人名有"郮詨",晉國歷史文獻中有中牟宰"佛肸"皆可證。我在這裏所以要煩舉上述許多資料的原因,主要是爲了説明這樣一個前提——即戰國貨幣中帶有"庚"字和"釿"的弧

襠布是從春秋時期晉國的"釿"字空首布演化而來的,而且是魏國鑄造的貨幣。去年7月間山西侯馬戰國奴隸殉葬墓中就發現了一枚"〓釿"布,侯馬是晉國晚期都城——新田所在地,戰國時屬魏國的範圍。

　　關於"〓"字過去有許多解釋,比較有傾向性的一種説法莫過於"虞"字。鄭家相先生在《布化概説》中説"前人以虞布爲虞所鑄"云云。也有個別的認爲是古文"歷"字,並解釋爲"禹鑄幣於歷山",所以是"夏幣也"。以上一些解釋是不足爲訓的,是違反常識的。還有的認爲"〓"即"廆"亦即"魏"字,並認爲"〓"字中間的"〓"或"〓"形所從之"〓"即爲"吳"字,而右旁所從之"十"爲"滿數",從而附會歷史文獻中所記載的魏氏先祖畢萬初封於魏時,晉國大夫卜偃曾經説過的一段話:"……萬滿數也,魏大名也,畢萬之後必大矣。"於是便認爲"〓"即"魏"字(以上二説見《古金錢略》及《貨幣文字考》)。像這樣對"〓"字的解釋於形、義、音訓諸方面均甚乖遠。還有一種也釋爲"虞"字,但非"虞舜"之"虞"而爲春秋時"虞虢之虞"。如李佐賢《古泉匯》中説:"〓者虍也,〓者吳也……或疑爲虞虢之虞。"認爲"〓"字上部所從者爲"〓"或"〓"乃"虍"字。硬把"〓"字支解開來,以"十"上附於"〓",這不但釋字的方法有問題;而且"虍"字從來也沒有作"〓"或"〓"形者,茲將古文中的"虍"字形舉例如下:

　　《古泉匯》中除了强擬"虍"形而外,同時又把"〓"字左旁偏解爲"吳"字,便認爲是"虞虢之虞",這個結論是難以成立的。《古泉匯》中把鑄造此幣的時間斷在東周時期,顯然要比"虞舜"的説法已經前進了一大步,但從文字方面仍釋爲"虞"則艱塞難通。"吳"字在金文中,"口"字均在"〓"字上部作"〓、〓"或"〓"而不在腋下作"〓"或"〓"者,況且"〓"或"〓"字腋下還有一個"十"字無以交待。一個字形的組合是不能以後人的假想剔骨附皮隨便擺布的。

　　筆者認爲"〓"字上所從之"厂"即"广"(讀若儼,高屋之形,山牆也)。"广"在古文字中又通於"厂"(岸),如"府"字既作"〓"(鑄客鼎),又可作"〓"(古鉨),先秦貨幣文字中"宅"字既作"〓"又作"〓"(宅陽布)。而"〓"字布也有另一種寫法作"〓"(見《古錢大辭典》二八九,以下簡稱《辭典》)。因此對"〓"或"〓"的準確隸定應當是"庚"或"庚"。這種貨幣中的"庚"字有許多形體，如▢（《辭典》二八二）、▢（《辭典》二八五）、▢（《辭典》二八三）、▢（《辭典》二八九）、▢（《辭典》二八七）、▢（《東亞錢志》四·60頁。以下簡稱《東亞》）、▢（《東亞》四·60頁）、▢（《東亞》四·59頁）諸形。這些字形的邊旁沒有大的變化。在字形組合上有三個部分，上部爲宀、冖，中部爲▢、▢、▢，▢字兩旁則爲叶、叺、叶諸形。字形有正書、反書，筆畫有長短曲直之别，僅此而已。最值得注意的是“▢”中所從的“▢”或“▢”字，它在形體結構上和篆文“▢”（夜）字相似。“夜”字在金文中也有許多形體，如▢、▢、▢、▢等，它的基本結構也沒有多大變化。我們可以這樣説“▢”字雖然絶非“▢”（夜）字，但它們之間卻有着很密切的關係。兩者之間皆導源於“▢”（亦）字。“▢”字從“▢”從“叶”，“▢”爲人形，在這裏作爲“▢”字的省體，和“▢”（夜）字所從之“▢”其義相同。簡言之，“▢”形近“▢”（夜）均從於“▢”（省亦字），這是我考慮“▢”字的一個基本出發點。“▢”（亦）即“腋”字。《説文》有“亦”而無“腋”。《説文》：“▢，人之臂亦也，從大，象兩亦之形。”“臣鍇曰：人之腋也。”又《説文》：“胅，亦下也。”“亦下”即“腋下”，也可作“掖下”。《史記·趙世家》“千羊之皮不如一狐之腋”，《商君書》作“掖”。這些例證首先説明“▢”字所從之“▢”（▢省），它和“腋、掖”爲同義字。它不但有“亦下”之義而且有扶持之義。《説文》屬於“亦”部之字只有一個“▢”（夾）字，而把另外一個于（_{編按：當作“與”}）其密切關係的“▢”（夾）字卻歸屬於“大”部，實際上都應該是“亦”部字。《説文》“夾，盜竊懷物也。從亦，有所持……弘農陝字從此”（注：失冉切），又《説文》“夾，持也。從大，陝（即挾字）二人”（注：古狎切），而“夾”字又與“挾”字同，如《説文》“挾，俾持也”。《國語·吳語》“挾經秉枹”，韋注：“在掖曰挾。”根據上述文字及其注釋資料我們可以瞭解到和“▢”（亦）字有密切關係的“夾、夾”兩個字除了字形相若之外，它們都具有腋下、懷物和挾持的含義，從而也可以知道“夾”“夾”二字是可以通訓的。

　　貨幣文字中“▢”字所從的“▢”也同樣具有掖下有所挾持之形義。因之，它和“夾、夾”之間的關係也同樣是密切的。“▢”字的腋下所從的“叶”字實爲“協”字的古文。“協”和“脅”（或作脅）同爲從“劦”之字，而“脅”字也有掖下挾持之義。《急就篇》“脅”顔注：“肋旁也。”《釋名》：“脅，挾也，在兩旁，臂所挾也。”《説文通訓定聲》云：“脅……亦作脥……腋下之名也。”可見脅、脥二字所從之劦、夾二字在音義上皆可通。“脅”另有一義即馬勒之名，《廣雅·釋器》：“馬鞅謂之脅。”鞅爲馬頸之勒，亦有挾持之義。當然還有一些從“劦”

之字具有和、同之義,如"劦"的本義是"同力";"協"的本義爲"同心";"勰"的本義爲"同思之和"。《説文》:"協,農之同和也。从劦从十。叶古文協,从日、十,叶或从口。""脅"雖無和同之義,但于(編按:當作"與")"協"同爲从劦之字且爲同音,所以"夾"字既假"協"字古文"叶"字之形、音,又假"脅"(脅)字掖下挾物之形、義,遂成"夾"字的整體結構。

　　最後讓我們探討貨幣上"夾"這個完整的字形和字義。前面曾談及對這個字形的準確隸定應該是"庲"或"庲"。結合前面所舉它和夾、夾二字的關係,證明"庲"就應該是《説文》中的"庲"(庲)字。《説文》:"庲,廦也。从厂,夾聲。"(注:胡甲切)段注:"庲于(編按:當作"與")陜字音同義近。"又《説文》:"陜,隘也。从自(編按:當作"自"),夾聲。"段注:"俗作陿、峽、狹。"前面已經從"腋下、挾持、懷物"等形義方面闡明了"夾(夾)、夾"(夾)二字的通訓關係,那麼"陜、陜"二字的關係就可以迎刃而解了。又"庲"字在幣文中或作"庲"。(中略)綜合以上論述,完全可以得出這樣一個結論——即"庲"即"庲"字。而"陜"爲"庲"字的通假字。"陜"又可通於"陜",茲將本文論述的文字關係綜合列表如下:

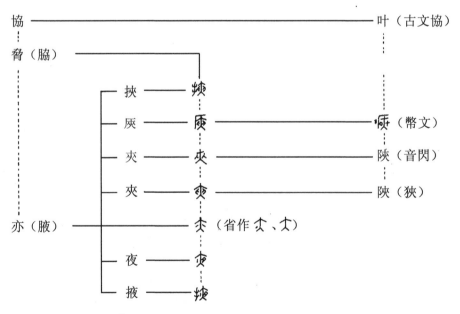

　　戰國貨幣中的"庲"字布實爲"陜"地所鑄造之貨幣。陜縣漢屬弘農郡,爲故虢國。王季之後所封地。(中略)戰國"庲"(夾)字布當爲魏國"陜"(通於"陜")邑所鑄造的貨幣,其地望應在今山西南部平陸縣一帶。

　　　　　　　《張頷學術文集》頁 116—121,1995;原載《古文字學論集》(初編)

○**何琳儀**（1992） 六、庚一釿（圖2）1390　　庚半釿　1408

“庚”，舊釋“㿋”讀“虞”。近或改釋“庚”讀“陝”，甚確。今稍加補充。

50年代，河南陝縣後川出土秦國陶文兩件，刻有“陝亭、陝市”（《考古通訊》1958年11期76頁），其中“陝”作，據出土地點釋“夾”或“陝”，確切無疑。檢《説文》：“夾，盜竊懷物也。从亦有所持，指事，宏農陝字从此。”（**編按**：大徐本《説文》作“从亦有所持，俗謂蔽人俾夾是也。弘農陝字从此”）按，陶文“夾”从“亦”省，“十”聲。“夾”，審紐談部；“十”，禪紐緝部。審、禪雙聲；談、緝旁轉，諧聲吻合。橋形布“庚”所从“㚒”則从“亦”省，“叶”聲，“叶”从“十”聲。故“㚒”與陶文“夾”實爲一字。又因“广”與“阜”偏旁可通，故“庚”即“陝”之異體。

圖2

“陝”，戰國屬魏，見《史記・秦本紀》：“使張儀代取陝，出其人與魏。”《漢書・地理志》隸宏（**編按**：當作“弘”）農郡，在今河南三門峽。

《古幣叢考》（增訂本）頁175—176，2002；原載《吉林大學學報》1992-2

○**何琳儀**（1998） 庚，从广，夾聲。疑陝之異文。

魏橋形布庚，讀陝，地名。見夾字e。

《戰國古文字典》頁1377

○**郭若愚**（2001） 魏命釿布

戰國魏幣橋足布“命一釿”布，高5.5釐米，寬3.8釐米，重13.8—15.5克。圓肩，其形制和安邑釿布相同，估計也是三級。傳世多見一釿布，尚有半釿布一種，見《歷代古錢圖説》第294號，二釿布未見。幣面文字命，過去研究者有考釋。

有釋爲“虞”字者：

劉師陸《虞夏贖金釋文》：“古幣其文右作𤇏，左作𢎘，合之乃虞一釿三字倒書且反書者也。仐者虍也，叺者吳也，此古文虞字。”

李佐賢《古泉匯》：“此布倒書，其文傳形，自左及右讀之，面背俱有周郭。仐者虍也，叺者吳也。《贖金釋文》之言可取。”

有釋爲“曆”字者：

倪模《古今錢略》：“或曰命似古文曆字。”

有釋爲“魏”字者：

馬昂《貨布文字考》：“右貨面文四字曰魏斤一金，倒書反範。按命本古文魏字，从广，偏安也，从十，終歸滿數也，从叺即吳。《説文》：‘大言也。’今命之大,以從滿數,其必有衆。據郭偃曰滿數,曰大名,校命之从十从吴之義悉合,是爲古文魏字無疑。"

　　按橋足布命一鈑全部幣身倒置,文字傳形易位,變異特多。經比較研究,存在三種情況:1.文字地位互易,字體全部反轉(見插圖一)。2.文字地位互易,字體不反轉,但"命"字中的"廿"和"十"易位(見插圖二)。3.文字地位不變,字體反轉,但"命"字中的"廿"和"十"地位不變(見插圖三)。

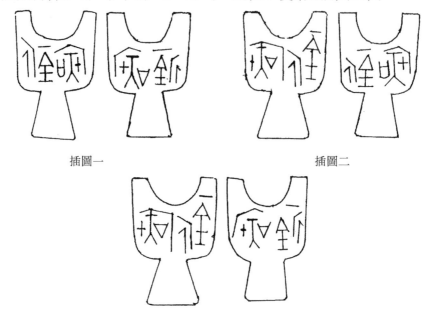

插圖一　　　　　　　　　　　　　插圖二

插圖三

　　現在確定命爲正確的寫法,此字从仄从十廿。

　　《説文》:"仄側,傾也。从人在厂下。厌籀文从矢,矢亦聲。(阻力切)"

　　《説文》:"仄,傾頭也,从大象形。(阻力切)"

　　《説文》:"厂,山石之厓巖,人可居,象形。(呼旱切)"

　　《説文》:"協,衆之同和也。从劦从十。叶,古文協从曰、十,叶或从口。(胡頰切)"

　　據此,命字是从仄从協,仄是會意,協是形聲。這是表達一個高山而讀協聲的文字,我認爲是"嶠"字。協,橡牒切,屬匣母葉部四等韻,嶠,奚巢切,屬匣母肴部二等韻,兩者同是疾音,故音相通。

　　嶠地有高山,在河南洛寧縣西北六十里,西接陝縣,東接澠池。《左傳·僖公三十二年》:"晉人御師必于殽。"注:"殽在弘農澠池縣西。殽本又作嶠。户交反。"《元和志》:"自東嶠至西嶠三十五里,東嶠長阪數里,峻阜絶澗,車不得方軌;西嶠全是石坂,十二里,險絶不異東嶠。"《左傳·僖公三十二年》蹇叔曰:"殽有二陵焉,其南陵夏后皋之墓也,其北陵文王之所避風雨也。"

　　崤是晉地,後屬魏。是當時頗爲著名的一個地方。

《先秦鑄幣文字考釋和辨僞》頁 10—11

○**吳良寶**(2006)　陝。

《先秦貨幣文字編》頁 216

庽

璽彙 3236

──────────────

○**羅福頤**(1981)　寓。

《古璽文編》頁 185

○**何琳儀**(1998)　庽,从广,禺聲。寓之異文。見寓字。

　　晉璽"宫庽",地名。

《戰國古文字典》頁 353

△**按**　"庽"或爲"寓"字異體,參見卷七宀部"寓"字條。《璽彙》3236"宫庽垕守"之"宫庽"爲地名。

庱

璽彙 3279

──────────────

○**何琳儀**(1998)　庱。

《戰國古文字典》頁 1554

庤

集成 2707 右使車嗇夫鼎

──────────────

○**何琳儀**(1998)　庤,从广,音聲。《玉篇》:"庤,地名。"

　　右使車嗇夫鼎庤,地名。

《戰國古文字典》頁 1399

广倉

陶彙6·199　　陶彙6·201

○**蔡全法**（1986）　“广倉”從广從倉,即“倉”之異體。國倉器過去在登封陽城遺址出土較多,有的從广,有的不從广,説明鄭韓陶文字本身就有異體。陽城遺址出土的“陽城倉器、左倉”等“倉”字可與鄭韓都城的倉字互證。“左倉”是官府管理機構,而“倉”理應是這種機構的簡稱。

《中原文物》1986-1,頁79

○**何琳儀**（1998）　广倉,從广,倉聲。疑倉字繁文。《説文》:“倉,穀藏也。”
　　韓陶广倉,讀倉。

《戰國古文字典》頁696

○**湯餘惠等**（2001）　广倉。

《戰國文字編》頁631

△**按**　“广倉”爲“倉”之繁文異體。

庴貝

璽彙5413

○**羅福頤等**（1981）　庴貝。

《古璽文編》頁235

△**按**　“庴貝”字或爲“藏”之異體,“广、貝”皆爲意符,“爿”爲聲符。

庿

集成2746梁十九年亡智鼎

○**何琳儀**（1998）　庿,從广,蒐聲。疑廋之異文(參見上蒐字)。《廣雅·釋詁》:“廋,隱也。”
　　梁十九年亡智鼎庿,人名。

《戰國古文字典》頁234

○湯餘惠等(2001)　厲。

《戰國文字編》頁 632

厲

厲_{睡虎地・日甲 5 正貳}　　厲_{睡虎地・封診 52}

───────────

○**睡簡整理小組**(1990)　(編按:封診 52)疑厲(癘)來詣。

《睡虎地秦墓竹簡》頁 156

(編按:日甲 5 正貳)害日,利以除凶厲(厲)

厲,《禮記・檀弓》:"斬衰殺厲。"注:"厲,疫病也。"

《睡虎地秦墓竹簡》頁 181、182

○**劉樂賢**　厲,《禮記・檀弓》:"斬衰殺厲。"注:"厲,疫病也。"按:此處厲也可訓爲鬼、惡鬼。《左傳・成公十年》:"晉侯夢大厲。"注:"厲,鬼也。"《左傳・襄公廿六年》"文子曰:厲之弗如"注:"厲,惡鬼也。"又按:馬王堆漢墓帛書厲字皆寫作厲。

《睡虎地秦簡日書研究》頁 25

○**張守中**(1994)　厲　通癘　疑厲來詣

通厲　利以除凶厲。

《睡虎地秦簡文字編》頁 148

廄

廄_{金薤・府}　廄_{璽彙 2882}

───────────

○湯餘惠等(2001)　廄。

《戰國文字編》頁 632

廳　庿

_{集成 11226 郾王職戈}

───────────

○湯餘惠等(2001)　廳。

《戰國文字編》頁 631

厜 厜

集成 11366 十七年厜令戈

△按 《說文》:"厜㕒,山巔也。从厂,垂聲。"

厰 厰 厰

郭店·語二 2　　　郭店·語二 2　　　璽彙 2881

○羅福頤等(1981)　厰。

《古璽文編》頁 234

○何琳儀(1998)　《說文》:"厰,岑(編按:當作"厽")也。一曰,地名。从厂,敢聲。"

晉璽厰,讀嚴,姓氏。楚莊王支孫以謚爲姓,後漢莊光諱、明帝諱,並改爲嚴。見《元和姓纂》。

《戰國古文字典》頁 1450

底 底

詛楚文　　　秦文化論叢 9,頁 273

○湯餘惠(1993)　底,通詆,訶責,譴責。

《戰國銘文選》頁 191

○何琳儀(1998)　《說文》:"底,柔石也。从厂,氐聲。砥,底或从石。"

詛楚文"底楚王"之底,中山王方壺作詆。見詆字。詛楚文"底兵"之底,見《廣雅·釋詁三》"底,磨也"。"底兵",猶"厲兵"。《戰國策·秦策》:"綴甲厲兵。"

《戰國古文字典》頁 1211

○湯餘惠等(2001)　底。

《戰國文字編》頁 630

【底柱】

○**周曉陸、陳曉捷**(2002) 39.底柱丞印(圖42)。《尚書·禹貢》記河水(黄河)"道河積石,至于龍門,南至于華陰,東至于底柱……"《讀史方輿紀要·河南·底柱》記:"底柱山亦曰三門山","《水經注》:禹治水,山陵當水者鑿之,故破山以通河,河水分流包山而過山,見水中若柱然,故曰底柱。"以底柱之險狹,似不能立縣,底柱丞約爲秦時"令祠官所常奉天地名山大川"時,所在黄河祠祀底柱之官吏。

《秦文化論叢》9,頁269

厥 厥

吉大124

○**何琳儀**(1998) 《説文》:"厥,發石也。从厂,欮聲。"

秦璽厥,人名。

《戰國古文字典》頁906

厲 厲

上博六·用曰13

○**何琳儀**(1998) 厲,金文作(五祀衞鼎),从厂,萬聲。《説文》:"厲,旱石也。从厂,蠆省聲。厲,或不省。"

金村器厲,讀穊。《説文》:"穊,粟重一柘爲十六斗太半斗,舂爲米,一斛曰穊。从米,萬聲。"

《戰國古文字典》頁960

○**張光裕**(2007) (編按:上博六·用曰13)"兇井厲政"猶言"嚴刑嚴政"。(中略)"嚴政",《逸周書·時訓》:"涼風不至,國無嚴政。"

《上海博物館藏戰國楚竹書》(六)頁300

厎 厎

厎陶彙3·699

○**高明、葛英會**(1991)　厒。

《古陶文字徵》頁 40

○**何琳儀**(1998)　厒,金文作(農卣),舊據《汗簡》引《説文》居作(中之一·四三)讀居。立,來紐;居,見紐。厒讀居屬複輔音通轉。或作(長由盉),从广與从厂義通。《説文》:"厒,石聲也。从厂,立聲。"

天星觀簡厒,讀位。《周禮·春官·小宗伯》"成葬而祭墓爲位",注:"位,壇位也。"

《戰國古文字典》頁 1384

仄  ⿸厂吳

錢典 535 包山 181

○**何琳儀**(1998)　《説文》:",側傾也。从人在厂下。,籀文从夨,夨亦聲。"

周空首布仄,不詳。

《戰國古文字典》頁 96

⿸厂吳,从厂,吳聲。仄之異文。《集韻》:"仄,或从吳。"《玉篇》:"仄,傾側也。"包山簡"⿸厂吳府",疑讀"側府"。與"中府"相對而言,猶"左府、右府"。

《戰國古文字典》頁 96

厞 

包山 45 包山 57

○**何琳儀**(1998)　《説文》:"厞,隱也。从厂,非聲。"

包山簡厞,人名。

《戰國古文字典》頁 1292

厭 

新蔡乙三 42 包山 219

○**何琳儀**(1998)　猒,西周金文作(毛公鼎),从肰从口,會口食犬肉而飽之

意。春秋金文作𠮵(叔夷鎛)。戰國文字承襲兩周金文。小篆猒所從口旁作甘旁(口、甘一字分化),有聲化之趨勢(猒、甘均屬談部),故舊以猒爲甘之準聲首。茲據古文字猒從口而立猒爲獨立聲首。《説文》:"𤞤,飽也。從甘從肰。𣢺,猒或從目。"

《説文》:"厭,筓也。從厂,猒聲。一曰,合也。"楚系文字厭所從厂旁,多加飾筆,如𠂆、𠂆、𠂆。或省犬旁作𠪚。

《戰國古文字典》頁 1440

○劉信芳(2003)　厭:

祭名,《禮記・曾子問》:"攝主不厭祭。"鄭玄《注》:"厭,厭飫神也。厭有陰有陽,迎尸之前,祝酌奠,奠之且饗,是陰厭也;尸謖之後,徹薦,俎敦設於西北隅,是陽厭也。"

《包山楚簡解詁》頁 234

厃　厃　厃

厃 貨系 544　　厃 貨系 543　　𠂼 先秦編 169　　𠩄 先秦編 169

○何琳儀(1996)　厃 543　　厃 544

原隸定"厃",其"釋文表"又引或説釋"仁"。此字從"人"從"厂"從"二",釋"仁"顯然不合。

按,原隸定"厃"頗有道理,然字書所無。近見一空首布拓本,此字作:垁則從"土"從"厃",應隸定"垁"。其構形可理解爲從"土"從"危"省。包山簡"跪"作:

跪 包山 262

亦屬此類省簡。《説文》:"垝,毁垣也。從土,危聲。"以"垁"與"厃"相互比較,不難發現後者是前者之省簡,均應釋"垝"。

空首布"垝"疑即"垝津"。《史記・魏世家》:"城垝津以臨河内。"在今河南浚縣古黄河渡口。"垝津"又名"圍津"(《荀子・强國》)、"韋津"(《水經注・河水》)。其中"垝、圍、韋"爲一音之轉。檢《水經注・河水》:"白馬有韋鄉、韋城,故津亦有韋津之稱。《史記》所謂'下修武,渡韋津'者也。"由此可見,"垝"或"韋"地處古黄河之濱,故又名"垝津、圍津、韋津"。《水經注》"韋鄉、韋城"遠承空首布"垝",尚不加"津"字,應有所本。凡此均"垝"即"詭津"

之參證。

《古幣叢考》(增訂本) 頁 62—63

○何琳儀(1998)　《説文》:"厃,仰也。从人在厂上。一曰,屋梠也。秦謂之桷,齊謂之厃。"原篆右下之＝爲裝飾部件,或省略符號(參厽字)。

　　　周空首布厃,讀垝。地名。《史記·魏世家》:"城垝津以臨河南。""垝津"亦名"圍津、韋鄉、韋城"。《水經注·河水》:"白馬有韋鄉、韋城,故津亦有韋津之稱。《史記》所謂,下修武,渡韋津者也。"在今河南浚縣古黄河渡口。

《戰國古文字典》頁 1202

○湯餘惠等(2001)　厃。

《戰國文字編》頁 636

厇

厇包山 171　　厇上博五·三德 11

○李守奎(2003)　厇　宅字古文。

《楚文字編》頁 553

○李零(2005)　毋厇(度)山。

《上海博物館藏戰國楚竹書》(五) 頁 295

戻

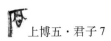

戻璽彙 3382

△按　參看"戻"字條。

冋

冋上博五·君子 7

○張光裕(2005)　"冋"可讀爲"痌"或"痛"。

《上海博物館藏戰國楚竹書》(五) 頁 259

△按　蘇建洲《讀上博(五)札記》(簡帛網 2006 年 9 月 17 日)引陳劍意見説,

其所从從字形上看確有多種可能,結合文意,他傾向於釋爲从"冋"之説,讀爲
"傾";而"厖"與"仄"同从"厂",説不定"厖"就是楚文字中爲"傾仄"意之
"傾"所造的本字。劉釗《〈上博五·君子爲禮〉釋字一則》(簡帛網 2006 年 7
月 23 日)認爲該字應釋爲"詹",讀爲"擔",意爲舉。

厓

上博三·亙先 4

○**李零**(2003)　厓嬎生堲　"厓",所从主與楚簡"宔"(用作"主")所从相同,
這裏讀爲"濁"("濁"是定母屋部字,"主"是章母侯部字,讀音相近)。"堲"讀
"地"。

《上海博物館藏戰國楚竹書》(三)頁 291—292

○**黃人二**(2005)　簡四"濁氣生地,清氣生天"之"濁",整理者隸从厂,主
聲,讀"濁"。按,疑此字隸爲"豖",讀"濁",此字較本册《周易》(遯卦)諸
"豖"字之形稍省,"豖、濁"聲母接近,韻部一爲東部,一爲侯部,陰陽對轉。
又《仲弓》簡八"夫民安舊而重遷"之"重",庸鄙寫文贊成整理者从主聲之
説,現以此字,疑彼字亦應隸作"豖"、讀"重",兩者聲母極近,韻母同爲東部
(清人以來之古音研究或將"重"字列入中部,但不管如何,"東、中"仍是旁
轉),故可假。

《上海博物館藏戰國楚竹書(三)研究》頁 141—142

厎

集成 11085 亳厎戈

○**何琳儀**(1998)　厎,从厂,氐聲。《説文繫傳》居或體作屄,即由居、底演變。
居、氐音近,可以通假。

　　齊器厎,讀胥,胥吏。參証字。

　　仰天湖簡厎,讀梳。《説文》:"梳,理髮也。从木,疏省聲。"《釋名·釋首
飾》:"梳,言其齒疏也。"

《戰國古文字典》頁 582—583

○**何琳儀**(2000)　山東臨沂地區曾出土兩件文字款式相同的戟銘:

　　　　　　郛右反《考古》1983.2.118　　　　　郐右后《考古》1984.4.351

（中略）二戟辭例相同，第三字應爲一字。後者下脱“止”，應是前者之省簡。與前者相似者亦見舊著録：

　　　　　　毫区八族（?）戈　《三代》19.41.2

“区”與“反”相較，僅少一裝飾筆畫而已，無疑是一字。

　　　檢《説文繫傳》“居”或作“反”，而西周金文作“压”，《汗簡》作“层”。如果以之與上揭兵銘諸字比較：

　　　　　　压農卣　　　　　层《汗簡》中之 1.43　　　区《三代》19.41.2

　　　　　　反 1983.2.118　　　层《説文繫傳》

不難看出，“厂”可演變爲“尸”，而“广”應是這類演變的中間環節。據《説文繫傳》“居”之或體“反”，可以推知“区”與“反”均爲“居”之異體。

　　　與上揭二戟銘文款式相近的齊系兵器銘文有：

　　　　　　平阿左戔（戈）　《小校》10.31.1

　　　　　　平阿右戔（戈）　《小校》10.30.3

由此類推，“居”應是兵器名稱，疑即燕國戟銘中常見的“鋸”。

　　　“鋸”和“鏒”均兵器自銘，與《書·顧命》“一人冕執戣，立于東垂；一人冕執瞿，立于西垂”，注“戣、瞿皆戟屬”，可以相互印證。“鋸”即“瞿”，“鏒”即“戣”。“鋸、瞿”聲韻均同。（中略）同理，“反”亦應是“戟”之異名，與典籍“瞿、钁”同類。臨沂地區所出二戟的胡部均有鋸齒形隆起，這正是“鋸”戟的特異之處。銘有“鋸”的燕國戟的形制，也可資證明，參看《三代》20.15.2、20.16.1，《文物》1982.8.45 圖九、46 圖一四等。

　　　上揭齊兵“毫区”即燕兵“攺鋸”，詳下文“釋攺”。

　　　“反、区”如何隸定？據《説文》系統隸定“屁”，似無可厚非。然而據戰國文字資料“足”“疋”實一字分化。（中略）

　　　“屁”，從“厂”，“疋”聲，與“居”音近可通。《荀子·子道》“由是裾裾何也？”《韓詩外傳》“裾裾”作“疏疏”（“疏”從“疋”聲），是其確證。然則《説文》繫傳以“反”（屁）爲“居”實乃假借。當然也可以將“屁”理解爲“居”之異體，只不過聲符不同而已。

　　　總之，“屁”是“居”的異體，在兵器銘文中是一種特殊戟的名稱，典籍作“瞿”或“钁”。

○嚴志斌(2001)　屁。

厎

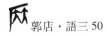 郭店・語三50

○陳偉(1998)　第七字从"厂"从二人正面並立,似乎是"依"字異構。

○顔世鉉(2000)　《語叢三》簡五〇—五一:"志於道,據於德,厎於仁,游於藝。"此段簡文又見《論語・述而》引孔子語。厎,原作厎,王博先生釋爲"依",陳偉先生説此字"从'厂'从二人正面並立,似乎是'依'字異構"。按,此字釋爲"依"可從。《古文四聲韻》卷一"依"字引《雲臺碑》作厽。字象"宀"下二人側立之形,古文字从"厂"與从"宀"偏旁可通用,如《成之聞之》簡三三"宅"字作"厇";《性自命出》簡二〇、六三的"宙"字,《語叢四》又作"厒";金文"安"字或从"厂"作"庡"。又"二人正面並立"與"二人側立"也可相通,如《説文》:"比,密也。二人爲从,反从爲比。"而其古文則作"狀",段注云:"蓋从二大也。二大者,二人也。"故簡文"厎"字即《雲臺碑》的"众"字,均當釋爲"依"字。

○李學勤(2002)　"厎"字非常奇特,下部如果理解爲兩個"大",無法解讀。其實這是"衣"的訛變,"衣"字作"众",重寫了上端的"∧"形,就成爲簡上的樣子。這個字應隸定爲"厎",讀爲"依"。

○陳偉(2003)　庇,字本从厂从狀,我們曾疑是"依"字異構。《古文四聲韻》卷一録雲臺碑"依"字从宀从从,顔世鉉先生引以證明這一推測。李學勤先生認爲:此字下部如果理解爲兩個"大",則無法解讀。其實是"衣"的訛變,即重寫了上端的"∧"形。"這個字應隸定爲'厎',讀爲'依'"。今天回頭去看,此字的釋讀也許不應限於"依"字的思路。《説文》"比"字古文作"狀",正與此字下部相同。所从之"厂",則可通作"广"。因而此字應是"庇"字異構。庇亦有憑依義,與傳世本《論語》"依"字相通。

○**李零**（2002）　“比於仁”（2：1 章：簡 50—51）。

　　“比”，原從厂從夶，舊作以爲相當“依”字，字形待考，今改讀爲“比”。按此字所從“夶”字，實即《説文》卷八上“比”字的古文，字從雙大。楚系文字的“大”有兩種寫法，一種是雙臂下垂，一種是雙臂平舉（參看滕壬生《楚系簡帛文字編》776—781 頁），此字屬於後一類型。“比”有親近之義。簡文“狎於德，比於義”，“狎”和“比”含義接近。《論語》的“據”和“依”，也是含義相近的詞，但與簡文似略有不同。簡文更強調其習染的一面，而不是其規範的一面。

《郭店楚簡校讀記》（增訂本）頁 153

○**李守奎**（2003）　庇　厎　從比之古文。

《楚文字編》頁 552

庚

厎 璽彙 0108　　厎 璽彙 2850　　厎 璽彙 2856　　厎 璽彙 2859

○**何琳儀**（1998）　叟，甲骨文作 ♀（甲 806），從臼從人，會雙手曳人之意。金文作 ♀（師叟鐘）。叟、曳古本一字，均屬定紐。叟爲曳之準聲首（參曳字）。戰國文字曳作 ♀、♀，承襲金文。叟則作 ♀、♀，右上加一筆以與曳區別。《説文》：“♀，束縛捽抴爲叟。從申從乙。”

　　《説文》：“庚，水槽倉也。從广，叟聲。一曰，倉無屋者。”

　　晉璽“庚厎”，疑倉廩之官。晉璽庚，姓氏。堯時掌庚大夫，以官爲氏。至春秋時，周大夫庚皮子過，邑於緱氏。衛有庚公差。見《元和姓纂》。

《戰國古文字典》頁 375

○**湯餘惠等**（2001）　厎。

《戰國文字編》頁 633

厎

厎 璽彙 0108

○**湯餘惠等**（2001）　厎。

《戰國文字編》頁 633

厗

中國古文字研究 1,頁 190 丙辰方壺

○**馮勝君**(1999)　厗,疑讀䀍。慧琳《一切經音義》卷十一引《埤蒼》:"䀍,受一斛(斗)。北燕人謂瓶爲䀍,大瓶也。"

《中國古文字研究》1,頁 190

厒

陶彙 3・757

○**何琳儀**(1998)　厒。

《戰國古文字典》頁 1518

庨

包山 189

○**何琳儀**(1998)　庨,从厂,交聲。
　　包山簡庨,人名。

《戰國古文字典》頁 296

○**湯餘惠等**(2001)　庨。

《戰國文字編》頁 633

○**李守奎**(2003)　庨。

《楚文字編》頁 553

屏　屏

璽彙 2871　　璽彙 2873

○**湯餘惠**(1986)　古璽又有从厂从弄的屏(2871、2873、2874)字,構形清晰可辨,爲《説文》及後世字書所無,字不能識。

《古文字研究》15,頁 16

○**何琳儀**（1998）　屏，从厂，弄聲（參弄字）。疑弄之繁文。

晉璽屏，姓氏。

　　　　　　　　　　　　　　　　　　　　　《戰國古文字典》頁 416

○**湯餘惠等**（2001）　屏。

　　　　　　　　　　　　　　　　　　　　　《戰國文字編》頁 634

△**按**　"屏"所從的"工"應該由"王"（玉）聲化而來。

厓

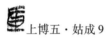上博五·姑成 9

△**按**　"厓"即"庫"字異體，參看本卷广部"庫"字條。

厕

集成 11337 六年令戈

○**湯餘惠等**（1998）　厕。

　　　　　　　　　　　　　　　　　　　　　《戰國文字編》頁 633

厖

集成 11322 七年俞氏戈

○**何琳儀**（1998）　厖，从厂，兒聲。

　　　　　　　　　　　　　　　　　　　　　《戰國古文字典》頁 330

屏

璽彙 2875

○**何琳儀**（1998）　屏，从厂从奴，爻聲。

晉璽屏，讀爻，姓氏。見《姓苑》（引《萬姓統譜》）。

　　　　　　　　　　　　　　　　　　　　　《戰國古文字典》頁 285

○湯餘惠等（2001）　屌。

《戰國文字編》頁 634

屠

屠 璽彙 0937　屠 璽彙 2419

○何琳儀（1998）　屠，从厂，者聲。
　　晉璽屠，人名。

《戰國古文字典》頁 518

○湯餘惠等（2001）　屠。

《戰國文字編》頁 634

麻

麻 中山王玉飾

○劉釗（1999）　屏　張守中編輯的《中山王𗊥器文字編》釋出"吉""之""玉"
"不"四字，並列入正編，另兩字以不識字列入附錄。《𗊥墓——戰國中山國王
之墓》一書釋文作"吉之玉屏不畏"。按，"屏"字其實並不難識，字應釋爲
"麻"。相同或相似的麻字還見於侯馬盟書和古璽。（中略）十多年前筆者曾在
一篇未發表的油印本習作中釋此銘文爲"吉之玉麻（靡）不卑"。

《中國古文字研究》1，頁 160

厫

厫 璽彙 0739

○羅福頤等（1981）　厚。

《古璽文編》頁 236

○陳漢平（1983）　古璽文又有字作厫（0739）、厫（0426）、厫（1743），舊不識，《古
璽文編》隸定爲厚而不釋。按此字爲上文字厫之簡省異體，亦當釋爲府或俯。

《出土文獻研究》頁 236

○何琳儀（1998）　厫，从厂，臤聲。疑臤之省文。《説文》："臤，餘堅聲。从

石,臤聲。”（**編按**：大徐本作“餘堅者。从石,堅省”,小徐本作“餘堅者。从石,堅省聲”。）

晉璽厰,人名。

《戰國古文字典》頁 1126

辰

上博四·逸詩·交交 1

○**馬承源**（2004）　以自爲辰　“辰”,从厂从長,字書所無,讀爲“長”。《廣雅·釋詁》云“長”有“善、常、老、久”等義,此當取“善”義。《論語·述而》:“擇其善者而從之,其不善者而改之。”

《上海博物館藏戰國楚竹書》（四）頁 175

厯

厯璽彙 1711

○**羅福頤等**（1981）　厯。

《古璽文編》頁 237

○**何琳儀**（1998）　厯,从厂,易聲。疑碭之省文。《説文》:“碭,文石也。从石,易聲。”

晉璽厯,人名。

《戰國古文字典》頁 667

○**湯餘惠等**（2001）　厯。

《戰國文字編》頁 634

△**按**　“厯”或“陽”之異體。

厦

璽彙 1612

○**羅福頤等**（1981）　厦。

《古璽文編》頁 236

○**何琳儀**（1998）　厦,从厂,貢聲。

晉璽頣,人名。

《戰國古文字典》頁 415

○**湯餘惠等**（2001）　頣。

《戰國文字編》頁 634

馬

集成 11686 五年邦司寇劍　　璽彙 2842　　璽彙 2844　　璽彙 2847

陶彙 6・82

△**按**　馬當爲"鸘"字簡體,參看本卷厂部"鸘"字條。

郾

璽彙 3304

○**何琳儀**（1998）　郾,从邑从厂,氒聲。
　　晉璽,疑讀巩。姓氏。周之世家公卿。見《潛夫論》。

《戰國古文字典》頁 413

厵

集成 11337 六年令戈

○**何琳儀**（1998）　厵,从厂,盍聲。《廣韻》:"厵,崩損也。"
　　六年令戈厵,人名。

《戰國古文字典》頁 1426

○**湯餘惠等**（2001）　厵。

《戰國文字編》頁 634

屑

集成 12113 鄂君啟舟節

○**郭沫若**（1958）　　屑以聲求之，疑指潛江。

《文物參考資料》1958-4，頁 4

○**殷滌非、羅長銘**（1958）　　厭。

《文物參考資料》1958-4，頁 9

○**商承祚**（1963）　　肩字疑从斤，員聲。

《商承祚文集》頁 319，2004；原載《文物精華》2

○**于省吾**（1963）　　肩。

《考古》1963-8，頁 442

○**朱德熙、李家浩**（1989）　　適鄙（原文从"厂"从"止"从"冐"聲）

《朱德熙古文字論集》頁 194，1995；
原載《紀念陳寅恪先生誕辰百年學術論文集》

○**湯餘惠**（1993）　　屑，地名，字不識。或隸定爲肩，讀爲鄙；又有人隸定爲肩，謂即鄙，均不可信。從銘文看，其地當距淯、漢二水交匯處不遠。此字疑从者聲，以聲類及地望求之，疑即漢水南岸的"穀"，春秋爲穀國，後滅於楚，其地在今湖北穀城縣西北。

《戰國銘文選》頁 47

○**何琳儀**（1998）　　鄂君啟節厭，讀陰，地名。《書·禹貢》"厥篚厭絲"，《史記·夏本紀》作"其篚奋絲"。《淮南子·説林》"使工厭竅"，《文子·上德》厭作捻。是其佐證。《水經注·沔水》："沔水又東南逕陰縣故城西，故下陰也。《春秋·昭公十九年》楚工尹赤遷陰于下陰。是也。"在今湖北光化西北。包山簡厭，見《廣韻》"厭，惡夢"。亦作魘。《説文》新附："魘，寐驚也。从鬼，厭聲。"

《戰國古文字典》頁 1440

○**何琳儀**（2000）　　然則上揭三種隸定，大概只有第一種隸定是正確的，即隸定"屑"，乃"厭"之省文。（**中略**）

"厭"與"今"聲系可通。（**中略**）然則舟節"屑"（厭）可讀"陰"。

檢《水經注·沔水》"沔水東南逕陰縣故城西，故下陰也。《春秋·昭公十九年》楚工尹赤遷陰于下陰也。是也"（《春秋》應作《左傳》）。江永曰："《匯纂》今湖廣襄陽府光化縣西漢水東岸有古陰縣城，即下陰邑也。"其地在今湖北老河口市西北漢水東岸。

舟節"屑"讀"陰"，是西路漢水之濱的城邑，其地望又恰好在今湖北襄樊和今陝西旬陽之間。

《古文字研究》22，頁 142

○**李守奎**（2003）　屌。

《楚文字編》頁 553

△**按**　此字當隸定作"屌"，讀爲"陰"。參看石小力《東周金文與楚簡合證》103—105 頁，中山大學 2015 年博士學位論文）。

屌

集成 2397 壽春鼎　集成 2241 東陵鼎蓋

○**夏渌**（1984）　銘文中的"![字]"爲共用此鼎的三個單位名稱，（中略）聯繫大鼎本身作爲物證，這三個單位應當是供給楚王後宮和親屬肉食的屠宰單位，這個字有可能是"庖、宰、屠"一類字。（中略）"![字]"爲"屠"古字。（中略）![字]異體作：![字]。

《楚史論叢》初集，頁 274—276

○**李零**（1986）　"東陵屌"，東陵是地名；屌，與壽春鼎窗字、鑄客大鼎劏字，滕鼎劏字同例，我們把它釋爲肴，从厂是表示製做肴的處所。（中略）

下面三字，是作器之庖廚名稱，上二字不清，"屌"字，（中略）我們把它讀爲肴，加厂旁或宀旁是表示製做肴的處所。

《古文字研究》13，頁 384

○**曹錦炎**（1986）　鼎銘中的![字]字，亦見於壽春鼎，與此字構形毫無二致，用法也相同。據陳邦懷先生的考訂，壽春鼎也是楚器。

![字]，根據偏旁分析，應該是一個从厂从肉、荆聲的形聲字，當隸定作屌。如所周知，此字作爲聲符的"荆"，在金文中一般都讀爲"刑"，《説文》："荆，罰辠也，从井从刀。《易》曰：'井法也。'井亦聲。"是以井作爲聲符的，楚荆的荆字往往作此形。但是，如果將屌字中的聲符"荆"仍讀作"刑"的話，這個字是沒有辦法釋讀的。我們知道，荆字在金文中除了讀作"刑"外，也可讀爲"梁"。叔家父匡銘"用盛稻梁"的梁字即作![字]，是其證。仲叔父盤銘"黍梁遐![字]"的梁字作![字]，亦可佐證。從金文中的梁字一般作![字]來看，顯然"荆"與"刅"的讀音是相同的。《説文》"刅，傷也。从刃从一"，其或體作創；又"杒，造法杒業也。从井，刅聲，讀若創"，可見"刅"字可讀作"創"。創字古文，《古文四聲音（編按：當作"韻"）》卷四引崔希裕《纂古》正作"杒"，可以爲證。從古音上來説，刅、梁、創、杒古同隸陽部，例可相通。既然"荆"可以和"刅"的讀音相同，則"荆"字

讀作“創”應該是没有問題的。這裏需要指出的是，“荆”字雖然可以和“刱”字讀音相同，但兩者並非是一字的異體，因爲“刱”字乃是從井、刅聲的形聲字，至於後世創字的俗體作“刱”，則是“刱”字之訛。

　　在東陵鼎蓋和壽春鼎的銘文中，胢字是作爲名詞出現的。上面已經指出，胢字是以“荆”作爲聲符的，而“荆”字可以讀作“創”，因此，在銘文中，把胢字讀爲“倉”（“創”是以“倉”作爲聲符的），即倉廩之意，看來是没有多大問題的，胢字從厂，正有房舍之意，從肉，表示貯藏物有肉類，因爲作爲庫藏來説，不一定僅僅是限於糧食而已，此字構形規則與“朱”字借爲“廚”極爲相似，其或體有作脁、厈，正可互證。所以，我們認爲，胢字應該是楚國倉字的另一種寫法（楚國倉字有作 ，見於長沙出土的楚帛書），是一個會意兼形聲的字。我們推測胢字所從的井字寫成 ，井字斜置，大約正是爲了區別於讀爲刑的“荆”字而作的一種表示吧。至於在楚文字中倉字有兩種構形，也不奇怪，因爲在戰國時期，各國文字互不統一，構形各異，往往偏旁紊亂，繁簡雜蕪，甚至濫爲音假，即以廚字爲例，就有胆、朱、脁、厈等各種寫法，明確了這一點，倉字異體作胢（當然也可以省作胬），也就無所謂了。

《古文字研究》14，頁 46—47

○**黄錫全**（1991）　我們先來討論 字。這個字主要有釋膴、釋膡（饎）、釋胢（倉）、釋厃（肴）等説。諸説之中，我們認爲從爻一説較爲合理，銅器銘文中的敦字、教作

盂鼎　　散盤　　沈子它殷

變作

者汈鐘　　郘侯殷　　中山王鼎

是其佳證。所從之刀，當不是聲符，而是意符，與 、（善夫克鼎）、（曆鼎）等所從之 義同，表示以刀切割肉食之形。從厂與從入義同。因此，厊應是從厂從 會意、爻聲的形聲字，當爲肴之異體。“東陵”爲地名，最近有的學者主張位在今安徽的陵陽、太平一帶。“東陵厊”可能是指東陵膳食的機構，這件鼎就是這個機構盛肉之器。壽春鼎前二字或釋“暑官”，那麼，“暑官厊”很可能就是壽春府中專設的膳食機構，鼎則爲府中該機構盛食之器。

《江漢考古》1991-1，頁 63

○**劉彬徽**（1995）　東陵肴，即東陵縣主管製作祭祀用菜肴的機構。

《楚系青銅器研究》頁 356

○**何琳儀**（1998）　劀，从厂，肴聲，刀爲疊加音符。肴之繁文。或説从厂从剛（《集韻》剥亦作剛），爻聲。《説文》：“肴，啖也。从肉，爻聲。”

楚金劀，讀肴。《楚辭・招魂》“肴羞未通”，注：“魚肉爲肴。”

《戰國古文字典》頁 286

○**湯餘惠等**（2001）　劀。

《戰國文字編》頁 635

○**李守奎**（2003）　劀。

《楚文字編》頁 554

○**禤健聰**（2007）　“𥝆”與“𥝆”皆“脧”字異體，銘文中用其本義，《説文》：“脧，挑取骨閒肉也。从肉，叕聲。”

《古籍研究》2007-2，頁 187

△**按**　“劀”字郭永秉（《談談戰國文字中可能與“庖”有關的資料》，《“簡牘與早期中國”學術研討會暨第一屆出土文獻青年學者論壇論文集》17—40頁，2012 年 10 月；《出土文獻研究》11 輯 84—112 頁，中西書局 2012 年）釋作“庖”，認爲所從“爻”是聲符，“爻”是匣母宵部字，从“爻”聲的字如“駁”則是幫母藥部字（藥部是宵部的入聲），楚文字中兩個用作“暴”的字亦從“爻”聲。

厝

楚帛書　 楚帛書　 新蔡乙一 15　 新蔡甲三 111　 新蔡甲一 4

○**嚴一萍**（1967）　厝　商氏亦以爲即《説文》所引“奇字暜”之暜，《説文》：“暜，盛皃，从秝从白，讀若薿薿，一曰若存。暜，籀文从二子，一曰暜，即奇字暜。”

《中國文字》26，頁 20

○**饒宗頤**（1985）　厝字《説文》：“暜，盛皃。从秝从日，讀若薿薿。一曰若存。籀文作暜，从二子。一曰暜即奇字暜（晉）。”帛書此字从曰不从日。金文叔暜妊設（《積古齋》六），古璽有暜字，同此。

厝字帛書兩見，一云“厝爲之正”，一云“厝以爲則”。厝既讀若薿，則此可讀爲擬。《説文》：“擬，度也。”與揆同訓度。《天官書》：“以揆歲星順逆。”

故“𣆚爲之正”猶言揆度以爲正。

《楚帛書》頁 56

○**李學勤**（1982）　“是月以數𣆚”，末一字从“㪜”聲。“㪜”字可讀若“存”，所以這個字讀存察的“存”，這一句的意思是用數術來考察。（中略）

“𣆚以爲”，讀爲“存以爲”，即察而後行。“動”，發作。這句的意思是，有智慧的人能明察災異的原由，據以行動，則禍患可以防止。

《湖南考古輯刊》1，頁 69

○**李零**（1985）　𣆚，應即《説文》畚字，許慎説：“畚，盛貌，从孨从日，讀若蘬蘬，一曰若存，𡥀籒文畚，从二子，一曰㪜即奇字簪。”此從蘬音，讀爲擬，擬者，比度也。

《長沙子彈庫戰國楚帛書研究》頁 58

○**何琳儀**（1986）　𣆚　《説文》：“畚，盛兒。从孨从日，讀若蘬蘬。一曰若存。㪜，籒文畚从二子。一曰，㪜即奇字簪。”嚴引《易·簪》之“簪”孟喜本作“齊”，讀“𣆚”爲“齊”。李乙（編按：指李學勤《論楚帛書中的天象》）讀“存”。按，“𣆚”應讀“擬”。下文“擬以爲則”與《漢書·揚雄傳》“常擬之以爲式”，適可互證。“則、式”音義均通。

《江漢考古》1986-1，頁 55

○**劉信芳**（1996）　𣆚　諸家多以爲字即《説文》“畚”，然其釋則紛紜其説，或釋“簪”，讀作齊；或讀“擬”，或讀“存”。按該字从厈甘聲，“厈”應即《説文》“𡳐”字之別，甘是附加聲符，字讀如“存”，則有如《説文》“畚”之歧讀如“存”。帛書“𣆚”（存）應是與古代𦡳祭相關之禮儀，《禮記·郊特牲》：“鄉人禓，孔子朝服立於阼，存室神也。”所謂“禓”，鄭玄注：“禓，强鬼也，謂時儺、索室、驅疫、逐强鬼也。禓或爲獻，或爲儺。”《論語·鄉黨》：“鄉人儺。”知禓（殤）乃儺、𦡳之異名，同爲驅鬼逐疫之禮也。所謂“存室神”，鄭玄注：“神依人也。”疏云：“謂鄉人驅逐此强鬼，孔子則身著朝服立於阼階之上，所以然者，以時驅逐强鬼，恐已廟室之神時有驚恐，故著朝服立於廟之阼階，存安廟室之神，使神依己而安也。所以朝服者，大夫朝服以祭，故用祭服以依神。”帛書“存爲之正”，謂行驅鬼逐疫之𦡳祭時，以安神爲正。（中略）

存　安也。《史記·五帝本紀》：“存亡之難。”索隱：“存亡猶安危也。”

《中國文字》新 21，頁 91—92、93

○**何琳儀**（1998）　㪜，金文作𡥀（叔㪜妊簋）。从孖，（《集韻》：“孖，一產二字,通作挈。")口旁爲裝飾部件。孖亦聲(讀若挈)。小篆口旁訛作日形。(參臂从甘形,口、甘、日易訛。)《説文》:"𣈙,盛皃。从弄从日。讀若蕘蕘。一曰,若存。𣫕,籀文臷从二子。一曰:昚即古奇字晉。"據古文字昚應从二子,與臷之籀文吻合。

臂,金文作𣫕(臂季鼎),从厂,臂聲。

包山簡臂,讀晉(晉)。《爾雅·釋詁》:"晉,進也。"帛書臂,讀擬。帛書"擬以爲則",與《漢書·揚雄傳》"常擬之以爲式(則)"句式相類。注:"師古曰,擬,謂比象也。"

《戰國古文字典》頁 91

○湯餘惠等(2001)　臂。

《戰國文字編》頁 635

○李守奎(2003)　臂。

《楚文字編》頁 554

○河南省文物考古研究所(2003):王孫臂又稱王孫厭,臂、厭通假。

《新蔡葛陵楚墓》頁 183

△按　徐在國(《安徽大學漢語言文字研究叢書·徐在國卷》252 頁,安徽大學出版社 2013 年)認爲"諸'臂'字均讀爲'厭',義爲厭祭"。

厰

包山 154　　璽彙 5590

△按　"厰"即"廄"字異體,詳見本卷广部"廄"字條。

厛

璽彙 0324

○何琳儀(1998)　厛,从厂,削聲。削之繁文。

魏璽削,讀籠或箭,量器。見削字。

《戰國古文字典》頁 428

△按　"厛"當爲"削"字繁文,參見卷四肉部"削"字條。

郿

 璽彙 2879

○湯餘惠等（2001）　郿。

《戰國文字編》頁 635

厗

 璽彙 0740

○羅福頤等（1981）　厗。

《古璽文編》頁 235

○何琳儀（1998）　厗，从厂从臣，羊聲。
　　晉璽厗，人名。

《戰國古文字典》頁 1469

○湯餘惠等（2001）　厗。

《戰國文字編》頁 635

厐

 包山 53　　包山 83

○何琳儀（1998）　厐，从厂，舞聲。疑廡之異文。《説文》：“廡，堂下周屋。从
广，無聲。廙，籀文从舞。”
　　包山簡厐，不詳。

《戰國古文字典》頁 613

△按　“厐”當爲“廡”字異體，重見本卷广部“廡”字條。

厲　厲

 集成 9735 中山王方壺

○**李學勤、李零**（1979）　下面厡字疑从广省聲。正始石經龍字古文从兄,青銅器如王孫遺者鐘的龍字寫法相同,可見龍古讀陽部。這個厡字似可讀爲寵。另一種讀法是將此字厂下所从歨釋爲步（《説文》陟古文作隉,《汗簡》步作壴,與歨相似）,讀爲布,用法與《戰國策・趙策一》"教順慈愛非布于萬民也"相同。

《考古學報》1979-2,頁 153

○**于豪亮**（1979）　厡字所从之歬即步字,故厡讀若步,以音近讀爲憮與拊。《戰國策・齊策四》："今君有區區之薛,而不拊愛子其民。"《史記・齊世家》:"陰交賢士,附愛百姓。"字亦作憮,《方言・一》:"憮,愛也。宋衛邠陶之閒曰憮。"故厡愛即拊愛、附愛或憮愛。需要附帶説明的是,拊、附在侯部,厡和憮在魚部,在戰國時期侯部即已併入魚部,故二者可以通假。如《左傳・宣公十二年》:"拊而勉之。"《文選・馬汧督誄》注引作撫;又如《説文・手部》:"拊,循也。""撫,安也,一曰循也。"此拊、附、憮、撫、厡相通之證。

《考古學報》1979-2,頁 180

○**張政烺**（1979）　厡,从厂,歬聲。《説文》遠之古文作𨖷,魏三體石經《尚書・君奭》遠之古文作𨓵,則此或是原之異體,讀爲願。《爾雅・釋詁》:"願,思也。"《方言》:"願,欲思也。"

《古文字研究》1,頁 220

○**趙誠**（1979）　黿,《説文》从𠆢,與此从厂同意。朱駿聲《説文通訓定聲》云:"字亦作蹇、作躓,《詩・狼跋》'載黿其尾',字又作駤。"本銘用作至。

《古文字研究》1,頁 253

○**徐中舒、伍仕謙**（1979）　厡・陟,《説文》:"陟,古文作𨺄。"中山三器,凡从日之字,多訛爲田。厂亦𠂆之訛變,當讀爲黜陟之陟,謂登用授職也。

《中國史研究》1979-4,頁 88

○**何琳儀**（1984）　⬛,从厂从歨。諸家據《説文》古文、《汗簡》等形體隸定歨爲步是對的,但讀作从步得聲之魚部字則未當。唯徐中舒、伍仕謙隸厡爲"陟",可從,其解説則有誤。

古文字偏旁"厂"與"阜"有時互作,（中略）陟象以"步"登"阜",厡象以"步"登"厂",二者並無本質區別。

陟於本銘讀德。《周禮・春官・太卜》"掌三夢之法,三曰咸陟",注:"陟之言得也。讀若'王德翟人'之德。"沈子簋"陟上公"即"德上公",均其佐證。

方壺"厡恶深則𢧢人𣂴"當讀爲"德愛深則賢人親"。"德愛"猶"德惠"。

（《説文》：“悡，惠也。”）《淮南子·兵略訓》：“行仁義，布德惠。”本銘“諪豐敬則人至孯，厤悡深則孯人新”爲駢句。“諪豐”謂“言辭禮節”，“厤悡”謂“德澤惠愛”。兩相比勘，文從字順。

《史學集刊》1984-3，頁 8

○**何直剛**（1990）　《王嚳壺》三十三至三十四行：“辭禮敬則賢人至，▨愛深則賢人親。”▨字有的釋寵或布，有的讀附或憮。均覺不妥。從字形所從，當爲《説文·巾部》的帷字的古文，作▨形。這裏假借爲饋。《周禮·膳夫》：“凡王之饋。”鄭注曰：“進物於尊者曰饋。”《禮》有“特性饋食”“少牢饋食”。《大戴禮記·保傅》稱：“春秋入學，坐國老執醬而親饋之。”都説明饋爲古代尊賢敬老的用詞。

《文物春秋》1990-3，頁 53

○**何琳儀**（1998）　厤，从厂从歨（步），會雙足登高之意（阜與厂義近可通）。陟之異文。

　　中山王方壺“厤悡”，讀“德惠”。《周禮·春官·太卜》“三曰咸陟”，注：“陟之言得也。讀若王德翟人之德。”是其佐證。《淮南子·兵略訓》：“行仁義，布德惠。”參《説文》“悡，惠也”。

《戰國古文字典》頁 51

○**張桂光**（1998）　▨（中山王方壺），諸家釋讀頗異，或隸作厤，或隸作厲，或讀作寵，或讀作布，又或讀作願，莫衷一是。其實，以兩止由田登岸，登陟之義最爲明了，由字形分析，當以釋陟爲妥。《説文解字》陟字古文作▨，所從之▨當爲厂之訛，所從之日當爲田之訛，▨實即▨之訛。與▨（降[《前》7.38.1]）又作▨（《乙》5296）配合觀之，▨字當爲陟字應該是可信的。銘云：“辭禮敬，則賢人至；陟愛深，則賢人親；作斂中，則庶民附。”陟字可作重用、提拔解，諸葛亮《前出師表》“陟罰臧否，不宜異同”的陟字即其意。

《古文字論集》頁 127，2004；原載《胡厚宣先生紀念文集》

○**湯餘惠等**（2001）　厤。

《戰國文字編》頁 635

○**楊澤生**（2006）　楚竹書《周易》4 號簡説：

　　訟：有孚，▨悥，中吉，終凶。

　　▨字整理者濮茅左先生隸定作“憻”，讀爲“窒”，並引《説文·穴部》“窒，塞也”作解。與上引簡文對應的文字，帛書本作“訟：有復洫寧，衷（中）吉，終兌”，今本作“訟：有孚，窒惕，中吉，終凶”。可見，濮先生的釋讀是有根據的。不過“惕”應是戒懼之義，如《左傳・襄公二十二年》：“無日不惕，豈敢忘職。”杜預注：“惕，懼也。”而“慬”也應該與之相近，李鏡池先生說今本的“窒”“借爲怟，懼也(《廣雅・釋詁二》)”當可從，所以“慬”也應讀作“怟”，訓爲懼。當然，考慮到帛書本作“洫”，簡文“慬”也可以讀作“恤”。《晏子春秋・問下》：“共恤上令，弟友鄉里。”于省吾《雙劍誃諸子新證・晏子春秋新證》卷二：“恤，慎也。‘共恤’即敬慎。”

值得注意的是，簡文**字與中山王𨟘壺銘文中的**(厤)字都從“歨”，銘文原句爲：“厤愛深則賢人親。”“厤”字過去有不同釋讀，如張政烺先生說：“此或是原之異體，讀爲願，《爾雅・釋詁》：‘願，思也。’《方言》：‘願，欲思也。’”趙誠先生釋作“𢳓(至)”；馬承源先生等說此字所從的“歨”“當是步之古文，爲字之聲符，當讀如博，步、博聲韻皆同(引者按，步、博分別爲幫母鐸部字和並母魚部字，聲韻近而不同)”，並說“由此可見，博愛這個詞出現得相當早”。張桂光先生說此字“以兩止由田登岸，登陟之義最爲明了，由字形分析，當以釋陟爲妥”。現在看來，此字的釋讀還需要重新考慮。根據上引《周易》竹書本和帛書本有關異文的情況，我們認爲當讀爲“恤”，意爲體恤、憐憫。《史記・項羽本紀》：“今不恤士卒而徇其私，非社稷之臣。”“恤愛”猶“愛恤、惠恤”。《漢書・晁錯傳》：“賓禮長老，愛卹(恤)少孤。”《左傳・成公二年》：“無德以及遠方，莫如惠恤其民，而善用之。”

還有一點值得提出來，“歨”與“𢳓”有所不同。《說文・夊部》：“𢳓，礙不行也，從夊引而止之也。”如果《說文》的字形和解說都是可靠的話，那麼“𢳓”跟“歨”可能不是相同的一個字。同簡“涉”字作**，跟“歨”只是從“水”與從“田”的不同，因此“歨”和“涉”有可能是形音義相近的字。但“涉”字古音屬禪母葉部，“恤”屬心母質部，它們聲韻相近，可以相通，因此簡文**仍然可以讀作“怟”或“恤”，銘文“厤”仍然可以讀作“恤”。

《康樂集》頁 169—170

環

中山王玉環

○何琳儀(1998)　　厵,从厂,睘聲。

中山雜器厵,讀環。

《戰國古文字典》頁 990

厵

侯馬八五:八

○山西省文物工作委員會(1976)　　厵。

《侯馬盟書》頁 347

○何琳儀(1998)　　厵,从厂,覭聲。覭,疑眇之異文。《集韻》:“眇,目小也。”

侯馬盟書厵,人名。

《戰國古文字典》頁 834

○湯餘惠等(2001)　　厵。

《戰國文字編》頁 635

嗛

上博三·周易 12　　　　上博三·周易 13

○濮茅左(2003)　　嗛,《説文》所無,讀爲“謙”,同“嗛”。《説文·言部》:“謙,敬也。从言,兼聲。”徐鍇曰:“謙猶嗛也,或从口。”“謙”,《周易》第十五卦,艮下坤上,馬王堆漢墓帛書又作“嗛、溓”。《易之義》:“《嗛》也者,德之秫也”,“《嗛》奠(尊)而光”,“《嗛》,以制禮也。”帛書《繫辭上》:“溓(謙)也者,致共(恭)以存亓位者也。”《二三子》孔子曰:“吉,嗛也。凶,橋(驕)也。天乳驕而成嗛,地徹驕而實嗛,鬼神禍福嗛,人亞(惡)驕而好嗛。”《彖》曰:“《謙》,亨,天道下濟而光明,地道卑而上行。天道虧盈而益謙,地道變盈而流謙,鬼神害盈而福謙,人道惡盈而好謙。謙尊而光,卑而不可踰,君子之終也。”《象》曰:“地中有山,《謙》。君子以裒多益寡,稱物平施。”

《上海博物館藏戰國楚竹書》(三)頁 153

初六:嗛君子,甬涉大川,吉　　本句馬王堆漢墓帛書《周易》作“初六:嗛

嗛君子,用涉大川,吉";今本《周易》作"初六:謙謙君子,用涉大川,吉"。

《上海博物館藏戰國楚竹書》(三)頁 153

△按　"厤"當爲"廉"之異體,重見广部"廉"字條。

厬

璽彙 2879

○**何琳儀**(1998)　厬,从厂,監省聲。

　　晉璽厬,姓氏,疑讀監。見監字。

《戰國古文字典》頁 1452

廃

璽彙 0860

○**羅福頤等**(1981)　廃。

《古璽文編》頁 236

○**朱德熙**(1983)　《尊》2·5 著録一私名印,文曰"長廃牿"。廃當讀爲掔,掔與牽音同字通。《春秋·定公十四年》"公會齊侯衛侯于牽",《公羊》牽作堅,《釋文》"本又作掔,音牽"。《左傳·宣公十二年》"鄭公肉袒牽羊",《史記·鄭世家》"鄭襄公肉袒掔羊以迎"。璽文"長廃牿"當讀爲"張牽犢"。從這個字的含義也可以看出釋牿爲犢是正確的。

《朱德熙古文字論集》頁 152—153,1995;原載《古文字研究》8

○**吳振武**(1983)　長廃𤛿·長廃牿(犢)。

《古文字學論集》(初編)頁 495

○**陳漢平**(1985)　古璽文有字作𪠠(0860),舊不識,《古璽文編》隸定爲廃而不釋。按此字从糸从府,當釋爲紨,字亦作紨。《説文》:"紨,布也。一曰粗紬。从糸,付聲。"

《出土文獻研究》頁 236

○**何琳儀**(1998)　廃,从厂,緊聲。(《説文》:"緊,纏絲急也。从臤从絲省。")疑緊之繁文。

晉璽⿸厂緊,人名。

《戰國古文字典》頁 1126

○**湯餘惠等**(2001) ⿸厂緊。

《戰國文字編》頁 635

⿸厂𦎫

璽彙 2878

○**羅福頤等**(1981) ⿸厂𦎫。

《古璽文編》頁 237

○**何琳儀**(1998) ⿸厂享,从厂,𦎫聲。淳之異文。《集韻》:“淳,或作⿸厂享。”

晉璽⿸厂享,讀淳,姓氏。見《奇姓通》。

《戰國古文字典》頁 1335

○**湯餘惠等**(2001) ⿸厂𦎫。

《戰國文字編》頁 636

⿸厂賢

璽彙 0938 璽彙 2923 璽彙 0939

○**羅福頤等**(1981) ⿸厂賢。

《古璽文編》頁 236

○**陳漢平**(1985) 古璽文又有字作(0938)、(2923),舊不識,《古璽文編》隸定爲⿸厂賢而不識。按,以此字參照上文附字字形,以及古璽文府字作、、、等諸體,知此二字字形所从乃傅或⿸亻⿱目土與賔字之合,而此二字从广作,故當釋爲府或俯。

《出土文獻研究》頁 236

○**何琳儀**(1998) ⿸厂賢,从厂,賢聲。疑賢之繁文。

晉璽⿸厂賢,人名。

《戰國古文字典》頁 1126

○**湯餘惠等**(2001) ⿸厂賢。

《戰國文字編》頁 635

勵

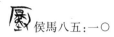 侯馬八五:一〇

○山西省文物工作委員會（1976） 勵 助。

《侯馬盟書》頁 310

○何琳儀（1998） 勵,從厤,助聲。
侯馬盟書勵,或作助,見助字。

《戰國古文字典》頁 1021

雁

 璽彙 1545

○羅福頤等（1981） 雁。

《古璽文編》頁 236

○何琳儀（1998） 雁,從厂,縋聲。疑維之繁文。見維字。
晉璽雁,人名。

《戰國古文字典》頁 1209

○湯餘惠等（2001） 雁。

《戰國文字編》頁 636

䮄   厊

 集成 163 䮄氏鐘

<table>
<tr><td>集成 11686 五年邦司寇劍</td><td>陶彙 6·82</td><td>璽彙 2842</td><td>璽彙 2844</td><td>璽彙 2847</td></tr>
</table>

○劉節（1931） 䮄即驫之繁文,《說文》:“驫,眾馬也。”羌屬西戎,善騎射,而以驫爲國邑之號,故曰驫羌。《後漢書·西羌傳》有白馬羌、氂牛羌、參狼羌,皆西戎別族。《商頌·殷武》:“自彼氐羌,莫敢不來享。”箋曰:羌,夷狄國在西方者也。《王制》曰:西方曰戎。《說文》云:西戎牧羊人也。《風俗

通》:羌本西戎卑賤者。然則,鸓羌乃戎氏之一族也。故曰戎氏辟菖宗。

《古史考存》頁 86—87,1958;原載《國立北平圖書館館刊》5 卷 6 號

○**吳其昌**(1931) "鸓"者,又小編鐘銘云:"鸓氏之鐘。"按"鸓"即"鸓"也。鸓地南及洛陽附近,故鸓姒鼎、鸓姒彝出於洛陽(《集古遺文》羅氏注)北及《水經注·沁水》之鸓水,地域頗廣。中居華、戎二族,其華族爲姒姓,故稱"鸓姒";其戎族爲姜姓,即"鸓羌"也。詳《金文氏族疏證》姒姓鸓氏疏,及劉《考》。鸓地既南及於伊洛,而北至於沁鸓,故羌戎散布之迹,亦南及於伊洛,而北至於沁鸓。羌戎本居渭水上游極西之地,逐漸沿渭水下游而東徙。至於陝西棫林鄭國故土境内,則爲"鄭羌氏"。故《攎古録》有奠羌白鬲,故宮博物院有奠羌伯匜,是其明證。既散居渭水兩岸,與秦人雜處,故一度爲秦人壓迫,欲復逐之於瓜州。故《左傳》襄公十四年傳云:"……將執戎子駒支,范宣子親數諸侯曰:來!姜戎氏。昔秦人迫逐乃祖吾離于瓜州。"而駒支之對亦曰:"昔秦人負恃其衆,貪其土地,逐我諸戎……"是其明證。至晉惠公始引此羌戎氏處於河沁伊洛之鸓地。故范宣子又曰:"吾先君惠公,有不腆之田,與汝(指羌戎)剖分而食之。"駒支對曰:"惠公蠲其大德……賜我南鄙之田。"是其明證。"南鄙"云者,在晉都絳邑之南故也。《春秋》僖公二十二年《左氏傳》云:"秋,秦晉遷陸渾之戎于伊川。"據《史記·十二諸侯年表》,魯僖公之二十二年,即晉惠公之元年也。故王符《潛夫論·志氏姓》篇云:"姜戎居伊洛之閒,晉惠公徙置陸渾。"其明證也。姜戎氏既受秦人壓迫,因晉惠公之故,反得安居王城近畿,南至伊洛,北至沁鸓之地;其感激晉人爲何如乎。故駒支對范宣子曰:"我諸戎……爲先君(指惠公)不侵不叛之臣,至于今不貳。"是其明證。其後晉與鄰國戰爭,羌戎無不效死。如秦晉殽陵之戰,駒支自謂"晉禦其上,戎亢其下,秦師不復"。且每戰皆參,故駒支自言"自是以來,晉之百役,與我諸戎相繼于時,以從執政,豈敢遠離"。至襄公十四年,范宣子又召戎子駒支而面斥,駒支又極力自誇其忠勇效力於晉之功。襄公十四年至十八年相距僅四年耳;至襄二十四年,亦相距只十年耳。則此六年之内,三與齊戰,羌戎氏當無役不參與也。故鸓羌鐘云"鸓羌作戎氏辟菖宗敔",乃鸓地羌人自作鐘以銘其戰功,以爲戎氏合宗之光也。此羌戎對晉關係之歷史沿革之線索之可推見者也。餘詳劉《考》,劉考是也。

《國立北平圖書館館刊》5 卷 6 號,頁 47—48

○**徐中舒**(1932) 鸓不見字書,其所從之⬡,乃象馬首及髦鬣形。古璽文書馬字下復綴二小畫,(**中略**)此姑定以鸓字。鸓爲氏,亦唯見於此鐘,羌其名也。

銘稱韓宗,或即韓之支庶。《水經注》沁水下有驫驫水,亦晉地,不知即此否？

《徐中舒歷史論文選輯》頁 212

○**唐蘭**(1932)　驫字《説文》所無,當爲从厂,驫聲。《説文》:"驫,衆馬也。"驫爲氏名,以同出之驫氏鐘證之可知。驫一作驫,羅氏《集古遺文》有驫𣪩彝各一,並云:"驫𣪩乍寶障彝。"驫亦氏名也。羅云:"彝出洛陽某村。"鼎所出當同。容君庚告余:"此鐘出鞏縣。"鞏、洛壤地亦相接也。劉考云:"《水經注・沁水》:'南歷陭氏關,又南,與驫驫水合,水出東北巨駿山。'或即驫氏所邑之國。"其言甚是。特此器之驫,但氏而非國名耳。水之名驫,或以產馬之故,故其山名巨駿,至氏以地名,則周人通例也。驫羌人名,驫氏羌名。銘曰:"驫羌乍𤝔𣪩宗敦。"知驫羌者人稱,非國邑之稱也。

《唐蘭先生金文論集》頁 2,1995;原載《國立北平圖書館館刊》6 卷 1 號

○**羅福頤等**(1981)　馬。

《古璽文編》頁 247

○**蔡全法**(1986)　十三、"馬"字陶甕

　　一件,泥質灰陶殘片,器表磨光,戰國時器。1984 年 11 月西城 T20 井 8 出土。"馬"陰文印,無外框,橫向鈐印於甕肩部,从厂从馬。《驫羌鐘》有"驫",約爲戰國初年文字,戰國晚期少見,馬爲驫省,這裏應與韓國陶工姓氏有關。

《中原文物》1986-1,頁 78

○**高明、葛英會**(1991)　厲　《説文》所無。《廣雅》:"厲,庵也。"

《古陶文字徵》頁 93

○**湯餘惠**(1993)　驫羌,作器者名,晉國韓氏的家臣。

《戰國銘文選》頁 11

○**何琳儀**(1998)　驫,金文作 🐴(驫銅簠)。从三馬,會馬衆多之意。馬亦聲。驫,幫紐幽部;馬,明紐魚部。幫、明均屬脣音,幽、魚旁轉。驫爲馬之準聲首。戰國文字承襲金文,省爲身。《説文》:"驫,衆馬也。从三馬。"

　　驫,从厂,驫聲。疑驫之繁文。

　　驫氏鐘、驫羌鐘驫,姓氏。姓書未見,疑爲胡姓。

《戰國古文字典》頁 249

○**何琳儀**(1998)　厲,从厂,馬聲。疑厲之異文。《廣雅・釋宮》:"厲,庵也。"

晉器馮,讀馬,姓氏。見馬字。

《戰國古文字典》頁 608

○**湯餘惠等**(2001)　　屬。

《戰國文字編》頁 634

○**睡簡整理小組**(1990)　　危,二十八宿之一。《史記‧天官書》:"危爲蓋屋。"索隱引宋均:"危,上一星高,旁兩星隋下,似蓋屋也。"

《睡虎地秦墓竹簡》頁 188

○**高明、葛英會**(1991)　　(編按:陶彙5‧145)危。

《古陶文字徵》頁 39

○**何琳儀**(1998)　　危,從卩,厃聲。疑跪之初文(參厃字)。《説文》:"厃,在高而懼也。從厃,自卩止之。"

　　秦陶危,人名。

《戰國古文字典》頁 1202

○**陳佩芬**(2001)　　舍　從石從今。《説文》所無。郭店簡作"陰",今本作"危"。

《上海博物館藏戰國楚竹書》(一)頁 192

○**陳偉**(2002)　　危(委)其死弗敢愛也(17 號簡)

　　這句話接在上條討論的簡文之後,也是講的臣德。其中第一字與《古文四聲韻》所録古《孝經》的"危"字以及戰國官璽中一些"臼"字所從的"厃"旁類似,原釋爲"危",應可從。

　　"危"在簡書中的用法,原釋文未作説明,相關論著也未見涉及。我們懷疑應該讀爲“委”。上古音中危、委爲微部疊韻，或可通假。《詩·大雅·民勞》“無縱詭隨”，朱駿聲即認爲：詭隨“猶委隨也”。委有委托、交付的意思。“委其死弗敢愛也”，大致是説托付其性命而不敢吝惜。

簡文還可能與委質之禮相關。《左傳·僖公二十三年》晉獻公拘押狐突，要他召跟隨重耳流亡的兒子狐毛回國。狐突説：“子之能仕，父教之忠，古之制也。策名，委質，貳乃辟也。”杜預注：“名書於所臣之策，屈膝而君事之，則不可以貳。辟，罪也。”將“委質”説成“屈膝”，是不正確的。《史記·仲尼弟子列傳》索隱引服虔注《左傳》云：“古者始仕，必先書其名於策，委死之質於君，然後爲臣，示必死節於其君也。”又《國語·晉語九》記尨沙釐説：“臣聞之，委質爲臣，無有二心，委質而策死，古之法也。”韋昭注：“質，贄也。士贄以雉，委贄而退。”又説：“言委質於君，書名於策，示必死也。”所以“委質”的“質”通“贄”，是開始臣服於君長時獻上的見面禮，“委”則是“置”的意思。古人用這種儀式表示君臣關係的確立。

上引韋昭注説“士贄以雉”。《左傳會箋》在引述服虔注之後也説：“死之質者，以雉言也。始仕必是爲士，士之贄以雉，雉必用死。”所謂士質用雉之説，最早大概是見於《書·舜典》。篇中在講“東巡守”的時候説：“修五禮、五玉、三帛、二生、一死贄。”僞孔傳云：“一死，士執雉。”士所執作爲質（贄）的雉何以稱爲“死贄”呢。漢唐學者有一些解釋。《周禮·春官·大宗伯》鄭玄注云：“雉，取其守介而死，不失其節。”賈公彦疏發揮道：“雉性耿介，不可生服，其士執之，亦當如雉耿介，爲君致死，不失節操。”《儀禮·士相見禮》鄭玄注：“雉必用死者，爲其不可生服也。”賈公彦疏云：“則雉，義取耿介，爲君致死也。”《説苑·修文》説：“雉不可指食籠狎而服之，故士以雉爲贄。”《白虎通·瑞贄》説：“士以雉爲贄者，取其不可誘之以食，懾之以威，必死不可畜也。士行耿介，守節死義，不當移轉也。”《禮記·曲禮下》孔穎達疏云：“雉，取性耿介，唯敵是赴。士始升朝，宜爲赴敵，故用雉也。”這些説法大致相同，就是説雉即野雞秉性剛烈，不可生擒、畜養；士用來作質，表達以死事君的信念。鑒於這樣一種儀式的存在以及前引《國語》“委質而策死”、《左傳》服虔注“委死之質”一類説法，我們也許可以懷疑，簡文“委其死”是就委質而言的。

《古文字研究》24，頁 395—396

○**大西克也**（2003）　（壹）上博楚簡《緇衣》中的“𤡅”字

上海博物館所藏楚簡《緇衣》16 號簡中有兩個字形相近的字，即“𤢓”和

“▨”字(以下以 A 代之),相當於今本《緇衣》的“危”字。

　　(1)子曰:可言不可行,君子弗言,可行不可言,君子弗行,則民言不 A 行,行不 A 言。

整理者隸定 A 爲“舍”,説“从石从今”,但没解釋怎麽讀。郭店楚簡相應的字作“▨”形,从“阜”从“禾”从“心”,裘錫圭先生説:“字當从‘禾’聲,讀爲‘危’,‘禾、危’古音相近。”

　　各家對 A 字的隸定和釋讀目前還存在着相當大的分歧,就字形的理解來説,可以分兩種意見。一派學者采用原釋文的隸定,從此出發討論 A 字該讀何字,如陳斯鵬先生認爲 A 从“今”得聲讀爲“侵”,訓“傷”;顏世鉉先生也認爲字从“今”聲,但讀爲“岑”訓爲“高”;楊澤生先生對陳斯鵬先生的讀法予以肯定,同時指出此字還有可能从“石”得聲,讀爲“蠹”或“度”,表示損害、危害、敗壞。另一派學者不同意整理者的釋文,把 A 的字形直接釋爲“危”或“厃”的異構,如李零先生説 A 疑是“危”字錯寫,黄錫全、徐在國、黄德寬、趙平安等先生認爲 A 可釋爲“厃”讀作“危”。史傑鵬先生的看法可以説是兩種意見的折衷,他認爲 A 應當是“厃”的異構字,但“厃”字上部的“人”形被改造成“今”字並成爲聲符,因而讀作“險”。我個人認爲,若把 A 字釋爲从石从今,在字形上看應無疑問,但此字到底从何得聲讀爲何字,仍需加以探討;若釋爲“厃”讀爲“危”,雖和今本一致,但字形方面的根據尚嫌不足。古文字資料中已知的“危”或“厃”字不是很多,所以討論上博《緇衣》該字之前,有必要先整理一下相關諸字。

　　戰國文字中的“危”或“厃”字有如下幾種寫法,下面分別加以辨析。

　　(一)甲形

　　(2)▨郭店楚簡《六德》17 號簡　　(3)▨《古璽彙編》0117　　(4)▨《古璽彙編》5104

郭店楚簡《六德》17 號簡有句云“危其死弗敢愛也”,將“▨”釋作“危”是整理者的看法,對此各家似無意見,只是對“危”字的含意有不同的理解,多數人如字讀,但陳偉先生認爲假借爲“委”。古璽中的“▨”字,現在比較流行的看法是釋作“丞”,但丁佛言、于省吾、何琳儀、吴振武等先生根據傳抄古文將“▨”釋爲“厃”。最近徐在國先生指出,“危”字《古文四聲韻·上平支韻》引《古孝經》作“▨”,引《古尚書》作“▨”。郭店《六德》17 作“▨”,都是从人在山。璽印所謂“丞”字的形體與郭店《六德》的字無二致,看來將其釋爲“厃”的意見是正確的。司馬光《類篇·卷九中》云:“▨,虞爲切,在高而懼也,从人在山。”《説文·危部》云：“危，在高而懼也，从厂自卪止之。”大徐音魚爲切，與《類篇》注音相同。可見司馬光也認爲此字是“危”字異體。總之，上舉諸字皆可釋爲从人在山，可隸作“仚”，看作“危”字異體。至於古璽中的“厃”字如何讀，留到下文再談。

此外，包山竹簡卜筮祭禱簡中出現被釋作“坐山”的神祇，“坐”字作“坒”（214 號簡）、“坒”（237 號簡）、“坒”（243 號簡）。這些字陳偉先生釋“危”，懷疑“危山”即《漢書·地理志》“南郡”“高成”縣下原注所提及的“湡山”。此字雖然比較接近“厃”，但是其下部與“山”字有明顯的不同，未必是从人在山的“厃”字。李零先生認爲“坐”和“危”形近混用。

（二）乙形

（5）乐上博楚簡《緇衣》9 號簡“詹（詹）”字所从

（6）厂十三年少府矛“儋（儋）”字所从

（7）尼包山楚簡 263 號簡“尼（跪）”字所从

上博楚簡《緇衣》9 號簡説：“虩虩師尹，民具尒詹（瞻）。”《説文·八部》云：“詹，多言也。从言从八从厃。”《説文·厂部》云：“厃，仰也。从人在厂。”可見“乐”“厂”之爲“厃”甚明。“厃”大徐音魚毀切，並在“詹”字下作注云：“厃，高也。”“危”亦有“高”義，音魚爲切，“厃”“危”語音只有聲調之差，因此“厃”通作“危”，“厃”大概是“危”之初文。戴侗《六書故·卷五》云：“厃，魚爲切。人在厂上，危之義也。又作仚。又齝之以聲爲危。”戴侗認爲“仚”是“厃”的異體字，“危”从“厃”得聲，這些意見都是正確的。包山楚簡 263 號簡“尼”字从“厃”从“止”，劉釗和何琳儀先生將簡文“尼䇥”讀作“跪席”。即將“尼”讀爲“跪”，這也是合理的解釋。

（三）丙形

（8）詹曾侯乙墓竹簡 11 號簡“鎗（鈒）”字所从

（9）危《中國歷代貨幣大系·先秦貨幣卷》543—546

曾侯乙墓竹簡的字原釋文不識，後來張鐵慧先生直接釋作“鎗”，何琳儀先生則將其釋作“鈒”讀作“鎗”，指出“厃”字所从的“二”和“口”都是裝飾部件。按，二位先生釋“鎗”爲“鎗”是可信的。簡文列舉了五個物名即“旃、鈒、敯、兼、鏵”，並在字的右下方都有句讀號，這五個物品雖不能均識，但“敯”之爲“錩”，“兼”之爲“鐮”，應無疑問。《説文·金部》云：“鎗，臿屬。”正如張、何二位先生指出,"鈈"應該是"鍤"一類的農具。古幣中的"𫂂"字,何琳儀先生釋"厃",并指出原篆右下之"ニ"爲裝飾部件。我以爲丙形"厃"下部所從可釋爲"石"字。楚文字的"石"字往往作"后""戸"等形狀,與丙形"厃"字的下部極其相似。《説文·厂部》云:"厂,山石之厓巖,人可居。"《説文·石部》云:"石,山石也。""厂""石"形義皆近,丙形的"厃"從"石",是義符的改變。黄錫全先生曾將⑧釋爲"危",並作注説"《古孝經》危作𠂤,山與石義近",也就是這個意思。

(四)丁形

(10) 𠂤 曾侯乙墓漆木衣箱 E.66

漆書二十八宿的危宿寫成此形。何琳儀先生認爲此字從"氏"從"几","几"爲音符。《説文》:"氏,巴蜀民山岸脅之堆旁箸欲落墮者曰氏。"何先生説"危"從"氏"或取山厓欲墮危險之義。此字從"几",至確。包山楚簡7號簡"処郢里"的"処"字作"𠂤"形,所從的"几"旁與此字一致。至于此字上部是何字,單獨來看釋作"氏"是没問題,但是和上舉"厃"字諸形結合起來看,應該是"人"字加一飾筆,其形狀與郭店《六德》"𠄏"、上博《緇衣》"𠂤"("詹"字所從)很像。所以漆書"危"字可釋爲從人在几上。人在屋裏要看高處或取高處的物品,登在几上是很自然的事情,這就是此字的構形原理。

總之,戰國文字中的"厃"字共有四種寫法,甲形從人在山,傳抄古文和古璽中多見此形;乙形從人在厂,即《説文》之"厃"字;丙形從人在石;丁形從人在几。這些變體的構形原理都一致,人在某種東西之上,目的是瞻望遠處、高處或取高處之物。

現在回頭看上博《緇衣》的A字。黄錫全等先生釋A爲"厃",我想這個看法是正確的。此字從"石"毫無疑問,上面之所以像"今",正如黄先生指出,是因爲趁隙所加二横飾筆。今本《緇衣》中與A對應的字作"危",楚系文字中確實存在從"人"在"石"的"厃"字,這是很好的兩個旁證。A應爲丙形"厃"字的一個變體。(中略)

(叁)餘論:古璽中所見的"厃"字

如上所述,古璽中一般釋作"丞"的字,丁佛言、于省吾、何琳儀、吴振武、徐在國等先生據傳抄古文而改釋爲"厃",我認爲這些意見是正確的。但是璽文中該字如何讀,是個難以解决的問題。何琳儀先生根據"厃"字出現的位置與"鈴"的位置相當,古書訓詁中"危"字有"正直"之義等理由,認爲"危"是

"銒"的别稱。但是何先生後來放棄此説,釋作"仙"之異文,讀爲"掾"。吳振武先生説釋:"'🐦'爲'尸—危'是有一定道理的,但把它讀作'危'(魚爲切),在璽文中則講不通。"所以他利用另一個讀音"職廉切"讀"尸"爲"監"。

據上文論證,"尸"字古有微部疑母的讀音,討論讀"尸"爲何字,應以此音爲基礎。我懷疑"尸"當讀作"尉","尉"字古屬微部影母,二字具有通假條件。有關古璽中"尸"的資料,上引吳先生的文章最齊備,下面主要就吳著所收的詞例略加辨析。

(一)地名+尸(尉)

　(12)庚都尸(尉)　　《古璽彙編》0117

　(13)徒口都尸(尉)　《古璽彙編》0118

　(14)洵城都尸(尉)　《古璽彙編》0119

　(15)鄙邯都尸(尉)　《古璽彙編》0120

　(16)武尚都尸(尉)　《古璽彙編》0121

　(17)夏屋都尸(尉)　《古璽彙編》5546

　(18)□□都尸(尉)　《古璽彙編》0369

　(19)餫氏尸(尉)　　《古璽彙編》3335

吳先生説(12)至(18)的七方肯定是燕璽,(19)可能是三晉璽,"尸"前都是地名。曹錦炎先生指出"都"非指國都,是指有城郭的大邑,燕璽地名稱都,是一大特色。尉官見於秦印,如"參川尉印、梅邑尉印、丕章尉印"等。這些官璽中的"尸"字如果可讀作"尉",那就可證,不僅秦國,燕和三晉的地方政府也設有尉官。

(二)地名+右尸(尉)

　(20)襄平右尸(尉)　《古璽彙編》0125

"右尉""左尉"之稱也見秦印,如"高陵右尉、杜陽左尉、瀘丘左尉、曲陽左尉、樂陽右尉、原都左尉"等。《後漢書·百官志》卷五:"尉大縣二人,小縣一人。"注引應劭《漢官》曰:"大縣丞左右尉,所謂命卿三人。小縣一尉一丞,命卿二人。""左尉""右尉"大概是大縣的尉官。吳振武、何琳儀、莊新興等先生認爲(20)是三晉印,"襄平"的地望待考。

(三)地名+河尸(尉)

　(21)堵城河尸(尉)　《古璽彙編》0124

正如吳振武先生指出,"河尸(尉)"應是管理河渠的水官。"尉"本來是軍官,那麼水官爲什麼稱"尉"呢?《漢書·百官公卿表上》云:"水衡都尉,武帝元鼎二年初置,掌上林苑,有五丞。"注引張晏曰:"主都水及上林苑,故曰水衡。主諸官,故曰都。有卒徒武事,故曰尉。"管理河渠,應當有土工武事,所以水官用"尉"來稱呼,也是可以理解的。(21)吳振武和莊新興先生認爲是三晉璽,曹錦炎先生認爲是燕璽,地望待考。

（四）地名+桷（苑?）尸（尉）

　（22）亡陞桷尸（尉）　　《古璽彙編》0122

　（23）竺谷桷尸（尉）　　《古璽彙編》0123

　（24）郘采桷尸（尉）　　《鐵雲藏印續集》一册

　　　璽文第三字原作"㞢木",吳振武先生從李家浩先生釋"桷",讀爲"苑"。上引《漢書·百官公卿表上》云:"水衡都尉,武帝元鼎二年初置,掌上林苑,有五丞……又甘泉上林、都水七官長丞皆屬焉,上林有八丞十二尉。"《後漢書·百官志三》云:"上林苑令一人,六百石。本注曰:主苑中禽獸。頗有民居,皆主之。捕得其獸送太官。丞、尉各一人。"可見漢代苑裏也設有尉官。

（五）軍尸（尉）

　（25）中軍尸（尉）　　《古璽彙編》5547

　（26）左軍尸（尉）鈦　　《古璽彙編》0126

　　　吳振武先生認爲此二方是燕璽。軍尉之職始設於春秋晉國。《左傳·成公十八年》:"立軍尉以攝之。祁奚爲中軍尉,羊舌職佐之;魏絳爲司馬,張老爲候奄。鐸遏寇爲上軍尉,籍偃爲之司馬,使訓卒乘,親以聽命。"後來軍事之官經常用"尉"來命名。所以燕國的中軍和左軍設有尉官是非常合理的。此外還有幾個"尸"字的單字璽,見《古璽彙編》5103—5105,也可讀作"尉"。

（六）姓氏

　（27）尸辰　　《古璽彙編》3170

　（28）尸女　　《古璽彙編》3171

　　　此二方璽印何琳儀先生認爲是姓氏。我以爲如果此印表姓氏的話,應該讀作"尉"。《廣韻·物韻》云:"尉,……亦姓,古有尉繚子著書。"

（七）其他

　（29）尸尸　　《古璽彙編》5106

　　　此印"尸"字下面有重文符號,可釋作"尸尸",但不知表示何意。或疑讀作"巍巍",係吉語璽之類,尚缺可靠的證據,暫時存疑。

　　　"尉"是古老的官職,始見於《左傳》和《國語·晉語》等資料中。據傳世和出土文獻,七國時秦國多見尉職之外,趙國和魏國亦有其制。古文字資料中"尉"字只見於秦系資料,目前不知道其他國家的尉官用何字來表達。我懷疑古璽中所見的"户"字就是燕國和三晉的表"尉"之字。但是,我也承認這個説法除了音韻上"户""尉"二字音近可通之外,没有其他有力證據,只能作一個假説而已。此説到底是否成立,還有待進一步的研究和新資料的發掘。

《第四届國際中國古文字學研討會論文集》頁 338—341

△按　大西克也文把古璽"户"讀爲"尉"的情況闡述得比較清楚,當可信從。

石 户

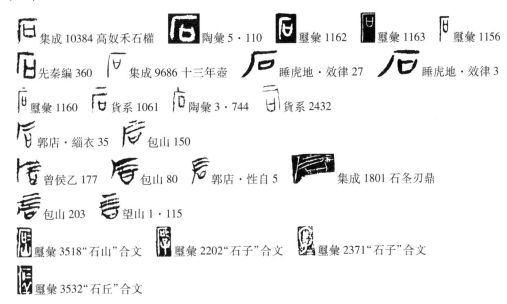

集成 10384 高奴禾石權　　陶彙 5・110　　璽彙 1162　　璽彙 1163　　璽彙 1156

先秦編 360　　集成 9686 十三年壺　　睡虎地・效律 27　　睡虎地・效律 3

璽彙 1160　　貨系 1061　　陶彙 3・744　　貨系 2432

郭店・緇衣 35　　包山 150

曾侯乙 177　　包山 80　　郭店・性自 5　　集成 1801 石巠刃鼎

包山 203　　望山 1・115

璽彙 3518"石山"合文　　璽彙 2202"石子"合文　　璽彙 2371"石子"合文

璽彙 3532"石丘"合文

○黃盛璋(1980)　石本重量單位,當來源於原始權用石,一頭用一石權,一頭稱糧食。至於規定禾一石重量爲一百二十斤,則和一人之力肩挑的重量有關。今"石"的讀音全與"擔"同,即其證明。一人肩挑一石糧食,必分爲兩頭挑,一頭只有半石,用甾盛裝,久而久之,半石甾由容量單位成爲重量單位。戰國秦漢衡制皆有半石,秦有半石權,見《秦律・效》律:"半石不正。"傳世有"公芻半石"鐵權,《金文分域篇》謂 1931 年出土山西介休,而誤訂爲秦權,根據銘文"半"字的寫法與三晉布幣及銅器銘刻同,而介休戰國爲趙地,從字體與出土地望推斷,此鐵權乃是趙權。秦漢田租還要繳納芻稾,"公芻半石"權就是稱繳公的田芻用的。據江陵鳳山 10 號漢初墓所出 3 號牘,田芻以石、斗、升計,當斬筌以爲飼料上繳,所以與糧食同量,公芻所以用半石權,而不用一石,可能與用半石甾稱量有關。

　　原來表重量單位的石,後來也作爲容量單位,等於十斗,十斗稱斛,但也用石表示,至少戰國已有,這顯然是由於稱糧食重量的一石和所用盛糧的容器大小比例有一定關係。用之既久,稱糧的容器大小固定,從而和重量的關係亦爲固定,所以就用標準的盛糧食的容器表示重量。如用於粗略的稱量,用容量要比用稱便捷,半石甾所以由容量成爲重量單位,其理由即在於此。由於兩個標準容量半石甾就是秅一石,所以就用地方上稱糧食的標準容量半石甾來制定關上用的一石權的重量,這是完全可以理解的。如讀爲"禾石石半石"或"半石"來"平石",前者的比例爲1∶1.5,後者爲2∶1,關税和地方上田租或稱糧、物用的衡制不能相差如此之大,只有采取以上的解釋,"半石甾"與"平石"關係才能講通。

《中國歷史博物館館刊》1980-2,頁 106—107

○羅福頤等(1981)　石。

《古璽文編》頁 237

○睡簡整理小組(1990)　(編按:效律 3)衡石不正

衡石,此處指衡制單位石。

石(一百二十斤,一千九百二十兩)。

《睡虎地秦墓竹簡》頁 69、70

○高明、葛英會(1991)　石。

《古陶文字徵》頁 171

○何琳儀(1998)　石,甲骨文作 ᒧ(乙 3212),象石之形。或作 ᒣᣍ(乙 4693),加口形分化。西周金文作 ᑐᣍ(紀侯貈子簠),春秋金文作 ᑐᣍ(鄭子石鼎)。戰國文字承襲兩周金文。齊系文字或作 ᑐᣍᣍ、ᑐ,加〓爲飾;或作 ᑐᣍ、ᑐ,加橫爲飾。ᒉ形訛作 ᙁ形。晉系文字或作 ᑐᣍ,加短橫爲飾。楚系文字或作 ᑐ,加ᑕ爲飾;或作 ᑐ,省口形。秦系文字或作 ᑐᣍ,口形訛作口形,爲小篆所承襲;或作 ᑐᣍ,加短豎爲飾。在偏旁中丨或省作形厂,或 ᑐᣍ形、或 ᑐ形。《説文》:"ᑐ,山石也。在厂之下,口象形。"《集韻》:"石,古作 ᑐᣍ。"

齊璽"公石",複姓。

司馬成公權、中山雜器石,讀秅。見《説文》"秅,百二十斤也。稻一秅爲粟二十升,禾黍一秅爲粟十六升大半升。从禾,石聲"。侯馬盟書、晉璽石,姓氏。衛大夫石碏之後。見《元和姓纂》。趙幣"蟊石",讀"離石",地名。

石買戈、包山簡、隨縣簡、戎趈鐘石,姓氏。見上。望山簡"東石公",或作"東宅公"。石、宅一音之轉,曾侯乙墓漆書石,石磬。《書·益稷》"予擊石拊石",蔡傳:"石,磬也。"石夆刀鼎石,讀秅,見上。

高奴權石,讀柘。見上。秦陶石,姓氏。見上。

《戰國古文字典》頁 546

(編按:陶彙 3·744、3·1333、十一年閔令戈)石。

《戰國古文字典》頁 1532

【石山】璽彙 3518

○吴振武(1983) [illegible]湯·岹湯。

《古文字學論集》(初編)頁 516

○何琳儀(1998) 岩,从山从石,會山巖之意。疑喦之異文。《正字通》:"岩,俗喦字。巖,俗省作岩。"《説文》:"喦,山巖也。从山,品聲。""巖,厓也。从山,嚴聲。"

古璽岩,讀嚴,姓氏。見厰字。

《戰國古文字典》頁 1456

○湯餘惠等(2001) 岦。

《戰國文字編》頁 626

【石子】

○羅福頤等(1981) (編按:璽彙 2202)石子。

(編按:璽彙 2371)向子。

《古璽彙編》頁 217、231

○湯餘惠(1986) 古璽有[illegible](2202 見圖版叁 4)字,由璽文共存的[illegible](部)字所从邑旁寫法推測,當出齊人手筆。因知字上乃是施加尾飾的石旁,字當釋"矷"。《玉篇》:"矷,音子,石名。"

圖 4

《古文字研究》15,頁 50

○何琳儀(1998) 矷,从石,子聲。《字彙》:"矷,石名。"

齊璽矷,人名。

《戰國古文字典》頁 90

【石丘】璽彙 3532

○吴振武(1983) [illegible]□·砡□。

《古文字學論集》(初編)頁 516

○何琳儀(1998) 砡。

《戰國古文字典》頁 1510

○湯餘惠等(2001) 砡。

《戰國文字編》頁 638

△**按** 據《璽彙》3518"石山"合文和 2202"石子"合文,《璽彙》2317 字中之
"="當爲合文符號,"石丘"用爲複姓。

磺 隋 卝

卝 錢典 1226 　　卝 古幣文編 39

○**何琳儀**(1986) 礦 戰國文字:卝(《貨》附 242)(編按:應作 243)
　　《説文》古文:卝(369)。

《古文字研究》15,頁 111

○**何琳儀**(1998) 卝,商代金文作(三代 6·15 父己彝),象少年束髮爲兩
總角之形,參婦好墓所出玉人作形。若截取商代金文頭上部分,即作
卝形。《詩·齊風·甫田》"總角卝兮",傳:"卝,幼稚也。"校勘記:"唐石經卝
作卝。"《集韻》:"卝,束髮貌。"(上引商代玉人見《考古學報》1977 年 2 期)戰
國文字上承商代金文作卝、卝、卝、卝等,或演變作卝、卝等形。《説文》:"磺,
銅鐵樸石也。从石,黄聲。讀若礦。卝,古文礦。《周禮》有卝人。"卝、礦均屬
見紐,許慎以卝爲假借。《周禮·地官·序官》"卝人",注:"卝之言礦也,金
未成器曰礦。"所謂"未成器"與毛傳"幼稚也",似義亦相函。

卝尚城縣小器"卝上",讀"泉上",地名。《漢書·地理志》上谷郡"泉
上",在今河北懷來。

趙三孔布卝,讀關,地名。《漢書·地理志》常山郡卝,在今河北欒城西北。

《戰國古文字典》頁 1002

礜 礜

官印 0061 　　秦文字集證 160·433

△**按** 《説文》:"礜,毒石也。出漢中。从石,與聲。"

磧 隋 硨 床

上博六·用曰 8 　郭店·忠信 1 　郭店·忠信 2

○**荆門市博物館**（1998） 厇,从"朿"聲,讀作"積"。《説文》:"聚也。"

《郭店楚墓竹簡》頁 163

○**湯餘惠等**（2001） 碄。

《戰國文字編》頁 639

○**李守奎**（2003） 磧。

《楚文字編》頁 555

○**張光裕**（2007） （編按:上博六·用曰 8"碄涅天之下"）"碄"从"朿(刺)",疑讀同"積"。《黃帝内經·微旨大論》:"岐伯曰:所謂步者,六十度而有奇,故二十四步積盈百刻而成日也。"

《上海博物館藏戰國楚竹書》（六）頁 294

△**按** 郭店簡"厇"爲"碄"之省。《説文》石部:"磧,水陼有石者。从石,責聲。"《説文》"責"字"从貝,朿聲",故簡文"碄"即"磧"字,讀爲"積"。

礜 礜

郭店·緇衣 44　　文博 1998-1,頁 43

○**岳起**（1998） 咸郦里礜:出自一墓、一器、一處。第四字"礜"下部不甚清楚,其口下似有一横,但這一横纖細,和該戳印其他地方殘留的邊框線一致,因此,第四字下部當隸爲"石"。

《文博》1998-1,頁 41

11

○**王輝**（1998） 10 條（編按:與上引岳起文圖二:11 同）"礜"字前此古文字未見。《説文》:"礜,餘礜也。从石,堅省聲。"段玉裁注:"'也'各本作'者',今依《廣韻》《集韻》《類篇》正。按'砳'下當云'石堅聲','礜'下當云'餘堅聲',皆轉寫之訛。蓋自硪至歷八篆,皆兒（編按:當作"兒"）石聲……《論語》曰'郇哉硜硜乎',又云'硜硜然小人哉',其字皆當作'礜礜',假借古文磐字耳……'鏗爾舍琴',亦當爲'礜爾'……"段氏謂礜字早有,今由陶文證明段説爲千古卓識。

《陝西歷史博物館館刊》5,頁 2

○**彭浩、劉祖信**（1998） 好㤅(仁)不礜(堅)。

《郭店楚墓竹簡》頁 131

△按 "礊"當即"堅"的異體。《説文》:"堅,剛也。从臤从土。""礊、堅"皆以"臤"爲聲。

磬 𡔛

近出 105 鼄鎛　近出 99 鼄鎛

○趙世綱(1991)　"硻",(中略)《説文》無,疑爲聲之別體。

《淅川下寺春秋楚墓》頁 364

○吳振武(1996)　淅川新出鼄鐘"𤔔(馨)磬"之"磬"作𡔛或𠪨(河南省文物研究所等《淅川下寺春秋楚墓》276、261 頁,文物出版社 1991 年),前者从"声"(即"磬"之象形字)"聖"聲,後者从"厂""聖"聲。又,《金文編》772 頁"聖"字下收匽伯匜𡔛(人名),從字形看,此字當與鼄鐘"𡔛"爲同一字(用借筆法寫成)。

《于省吾教授百年誕辰紀念文集》頁 165

○李家浩(1998)　馨磬

此二字原文作"礵硻"。(中略)

第二字从"石"从"聖"聲。在古書中和古文字中,屢見"聖、聲"二字通用。"声"的繁體與"磬"皆从《説文》籀文"声"得聲。因此,此字應該是"磬"的異體。

《北大中文研究》頁 250

△按 "硻"或"𡔛"爲"磬"字異體,而非"聲"之別體。

破 𥐫

珍秦 75　九店 56·18

○何琳儀(1998)　《説文》:"破,石碎也。从石,皮聲。"

秦璽破,人名。

《戰國古文字典》頁 886

○李家浩(1999)　"攽"不見於字書,字當从"皮"得聲。"攽",秦簡《日書》楚除甲種作"彼",乙種作"作"。"攽、彼"二字所从聲旁相同,可以通用。"彼、作"二字形近,"作"當是"彼"字之誤。

《九店楚簡》頁 64

○**陳偉武**（2003）　**敊**：九店簡 56.13 上：“［荊］尸建於辰，陷於巳，敊於午，坪於未，寧於申，工於酉，坐於戌，盍於亥，城於子，復於丑，茍於寅，微於卯。”李家浩先生注：“‘敊’不見於字書，字當从‘皮’得聲。‘敊’，秦簡《日書》楚除甲種作‘彼’，乙種作‘作’。‘敊、彼’二字所从聲旁相同，可以通用。‘彼、作’二字形近，‘作’當是‘彼’字之誤。”今按，謂“彼、作”形近而誤甚是，作“彼”者亦當讀“敊”，“敊”即“破”之專字，从“攴”，“皮”聲。放馬灘秦簡《日書》亦以“彼”爲“破”。睡虎地秦簡《封診式・穴盜》和馬王堆帛書《養生方・［戲］》則以“柀”爲“破”。日書建除之名多爲某日宜忌之標志，如“建、成、平、寧”都屬吉宜之日，“陷、挫、敊（破）”等則爲凶忌之日。簡 15 下云：“凡敊日，憥蔓之日，不利以祭祀，聚衆，□去、徙家。”因爲屬破日，故占辭述諸事多不適宜做。

《華學》6，頁 102

○**湯餘惠等**（2001）　破。

《戰國文字編》頁 637

礐　礜

新蔡甲三 315

○**賈連敏**（2003）　（編按：甲三 315）黃宜日之述，呦於斎（新）邑龍郊□。

《新蔡葛陵楚墓》頁 198

△**按**　此字張新俊、張勝波（《葛陵楚簡文字編》167 頁，巴蜀書社 2008 年）釋作“礐”。

礳　礸　砓

郭店・緇衣 36

○**李守奎**（2003）　礳　砓　即《爾雅・釋器》之磨字。

《楚文字編》頁 555

○**陳佩芬**（2001）　磊　从石，林聲，即《說文》“磨”字，今本作“磨”。

《上海博物館藏戰國楚竹書》（一）頁 194

硯 𥐚

古陶文字徵,頁 171

○**高明、葛英會**(1991)　硯。

　　　　　　　　　　　　　　　　　　《古陶文字徵》頁 171

礪 𥓐　礪 䗖 礰

上博三·周易 5　上博三·周易 18

包山 149

上博三·周易 22

○**濮茅左**(2003)　貞礪

　　"礪",从石从厲省,同"礰(參見第 22 簡)、礪、厲"。从"厲"之字也往往省作从"萬",如"蠣"又作"蟁","襺"又作"襧"等。《集韻》:"《説文》:'厲,旱石也。'或从蠆,亦作礪、厲。一曰嚴也,惡也,危也,大帶垂也。"

　　　　　　　　　　　　　《上海博物館藏戰國楚竹書》(三) 頁 143

△**按**　簡文"礪、䗖、礰"皆爲"礪"之異構。

砧 𥐔

郭店·緇衣 36

○**荆門市博物館**(1998)　砧,簡文作𥐔,"石""占"共用"口"旁,讀爲"砧"。

　　　　　　　　　　　　　　　　　《郭店楚墓竹簡》頁 135

○**李守奎**(2003)　讀玷。从石省。

　　　　　　　　　　　　　　　　　　《楚文字編》頁 555

△**按**　簡文"𥐔"从"石"省,"占"聲,讀作"玷"。

砳

璽彙 0434　璽彙 1525

○**何琳儀**(1998)　砭,从石,乇聲。《集韻》:"砭,砒也。"

晉璽砭,人名。

《戰國古文字典》頁 523

砠

璽彙 5406

○**吳振武**(1983)　·砠(墠)。

《古文字學論集》(初編)頁 525

○**何琳儀**(1998)　砠,从石,旦聲。《字彙補》:"砠,漢武帝梁碑墠字。"《説文》:"墠,野土也。从土,單聲。"

古璽碑,不詳。

《戰國古文字典》頁 1020

○**湯餘惠等**(2001)　砠。

《戰國文字編》頁 638

砏　厴

郭店·老甲 36

○**湯餘惠等**(2001)　砏。

《戰國文字編》頁 638

○**李守奎**(2003)　厴　厚字異體。

《楚文字編》頁 555

砥

上博四·曹沫 39　上博四·曹沫 39

○**李零**(2004)　砥。

《上海博物館藏戰國楚竹書》(四)頁 268

△**按**　《上博四·曹沫》簡 39 此字从"石"省,氏聲(李守奎等編《上海博物館藏戰國楚竹書[一—五]文字編》443 頁),李零釋"砥"可從。

至

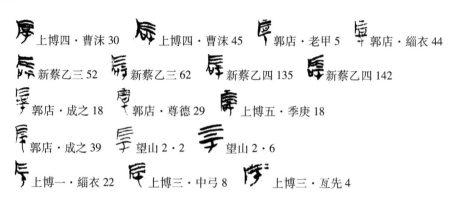

上博四·曹沫 30　　上博四·曹沫 45　　郭店·老甲 5　　郭店·緇衣 44

新蔡乙三 52　　新蔡乙三 62　　新蔡乙四 135　　新蔡乙四 142

郭店·成之 18　　郭店·尊德 29　　上博五·季庚 18

郭店·成之 39　　望山 2·2　　望山 2·6

上博一·緇衣 22　　上博三·中弓 8　　上博三·亙先 4

○**何琳儀**（1993）　《集韻》:“宝,《説文》宗廟宝祐,或从石。”望山簡:“丹 ▨（硅）紤之純。”“硅”讀“齟”。參“玫”字。

《第二屆國際中國古文字學研討會論文集》頁 253

○**何琳儀**（1998）　硅,从石,主聲。宝之異文。《集韻》宝或从石作硅。見宝字。望山簡硅,讀齟。《集韻》:“齟,黄色。”

《戰國古文字典》頁 357

○**劉信芳**（1999）　四、至

簡甲五:“皐莫至㕦（乎）甚欲。”“至”應是“重”字,《郭店》釋“厚”,非是。

《中國古文字研究》1,頁 104

○**陳偉**（1999）　三、罪莫重乎甚（堪）欲（甲 5）

“重”,原釋爲“厚”,劉信芳先生釋爲“重”。此字上从“石”。下部所從與同篇 6 號簡“人宝（主）”的“宝”以及 10 號簡“孰能庀以达者”的“达”字所從的“主”相同,而與从“毛”（見於《老子》甲 4 號簡、《緇衣》2 號簡等）、从“干”（見於《語叢》82 號簡）的“厚”字有别。《老子》10 號簡“孰能庀以达者”,裘錫圭先生按云:“‘达’帛書本作‘重’,今本作‘動’。‘主’與‘重’上古音聲母相近,韻部陰陽對轉。”“达”當是以“辶”爲義符,以“主”爲聲符,是“運動”之“動”的異構。《老子》甲 2 號簡的這個字可看作以“石”爲義符,以“主”爲聲符,當是“輕重”之“重”的異構。此字在郭店簡中還見於《緇衣》44 號簡和《成之聞之》18、39 號簡,釋文皆釋爲“厚”。改釋爲“重”之後,《緇衣》44 號簡一句讀作“輕絶貧賤而重絶富貴”,適與今本一致;《成之聞之》18 號簡一句讀作“民必因此重也”,39 號簡一句讀作“文王之刑莫重焉”,均意義顯豁,不煩先釋爲“厚”、再訓爲“重”。同時,《緇衣》及《成之聞之》中同時存在从“毛”的

"厚"字,也加强此字應當釋爲"重"的證據。

《江漢論壇》1999−10,頁12

○**濮茅左**(2001)　厔　疑"厚"之異體。郭店簡作"厚",今本作"重"。

《上海博物館藏戰國楚竹書》(一)頁198

○**李零**(2002)　(五)"罪莫重乎貪欲"(4:2章:簡5)

"重",原書釋"厚",舊作從之。現在看來,此字實從石從主,與"厚"字寫法不同。簡文"厚"與這種寫法的"重"字極易混淆,除去此例,下《緇衣》簡44、《成之聞之》簡18、39、《尊德義》簡29過去釋爲"厚"的字,其實也都是"重"字。關於《緇衣》簡44和《尊德義》簡29的"重"字,陳偉先生説"傳世古書中的'重'簡書往往寫作'厚'","厚、重二字爲侯、東對轉,或許在取義爲'重'的時候,可以直接讀爲'重'"(《郭店簡書〈尊德義〉校釋》)。他的説法仍帶有折衷的性質,又以《老子》甲組簡4"民弗厚也"爲相似之例,也是疏忽,但他指出舊釋爲"厚"的某些字其實可以讀爲"重",這點很有啟發。

《郭店楚簡校讀記》(增訂本)頁12

○**陳偉**(2003)　5號簡寫道:"罪莫重乎甚欲,咎莫僉乎欲得,禍莫大乎不知足。"

"重",原釋爲"厚",劉信芳先生釋爲"重"。此字上從"石"。下部所從與同篇6號簡"人宔(主)"的"宔"以及10號簡"孰能庀以迬者"的"迬"字所從的"主"相同,而與從"毛"(見於《老子》甲4號簡、《緇衣》2號簡等)、從"干"(見於《語叢》82號簡)的"厚"字有別。《老子》甲10號簡"孰能庀以迬者",裘錫圭先生按云:"'迬'帛書本作'重',今本作'動'。'主'與'重'上古音聲母相近,韻部陰陽對轉。""迬"當是以"辶"爲義符,以"主"爲聲符,是"運動"之"動"的異構。《老子》甲2號簡的這個字可看作以"石"爲義符,以"主"爲聲符,當是"輕重"之"重"的異構。此字在郭店簡中還見於《緇衣》44號簡及《成之聞之》18、39號簡,釋文皆釋爲"厚"。改釋爲"重"之後,《緇衣》44號簡一句讀作"輕絕貧賤而重絕富貴",適與今本一致;《成之聞之》18號簡一句讀作"民必因此重也",39號簡一句讀作"文王之刑莫重焉",均意義顯豁,不煩先釋爲"厚"、再訓爲"重"。同時,在《緇衣》及《成之聞之》中同時存在從"毛"的"厚"字,也加强此字應當釋爲"重"的證據。

《郭店竹書別釋》頁18

○**李守奎**(2003)　至　從主省聲。從石省。

重之異體,詳見卷八。與《玉篇》石部之硅當非同字。

《楚文字編》頁 506、555

○**李朝遠**(2003)　(編按:上博三·中弓 8)民安舊而圧嬰　"圧",即楚簡中常見的"宝"字。古文字中从厂从宀,一也。"圧",多相當於"塚",讀爲柱用切之"重",音近相通。

《上海博物館藏戰國楚竹書》(三)頁 269

○**李零**(2003)　圧(濁)熨(氣)生墬(地),清熨(氣)生天

"圧",所从"主"與楚簡宝(用作"主")所从相同,這裏讀爲"濁"("濁"是定母屋部字,"主"是章母侯部字,讀音相近)。"墬"讀"地"。(編按:"墬"應作"墬")

《上海博物館藏戰國楚竹書》(三)頁 291—292

○**賈連敏**(2004)　"硅",見望山楚簡、郭店楚簡和上海博物館藏楚簡等戰國文字材料,對該字的認識尚不盡統一。就筆者所見有以下釋讀意見:

(1)望山二號墓 2、6、23 號楚簡中的"硅",《望山楚簡》釋爲"厚"。

(2)上海簡《緇衣》22 號簡:"子曰:輕絶貧賤而硅絶富貴。""硅"字,从石从主,但字形簡略。整理者釋作"厚",今本作"重"。李零、劉樂賢先生認爲是"冢"字,讀爲"重"。

(3)郭店簡中从"石"从"主"的"硅"字凡 5 例(《老子·甲》5 號簡、《緇衣》44 號簡、《成人(編按:當作"之")聞之》18 號簡、《尊德義》29 號簡),整理者均隸釋爲"厚";崔仁義先生認爲从"石"从"主",釋爲"宝";劉信芳先生認爲从"石"从"干",讀爲"重";張光裕先生認爲从"石"从"毛",讀爲"厚";廖名春先生認爲从"石"从"丰",釋爲"厚"。陳偉先生、李零先生釋爲"重"。

從字形看,這個字从石从主,可隸爲"硅",讀爲"重"或者"厚"要看具體辭例。新蔡簡中的"硅"字 8 見,從殘存簡文看,應是第一類簡的殘簡。值得注意的是:此字單獨書寫在簡文之後,大都與其它字距離也較遠,從其記錄格式看,此字應在簡文之末,其前簡文所記內容已經完整,由此來看,此字似乎不是簡文正文。這批簡文大部分無此字,在 260 餘枚中僅見 8 例,也説明其爲個別情況。由此推測,這裏的"硅"字可能有其特定的意思。我們認爲"硅"可讀爲"重複"的"重"。《集韻》:"重,複也。"《儀禮·少牢饋食禮》:"蓋二以重。"注云:"重,累之。"《詩·小雅·無將大車》:"祇自重兮。"箋曰:"重猶累也。"從包山楚簡所反映的文書制度看,當時的文書登計或統計,地方先納其典,而後收集彙著之。從簡文其它線索看,這批文書也應是先由各地納其祭

禱薄算,而後由專人書録,登記造册的。這與此類簡形制及書體風格反映的情況一致。可能是當時的録入者發現登記内容有重複,故在簡文之未(編按:當作"末")較遠的位置書此"重"字,以示重複。這類簡文中確有一些地名等内容相同者,但簡文多已殘缺,尚不能確定哪些是重複的内容。

《華夏考古》2004-3,頁 100—101

○李零(2004)　(編按:上博四·曹沫45)収(厚)

(編按:上博四·曹沫54)賍　从貝,主聲(舊釋"賝",應糾正),乃楚"重"字(同《楚郪陵君豆》的"重"字)。"主"是章母侯部字,"重"是章母東部字,讀音相近。

《上海博物館藏戰國楚竹書》(四)頁 273、279

○濮茅左(2005)　(編按:上博五·季庚18)子之言也已砡　"砡",讀爲"主"。"主",專行。《韓非子·内儲説》:"貴而主斷。"或讀爲"重"。"砡、重"雙聲可通。本簡"砡"字形與《郭店楚墓竹簡·緇衣》作"𡉈"(第四十四簡),應是同字。《上海博物館藏戰國楚竹書(一)·紂衣》作省形"𡉈"(第二十二簡),或釋"厚"。

《上海博物館藏戰國楚竹書》(五)頁 227

硈

𡉈 信陽 2·8

○劉雨(1986)　臺。

《信陽楚墓》頁 129

○郭若愚(1994)　硈,通作礩。音至,實韻。《説文新附》:"柱下石也。"礩即礎。《正字通》:"礎與礩異名同實,其爲楹石則一。"此謂一大柱有四枚玉石的座礎。

《戰國楚簡文字編》頁 74

○何琳儀(1998)　硈,从石,至聲。
信陽簡硈,不詳。

《戰國古文字典》頁 1087

○湯餘惠等(2001)　硈。

《戰國文字編》頁 638

○李守奎(2003)　臸。

《楚文字編》頁 556

砶

包山 255　　　包山 255　　　包山 255

○何琳儀（1998）　砶，从石，缶聲。

包山簡砶，讀缶，盛器。

《戰國古文字典》頁 244

○湯餘惠等（2001）　砶。

《戰國文字編》頁 638

○李守奎（2003）　砶。

《楚文字編》頁 556

孱

孱 包山 207

○湯餘惠等（2001）　砑。

《戰國文字編》頁 639

○劉信芳（2003）　孱：

原簡字形从石，从孨省聲，讀爲薦。薦與荐音通，而荐正从孨聲。《廣雅‧釋器》：“薦，席也。”《説文》：“荐，薦席也。”古代祭儀，敬獻品物曰薦。《易‧豫》：“殷薦之上帝。”《爾雅‧釋詁》：“薦，進也。”《周禮‧天官‧籩人》：“祭祀，共其籩薦羞之事。”鄭玄《注》：“薦羞皆進也，未食未飲曰薦，既食既飲曰羞。”

《包山楚簡解詁》頁 223

○李守奎（2003）　孱。

《楚文字編》頁 556

碑

碑 信陽 2‧8“碑石”合文　　　　碑 信陽 2‧11“碑石”合文

○**郭若愚**（1994）　　四磈磈（合文）之硅

　　磈，通珜。《説文》：“石之次玉者，以爲系璧。从玉，丰聲。”

《戰國楚簡文字編》頁 74

　　硅，《集韻》：“步項切，音棒。石貌。”

《戰國楚簡文字編》頁 84

○**朱德熙、裘錫圭、李家浩**（1995）　　此字簡文屢見，也寫作𡰥。信陽 215 號簡也有此字，作𡰦。《説文》“厚”字篆文作𡰧，古文作𡱂，與此形近。“厚”字所从的𦥑，下部與𣆀（章）字下部相似。長沙楚帛書“𪔛”字所从的“𣆀”作𢆶，望山一號墓 123 號簡“𪔛”字所从的“𣆀”作𦥯，其下部正與此字下部相似。信陽 208 號、225 號諸簡又有𡰨字，疑是“厚𢌿（奉）”二字合文，其義待考。

　　（編按：信陽 2-11）厚奉。

《望山楚簡》頁 116、123

○**滕壬生**（1995）　　（編按：信陽 2-15）硅。

《楚系簡帛文字編》頁 732

○**劉信芳**（1997）　　“厚奉”原簡爲合文，猶今言長柄、高把。（中略）“奉”即“捧”也（捧乃奉之孳乳字），義即承也，持也，用爲名詞則謂器物之手所捧處。凡器物之把手、握柄，古或以“奉”稱之。如朱駿聲《説文通訓定聲》解“珜”字云：“珜者，刀穎飾也。佩刀手所握處，其飾曰珜。”

《中國文字》新 23，頁 87

○**何琳儀**（1998）　　（編按：信陽 2-15）硅，从石，丰聲。《集韻》：“硅，石皃。”

　　信陽簡硅，讀珜。《説文》：“珜，石之次玉者以爲系璧。从玉，丰聲。讀若《詩》曰，瓜瓞菶菶；一曰，若盒蚌。”

《戰國古文字典》頁 437

　　（編按：信陽 2-8、25）磈，从石，奉聲。

　　信陽簡“磈磈”，疑讀“菶菶”，或“蓬蓬”。

《戰國古文字典》頁 437

　　（編按：信陽 2·8、2·11、2·25）石磈。

《戰國古文字典》頁 1487

○**李零**（1999）　　應釋“厚”。

《出土文獻研究》5，頁 161

○**湯餘惠等**（2001）　碑。

《戰國文字編》頁 639

○**李守奎**（2003）　稾　厚字異體。

《楚文字編》頁 556

○**黄鳳春**（2005）　釋信陽楚簡中的"碑石之硅"

信陽楚簡第 2 組遣册簡中屢見有"碑石之硅"和"碑石"一語,其"碑"字下多帶有合文號,標明此字應連讀二個音節,其文例如下:

①一房机,四碑=（碑石）之硅。——信陽簡 2-08
②十皇豆,屯剢（漆）彫（雕）,碑=（碑石）之硅。——信陽簡 2-025
③一碑=（碑石）之旆,三彫（雕）旆。——信陽簡 2-011

上列的"碑"字皆作如下之形 A

目前,學術界對上揭之字形和字意大體有如下幾種隸釋:

1.隸定爲稾,音義不明。

2.疑爲"厚奉"二字的合文,意待考。

3.讀"厚奉"或"厚捧",解爲木豆的豆柄。

4.將①②中的 A 字隸定爲"碑",疑讀爲"捀捀"或"蓬蓬"。或隸定爲"石碑"的合文,其意皆無説。

上述諸説都從不同的角度對此字字形和字義進行了極有建樹的探討,尤其是第 4 説直接將 A 隸定爲"碑",對進一步探討其含義頗有啟發性。爲了深入探討此字,我們還是從分析字形入手,再兼及字意和讀音。

諦審信陽楚墓所出原簡影像,上揭 A 字,當是一個从石从奉的字,過去一些學者大多將其隸爲"厚奉"的合文,爲了進行比較,我們選擇了一些出土文獻和傳抄古文中所見的有代表性的"石、奉"和"厚"字。

"石"字及从石的古文有

B 厉《汗簡》　　C 析 李商隱《字略》　　D 柘 曾侯乙簡 39

"奉"字的古文有

E 奉 望山簡　　F 夆《古老子》　　G 奉《華嶽碑》　　H 奉《雲臺碑》

"厚"字的古文有

I 厚 上海簡　　J 厚 青川牘　　K 厚享《林罕集》　　L 厚《説文》古文

通過上引古文與信陽楚簡所見 A 字進行比較,其上部所從之"石"與"厚"字古文只是相近,而 A 的上部和下部所從之"石"和"奉"與上引"石"和

“奉”字的古文如出一轍。因此,將信陽簡中的 A 字隸定爲“碑”應有據可循。前已指出的是,信陽楚簡中的 A 字其下有合文符號,應讀兩個音節,屬古文字中常見的借筆現象。衆所周知,古文字中所見古文的借筆現象較爲複雜,其借筆字既有獨體的,也有合體的,還有共用筆畫的,等等。吳振武先生對此作了較爲全面的歸納。那麼,上揭信陽楚簡中的 A 字究竟是屬於哪一類呢? 其實,從信陽楚簡中似可解答這一問題。

在信陽楚簡第 2-015 號簡中還見有一個字,其形如下:

M 字下未見有合文號,於此又可反證 A 字就是一個獨體字,也就是說,楚文字中原本就有“碑”字。

將 M 與 A 進行比較,不難發現,其字形至爲相同,只是 A 字下部所從的“収”在 M 字的下部已省變爲一橫。這種局部省變的現象在已辨識的古文字中多見,故而,M 與 A 實應爲一字,即都應隸定爲“碑”字。更爲重要的是,M字下未見有合文號,於此又可反證 A 字就是一個獨體字,也就是說,楚文字中原本就有“碑”字。

上揭 A 字中都有合文號,其字由“石”和“奉”所組成,其合文是指另一字的局部或整體已包含在“碑”字之中了。根據古文合文規律,A 字在文例中可讀爲“石碑”、或“碑石”、或“碑碑”。然而,在此文例中究竟采取何種讀法,應從“碑”字的字意中去探尋。

“碑”字見之於字書。《集韻》:“碑,石皃。”可見“碑”就是一種石,我們認爲,其字應與从王(編按:當作“玉”,下徑改)从奉的“琫”相通,因爲,它們不僅都是从“奉”得聲的字。而且其形符玉與石也相聯。《説文・玉部》:“琫(編按:當作“珜”),石之次玉者以爲系璧,从玉,奉聲。讀若《詩》曰:‘瓜瓞菶菶。’一曰若蛤蚌。”從許慎的解説中,我們不僅知道了琫與菶通,而且古代的蚌也可以稱琫,這可能是蛤蚌之殻尤如石之堅硬之故。蚌與蜯實爲一字。《易・説卦》:“離爲蚌。”《釋文》:“蚌,本又作蜯。”《文選・張衡〈南都賦〉》:“巨蚌含(編按:當作“蜯函”)珠,蛟(編按:當作“蝬”)瑕委蛇。”李善注:“蜯,與蚌同。”其實,蜯本與琫相通。《玉篇・虫部》:“蜯,同琫。”

“琫”作爲器飾屢見典籍,《集韻・董韻》:“琫,《説文》:‘佩刀下飾。天子以玉,諸侯以金。’或作韸。”《詩・小雅・瞻彼洛矣》:“鞞琫有珌。”(唐)陸德明《釋文》:“琫字又作韸,佩鞘上飾。”

至此,我們似可明晰,信陽楚簡中的“碑”字可以讀爲“琫”。如果將其合文讀爲“石碑”於意不明,如果將其讀爲“琫琫”,並將其通爲“菶菶”或“蓬蓬”，儘管成詞，但其意不符。由此可見，只能將其讀爲“瑳石”。“瑳石”是指類似蛤蚌的一種石頭，因蛤蚌之殼呈白色，也可以理解爲白色的細石。“瑳石”可看作是一個偏正詞組，瑳應是修飾其中心詞“石”。如是之讀，也符合楚人的語言習慣。猶如出土文獻中所常見的楚人稱紅銅爲“赤金”，稱白銀爲“白金”一樣。

在“瑳石”之後，還有一字不可回避，因爲，它對進一步説明“瑳石”的讀法及全句的含義至關重要。其字有如下兩形：

　　　N 〔圖〕信陽簡 2-08　　　O 〔圖〕信陽簡 2-025

這兩個字所處的語法位置相同，其辭例也完全一樣，只是 O 的有些筆畫漫漶不清，不過，通過其殘存的筆畫與 N 相比，上部所从字符相同，可辨別出兩字實爲相同的一個字。所幸的是 N 字極爲清楚，因而，只要將 N 隸定或讀爲某字，O 可徑直看作與 N 同。

上揭 N 字，目前學術界主要有如下幾種隸釋：

1.隸定爲“臺”，不知所指。

2.隸定爲“臺”，解爲圓木豆的“圓座”。

3.隸定爲“〔圖〕”，其義不詳。

上述諸家對此字的隸釋，也是卓有成效的，即大都將 N 和 O 看作是相同的一個字，有的直接將其隸定爲“〔圖〕”，爲進一步探討其字意和讀音奠定了基礎。

爲了正確地隸釋 N 字，我們仍先從分析字形入手，再兼及字意和讀音。

有些學者將 N 隸定爲臺，我們將臺字的古文録出，可作比較。需要指出的是，臺字在目前所見的楚文字較少見，但傳書古文中多見，試看如下幾例：

　　P 〔圖〕郭店簡　　　Q 〔圖〕《天臺經幢》　　　R 〔圖〕《雲臺碑》　　　S 〔圖〕王惟恭《黄庭經》

將上揭的 P、Q、R、S 古文同 N 比較，除下部所从的“至”相同外，上部所从完全不同，據此看來，將 N 隸定爲臺和讀爲臺問題較大。事實上，只要我們將 N 的上部與前揭的 B 和 C 也即“石”的古文相比就可見其完全相同，可以肯定，N 就是一個从石从至的“〔圖〕”字。將其隸定爲“〔圖〕”應可信。如果將 N 的上部再與 A 的上部相比較，發現它們也是相同的，於此又可反證將 A 隸定爲从石从奉的字也是可信的。這樣，全句就可完全有理由隸定爲“瑳石之〔圖〕”。

“〔圖〕”字不見於字書，當是一個从“至”得聲的字。疑其字意和讀音與“銍”同。“銍”在楚文字中屢見，試擇如下幾例可作比勘：

④□金之銍　　　——仰天湖簡 16

⑤□銍　　　　　——天星觀簡

⑥赤金之鈦,白金之銍　　——包山簡 272

⑦白金之鈦,赤金之銍　　——包山簡 276

上揭幾例都是楚簡,從行文而知,"銍"在句中所指相同。④和⑤的文句不全,可暫不討論。⑥中的"赤金"當爲紅銅,"鈦"當讀爲軑,是指車軎,"白金"是指銀,其意是説紅銅的車軎,用白銀鑲嵌。包山 2 號楚墓中正出土有鑲嵌白銀花紋的車軎。⑦的文例與⑥相同,只是赤金與白金互文。從簡文文意看,"銍"有鑲嵌意。

"銍"見之於字書,《説文・金部》:"銍,穫禾短鐮也,从金,至聲。"許慎將"銍"解釋爲短鐮,與簡文對照,不合文意。看來,"銍"字在先秦必有另讀和另解。

《廣雅・釋器》:"銍謂之刈。"王念孫疏證引《釋名》:"銍,穫禾鐵也,銍銍,斷禾穗聲也。"是知古代的"銍"確爲一種收禾的農具,其名爲"銍",大概是因其割禾穗時發出的聲音而得名。斷禾穗聲就是"至"音,湖北省荆宜一帶現仍以這個音來形容。从"金"是表明其質地,作爲義符,從而派生出一個新字。不過,簡文中的"銍"不當作農具解。

根據其聲符,筆者認爲从石从至的"䃳"字當讀爲"室",因爲"銍"與"室"都是从至得聲的字。至與室在上古音中不僅都同屬端紐,而且與"室"讀音相近的"實"相通。《禮記・雜記上》:"使某實。"鄭玄注:"實,當爲至,此讀周秦人聲之誤也。"可見"至"與"實"只是一聲之轉,二字音近可通。

"室"字有填塞和實滿的含義,《廣雅・釋詁三》:"室,實也。"《説文》:"室,實也。《釋名》:'物實滿其中也。'"《墨子・備城門》:"室以樵,可燒之以待適。"我們還可通過"經"來進一步證實"䃳"字,因爲"經"在上古也有"實"意,《廣雅・釋詁》:"經,實也。"《禮記・檀弓》:"經也者,實也。"服注云:"經之言實也,明孝子有忠實之心。"如果將上揭楚簡中的"銍"讀爲"室",那麼,上揭⑥⑦例中"銍"意就更爲明朗了。"白金之銍(室)"就是説"用白銀鑲填(花紋)"。這與出土文物也是相符的,據此看來,我們所謂的錯金、錯銀的鑲嵌工藝,楚人就稱之爲"室",這與我們最初推斷"銍"有鑲嵌意正相吻合。

前已指出,"䃳"與"銍"可能實爲一字,如果將"磋石之䃳"與"赤金之銍"作一比較,發現它們的行文和辭例不僅完全一致,而且所表述的意思完全相同,只是用金屬充填當从"金",用石充填當从"石"的區別。更爲重要的是,它們都是从“至”得聲的字,以不同的義符標在同一聲符上並作爲同一字使用,這在古文字中多見。因此,把“䃺”看作與“銍”同,且將二字並讀爲“室”,並非無的放矢。

如果上述隸釋不誤的話,那麽,信陽楚簡中所屢見的“碑石之䃺”一語,當讀爲“瑒石之室”。準此,則其語義在文例中皆可貫通。

毋庸質疑,“碑石之䃺”是對下葬時墓中所隨葬的某一器物外形裝飾所記録的補述或修飾性語。在句中用作狀語。如前揭文例中的①,是進一步補述“房机”的。“房机”即是俎。“机”或釋“柄”或釋“榕”,據包山楚簡應釋“机”。“房机”實當是指帶柄的俎。文例中的②,是進一步補述“皇豆”的,“皇豆”即“大豆”,是指一種厚淺盤的大木豆。文例中的③,可看作是介賓短語,用作狀語。是對“旂”的修飾,“旂”或釋爲“旉”。“旂”實當讀爲“肵”,訓爲“敬”。《儀禮·特牲饋食禮》:“佐食升肵俎。”鄭玄注:“肵謂心舌之俎也。”文獻中“肵”與“俎”常連言,“旂”實也當爲本俎。需要指出的是,此條文例在“之旂”後書“碑”及合文號,疑在合文後脱“之䃺”二字。“之某(名詞)、之某(動詞)”的句子,屬楚簡文中的常見句式。若此,我們可以將前列信陽楚簡中的幾條簡文文例通釋如下。

文例①是説:一件帶柄俎,其上有四顆瑒石鑲填。

文例②是説:十件大木豆,皆用漆彩繪,用瑒石鑲填。

文例③是説:一件用瑒石鑲填的俎,三件漆彩繪俎。

按照此通釋,則文通字順,其文意符合楚人遣册簡記録的格式,即先記器物,再記其裝飾,或以描述裝飾性的詞組修飾器名。不僅如此,凡其他楚簡中涉及到“銍”的有關文例都有可以得到通暢的解釋。不過,這些只是從古文字和古文獻學方面所作的考證結果,事實是否如此,我們還將通過出土文物作進一步的補證。

根據簡文所涉的俎和豆,檢索信陽1號楚墓出土文物,俎的出土數量多達50件,然而真正能够稱爲俎的只有27件,即報告中所謂的25件Ⅰ式俎和2件Ⅱ式案(含附表中已殘的俎,可能實際俎數不應有如此多)。通過甄別,所謂Ⅱ式案,實應爲帶柄俎,但與簡文數量不符。因資料過於籠統,25件Ⅰ式俎中已無法比證何件爲“心舌之俎”了,另只有10件Ⅰ式豆與簡文的“皇豆”相符。但報告中概未見有鑲石裝飾的描述,是原本没有,還是漏述,我們無法核對原物,看來,從信陽楚墓出土的文物中來驗證上述觀點比較困難。

所幸的是,從包山楚墓出土的俎和豆中可得到證明。在包山2號楚墓中共出 7 件木俎,其中有 6 件俎足的正面各鑲嵌有 2 顆石英石子,其同墓出土的遺册皆稱之爲“房”。值得一提的是,其中的一件立板俎,簡文稱之爲“房机”,其“机”字與信陽楚簡所見“房机”的“机”字相同,只是不从“木”,顯然所指應是一物。更爲重要的是,在其兩塊立板的外側“各鑲嵌有不規則石英石子四顆”,與信陽楚簡所見“一房机,四磚石之䃜”完全相合。其餘 5 件俎,報告稱爲窄板俎,遣册稱爲“一小房”,實際數比遣册多 4 件。我們懷疑,“小房”與信陽楚簡中的“旂”可能就是一物,也就是文獻中的“心舌之俎”。包山 2 號楚墓也出有木豆,其中的無蓋豆,遣册稱之爲“皇梪”,“梪”字在信陽簡中也不从“木”,直書作“豆”,二者無疑爲一物,應特别强調的是,在豆盤的外壁“等距離鑲三顆石英石子”,與信陽楚簡所見“十皇豆,屯𦥑彫,磚石之䃜”也相吻合。由此可見,包山 2 號楚墓中俎和豆上所見鑲嵌的石英石子就是信陽楚簡中的“磚石之䃜”。據此,在信陽 1 號楚墓中難以尋求的證據,在包山楚墓中得到了强有力的證明。

當然,在器外鑲嵌石英石的現象並非包山楚墓一個孤例,新近發掘的荆門左冢楚墓和湖北棗陽九連墩楚墓中也有發現,並且也是見之於楚簡中所謂的“皇豆”和“房”上,其鑲嵌的手法及部位與包山楚墓同。於此而知,“磚石之䃜”應是楚人只施於“皇豆”和“俎”上的一種鑲石裝飾工藝。當然,考古發掘所揭示的俎上鑲物裝飾的現象,還可上溯到西周時期,如陝西長安張家坡西周墓地 M115 出土的一件漆豆和漆俎上用各種蚌殼鑲嵌成圖案。山西天馬曲村 M6132 出土了一件完整的西周漆豆,在盤上和圈足上皆鑲嵌有蚌泡和蚌條。無疑,楚人在豆和俎上鑲石工藝應是西周之制的流變。

在俎上作飾也見之於文獻。《詩·魯頌·閟宫》:“籩豆大房。”毛傳:“大房,半體之俎也。”鄭玄箋:“大房,玉飾俎也。”對照楚出土文物看,鄭箋有點問題。其一,大房上並非玉飾,而是石飾。其二以玉石飾俎,並非只有“大房”,也含有“小房”。其三,玉石不僅飾於俎上,也飾於豆上。我們姑且不去糾纏鄭箋的不足,但僅其箋注先秦的俎上有玉飾而言,是極爲珍貴的,至少爲我們釋讀信陽楚簡中的“磚石之䃜”一語,提供了彌足珍貴的文獻證據。

概而論之,開篇所列信陽楚簡的三條文例中的 A 字及其合文,包括其後的詞語,無論從字形、古音和詞義,還是從出土實物以及文獻,都足以證明只能隸定爲“磚＿”或“磚＿之䃜”,讀爲“瑃石”或“瑃石之室”,意思是説明某一器物上有瑃石鑲嵌。舊釋“厚奉之臺”應不可從。

最後還需申論的是,在我們考釋信陽楚簡的“磚石之䃜”一語時,因涉及到楚器中的厚淺盤豆和俎這兩類實物,我們不得不一一檢索已公布的楚墓資料,凡所涉及出有這兩類器物的報告,除了包山楚墓作了比較詳盡的記録有鑲石的現象外,其他幾乎未作描述,尤其是在信陽楚墓中没有找到直接的證據,使得本論的舉證極爲艱辛,更爲本文結論的可靠性留下疑竇,幸而部分楚文物和傳世文獻施以力證。是不是楚器中的豆和俎原本就没有鑲石,或原有而被描述時遺漏呢? 這兩種可能性都是並存的。僅後者而言,由於器物保存不好時,極於疏漏。筆者曾仔細觀察了荆門左冢楚墓的俎和豆,其上的鑲石大都脱落,留在器壁上的僅是一個不規則的方形孔,孔邊長僅約 0.5、深僅約 0.2釐米。脱落後的鑲石孔極似漆木器的自然撞擊損壞孔,甚至有的鑲石孔已被污泥和碎木渣所封閉,如果不仔細觀察,有可能就被遺漏。湖北棗陽九連墩楚墓中所見鑲石也有脱落的現象。因此,這就需要我們在發掘和整理報告時,悉心觀察,以獲取文物上所遺留的一切信息並作描述。觀察的具體部位是,豆盤的外壁,俎的立板外和足板外,尤其是要注意那些未髹漆,只作粉繪的豆和俎。我們相信,隨着本論的提出,信陽楚簡中的"瑋石之室",將被更多的考古材料所證實。

　　信陽楚墓的發掘已經四十多年了,四十多年來,在學者們的共同努力下,信陽楚簡的研究已取得了衆多令人信服的成果,但其中仍還有很多尚未解決的問題。筆者提出此論,並非案立新説,只是嘗試物史並證來釋讀文字,憂患得失在所難免,唯祈方家是正。

《楚文化研究論集》6,頁 54—62

硯

𥐨 璽彙 4105

○**湯餘惠**(1986)　燕私名璽人名有:

　　率加(?)𥐨(4105)

　　末字爲人名,左從石,右邊"兒"下增"女"爲繁構,古璽裏字作𩠹,繁構作𩠽,顯然屬於同類現象。"硯"即"研"之或體。字見《玉篇》。春秋越王句踐有股肱臣大夫計然,《集韻》引徐廣語云:"計然者,范蠡之師也,名研,故諺曰:'研,桑心算。'"《吴越春秋·句踐入臣外傳》作"計硯"。

《古文字研究》15,頁 52

○何琳儀（1998）　硯，从石，兒聲。研之異文。《正字通》：“硯同研。”《説文》：“研，礦也。”

　　燕璽硯，人名。

《戰國古文字典》頁 762

○湯餘惠等（2001）　硯。

《戰國文字編》頁 638

硷

璽彙 2321　　璽彙 2319　　璽彙 2320

○羅福頤等（1981）　硷。

《古璽文編》頁 340—341

○湯餘惠（1986）　燕國的私名璽有寫作

　　　　（2321）　　　（2323）　　（2319）　　（2320）

等形的一個字，《補補》釋“崟”（95），《古璽彙編》釋“陰”。按此字左旁爲“石”之繁寫，蔡侯鐘銘庶字作、、等形，石旁寫法頗有相近處。字不从阜，釋“陰”非是。“硷”即“崟”之異文（見《集韻》），丁釋可從。

《古文字研究》15，頁 52

○何琳儀（1998）　硷，从石，金聲。崟之異文。《集韻》崟或从石。《説文》：“崟，山之岑崟也。”

　　燕璽硷，讀岑，姓氏。周文王異母弟耀之子岑子之後。見《通志·氏族略》。

《戰國古文字典》頁 1395

○湯餘惠等（2001）　硷。

《戰國文字編》頁 638

碨

包山 46

○湯餘惠等（2001）　碨。

《戰國文字編》頁 639

○**李守奎**（2003）　碨。

《楚文字編》頁 556

△**按**　此字整理者釋作“厚”（《包山楚簡》頁 43），不可取。字從“石”省，“畏”聲，可釋寫作“碨”。《廣韻》：“碨磊，石皃。”《集韻》：“碨，石不平。”

磁

包山 161　　　包山 161

○**何琳儀**（1998）　厰，從厂，敗聲。

包山簡“厰仿”，讀“敗方”，疑敗訴者。

《戰國古文字典》頁 948

○**李守奎**（2003）　磁。

《楚文字編》頁 556

△**按**　此字從“石”省，“敗”聲，可釋寫作“磁”，簡文用作人名。

磿

玉印 19

○**湯餘惠等**（2001）　厤。

《戰國文字編》頁 637

△**按**　此字從“石”從“秝”從“甘”。

磿

包山 181

○**何琳儀**（1998）　厤，從厂，曆聲。（曆，西周金文牆盤作，從田從秝，會意。秝亦聲。）疑厤之繁文。《說文》：“厤，治也。從厂，秝聲。”秝、曆一字分化，厤、厤亦一字分化。

包山簡厤，人名。

《戰國古文字典》頁 763

○湯餘惠等（2001）　厤。

《戰國文字編》頁 637

○李守奎（2003）　厤　磊。

《楚文字編》頁 555

礥

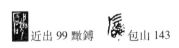近出 99 鼄鎛　　　　包山 143

○湯餘惠等（2001）　礥。

《戰國文字編》頁 639

○李守奎（2003）　礥。

《楚文字編》頁 556

○趙世綱（1991）　"礥"，裘錫圭先生指出當爲"磬"，即大磬。

　"磬"，《廣韻》謂："許嬌切。"《集韻》《正韻》均作"虛驕切"。《邵鐘》銘文有"大鐘既縣，玉鐺罍鼓"之語。"玉鐺"，孫詒讓曾云："蓋謂特磬。"《爾雅・釋樂》云："大磬謂之磬。"皆可爲證。

《淅川下寺春秋楚墓》頁 364

【礥硅】
○李家浩（1998）　磬磬

　此二字原文作"礥硅"。第一字從"石"從"嚻"聲，趙文説"裘錫圭先生指出當爲'磬'"。按邵鐘銘文有"大鐘既縣（懸），玉鐺罍鼓"之語。孫詒讓認爲"鐺"應該讀爲"磬"。鼄鐘的"磬"和邵鐘的"磬"，原文皆從"嚻"聲，可以互證。

《北大中文研究》頁 250

　"磬磬"是複合名詞，即指大磬。《爾雅・釋樂》："大磬謂之磬。"

《北大中文研究》頁 256

△按　古文字"嚻"和"敖"相通，"礥"應即"磝"之異體。《爾雅・釋山》："多小石，磝。"郭璞注："多礥礫。"邢昺疏："礥礫，即小石也。山多此小石者名磝。"

長 喬 張

近出 56 鼄鐘　　集成 10914 長邦戈　　璽彙 0780　　璽彙 0788　　璽彙 0784

璽彙 0224　　璽彙 0874　　璽彙 0833　　璽彙 0844　　璽彙 0848　　錢典 269　　璽彙 0716

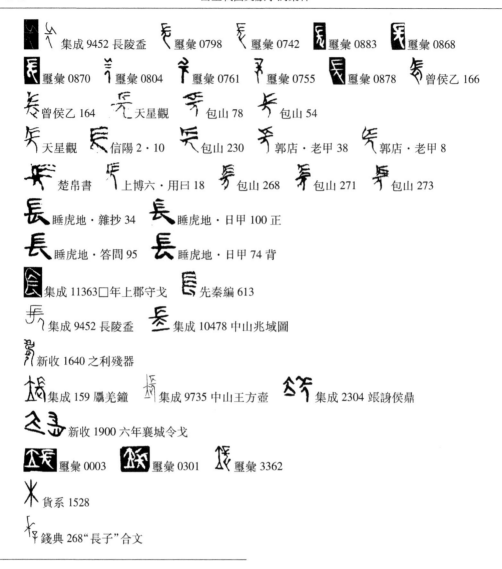

集成 9452 長陵盉　　璽彙 0798　　璽彙 0742　　璽彙 0883　　璽彙 0868

璽彙 0870　璽彙 0804　璽彙 0761　璽彙 0755　璽彙 0878　曾侯乙 166

曾侯乙 164　天星觀　包山 78　包山 54

天星觀　信陽 2・10　包山 230　郭店・老甲 38　郭店・老甲 8

楚帛書　上博六・用曰 18　包山 268　包山 271　包山 273

睡虎地・雜抄 34　睡虎地・日甲 100 正

睡虎地・答問 95　睡虎地・日甲 74 背

集成 11363□年上郡守戈　先秦編 613

集成 9452 長陵盉　集成 10478 中山兆域圖

新收 1640 之利殘器

集成 159 䍐兒鐘　集成 9735 中山王方壺　集成 2304 㜏諹侯鼎

新收 1900 六年襄城令戈

璽彙 0003　璽彙 0301　璽彙 3362

貨系 1528

錢典 268“長子”合文

○**中大楚簡整理小組**（1977）　疑爲長，古鉢長字均作兵。

《戰國楚簡研究》4，頁 24

○**羅福頤等**（1981）　長　璽文長或从立，與䍐兒鐘長字同。

《古璽文編》頁 238—241

○**李學勤**（1986）　談到亞洲美術博物館，想再討論一下該館所藏湖南長沙出土的廿九年漆樽。這件樽是 30 年代盜掘發現的，出樽的墓於 1958 年清理，即長沙烈士公園 3 號墓。過去我們曾論述過三次，總是存在一些疑問。關鍵是樽底針刻銘文第二行上部不清。1979 年，我在該館得見原器，用放大鏡反復觀察，終未看明。1986 年，又有機會觀看該樽，在不同的燈光映照下，竟將字的結構分辨清楚。我以前說該處“磨泐”是不對的，只是筆畫特別淺細而已。

銘文係在漆樽底外,共四行,外環以長方形框。框的左方,另有橫書"長"字,即地名"長沙"之省。此外在銅質圈足下緣上,有刻成的"午、九"二字,當是收藏該樽時的編號。這幾處文字的相對位置,示意如下:

所有文字都是秦人字體。

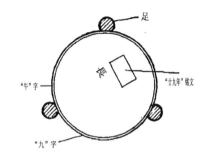

框內的四行銘文釋文爲:

廿九年,大(太)后
詹事丞向,
右工帀(師)象,
工大人台。

《文博》1986-5,頁 21

○**王輝**(1990) 長極可能當讀爲張。趙兵器刻銘工師有"長武、長蘦",學者多讀長爲張;新鄭出土鄭韓兵器刻銘有司寇"長朱",另一器作"張朱"。漢孫叔敖碑"長掖太守"即"張掖太守"。戰國古璽張姓甚少(《古璽彙編》僅 0885 這一例);而長姓數以百計(《古璽彙編》0658—0884);漢代則長、張爲兩姓,而以張姓居大多數。孫貫文先生以爲張、長爲兩姓,二者並不相通,這可能符合漢代情形,但戰國長姓那麼多,而漢以後長姓那麼少,這一現象卻不好解釋,所以戰國長姓中仍有不少應讀作張。

《秦銅器銘文編年集釋》頁 52

○**孫敬明、蘇兆慶**(1990) 郝本性先生認爲:"長做姓時可讀張,如 90—94 號的司寇長朱即 95 號的司寇張朱,如長虘、長興均可讀張。"張疋爲洱陽令之姓名。

《文物》1990-7,頁 39

○**劉信芳**(1997) 包 268:"狐長。"271、273 牘:"虎長。"按"長"讀如"韔"。望 2·8:"貍韔之韔。"(類似例曾簡多見)《詩·秦風·小戎》:"虎韔鏤膺,交韔二弓。"毛傳:"虎,虎皮也;韔,弓室也。"曾侯乙墓出土的弓其外有皮質的囊。此即"韔"之實物。

《中國文字》新 22,頁 188—189

○**何琳儀**(1998) 長,甲骨文作𠤍(林 2·26·7),象長髮人手持杖之形。引申爲"長短"之長,又"年長"之長。金文作𠤍(牆盤),或省手杖作𠤍(寡長鼎)。戰國文字承襲兩周金文。燕系文字儿形右側均有飾筆。《說文》:"𠑷,久遠也。从兀从匕。兀者,高遠意也,久則變化。亾聲,𠃉者,倒亾也。𠔏,古文長。𠥩,亦古文長。"

燕璽長,姓氏。黃帝子揮之後有長氏。見《路史》。燕吉語璽“長生”,見《老子》五九“長生久視之道”。

晉器長,姓氏。見上。晉吉語璽“長生”,見上。晉吉語璽“長官”,見《管子·禁藏》“吏不敢以長官威嚴危其命”。趙方足布“長子”,地名。《左·襄十八》:“晉人執衛行人石買于長子。”在今山西長子。

長沙戈“長鄾”,包山簡“長鄾、長㞡”,讀“長沙”,地名。《史記·越王句踐世家》:“復讎、龐、長沙,楚之栗也。”在今湖南長沙。楚璽長,姓氏。見上。楚簡“長刺、長霝、長霾、長劓、長惻”,筮具。　包山簡“長陵”,地名。包山簡“歔(豹)長、虎長”之長,讀韔。《説文》:“韔,弓衣也。从韋,長聲。”帛書長,讀張。

長陵盉“長陵”,地名。□年上郡守戈長,姓氏。見上。秦器“庶長”,官名。秦圜錢“長安”,長安君,秦始皇弟,見《史記·秦始皇紀》。詛楚文長,地名。

古璽長,姓氏。見上。

《戰國古文字典》頁 684—685

○**李若暉**(2000)　其事好長

郭店《老子》甲 7—8:“是謂果而不强,其事好。長古之善爲士者……”整理者原注:“‘其事好’下當脱一‘還’字。”李零先生認爲:“應於‘長’下斷句。尹灣漢簡《博局占》六博術語‘長’,《西京雜記》作‘玄’,‘玄’是深遠之義。疑王弼本‘還’,或可讀爲‘遠’。”丁原植先生則謂:“簡文‘其事好’,在‘是謂果而不强’句後,語意不清。簡文的下一字爲‘長’,原釋文將其與下章連讀作‘長古之善爲士者’。但帛書乙本與今通行各本,均無‘長’字。似乎簡文‘好’字之後,當緊接着‘長’,而作‘其事好長’。‘長’有‘滋長’之義。《詩·小雅·巧言》:‘君子屢盟,簡(引者按:丁書誤衍一“簡”字)亂用是長。’可是,簡文在‘好’與‘長’之間有一‘■’符號。此一符號不論是用來分章或是斷句,都像是將‘好’與‘長’分開。因此,或許正如原注所言:‘好’下脱‘還’字。裘先生認爲此一‘類似句讀的符號,也許是校讀者所加,表示此處抄脱一字’(《郭店楚墓竹簡》頁 119,注釋七)。但由於簡文中此類符號的使用不嚴謹,也有可能是簡文誤記了‘■’符號。”

若暉按:裘錫圭先生早已指出:“郭店簡抄手的水準不高,簡中錯字較多。”因此這一句很可能是“■”符號標錯了地方。另,“長”也可讀爲“根”,《詩·鄭風·丰》:“俟我乎堂兮。”鄭《箋》:“堂當爲根。”《論語·公冶長》載孔子弟子申棖,《史記·仲尼弟子列傳》、《隸續》卷一《漢王叔碑》作“申棠”,可證“長、尚”二聲系可以通借。二系上古音同屬陽部，“長”爲定母，“尚”爲禪母，定禪準旁紐。“償”與今本的“還”同義。

《郭店楚簡國際學術研討會論文集》頁 519

○**蔡運章**（2000）　“長”通作張，爲工師之姓。四年鄭令戈銘“司寇長朱”，五年鄭令戈銘作“司寇張朱”，可以爲證。

《文物》2000-10，頁 77

○**陳佩芬**（2001）　長民　郭店簡作“倀民”，今本作“夫民”。

《上海博物館藏戰國楚竹書》（一）頁 189

○**濮茅左**（2001）　或長之　長，《説文》：“長，久遠也。”《莊子・在宥》：“非德也而可長久者天下無之。”又《史記・秦始皇本紀》：“事不師古，而能長久者，非所聞也。”簡文“長”指道德之恆。或釋“長”爲增長、進益意。

《上海博物館藏戰國楚竹書》（一）頁 228

○**湯餘惠等**（2001）　(編按：貨系 1528)長之變體。

《戰國文字編》頁 640

○**劉信芳**（2003）　長：

　　字讀爲“韔”，曾侯乙簡“韔”字多見，請參原簡字形及裘錫圭、李家浩的釋讀（原簡字形不能直接隸定）。《詩・秦風・小戎》：“虎韔鏤膺。”韔即弓衣。曾侯乙墓出土的弓其外有皮質的囊。

《包山楚簡解詁》頁 297

○**李守奎**（2003）　(編按：包山 268、271、273)長　此三字可能从刀。

《楚文字編》頁 557

△**按**　“長”字或作“倀”，參看卷十立部“倀”字條。

【長勺】

○**施謝捷**（2000）　四、長勺

　　顧榮木《鶴廬印存》著録下揭一私璽：

　　按此璽印文可釋爲“長勺医坏”。“勺”字可參看古璽文“犳（豹）”（《古璽彙編》1015“肖犳”、5588“肖犳”）、“汋”（同上 1011“肖汋”）所从“勺”旁，寫法相同。複姓“長勺”不見於秦漢印章，在古璽中亦屬僅見。“長勺”氏，諸姓書有載，鄧名世《古今姓氏書辯證》卷十四：“長勺，周成王分魯侯伯禽以商民七族，其一曰長勺氏。《春秋》魯莊公及齊人戰於長勺，即其地也。”檢《左傳・定公四年》：“分魯公以大路、大旂……殷民六族：條氏、徐氏、蕭氏、索氏、長勺氏、尾勺氏，使帥其宗氏，輯其分族，將其醜類，以法則周

公。”“七族”係“六族”之誤。《通志·氏族略四》“以族爲氏”類:“長勺氏,
《左傳》商人六族有長勺氏。”

此璽從文字風格看,大概可歸在楚系。

《中國古璽印學國際研討會論文集》頁 36—37

△按　古璽“長勺医坏”之“長勺”爲複姓。長勺本爲地名,“商人六族”之一
的“長勺氏”以地名爲族氏。《左傳·莊公十年》:“十年春王正月,公敗齊師
於長勺。”楊伯峻注:“據定四年《傳》,成王分魯公以殷民六族,其中有長勺氏,
則長勺原爲殷民所居之地。據《山東通志》,長勺在今曲阜縣北境。”故“長
勺”當是以地爲氏。參劉傑《戰國文字所見姓氏及相關問題研究》195 頁(中
山大學 2009 年博士學位論文)。

【長子】

○**黄盛璋**(1974)　長子　《史記·趙世家》:成侯五年(前 370 年)“韓與我長
子”,又《戰國策·齊策》:“日者中山悉起而迎燕趙,南戰於長子,敗趙氏。”可
見長子原屬韓,一度屬趙,但不知何時又入魏。公元前 338 年又爲韓取回,見
《竹書紀年》:梁惠成王十二年“鄭取屯留、尚子、涅”,尚子即長子。長子亦見
方足布,過去多定爲趙幣,其實長子前後都屬韓,中閒屬趙與魏總共不過三十
二年。《戰國策·周策》:“或爲周最謂金投(趙人)曰:‘……公不如救齊,因
佐秦而伐韓魏,上黨、長子,趙之有已,公東收寶於秦,南取地於韓魏。’”鮑注:
長子“屬上黨,蓋韓地”。又有長子盉(見《文物》1972 年 6 期馬承源文,作“長
陵盉”),所刻量制亦屬韓不屬趙,説詳另考。

《考古學報》1974-1,頁 18

○**陶正剛、趙滿芳、范宏、郭紅、張玲**(2004)　7.長子幣　共 7 枚。均爲右書
長,左書子。長子,春秋時晉邑,戰國時初爲趙,後轉入韓,最後又爲趙地,曾
經是上黨郡治所在地。地望在今長治市長子縣城西北,古城址和東周墓地均
在。《竹書紀年·梁惠王十二年》:“鄭取屯留、尚子、涅。”梁惠王十二年爲公
元前 358 年,尚子即長子。《路史·國名記》:“長子,《紀年》之尚子也。”長子
在公元前 358—前 263 年閒是由韓國統治的,這個時閒内地名用長子,而不用
尚子。所以長子幣應是韓國鑄造的貨幣,不是趙幣。

《文物世界》2004-1,頁 29

【長五鹿】

○**高士英**(1989)　長慶　長即張字。

《考古與文物》1989-3,頁 21

○**王輝**（1989）　長極可能當讀爲張。趙兵刻銘有“長武、長蘁”，鄭韓兵器刻銘有司寇“長朱”（又作張朱），内蒙古準格爾旗瓦爾吐溝出土秦戈刻銘有“工更長猗”，諸例長似皆當讀爲張。漢孫叔敖碑“長掖太守”即“張掖太守”。戰國古璽張姓甚少（《古璽彙編》僅 0885 這一例），而長姓數以百計（《古璽彙編》0658—0884）；漢代則長、張爲兩姓，而以張居大多數。

　　長下一字作羑，《古璽文編》附録於 10・2 未釋。曹錦炎同志釋爲“五鹿”合文。五鹿本爲地名。《左傳・僖公二十三年》：“（重耳）過五鹿，飢而從野人乞食。”杜預注：“今衛縣西北有地名五鹿。陽平元城縣東亦有五鹿。”衛地五鹿後歸晉國。所謂“元城縣東”的五鹿，乃別一地，元城即今河北大名縣，地近邯鄲。戰國人或以地名爲私名，《古璽彙編》有“王五鹿”（0458）、“事五鹿”（1764）、“肎五鹿”（2762）、“郝五鹿”（2103），均用爲人名。

《一粟集》218—220；原載《考古與文物》1989-3

【長平】

○**睡簡整理小組**（1990）　（編按：睡・編年 47）趙地，今山西高平西。

《睡虎地秦墓竹簡》頁 9

○**周偉洲**（1997）　31.長平丞印　《史記・秦本紀》云：昭襄王四十七年（公元前 270 年）“秦使武安君白起擊，大破趙於長平，四十餘萬盡殺之”。秦於長平置縣，屬陳郡，地在今河南西華東北。丞爲縣令佐官。

《西北大學學報》1997-1，頁 35

【長阝】

○**黃盛璋**（1989）　“長阝”第二字作𨚵，左從“子”，右當從“𠂤”，即“阜”旁，或釋爲“孚、耶”，皆非。《史記・趙世家》：“成侯五年（公元前 370 年）韓與我長子。”是長子原爲韓，後與趙。《戰國策・齊策》：“日者中山悉起而迎燕趙，南戰於長子，敗趙氏。”時正屬趙，不知何時入魏。公元前 358 年又爲韓有，見《竹書紀年》：“梁惠成王十二年鄭取屯留、尚子、涅。”尚子即長子。此後蓋爲韓地，《戰國策・周策》：“或爲周最謂金投曰：‘公不如救齊，因佐秦而伐韓魏，上黨、長子，趙之有，公東收寶於秦，南取地於韓魏。’”鮑注：“長子屬上黨，蓋韓也。”此時長子肯定不屬趙。據上引《竹書紀年》長子爲韓地是可信的。

《古文字研究》17，頁 21

○**王輝**（1987）　“長阝”即長子，戰國趙地。

《中國考古學研究論集》頁 350

【長吏】

○**睡簡整理小組**（1990）　（編按：睡虎地·秦律26）長吏，《漢書·百官表》：“縣令、長，皆秦官……皆有丞、尉……是爲長吏。”

　　　　　　　　　　　　　　　　　　　　　《睡虎地秦墓竹簡》頁 26

【張安】

○**何琳儀**（1994）　五、“張安”（1535），讀長安。《趙世家》：孝成王元年“長安君爲質”。索隱：“孔衍云：惠文后少子也。趙亦有長安，今其地闕。”

　　　　　　《古幣叢考》（增訂本）頁 206，2002；原載《人文雜志》1994–6

【長者】

○**蘇建洲**（2003）　長者：即“張者”，指腹部鼓脹、凸出之人；或是身長而駝背的人。李零先生以爲讀作“張者”，與下“僂者”相反，指凸胸仰首的人。《晉語四》有“戚施直鎛，蘧蒢蒙璆”“蘧蒢不可使俯，戚施不可使仰”，疑“蘧蒢”爲這裏的“僂者”，“戚施”是這裏的“長者”。徐在國先生《雜考》亦以爲是“張者”，但指的是“有某種疾患者從事某種職業”，並不強調上下相對的問題。孟蓬生先生《字詞》則以爲細繹簡文，長者與侏儒相對，婁者與瘦者相對，因此“長者”應指“身體特長的人”。楊澤生先生《補釋》亦以爲讀作“長者”。建洲按，以上諸説似以徐在國先生之説較爲通達。筆者以爲簡文所列患有疾病者，似無明顯相對的現象。李零先生以爲“張者”指“凸胸仰首”的人，與“僂者”相對，似無他證。況且簡文全部疾患者僅有此二者相對，似不太合理。而且“戚施”指的是駝背，“蘧蒢”爲凸胸。上引文有“蘧蒢不可使俛，戚施不可使仰”，韋昭注：“蘧蒢，直者，謂疾。戚施，痀者。”（建洲按：《説文》：“痀，曲脊也。”）意即若按照李零先生的解釋，“長者”是“蘧蒢”，“僂者”是“戚施”。此外，這種所謂“凸胸仰首”的病症，即“雞胸”，除稱“蘧蒢”外，一稱“尩”。《呂氏春秋·季春紀·盡數》：“形不動則精不流，精不流則氣鬱。鬱處頭則爲腫爲風，處耳則爲挶爲聾，處目則爲（編按：此脱一“瞙”字）爲盲……處腹則爲張爲府（建洲按：畢沅以爲是“疛”字之誤）……輕水所多禿與癭人……苦水所多尩與傴人。”高誘注：“尩，突胸仰向疾也。”不見以“張”來稱之。而孟蓬生先生以爲“長者”與“侏儒”相對，“婁”當讀爲“瘻”，與“瘦者”相對。但後二者均指脖子方面的疾病（詳下），並無相對的現象，可見其説有矛盾處。筆者以爲“長者”的確有可能是“張者”，對照出土及傳統醫學文獻，所指的病症應是“腹張（脹）”，如《馬王堆·足臂十一脈灸經》22“有‘腹張（脹）’”（馬繼興先生《馬王堆古醫書考釋》205 頁），《張家山漢簡·脈書》簡 7：“疛，其從脊胸起，使腹張（脹），得氣而少可,氣㾓殹。"《説文》曰:"疛,小腹病。"段注曰:"小當作心,字之誤也……高誘曰:'疛,腹疾也。'"又如《張家山漢簡・脈書》"泰陰之脈……心痛與'腹張(脹)死"(高大倫先生《張家山漢簡〈脈書〉校釋》63頁),傳統文獻如《左傳・成公十年》:"(晉侯)將食,張,如廁,陷而卒。"杜預注:"張,腹滿也。"《素問・腹中論》:"黃帝問曰:'有病心腹滿,旦食不能暮食,此爲何病?'岐伯對曰:'名爲膨脹。'"注曰:"外實中空,其形如鼓。"(清・張琦《素問釋義》141頁)《靈樞・水脹》:"鼓脹何如? 岐伯曰:'腹脹,身皆大,大與膚脹等也,色蒼黃,腹筋起,此其候也。'"(明・馬蒔《黃帝内經靈樞注證發微》295頁)其次,上引《吕氏春秋・季春紀・盡數》:"處耳則爲挶爲聾,處目則爲瞙横(編按:此字當衍)爲盲……處腹則爲張爲疛。""張、疛"與"聾、盲"同時出現,與簡文類似,所以簡文"長者"即"張者",指患有"腹脹"病症者,或不爲無據。另外,黃錫全先生《札記三》認爲"長者,根據上下文義,當指個子高大而有某種缺陷之人。《左傳・哀公十四年》:'陳豹者,長而上僂,望視。'杜注:'肩背僂。'簡文的'長者'可能就是指這種長人。因這種人'上僂''望視',所以'不能使仰'"。此説亦有理。今二説並存。

《〈上海博物館藏戰國楚竹書(二)〉讀本》頁 110—111

○**劉信芳**(2004)　《容》2"張"原簡作"長",整理者注:"長者,疑讀爲'張者',與下'僂者'相反,指凸胸仰首的人。"亦有學者以爲"長者"與"侏儒"相對,指身體特長的人。按《左傳》成公十年"張入(編按:當作"如")廁",杜預注:"張,腹滿也。"字或作脹、痕,《廣雅・釋詁》:"痕,病也。"王念孫疏證:"《靈樞經》脹論云:夫脹者,皆在於藏府之外,排藏府而郭胸脇,張皮膚,故命曰脹。"馬王堆漢墓帛書《足臂十一脈灸經》022:"有腹張。""腹張"即"腹脹"也。

　　《容》37"䀠"字從未見過,其字形目前學者一般認爲是半黑半白,其實該字右半不一定是完全塗黑,説詳下。(中略)

　　我個人認爲簡文"䀠"字與"張"字相對應,可能是"昌"字,讀爲"張"。(中略)

　　簡文"昌"讀爲"張","張"上古音在陽部端紐,"昌"陽部昌紐,於韻同部,於聲紐同爲舌音。"悵"俗作"猖",這是諧聲偏旁互用的例子。《吕氏春秋・知度》"此神農之所以長",注:"長,猶盛也。"《廣雅・釋詁》:"昌,盛也。"是"神農之所以長"猶"神農之所以昌"也,這是典籍聲訓的例子。

《古文字研究》25,頁 324—325

【長㞼】包山 59、61

【長鄖】包山 78

○**徐少華**(1996)　簡 59:九月戊午之日,長沙正龔昊受期……

簡 61：……十月辛未之日不行代陽廏尹郜之人□□於長沙公之軍，升門又敗。

簡 78：……長沙之旦陽倚受期，甲辰之日不將長沙正差□思以廷，升門又敗。

以上三簡均涉及到長沙一地的司法案情，長沙之“沙”，原報告隸作“尾”，後來黃錫全先生從郭沫若《金文叢考》之說改釋爲“沙”，湯餘惠先生亦作此說。今按，“長尾”地望無解，而“長沙”則文通義明，黃、湯二位先生所釋應是。從簡文所載“長沙公、長沙正”以及“長沙之旦”諸官的情形來看，“長沙”爲當時楚國的一個縣級政區單位，“長沙公”即楚長沙縣之縣公，與文獻所載的“期思公、魯陽公”以及簡文之“安陵公”（簡 117）、“陽城公”（簡 120）之例類似，“長沙正、長沙之旦”等皆其屬吏。

簡文之“長沙”，當即秦漢長沙郡所在，今湖南省長沙市一帶。現存文獻史料中，未見有關先秦時“長沙”之地的記載，《漢書》卷二八下《地理志》“長沙國”班固原注：“秦郡，高帝五年爲國。”《後漢書·郡國四》“長沙郡”司馬彪原注亦説是“秦置”，即秦代始於長沙置郡，漢代因之。《史記》卷七《項羽本紀》載項羽於楚漢之時（公元前 206 年）“乃使使徙義帝長沙郴縣”，即秦之長沙郡郴縣，與兩漢《志》之説相一致，這也是有關“長沙”一名的最早記載。然據簡文所載，至遲於戰國中期的楚懷王時，楚已置有“長沙”縣，從而將“長沙”之名的出現和地方政區的設立提早了 100 多年，正可補文獻記載之闕如。秦漢的“長沙郡”，當是在楚長沙縣的基礎上擴充設置的。

秦漢長沙郡，均治於當時的“臨湘”縣，即今湖南省長沙市一帶，古今無異辭。隋初改臨湘爲“長沙”縣，一直爲州、府、省之駐地，簡文所載的楚“長沙”縣，亦當在此。

從考古資料來看，在本世紀三四十年代，長沙一帶即有大量楚墓和楚文物被發現，解放以後，考古工作者在長沙一帶清理和發掘的楚墓數以千計，居整個湖南省之首。就墓葬年代分析，其上限可到春秋晚期，下限至戰國末年。由此可見，楚人勢力於春秋晚期即達長沙一帶，戰國時一直是其開拓、經營長江以南廣大地區的重要基地和中心，“長沙”之名的出現以及相應政區機構的設置，可能還在戰國中期的楚懷王以前。

《中國歷史地理論叢》1996-4，頁 100—101

【長陵】

○**周世榮**（1983） 長邦戈——（圖二十三·1·2） 援部較寬，較短，内上有雲渦紋,胡部鑄有篆體"長邦"二字。援長 12.5,内長 7.6,胡長 6 釐米。1974年長沙識字嶺 M1 也出土了"長邦"銅戈一件,其形制相同,而字體筆畫略粗,可見並非同範所鑄。(圖二十三・3)值得注意的是,"邦"字的横畫也右挑。

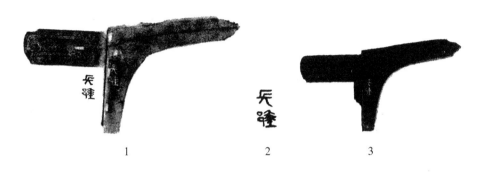

圖二十三　長邦戈

《古文字研究》10,頁 248、249

○**黄盛璋**(1984)　長陵

　　1974 年湖南長沙識字嶺戰國楚墓出土,報導見《長沙識字嶺戰國墓》(《文物》1977 年 1 期 62—64 頁),出土時保存完整,胡上還保存有秘的捆繫漆皮痕迹。銘文刻在胡上,報導釋爲"長邦",近出《湖南楚墓出土叢考》亦從此釋。數年前承熊傳薪同志以戈銘照片見寄,不甚清晰,未能確認,其後李學勤同志見告雲夢秦簡《語書》中"以郵行","郵"字與此字相似,他以爲應是"郵"字,其説頗有理由,然疑未能定。後來將楚器物有關銘刻彙集分析比較,始悟此字並非秦漢文字之"郵"字,乃是楚文字之"陵"。這也是認識反復之一例。楚長陵不見記載,器出長沙楚墓,疑即長沙之古名,留以待證。

《安徽史學》1984-1,頁 43—44

○**李學勤**(1985)　戈銘"長郵",可能是長沙之郵的簡稱。兩字地名簡稱前一字,在戰國兵器銘文中是習見的,如"高奴"省爲"高","漆垣"省爲"漆"之類,不勝枚舉。

　　長沙省爲"長",曾見於現在美國舊金山亞洲藝術博物館的廿九年漆樽,也是長沙的出土品,但該器是秦人所製。"樽"上的"長"字,字的寫法和長郵戈截然不同,是漆樽並非楚人所作的明證。

　　長沙是楚國南部的重要都會。1946 年長沙黄泥坑蝦蟆井出土有王命節,見周文圖版拾肆・9。對照《孟子》所説"置郵而傳命",長沙有郵是很自然的。這兩件戈大約就是當地郵驛人員使用的防禦武器。

《古文字研究》12,頁 332

○**黄盛璋**（1989）　“長陵、一斗一升”爲第三次刻，“長陵”即漢長陵，“陵”字與漢器中的“陵”字完全一樣。比較《金文續編》中所收陵字，可知長陵即漢高祖陵，置縣屬左馮翊。蓋第三次轉到長陵，校刻其容量如此，今實測容量爲2325 毫升。

《古文字研究》17，頁 21

【長蒯】包山 216

△**按**　一種占具。又作“長惻”。

【長惻】包山 207

△**按**　一種占具。又作“長蒯”。

【長畫】

○**孫敬明**（1987）　關於第四字“長”，黄茂琳同志在《新鄭出土戰國兵器中的一些問題》一文中，列舉韓兵矛（5）、戈（23）（24）銘文，有“司寇張朱、司寇長朱”之稱。這三件兵器鑄造時間相近，張朱當同長朱。唐蘭先生曾經指出：“西漢早期以前，‘長’與‘張’是不分的，是假‘長’爲‘張’的。”郝本性同志也説：“長做姓時可讀張，如 90—94 號的司寇長朱即 95 號的司寇張朱，如長盧、長興均可讀張。”

　　按照上述，可以認爲此“車大夫長畫”之“長”，也可讀爲“張”；“張畫”，爲車大夫之名。

《文物》1987-1，頁 44

○**黄盛璋**（1987）　（四）戈銘最後兩字爲“長畫”，孫敬明同志解釋爲車大夫的姓名。就戈銘本身看，僅有五字，“長畫”接在車大夫之後，解爲車大夫姓名較合情理。戰國文字張姓絶大多數寫作“長”，《古璽彙編》收“長×”的姓名印達 202 方（0658—0860 號），而“張×”的姓名印僅 1 方（0861 號），可見戰國張姓基本皆作“長”。但《漢印文字徵》及《補》，只有“張×”的姓名印，不再以“長”爲“張”。孫貫文同志以爲“長”“張”是兩姓，不同意漢墓出土的“長耳”印就是“張耳”印。就漢代來説，“張”姓不作“長”，但於戰國似未必。新鄭韓都出土銅戈，一有“四年鄭命韓□司寇長朱”，一有“五年鄭命韓□司寇張朱”，分別見《文物》1972 年第 10 期圖版肆之 5 與圖版伍之 2。戈銘筆畫比較清楚，確證“長”就是“張”姓之“張”。至於“長畫”兩字是否有其他解釋，目前也還不能完全排除。這一問題，只好留待今後出土資料驗證。

《文物》1987-1，頁 46

【長戟】

○王人聰(1997)　此戈銘"戟又"之前的㠭字應係"戟又"的修飾語。郝本性云:新鄭之戈,在"戟又"前邊"有時加一㠭或端字",今按,頗疑郝氏所説的"㠭"或"端"亦應係㠭字,因郝文未附拓本或摹本,無由辨認,不敢遽定,姑記於此。

《第三届國際中國古文字學研討會論文集》頁 417—418

【長詥侯】

○黃盛璋(1982)　又長信侯鼎亦有"私官","信"和"私官"寫法與本鼎同,應同國別,按秦嫪毒封爲長信侯,予之山陽地,令毒居之,見《史記・秦始皇本紀》。《括地志》:"山陽故城在懷州修武縣西北太行山東南。"山陽、修武皆爲魏地,秦之長信侯蓋來自魏,此長信侯鼎爲魏器無疑。

《考古與文物》1982-2,頁 56

○黃盛璋(1989)　《史記・秦始皇本紀》:"嫪毒封爲長信侯。予之山陽地,令毒居之。"《括地志》:"山陽故城在懷州修武縣西北太行山東南。"按山陽、修武皆屬魏地,"長信"於義不詳何取,但以魏地山陽封長信侯,當與此地原爲長信侯封地有關。至於郭老以長信侯爲安釐王相,今尚未能詳考。

《古文字研究》17,頁 16

【長霝】

○劉信芳(2003)　長霝:

占卜所用龜名。《爾雅・釋魚》:"一曰神龜,二曰霝龜。"《説苑・辯物》:"靈龜文五色,似金似玉,背陰向陽,上隆象天,下平法地……蛇頭龍脰,左睛象日,右睛象月,千(歲)之化,下氣上通,能知存亡吉凶之變。"《大戴禮・易本命》:"有甲之蟲三百六十,而神龜爲之長。"

以上簡 230。

《包山楚簡解詁》頁 243

㲃

㢭 陶彙 9・99

○何琳儀(1998)　㲃,从長,久聲。《集韻》:"㲃,長也。通作久。"

秦陶㲃,讀記。見久字。

《戰國古文字典》頁 30

裳

裳 璽彙 2054

○**羅福頤等**（1981）　（編按：璽彙 2054）裳。

《古璽文編》頁 241

○**陳漢平**（1983）　古璽文有字作裳（2054），舊不識，《古璽文編》隸定爲裳。按此字從長，尚省聲，乃雙重聲符字，欲釋此字，當自從尚從長字中求之。與此相關者有一組異體字：樘、撐、振、欸。《説文》：“樘，觸柱也。從木，堂聲。”《廣雅·釋器》：“樘，距也。”字亦通作撐，《何承天纂文》：“撐，觸也。”字亦作振，《字統》：“振，觸也。”字亦作欸，《廣雅·釋詁四》：“欸，挨也。”故此字當釋爲樘、撐、振、欸。撐挨今書作唐突。

《出土文獻研究》頁 236

○**湯餘惠等**（2001）　裳。

《戰國文字編》頁 640

△**按**　古璽“裳”用作人名。

髽

髽 睡虎地·日乙 22 壹

○**李家浩**（1999）　（3）《睡虎地》231 頁《日書》乙種“楚除”二二壹釋文“髽”。
　　按：此字不見於字書，以秦漢文字多把“髟”旁寫作“長”例之，當是“髽”字的異體。此字見於《説文》。

《著名中年語言學家自選集·李家浩卷》頁 379—380，2002；
原載《史語所集刊》70 本 4 分

△**按**　“髽”爲“髽”字的異體。《説文》：“髽，喪結。《禮》：女子髽衰，弔則不髽。魯臧武仲與齊戰于狐鮐，魯人迎喪者始髽。從髟，坐聲。”

勿　　勿

勿 集成 2782 哀成叔鼎　　勿 石鼓文·吳人　　勿 集成 2840 中山王鼎　　勿 包山 80

勿 郭店·老甲 31　　勿 郭店·唐虞 27　　勿 郭店·語一 1　　勿 睡虎地·秦律 54　　勿 貨系 517

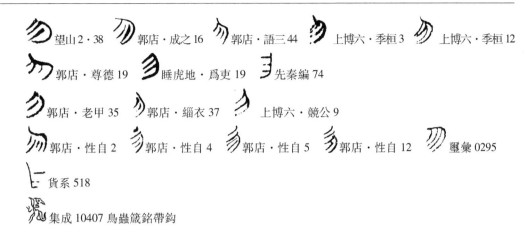

○**强運開**（1935）　　張德容云：“《説文》：勿，州里所建旗。亦象形字。段爲禁止義。”運開按，師西敦作𢒃，盂鼎作𢒃，毛公鼎作𢒃，䢒侯鼎作𢒃，均可與鼓文相印證。

《石鼓釋文》丙鼓，頁 14

○**于豪亮**（1979）　　勿讀爲物，《詩・烝民》“有物有則”，傳：“物，事也。”

《考古學報》1979-2，頁 172

○**徐中舒、伍仕謙**（1979）　　勿即物，事也。

《中國史研究》1979-4，頁 89

○**羅福頤等**（1981）　　勿。

《古璽文編》頁 241

○**李零**（1983）　　物，猶言此物。

《古文字研究》8，頁 60

○**睡簡整理小組**（1990）　　(編按：日甲 59 背貳)勿（忽）見而亡。

《睡虎地秦墓竹簡》頁 214

○**高明、葛英會**（1991）　　勿。

《古陶文字徵》頁 32

○**湯餘惠**（1993）　　物，事。

《戰國銘文選》頁 33

○**張守中**（1994）　　勿　通忽。

《睡虎地秦簡文字編》頁 149

○**何琳儀**（1998）　　勿，甲骨文作𢒃（前 4・54・4）。从刀，三斜點爲血滴。刉之初文。《廣雅・釋詁》一：“刉，斷也。”《玉篇》：“刉，割也。”西周金文作𢒃

（盂鼎），春秋金文作𠂤（齊侯鎛）。戰國文字承襲兩周金文。《説文》：“勿，州里所建旗，象其柄有三游，雜帛幅半異所以趣民，故遽稱勿勿。𣃔，勿或从㫃。”

哀成叔鼎、侯馬盟書勿，同毋、莫。《增韻》：“勿，毋也。”《論語·學而》“過則勿憚改”，皇疏：“勿，猶莫也。”中山王鼎勿，讀物。《説文》：“物，萬物也。”《詩·大雅·烝民》“有物有則”，注：“物，事也。”

楚璽、包山簡、帛書勿，毋。見上。望山簡勿，讀物。見上。

石鼓勿，不。《論語·雍也》“雖欲勿用”，皇疏：“勿，猶不也。”

《戰國古文字典》頁 1305—1306

○**濮茅左**（2001）　所好、亞（惡），勿也　（**中略**）有關“好惡”的論題，荀子也有過論述，《荀子·榮辱》：“凡人有所一同，饑而欲食，寒而欲暖，勞而欲息，好利而惡害，是人之所生而有也，是無待而然者也，是禹桀之所同也”，“君子小人一也，好榮惡辱，好利惡害，是君子小人之所同也”，“而好惡多同。”對事物、欲望的利益追求，主觀的原因在於“性”，客觀的原因在於“物”。

《上海博物館藏戰國楚竹書》（一）頁 224

○**季旭昇**（2003）　勿：濮茅左先生原考釋謂：“‘勿’疑‘志’之誤寫，但‘勿’讀作‘物’，似亦通。‘志’，恩意。”按：這樣解釋，事實上是有問題的。原簡的“五至”是“物——志——禮——樂——哀”，而《禮記·孔子閒居》《孔子家語·論禮》的“五至”是“志——詩——禮——樂——哀”，三者並不相同。我認爲《民之父母》的原文是對的，而《禮記·孔子閒居》《孔子家語·論禮》的文字則是錯的。因爲“志”和“詩”同音，在《郭店楚簡》中“詩”也寫作“寺、時、詩”等，都从“之”得聲，所以《禮記·孔子閒居》《孔子家語·論禮》很容易把原簡的第二至“志”錯成“詩”；“詩言志”，所以進一步把原簡的第一至“物”改成“志”。表面上看起來，“詩、禮、樂”是六經中的三經，讀者很容易由這裏引出“志”領導“詩、禮、樂、哀”四者（如杭世駿《續禮記集説》4867-8頁引明代學者姚舜牧説）。而不思《民之父母》這“五至”是有次序的，原文明明白白地説：“物之所至者，志亦至焉；志之所至者，禮亦至焉；禮之所至者，樂亦至焉；樂之所至者，哀亦至焉。”因此，我認爲《民之父母》的“勿”就是“物”。物，應該是“萬物”，《郭店·性自命出》簡 12：“凡見者之謂物。”（季旭昇《小議二》03/03/19；陳麗桂先生也有相同的主張，見《句法》03/04/13。）

《〈上海博物館藏戰國楚竹書（二）〉讀本》頁 7

○濮茅左（2007）　（編按：上博六・競公 9"勿而未者也"）"勿"，讀爲"物"。

《上海博物館藏戰國楚竹書》（六）頁 184

○曹錦炎（2007）　（編按：上博六・天甲 4"屯用勿"）"勿"，讀爲"物"。《老子》"以輔萬物之自然而不敢爲""萬物將自化""萬物作焉而不辭""萬物並作"等句，郭店楚簡本"物"均作"勿"；《禮記・緇衣》"上好是物""言有物而行有格也"，郭店楚簡本、上海博物館藏楚竹書本"物"均作"勿"；《書・立政》："時則勿有閒之。"《論衡・明雩》引"勿"作"物"；《莊子・天道》："中心物愷。"《釋文》："物本亦作勿。"《説文》："物，萬物也。"訓爲物資、財物。刑若皆用感情處置，或皆以財物代罰，都會遭致國家喪亡。

《上海博物館藏戰國楚竹書》（六）頁 316

【勿正關鉨】

○陳邦懷（1989）　勿正闈鉨

天津市藝術博物館藏有四字方璽，其文左讀："勿正闈鉨。""勿正"當讀"勿征"，正、征古通用。《禮記・王制》："關，譏而不征。"鄭注："譏，譏異服，識異言；征，亦税也。"陸氏釋文："征，本又作正，音同。"《孟子・公孫丑》："關，譏而不征。"趙注："言古之設關，但譏禁異言，識異服耳，不征税出入者也。"《周禮・地官》："司關曰，國凶札則無關門之征，猶幾。"鄭注："猶幾，謂無租税，猶苛察不令姦人出入。""闈"即"關"字。陳猷釜及子禾子釜銘文之關字皆作閞。此閞字從門，串聲。楚鄂君啟節之關字皆作闈，闈從串爲楚國文字特徵，知此爲楚物無疑。"勿征關鉨"者，謂此關只譏異服，識異言，而不徵税也。

《一得集》頁 126—127

【勿或能訇】

○趙振華（1981）　勿或能訇　訇字金文習見，或用作嗣，或用作似，此用爲怠。嗣、似、怠古韻同在之部。白康簋（《三代・八・四五》）銘文："康其萬年眉壽，永寶茲簋，用夙夜無怠。"勿或能怠與"毋或弗敬"（長沙帛書）、"無或失職"（《左傳》昭公十九年）句法相同。

《文物》1981-7，頁 68—69

易　昜

集成 9735 中山王方壺　集成 1500 正昜鼎　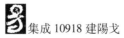集成 10918 建陽戈

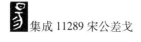集成 11289 宋公差戈　集成 12110 鄂君啟車節　天星觀

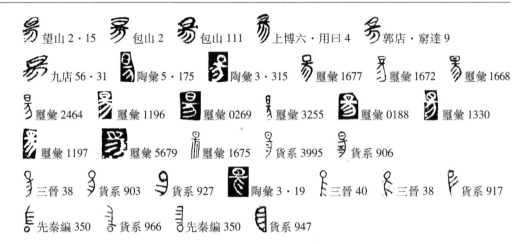

○**嚴一萍**（1967）　　晉陽幣作㫃，《爾雅·釋天》：“十月爲陽。”與繒書相當。《淮南子·時則訓》仲冬之月：“命之曰暢月。”高注：“陰氣在上，民人空閑，故命曰暢月。”《呂氏春秋·仲冬紀》：“命之曰暢月。”高注亦曰：“陰氣在上，民人空閑，無所事作，故命之曰暢月也。”較繒書名孟冬者遲一月。《禮記·月令》仲冬之月：“命之曰暢月。”注：“暢猶充也，太陰用事，尤重閉藏。”暢即暘，《説文》：“暘，从田，易聲。”與《爾雅》繒書之易同。惟孟冬仲冬有異，知繒書與《爾雅》近，而與《月令》《呂覽》《淮南》有不同處。

《中國文字》26，頁 32

○**中大楚簡整理小組**（1977）　　參看【鄩易公】條。

○**羅福頤等**（1981）　　易。

《古璽文編》頁 242

○**裘錫圭**（1978）　　下揭三孔布面文，古錢家釋作“魚易行二、魯易二”（《辭典》下 39 頁）或“衡陽”（同上 500—501 頁），《東亞》釋作“魚陽”（4·72 頁），《概述》釋作“葡陽”（《文物》1959 年 8 期 61 頁）。“衡”下的“＝”顯然是符號而不是文字，釋作一二的“二”是錯誤的，但是《東亞》和《概述》根本不管這個符號也不妥當。在戰國文字裏，“＝”這個符號一般用來表示重文或合文。“衡”字不見於字書，古今地名中用疊字的又極其少見，“衡”下的“＝”應該是合文符號而不是重文符號，“衡”應該是“行、易”二字的合文。（中略）

　　所以，上引三孔布面文可以釋爲“南行易”。古代“易、唐”二聲相通，其例習見。就地名而言，姚本《戰國策·趙策一》“趙收天下且以伐齊”章中，“羊腸”作“羊唐”；《春秋·昭公十二年》“齊高偃帥師納北燕伯于陽”，《左傳》“陽”作“唐”，都是例子。幣文的南行易應該就是古書上的南行唐。南行唐在漢代屬常山郡,其地在今河北省行唐縣附近,戰國時屬趙,《史記・趙世家》惠文王八年有"城南行唐"之文。

《古文字論集》頁 433—434,1992;原載《北京大學學報》1978-2

○**曹錦炎**(1985)　《爾雅・釋天》:"十月爲陽。"陽从易得聲,故易、陽可通。頗疑易、陽均讀爲暢。《吕氏春秋・十一月紀》:"命之曰暢月。"高注:"陰氣在上,民人空閑,無所事作,故命之曰暢月也。"帛書所記爲楚地氣候,與秦地不同,如帛書言正月燕至,《吕氏春秋》則在二月。所以,帛書之易月,可能就是《吕氏春秋》所説的暢月。從聲韻上講,暢也从易得聲,自無問題。至於其得名之由,高誘所言可備一説。

《江漢考古》1985-1,頁 65—66

○**何琳儀**(1986)　"易",即"陽月",見《爾雅・釋天》"十月爲陽"。《淮南子・時則訓》作"暘",《吕覽》作"暢"。按,"陽、暘、暢"均从"易"得聲。

《江漢考古》1986-2,頁 85

○**高明、葛英會**(1991)　易。

《古陶文字徵》頁 119—120

○**饒宗頤**(1985)　十月　陽

帛書作易。《爾雅》:"十月爲陽。"《唐月令》《玉燭寶典》同。《詩・采薇》:"歲亦陽止。"鄭箋:"十月爲陽,時坤用事,嫌於無陽,故以名此月爲陽。"《釋文》:"陽,本或作霷。"嚴元照《爾雅匡名》云:"霷,俗字。"《左傳・莊公十六年》:"使以十月入,曰良月也,就盈數焉。"洪邁論《爾雅》,舉此良月爲十月月名(《容齋四筆》)。顧炎武則據下文盈數,説雙月爲良,隻月爲忌,訓良爲佳,此良月猶言令月,非月名。李巡云:"十月萬物深藏伏而待陽也。"孫炎曰:"純陰用事,嫌於無陽,故曰陽。"援《易・乾卦》爲説。

《饒宗頤二十世紀學術文集・簡帛學》頁 310,2003;原載《楚帛書》

○**施謝捷**(1996)　《東南文化》1991 年第 2 期刊載的韓自强、馮耀堂《安徽阜陽地區出土的戰國時期銘文兵器》一文,圖八著録一件據傳太和縣趙廟出土的"十九年邦司寇鈹",有刻銘兩行十九字,原釋文如下:

　　十九年邦司寇陳受□庫工師長義冶奚易執齊

刻銘格式與北京大學考古專業陳列室藏"十二年邦司寇劍"完全相同,原據此將"十九年邦司寇鈹"亦訂爲戰國韓兵器,應可信。鈹銘中冶工名字"奚易"原作:🐉,右下方有合文符號"＝",原著録認爲"把此字釋爲奚易(陽)爲妥"。

我們認爲,將冶工名字釋爲"奚易"二字合文,是非常正確的。以"奚易"作人名,戰國古璽中也有一例(原著録已指出):

此璽重新著録於《古璽彙編》3255,羅福頤先生釋文作"□鶪",過去也有人釋作"□紹易"(强運開《説文古籀三補》13·1"紹"欄),實際上這兩種釋讀都是有問題的。璽文"易"字寫法與鈹銘完全相同,"奚"字將所從"爪"寫成"刀"形與鈹銘稍異。璽文可釋爲"□奚易"。(中略)

總之,作爲人名的"絫易"釋"奚易"可以確定無疑。不過人名"奚易",韓自强等讀爲"奚陽",取意不明,應該是錯誤的。檢戰國璽印中有以"胡剔"爲名者,"剔"即創傷之"傷"的專字,如"王胡剔"璽(《古璽彙編》0561):

"□胡剔"璽(《古璽彙編》3282):

漢印中也有名"胡傷"者,如"苦成胡傷"印(《吉金齋古銅印譜》152頁):

"王使胡傷"印(《十鐘山房印舉》14.15.25):

"胡傷"猶言"何傷"。戰國璽印中還有一例以"胡易"爲名的"棺胡易"璽(《古璽彙編》2464):

"胡易"顯然應該讀爲"胡傷","傷"從"易"得聲,固可通假。《吕氏春秋·遇合》:"屬女德而弗忘,與女正而弗衰,雖惡奚傷!"高誘注:"奚,何也。"然則人名"奚易"實應讀爲"奚傷",與名"胡傷"者取意相同,且"傷"借"易"字爲之,與"胡傷"作"胡易"例同。漢印中有"肥奚傷"印(《十鐘山房印舉》14.10.7):

也以"奚傷"爲名字,可資參證。

《文教資料》1996-2,頁98—100

○**王志平**(1998) 十月 昜

十月日躔與歲星同宿於心或尾,於十二次當析木,於十二辰爲建亥之月。《楚帛書》之"昜",《爾雅·釋天》作"陽"。而北斗七星,第六星爲開陽,亦名爲陽星(《春秋緯·文曜鉤》)。《石氏星經》亦稱爲危星(《石氏星經》:"[北斗]第六星危星,主天倉五穀。")。而《開元占經》卷六七《石氏中官》"北斗星占五十八"云:"危星主心、尾、箕。"所以北斗七星中的第六星(開陽)所主正是心、尾、箕三宿,適與十月之星象相應。所以,我們認爲《楚帛書》"昜月"之天文學含義當爲北斗第六星之開陽,亦稱陽星,適與此月之天象相合。

《華學》3,頁186

○**何琳儀**(1998) 甲骨文乍昜(甲二○七八)。从日从示,會日出祭壇上方之意。示亦聲。昜、示均屬定紐,昜爲示之準聲首。暘之初文。《説文》:"暘,日出也。从日,昜聲。《虞書》,曰暘谷。"又《禮記·祭義》"殷人祭其陽",注:"陽讀爲曰雨曰暘之暘,謂日中時也。"亦可證昜與祭祀太陽有關,故从示。或作昜(甲456)、昜(甲三三四三),其示旁作弧筆,遂不似示。西周金文作昜(昜鼎),或加飾筆作昜(宅簋)、昜(永盂)、昜(簷叔鼎)。或説彡、彡爲肜之初文,表示祭祀。春秋金文作昜(嘉子昜伯匜)、昜(沇兒鐘)。戰國文字承襲春秋金文。或有省變。齊系文字昜、燕系文字昜、晉系文字昜、楚系文字昜,均呈地域特色。《説文》:"昜,開也。从日、一、勿。一曰,飛揚。一曰,長也。一曰,彊者眾皃。"

戰國文字地名後之昜,均讀陽,地名後綴。

齊璽"昜都",讀"陽都",地名。見《漢書·地理志》城陽國。在今山東沂南南。齊陶"昜丘",讀"陽丘",地名。見《漢書·地理志》濟南郡。在今山東章丘北。齊陶"昜里",地名。

燕璽、燕陶昜,讀陽,姓氏。周景王封少子於陽樊,後裔避周亂適燕,因邑爲氏,望出玉田。見《廣韻》。燕陶"昜愸"上似有一字,地名。燕陶"昜安",讀"陽安",地名。見"陽"字。

趙尖足布"昜曲",讀"陽曲"。見《漢書·地理志》太原郡。在今山西定襄東。趙尖足布"昜邑",讀"陽邑",地名。見"陽"字。中山王圓壺昜,讀揚。

《小爾雅·廣言》:"揚,舉也。"

　　鄂君車節"易坵",讀"陽丘",應在今河南南陽、方城之間。帛書易,讀陽,月名。《爾雅·釋天》:"十月爲陽。"包山簡"易陵",地名。包山簡"易城",讀"陽城",地名。《文選·登徒子好色賦》:"惑陽城,迷下蔡。"《漢書·地理志》汝南郡"陽城"。在今河南漯河東。包山簡"易翟",讀"陽翟",地名。《史記·韓世家》景侯九年"鄭圍我陽翟"。在今河南禹縣。

《戰國古文字典》頁 661

○**王恩田**(1998)　　郭藏逈盟八字巨璽,初經宋書升考釋,釋爲陽向邑聚徙盧之璽。其他三方四字璽的倒數第三字則釋爲"盒'。認爲易,即《春秋·閔公二年》"齊人遷陽"之陽。也就是《漢書·地理志》中的陽都。地在今沂水縣境。

《遠望集——陝西省考古研究所華誕四十周年紀念文集》頁 317

○**曹錦炎**(2007)　　(編按:上博六·天甲 5"文㑹而武易")"易",讀爲"陽"。《淮南子·覽冥訓》的"魯陽公",包山楚簡作"魯易公";《史記·楚世家》記載楚懷王六年敗晉師於襄陵的"大司馬昭陽",包山楚簡、《鄂君啟節》作"大司馬昭易"。又上引郭店楚簡《太一生水》的"陽"字均寫作"易"。

《上海博物館藏戰國楚竹書》(六)頁 317

【易王】

○**張中一**(1989)　　從常德市西 10 公里的桃源三元村一號楚墓出土的銅鼎銘文"□十年(?)土命易王鼎容廿五升"來看,戰國時期,常德之域有個"陽王"埋葬在這裏。這個"陽王"當是楚封君,是諸侯王,説明這裏在戰國時期有"陽"地之稱。

《求索》1989-3,頁 127

【易日】九店 56·26

○**李家浩**(1999)　　參看【結日】條。

【易文】

○**何琳儀**(1991)　　三二、"陽也"(1202)(圖 4),舊反讀"文陽",可疑。"也"與方足布"貝也"之"也"相同。"陽也"讀"陽地",見《史記·田敬仲完世家》:"夫有宋、衛之陽地危。"集解:"陽地,濮陽之地。"在今河南濮陽一帶。戰國中期,趙國曾占領衛國部分土地,如《趙世家》:敬侯四年"築剛平以侵衛",成侯十年"攻衛取甄"。故"陽地"一度屬趙,自是情理中事。

圖 4

《古幣叢考》(增訂本)頁 117,2002;原載《陝西金融·錢幣專刊》16

【易丘】

○**郭沫若**（1958）　易丘殆即陽山，湖南常德縣北三十里有陽山，有風雷雨三洞之勝。

《文物參考資料》1958-4，頁5

○**于省吾**（1963）　（三）“庚易丘”　郭謂“易丘殆即陽山，湖南常德縣北三十里有陽山”。按車行北上，不言逾江，則易丘無由在湖南的常德縣。《左傳》文十六年：“楚大饑，戎伐其西南，至于阜山，師于大林，又伐其東南，至于陽丘，以侵訾枝。”杜注但言“大林、陽丘、訾枝皆楚邑”，自來解春秋地理者以爲都在江北鄂西，大體不誤，孔疏也謂“楚西有戎”。陽丘失考已久，今以此節“自鄂往、庚易丘、庚郆城”證之，則陽丘當在鄂北的大隧、直轅、冥阨三隘道（見《左傳》定四年注）之南，由三隘道再北抵方城，這都是春秋戰國時代楚人與上國往來的重鎮和要路。

《考古》1963-8，頁446

○**商承祚**（1965）　又陽丘，于文據《左傳》定四年注，置之“鄂北的大隧、直轅、冥阨三隘道之南，由三隘道再北抵方城”。最近我曾與譚氏函商此地，譚謂：“既不知于氏的具體依據，又未明指‘陽丘’今所在的確實地點，我只能說，陽丘既在三隘道之南，則自此至方城至少有五百里而概乎言之。”既然如此，則這地望不僅有問題，而且是渺茫的。由此可見，于氏所言種種，是未能透過現象觀察實際，所得出來的結論就必然會落空了。

《中華文史論叢》6，頁151

○**孫劍鳴**（1982）　陽丘　郭以爲“陽丘殆即陽山，湖南常德縣北三十里有陽山，有風雷雨三洞之勝”。于據《左傳》定四年注，以爲陽丘在“鄂北的大隧、直轅、冥阨三隘道之南”。譚則曰：“既不知于氏的具體依據，又未明指‘陽丘’今所在的確實地點，我只能說，陽丘既在三隘道之南，則自此至方城至少有五百里而概乎言之。”商據譚的意見，認爲“于氏所言種種，是未能透過現象觀察實際，所得出來的結論就必然會落空了”。

　　車節行程全在江北，由鄂向北去方城，何能經過位於江南距鄂約600里的常德？此說可以不議。至於在三隘道之南的說法，我以爲是可以考慮的。三隘道，戰國時名“黽阨”，或曰“郾塞”。問題是該地在何處，說法兩歧：《史記·楚世家》，楚人說頃襄王：“王出寶弓，碆（音波，石可爲弋鏃）新繳（音灼），涉郾塞，而待秦之倦也。”《集解》引徐廣曰：“或以爲‘冥’，今江夏，一作‘黽’。”《史記正義》引《括地志》云：“故郾城在陝州河北縣東十里，虞邑也。

杜預云:河東大陽有郖城是也。"按江夏在湖北雲夢縣東南。河北縣即大陽(漢置河北縣,北周改爲大陽),其地在今山西平陸縣東北。説黽阨在今雲夢固然錯誤(《史記》注:"徐言'江夏'亦誤也"),《括地志》"在陝州河北縣東十里"的説法,證以《節銘》的路線,更是合不上的。另一種説法是《辭源》引《史記正義》説的"申州有平靖關,蓋即古黽阨之地"。平靖關《辭源》注:"在河南信陽縣東南……即春秋時冥阨也。"如果此説不誤,則于説陽丘在三隘道之南是可以成立的。

○李零(1986)　我們懷疑陽丘很可能就是唐國的故地。古代唐、陽二字可以通用,如《春秋》昭公十二年所記燕地"陽",《左傳》即作"唐"。唐國故地在今湖北隨縣西北唐城鎮,是由鄂去方城之陸行線所必經。

○張中一(1989)　前面我已經論述了舟隊入湖方位在江南,它啟示了我們考證車隊的去向。車隊的第一站是"庚易(陽)丘",這個"陽"是"丘"的方位詞定語。山南爲陽。如果車隊的第一站是江北,那麼它只可能"庚陰丘"。"陽丘"地處江南,是指城陵矶山丘之陽。

【易曲】

○何琳儀(1991)　"易匕"(980)(圖 1),舊均讀"陽化(貨)",殊誤。據三孔布"上曲陽"之"曲"作匀(《貨系》2465)。知"匕"應釋"曲"。"易曲"亦見趙國矢括(《三代》20·57·3)。《地理志》隸太原郡,在今山西定襄東。

○何琳儀(1998)　(十年陽曲矢括)易曲,讀"陽曲",地名。見易字。

【易成】

○徐少華(1999)　楚陽城所在,簡文整理者未作説明,從下蔡人邥倖在陽城與下蔡閒做生意,因涉及民事糾紛而被拘禁的史實來看,當與下蔡鄰近,應在淮水中游地區,即楚縣。據《文選》所載楚人宋玉《好色賦》有"惑陽城,迷下蔡"的詩句,唐人李善注:"陽城、下蔡二縣名,蓋楚之貴介公子所封。"宋玉以陽城與下蔡相對應,作爲戰國晚期楚之要邑名城,正好與包山簡文所載陽城與下蔡相近、並爲楚縣的記載相印證,宋玉《好色賦》所説的"陽城"與簡文所載的應是一地,從而爲解決長期以來關於《好色賦》真僞問題的爭論,提供了一條有益的線索。

古陽城,特別是作爲縣級政區單位的陽城,學術界探討時曾有一系列的論述,歸納起來,有四處。一是秦漢潁川郡之陽城縣,故址在今河南登封縣東南的告城鎮;二是秦南陽郡之陽城,漢改爲堵陽,在今河南方城縣東;三是漢汝南郡之陽城縣,學術界將其定於今河南商水縣西南;四是《大明一統志》所載位於安徽宿州南之陽城。將這四處陽城與簡文内容相對照,潁川、南陽兩陽城的建置沿革與地望雖無疑慮,然潁川陽城於戰國中晚期屬韓而不屬楚,與簡文所載的楚陽城無關;南陽陽城雖於戰國中期爲楚地,但與淮水中游的下蔡相去甚遠,與簡文所載的史實不大相符,若結合宋玉《好色賦》有關戰國晚期楚貴族“惑陽城,迷下蔡”的情形分析,位於今河南方城縣東的陽城,在公元前301年,齊、韓、魏聯兵伐楚的垂沙之戰後即歸於韓,不久又轉屬於秦,置爲南陽郡,戰國晚期已非楚地,不可能是宋玉《好色賦》中所言與下蔡相互聯繫的楚之陽城。

餘下的另外兩處陽城,漢汝南郡陽城,西漢時爲侯國,王莽時改爲新安,東漢時省併,然其併入何縣,地望何在,宋元以前的地理書均無説明。明代成書的《大明一統志》(卷三一)汝寧府古迹“陽城故城”條説:“在府界……東漢省入汝陽。”清人徐松《新斠注地理志集釋》“陽城”條進一步指實:“在今陳州府商水縣西……後漢併入汝陽,後漢之汝陽今商水縣也。”王先謙《漢書補注·地理志》(卷二八上)汝南郡“陽城”條引《一統志》曰:“故城今汝陽縣界。”與《大明一統志》和徐松之説又有不同。今人譚其驤先生主編的《中國歷史地圖集》則據徐松所言定西漢陽城於今河南商水縣與鄲城之閒。這一帶於戰國中晚期雖爲楚地,然東南去下蔡亦有400里左右,兩地之閒的聯繫也不是那麼方便。安徽宿州南的陽城,位於下蔡以北(略偏東)100多里,從相互之閒的距離和關係來看,與簡文所載的情況較爲接近。《大明一統志》(卷七)鳳陽府古迹“陽城”條説:“在宿州南,秦縣,陳勝生於此,漢屬汝南郡。”關於此陽城是秦縣、陳勝生地的説法,曾受到學術界的較多辯駁,尤其是作爲漢汝南郡陽城侯國之論,更是出於附會。宿州一帶在漢時爲沛郡轄地,與汝南郡之陽城應無關聯。但是《大明一統志》關於宿州南有古陽城的記載,對於我們認識和解決戰國中晚期淮河中游地區確有一處陽城或陽城縣存在的史實提供了一個有益的啟示,所言位於宿州南之古陽城,很可能就是包山簡文和宋玉《好色賦》所載戰國中晚期與下蔡相互關聯的楚之陽城,從當時的疆域形勢和相互關係來看,唯此陽城更符合實際。至於此陽城是否爲秦縣,與漢代沛郡之谷陽縣有否沿革上的變化關係,由於文獻缺乏,難以作更多的推測。

《考古》1999-11,頁 74—75

○**劉信芳**(2003)　易成:

即"陽城",應與下蔡相鄰,宋玉《登徒子好色賦》:"嫣然一笑,惑陽城,迷下蔡。"《呂氏春秋·上德》有"陽城君",爲楚悼王時人。曾侯乙簡 166、169 有"鵬(陽)城君",爲楚惠王時人。西漢時有二陽城,其一在汝南郡,其一在潁川郡,見《漢書·地理志》,以汝南郡之陽城爲近是,其地在今河南上蔡北。

《包山楚簡解詁》頁 109—110

△**按**　包山簡的"陽城"爲宿州南之古陽城較爲可信。

【易邑】

○**何琳儀**(1991)　"易邑"(982),即"陽邑",見上"榆即"條所引(編按:指上文《水經注·洞過水》引《竹書紀年》:"梁惠成王九年,與邯鄲、榆次、陽曲、陽邑。"),在今山西太谷東北。

《古幣叢考》(增訂本)頁 113,2002;原載《陝西金融·錢幣專刊》16

【易告】

○**于豪亮**(1979)　"敢明易(揚)告",謹明確地宣告。揚告與《書·盤庚上》"王播告之修不匿指"中的播告義同。

《考古學報》1979-2,頁 181

【易則或易】

○**張光裕**(2007)　(編按:上博六·用曰 4"淦則或淦,易則或易")"易(陽)則或易(陽)"。《鬼谷子·捭闔》:"或陰或陽,或柔或剛,或開或閉,或馳或張。"又《本經陰符》:"智略計謀,各有形容,或圓或方,或陰或陽,或吉或凶,事類不同。"郭店楚簡《太一生水》簡 2:"神明復相輔也,是以成陰陽,陰陽復相輔也,是以成四時。""陰則或陰,陽則或陽"亦蓋言四時代易,井然有序也。

《上海博物館藏戰國楚竹書》(六)頁 290

【易馬】

○**劉信芳**(1997)　"柱易馬"乃承車蓋之柱。何晏《景福殿賦》:"承以陽馬,接以圖方。"李善注:"陽馬,四阿長桁也……馬融《梁將軍西第賦》曰:'騰極受櫓,陽馬承阿。'"

《中國文字》新 22,頁 169

【易陵】（包 112、119、193）

○**徐少華**（2001）　"陽陵"，爲楚境内一地方政區單位，從其地設有連囂（敖）迅尹、司馬和右司馬之類職官，並與宜（義）陽、安（鄢）陵、正陽、兼陵等列且互相聯繫的史實來看，應是楚人在淮河上中游地區所設立的一個縣級政區單位。

　　據《戰國策·楚策四》"莊辛謂楚襄王曰"章記載，公元前 278 年秦將白起拔郢後，楚頃襄王"流掩於成陽"，因莊辛進言切中楚之時弊，頃襄王"於是乃以執珪而授之爲陽陵君，與淮北之地也"。莊辛所封之"陽陵"，與簡文之"陽陵"當是同一地方，《策》文稱之爲"淮北之地"，與簡文陽陵所反映的史實正好相合，只是頃襄王改楚縣爲封地授予莊辛，雖出於不得已而爲之，實有違於當時列國紛爭，極需加强君主集權、富國强兵的實際。

　　陽陵所在，歷代研究《戰國策》的學者未有明確的説法，當代幾位學者在探討楚國封君問題時亦只説其在"淮北"或在"今安徽淮河北"，未能確指和落實。

　　我們認爲，簡文和《策》文所載之"陽陵"，當即漢晉汝南郡之"朗陵"。其一，"陽"古音屬喻母陽韻，"朗"古音屬來母陽韻，喻、來爲準雙聲，兩字音韻極近，可以通假。其二，據《策》文，陽陵爲"淮北之地"，而古朗陵在今河南確山縣西南（説詳下），即淮水北岸數十里處，方位亦相合。其三，據簡文，陽陵爲"蒿閒"屬邑，在淮水上中游地區，與漢晉朗陵位居淮水上游北岸的形勢完全一致。

　　漢晉朗陵縣的地望，據《後漢書·臧宮傳》（卷十八）"定封朗陵侯"句下李賢注："故城在今豫州朗山縣西南。"《元和郡縣志》卷九，蔡州朗山縣"朗陵故城"條曰："漢縣也，在縣西南三十五里。"《大清一統志》（嘉慶本，下同）卷二一六，汝寧府古迹"朗陵故城"條説："在確山縣西南三十五里，漢置縣，屬汝南郡……隋開皇三年移於今理，屬豫州，十六年改爲朗山縣。"按唐朗山縣即明清至今的確山縣，爲北宋大中祥符五年（公元 1012 年）所改，則在唐朗山縣、明清確山縣西南三十五里之漢晉朗陵縣，即應在今河南確山縣西南三十餘里的任店及以西地帶。

　　漢晉朗陵縣位於淮水上游北岸數十里處，北邊與楚漢之安（鄢）陵，南與宜（義）陽，東與正陽和兼陵等縣均相去不遠，同在一個區域，與簡文和《策》文記載的形勢正好相合，應是戰國中期的楚陽陵縣、戰國後期的楚陽陵邑所在。漢晉朗陵縣，當因楚之故縣而來。

○**劉信芳**（2003）　易陵：

即陽陵。《戰國策·楚策四》頃襄王封莊辛爲“陽陵君”，“與淮北之地也”。《左傳》襄公十年：“楚子囊救鄭，十一月，諸侯之師還鄭而南，至於陽陵……與楚師夾潁而軍。”晉楚既沿潁水兩岸駐軍，則陽陵在潁水以北可知。其地在今河南許昌西北。

《包山楚簡解詁》頁 104

【易翟】

○**劉信芳**（2003）　（編按：包山 193“易翟”）戰國時韓都，後爲楚邑。《史記·韓世家》韓景侯九年：“鄭圍我易翟。”《漢書·地理志》潁川郡：“易翟，夏禹國。”《水經注·潁水》：“潁水自堨東逕易翟縣故城北。夏禹始封於此，爲夏國。”楊守敬《疏》：“今禹州治。”即今河南禹縣。

《包山楚簡解詁》頁 207

冉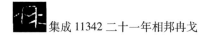

集成 11342 二十一年相邦冉戈　　集成 428 冉鉦鋮　　吉大 145

○**李學勤**（1985）　首行相邦名“冉”字下有一些痕迹，但不像是“之”字。或以爲不是“冉”字。按此戈從各方面看，不能早到秦孝公，而秦孝公以下只有昭王和始皇帝有二十年。根據晚近發現，始皇帝十七年用“丞相”官名，且其人還與統一後相蟬聯，證明其二十年不能另有相邦，所以此戈只能屬於秦昭王廿年，即公元前 287 年，相邦肯定名“冉”，即魏冉。

《古文字研究》12，頁 333

○**王輝**（1988）　十、三十一年相邦冉戈

《雙劍誃吉金圖録》下 32、《三代》20.23.2—24.1 著録一件相邦冉戈，其年份李學勤、袁仲一二先生以爲昭王二十一年，孫稚雛則作三十一年，細審拓片，當以後者爲是。問題的關鍵在於魏冉在昭王三十一年是否爲相。馬非百先生在《秦集史·人物傳》的《杜倉傳》（183 頁）及《秦集史·丞相表》（862頁），根據《韓非子·存韓篇》有“杜倉相秦”的記載，考證杜倉相秦在昭王二十六年至三十二年，其後馬先生在《杜倉相秦考》（《歷史研究》1978 年第 12期）又詳加發揮。若依其説，則三十一年魏冉不在相位。不過，馬先生的説法還值得推敲。首先，《史記·六國年表》説“（昭王二十六年）魏冉復爲丞相”，

未見他免相的記載,至於《趙世家》趙惠文王十八年(即秦昭王二十六年)"魏冉來相趙"的記載,可能只是兼相,而不是離開秦國,戰國時代這種一人兼相數國的事是很多的。其先,趙惠文王十四年,燕相"樂毅將趙、秦、韓、魏、燕攻齊","十五年,趙與韓、魏、齊(編按:當作"秦")共擊齊,齊王敗走","十六年,秦復與趙數擊齊",而蘇屬爲齊遺趙玉(編按:當作"王")書,破壞秦趙同盟,"趙乃輟,謝秦不擊齊"。"十七年,秦怨趙不與己擊齊,伐趙""拔兩城"。十八年,秦又拔趙石城,正是在這種形勢下,秦才讓魏冉相趙,以求趙繼續與秦結盟攻齊。其次,即使如馬先生所説,杜倉曾經相秦,也不能證明魏冉免相。因爲杜可以爲左丞相,而冉仍爲右丞相。何況《存韓篇》並未指明杜倉之相秦時間,不能證明魏冉三十一年不是相。至於《史記・秦本紀》及《穰侯列傳》所謂"昭王三十二年,穰侯爲相國,將兵攻魏",只是明確魏冉以相邦的身份攻魏,並不證明他在此前免相。馬先生證明魏冉在昭王二十六年至三十二年免相的理由之一,是魏冉親楚,而這段時間秦卻數次攻楚。但一國之外交政策,是根據形勢而變化的,不全因執政者而異。攻楚之主將白起,乃魏冉所舉薦,白起是一個極其正直而有頭腦的人,昭王晚年令他伐趙,他以爲不合時機,據理力爭,拒不從命,"寧伏受重誅而死,不忍爲辱軍之將",最終因此被賜死。由此觀之,他的攻楚,確是當時形勢下的正確決策,而魏冉當時必然是支持這一政策的。《穰侯列傳》説:"白起拔楚之鄢郢,秦置南郡,乃封白起爲武安君。白起者,冉之所任舉也,相善。於是穰侯之富,富於王室。"顯然也認爲伐楚的勝利中包含了魏冉的功勞。

《文博》1988-2,頁 10—11

○**王輝**(1990)　魏冉是昭襄王母宣太后之弟,在昭王時曾數次爲相,計達二十餘年。《史記・六國年表》昭王十二年,樓緩免,穰侯魏冉爲相。故此戈必作於昭王十四年。

《秦銅器銘文編年集釋》頁 55

○**何琳儀**(1998)　冉,金文作 (師袁簋),象毛下垂之形。戰國文字承襲金文。《説文》:" ,毛冄冄也。象形。"

《戰國古文字典》頁 1458

而　丙

集成 10374 子禾子釜　　集成 9735 中山王方壺　　石鼓文・而師

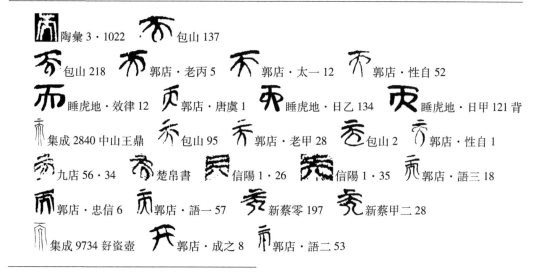

○強運開（1935）　張德容云：“《説文》：‘須也。’爲象形字，諸書用爲轉語，皆屬叚借。”考子禾子釜作 而，與鼓文同。

《石鼓釋文》丙鼓，頁 13

○金祥恆（1964）　而。

《匋文編》9·66

○中大楚簡整理小組（1977）　（編按：信陽 1-12）天。

《戰國楚簡研究》2，頁 5

○劉雨（1986）　（編按：信陽 1-12）天。

《信陽楚墓》2，頁 125

○李家浩（1990）　而君天下。

《文史》33，頁 11

○高明、葛英會（1991）　而。

《古陶文字徵》頁 193

○朱德熙（1992）　又李家浩同志指出帛書 A₂“□是襄 而 埈是各”和同行“咎 而 肯□”之 而 字舊釋天，實乃而字。

《古文字研究》19，頁 297

○饒宗頤（1985）　而字原作 而，非天字，此改從李家浩釋，作虚字之“而”，句讀亦訂正，下文“咎（晷）而步達”句同。

《饒宗頤二十世紀學術文集·簡帛學》頁 241，2003；原載《楚帛書》

○劉樂賢（1996）　1.無爲而可

第 19 號簡下：

凡坐日,無爲而可,女(如)目(以)祭祀,必又(有)三□。

第 22 號簡下:

凡復日,不吉,無爲而可。

第 34 號簡:

……是胃(謂)竈(絶)日,無爲而可,名之曰死日。

以上三簡的"而"字,整理者皆未釋出。此字寫法與包山楚簡的"而"字一致(參見《包山楚簡》圖版一二八的"而"字條,文物出版社 1991 年),故補釋爲而。簡文的坐日、復日、絶日都是凶日,不利行事,故言"無爲而可"。無爲而可者,謂凶日不做任何事情則可以避禍。

《華學》2,頁 61—62

○徐在國(1997)　一、釋"而"

湖北省文物考古研究所編著的《江陵九店東周楚墓》一書中發表了一批楚簡。其中乙組 56 號墓出土的 205 枚竹簡中,數見如下一字:

A₁　無爲而可　M56・19 下

A₂　無爲而可　M56・22 下

A₃　無爲而可　M56・34 下

第三字均未釋。

今按:此字應釋爲"而"。"而"字,楚文字中習見,形體如下:

《長沙楚帛書文字編》29 頁　　　《包山楚墓》簡 2

同上簡 15　　　同上簡 28

很明顯,A₂、A₃ 中的第三字與包山楚簡中的"而"字是一字無疑。A₁ 中的第三字與 A₂、A₃ 中的形體稍稍不同,但從辭例看卻是同一字。如此,則 A₁—A₃ 中的第三字應釋爲"而"。"無爲而可"中的"而"字在這裏是連詞,表示承接,相當於"則"。清人王引之《經傳釋詞》卷七:"而,猶則也。僖十五年《左傳》曰:'何爲而可?'言何爲則可也。""無爲而可"即"無爲則可",意思是無所作爲就可以了。

《江漢考古》1997-2,頁 81

○何琳儀(1998)　而,甲骨文作(乙 6948),象鬍鬚之形。西周金文作(盂鼎),上加橫畫爲飾。春秋金文作(蔡侯申殘鐘),與天字易混。戰國文字承襲春秋金文。《説文》:"而,頰毛也。象毛之形。《周禮》曰,作其鱗之而。"

戰國文字而,多爲轉折連詞。

齊陶而,地名。

《戰國古文字典》頁 74

○**李家浩**（2000）　（編按：九店 19 下）下 22 號簡和 34 號簡也都有"無爲而可"之語，"而"字原文皆作 𠁅。此字見於包山楚墓 2 號、146 號、156 號等簡，《包山楚簡》的作者釋爲"而"，甚是。本簡的"坐日"和 22 號簡的"復日"，都是不吉日。34 號簡的"絶日"，也是不吉日。"無爲而可"的意思是説：這一天什麽事也不做，就可以避免災難的發生。

《九店楚簡》頁 72

○**劉釗**（2000）　（編按：郭店・語叢四）"而"字應訓爲"如"，"言而苟，牆有耳"句中的"而"字也應訓爲"如"。《易・明夷》："君子以莅衆，用晦而明。"虞翻注："而，如也。"《詩・小雅・都人士》："彼都人士，垂帶而厲。"鄭箋："而亦如也。""口不慎而户不閉"即"日不慎如户不閉"。

《郭店楚簡國際學術研討會論文集》頁 81

耏　耏　耐　耏

睡虎地・雜抄 32　　睡虎地・答問 8　　睡虎地・日乙 145

睡虎地・答問 128　　睡虎地・秦律 153

○**睡簡整理小組**（1990）　耐，刑罰的一種，即剃去鬢鬚，古書或作耏。《漢書・高帝紀》注引應劭云："輕罪不至於髡，完其耏鬢，故曰耏。"《禮記・禮運》正義："古者犯罪以髡其鬚，謂之耐罪。"

《睡虎地秦墓竹簡》頁 52

○**張守中**（1994）　耐，從而從寸，耏之或體。

《睡虎地秦簡文字編》頁 149

○**中國文物研究所、湖北省文物研究所**（2001）　（編按：龍崗 40）耐爲隸臣妾
　　耐，一種剃去鬢鬚的刑罰。或作"耏"。《説文》而部："耏，罪不至髡也……耐，或從寸，諸法度字從寸。"段《注》引江遂曰："《漢令》謂完而不髡曰耐。"《漢書・高帝紀》："令郎中有罪耐以上，請之。"顏《注》引應劭曰："輕罪不至於髡，完其耏鬢，故曰耏。"

《龍崗秦簡》頁 90

豕　豸

石鼓文・田車　　望山 2・45　　望山 2・51　　包山 146　　包山 168

〇**强運開**（1935）　《説文》豕象毛足而有後尾。古文作𢑚。又按，戊辰敦作豕，函皇父敦作𢑚、𢑚，形俱相近。

《石鼓釋文》丙鼓，頁 8

〇**張守中**（1994）　豕。

《睡虎地秦簡文字編》頁 149

〇**何琳儀**（1996）　《璽彙》〇一七五著録一方齊國官璽"𧆨母鉩（司）𨴒（關）"，首字舊不識。如果視爲反書，則易於辨識。𧆨反書作𢑚，無疑可與《璽彙》二五九九齊國私璽"𨵛（淵）幾𢑚"之末字比較。換言之，𢑚省左撇筆即是𢑚。此類省簡參見《侯馬》三〇七隆作𤲬，或作𤲬。準是，上揭齊璽二字均應釋豕，不過一反一正而已。私璽正文之豕爲人名，可以不論。官璽反文之豕爲地名，較爲重要。"豕母"，疑讀"泥母"。《詩·邶風·泉水》"飲餞于禰"，《儀禮·士虞禮》注引禰作泥。《説文》獮或作祿。獮與禰實爲一字。《説文》："獮，秋田也。"《説文繫傳》："禰，秋畋（田）也。"是其確證。禰之異文作泥，亦作祿，可證泥、豕音近。"泥母"亦作"寧母"，齊國地名。《春秋·僖七》："公會齊侯、宋公、陳氏子款、鄭世子華，盟于寧母。"注："高平方與縣東有泥母亭。音如寧。"《後漢書·郡國志》"泥母"作"寧母"。在今山東魚臺北。

《于省吾教授百年誕辰紀念文集》頁 224

〇**何琳儀**（1998）　豕，甲骨文作𤲬（前四·二七四），象豬之形。西周金文作𢑚（函皇父鼎），春秋金文作𢑚（樂子𧫣豭臣豭作豭）。戰國文字承襲兩周金文。齊系文字或作𢑚、𢑚，燕系文字或作𤲬、𢑚，晉系文字或作𤲬、𢑚，楚系文字或作𢑚、𢑚，呈地域特點。《説文》："豕，彘也。竭其尾故謂之豕。象毛足而後有尾。讀與豨同。按，今世字誤以豕爲彘，以彘爲豕。何以明之？爲啄、琢從豕，蠡從彘，皆取其聲，以是明之。𢑚，古文。"

齊璽"豕母"，讀"泥母"，或"寧母"，地名。《詩·邶風·泉水》"飲餞于禰”，《儀禮・士虞禮》注引禰作泥。《説文》㲋或作袮。㲋同禰。是其佐證。《左・僖七》：“公會齊侯，盟于寧母。”注：“高平方與縣東有泥母亭，音如寧。”《後漢書・郡國志》“泥母”作“寧母”。在今山東魚臺北。

包山簡豕，姓氏，疑讀矢。見《姓苑》。

《戰國古文字典》頁 1222

（編按：古錢 972 才）豕。

《戰國古文字典》頁 1555

○**劉信芳**（2003）　（編按：包山 265）豕：

《包山楚墓》附録 19 釋作“豕”。字形與簡 211“豕”不同。或釋作“升”，出土鼎有自銘爲“鼑”者，惟簡文升鼎稱“䇂”。袁國華認爲字乃“亥”，爲“豕”字誤書，可備一説。

《包山楚簡解詁》頁 284—285

【豕襄】

○**何琳儀**（1998）　（編按：璽彙 1218）豕襄，人名，疑讀“豕韋”。《左・襄二十四》：“在商爲豕韋氏。”

《戰國古文字典》頁 1497

△按　“豕”字甲骨文象豬之形，自西周金文開始已漸失象形意味，但其筆畫變化仍然有迹可尋。睡虎地秦簡《日書》甲八〇背“亥，豕也”、甲一二一“宜豕”，皆用本義，乙一五八“高王父謫適（謫），豕”之“豕”意義不明。

豬 𧱬

豬 睡虎地・秦律 63　　豬 睡虎地・答問 50

䝙 天星觀“豬豕”合文　　䝙 天星觀“豬豕”合文　　豬 天星觀“豬豕”合文

○**何琳儀**（1998）　《説文》：“豬，豕而三毛叢居者。从豕，者聲。”

廿七年上郡守趞戈豬，人名。

《戰國古文字典》頁 520

△按　“豬”字在天星觀楚簡“罷禱西方全豬”、睡虎地秦簡《秦律十八種》63 號簡“豬雞之息子不用者”、《法律答問》50 号簡“誣人曰盜一豬”等皆用本義。

豜　豜　豜

十鐘　石鼓文·吾車

○**强運開**（1935）　　趙古則釋作豨，音委。楊升庵釋作豚，俱不類。潘云或作豜，或音豚。吾氏以爲豜字。錢竹汀云："按《詩》'並驅從兩肩兮'，毛云'三歲曰肩'，籀文或从豕耳。"張德容云："《説文》肩本作𦠿，从户者乃俗字。"運開按，此篆左从豕，右作𦠿，與𦠿略異。蓋兼从户也。豜之本字作豜。《説文》："豜，三歲豕，肩相及者也。从豕，开聲。"今《詩》作肩，殆即豜之媘字也。

　　　　　　　　　　　　　　　　　　　《石鼓釋文》甲鼓，頁 17

○**何琳儀**（1998）　《説文》："豜，三歲豕也，肩相及也（**編按**：大徐本作"三歲豕，肩相及者"）。从豕，开聲。"开旁均省作主旁作干、干等形，或加省略符號＝。
　　楚簡豜，三歲豕。

　　　　　　　　　　　　　　　　　　　《戰國古文字典》頁 998—999

　　豜，从豕，肩聲。豜之異文。《集韻》："豜，或作豜。"
　　石鼓豜，讀肩。《詩·齊風·還》"並驅從兩肩兮"，傳："獸三歲曰肩。"《集韻》："豜，《説文》三歲豕，肩相及者。引《詩》並驅從兩豜兮。或作豜、豜。"

　　　　　　　　　　　　　　　　　　　《戰國古文字典》頁 997—998

豭　豝

包山 187　　包山 207　　秦家咀 99·14　　新蔡甲三 281
新蔡甲二 18　　新蔡甲三 122　　新蔡乙四 137、甲三 360　　包山 219

○**劉彬徽、彭浩、胡雅麗、劉祖信**（1991）　豝，借作豭，《説文》："牡豕也。"

　　　　　　　　　　　　　　　　　　　《包山楚簡》頁 55

○**何琳儀**（1998）　豝，从豕，古聲。
　　包山簡 219 豝，疑豕名。

　　　　　　　　　　　　　　　　　　　《戰國古文字典》頁 475

○湯餘惠等（2001）　𤝗。

《戰國文字編》頁 645

○李守奎（2003）　𤝗。

《楚文字編》頁 565

△按　“古”和“叚”上古音同屬見母魚部，“𤝗”應即“𤜼”之異體。

狠　狠

𤝗 睡虎地·秦律 8　　𤜼 睡虎地·秦律 74

○睡簡整理小組（1990）　狠（墾）。

《睡虎地秦墓竹簡》頁 19、21

　　狠，疑讀爲𤜼。上句末“牛”字疑脱重文號，本句應讀爲“牛𤜼生者”。

《睡虎地秦墓竹簡》頁 38

○陳振裕、劉信芳（1993）　原釋：“狠”，“疑假爲犙。《説文》：犙，‘畜牲也’。即畜仔”。

《睡虎地秦簡文字編》頁 168—169

△按　睡虎地秦簡《秦律十八種》1 号簡“狠田”、8 号簡“無狠不狠”之“狠”皆讀爲“墾”；74 号簡“狠生者”之“狠”存疑。

豧　豧

豧 曾侯乙 1　　豧 望山 1·109　　豧 新蔡甲三 175

○裘錫圭、李家浩（1989）　“豧”在簡文裏用爲地名，疑讀爲《詩·大雅·崧高》“維申及甫”之“甫”。

《曾侯乙墓》頁 501

○何琳儀（1998）　《説文》：“豧，豕息也。从豕，甫聲。”

　　望山簡豧，疑讀脯。《説文》：“脯，乾肉也。从肉，甫聲。”隨縣簡豧，讀郙，地名。《説文》：“郙，汝南上蔡亭。从邑，甫聲。”在今河南上蔡西南。

《戰國古文字典》頁 596

△按　望山簡“宮𡎰宝一豧”之“豧”當讀爲“豝”，《説文》豕部：“豝，牝豕也。”曾簡“適豧之𦥒”之“豧”當讀爲巴國之巴，參看李學勤《包山楚簡“郙”即

巴國説》(《四川师范大學學报》社会科學版,2006 年第 6 期)。

豢

天星觀	天星觀	包山 206	包山 210	包山 227	望山 1・116
上博二・容成 28	新蔡甲三 264	包山 240	包山 203		

○**中大楚簡整理小組**(1977) 豻,从豕,完聲。《汗簡・土部》完音完(見王存乂《切韻》)兩字聲符相同,故豻音亦當爲完。殆即貆(狟)之異體同音字。《康熙字典》"完、貆"二字條下均引"《唐韻》《集韻》《韻會》《正韻》並胡官切,音桓"。一説豻即豢字。假爲貆(狟)。

《戰國楚簡研究》3,頁 11

○**李家浩**(1983) "豢"用爲犧牲名,疑讀爲"豣"。古代"豢""豣"同屬元部,二字聲母亦近。《説文》豕部:"豣,三歲豕。"《廣韻》:"豣,大豕也。"

《中國語言學報》1,頁 197

○**何琳儀**(1998) 《説文》:"豢,以穀圈養豕也。从豕,关聲。"

楚簡豢,見《説文》。《禮記・樂記》"豢豕爲酒",注:"以穀食犬豕曰豢。"

《戰國古文字典》頁 1004

○**劉信芳**(2003) 豢:

《禮記・月令》:"案芻豢。"鄭玄《注》:"養牛羊曰芻,犬豕曰豢。"又:"乃命同姓之邦,共寢廟之芻豢。"《大戴禮・曾子天圓》:"宗廟曰芻豢,山川曰犧牲。"簡文凡祭祀用牲,於列祖列宗稱"特豢",於天地山川稱"全豢",略與《大戴禮》所述相合。

《包山楚簡解詁》頁 215—216

○**李守奎**(2003) 豢(包山 240) 关訛爲关(朕字聲旁)。

《楚文字編》頁 564

○**王輝**(2004) 三、遑穀豢土

《容成氏》28—29:"后稷既已受命,乃食於野,宿於野,遑(復)穀(穀)豢土,五年乃壤(穰)。"影本注讀豢爲換,説此句"指更換穀物的品種和讓土地輪休"。按《説文》:"復,往來也。"引申指重複或繼續,《韓非子・五蠹》:"釋其耒而守株,冀復得兔。"復無更換義。豢、換上古音俱元部匣紐,二字雙聲疊

韻,可以通讀。換土即周代的爰田、趄田。《説文》:"趄,趄田易居也。"段玉裁注:"爰、轅、趄、換四字音義同也。古者每歲易其所耕,則田廬皆易。"《公羊傳·宣公十五年》何休注:"司空謹別田之高下善惡,分爲三品:上田,一歲一墾;中田,二歲一墾;下田,三歲一墾。肥饒不得獨樂,墝埆不得獨苦。故三年一換土易居,財均力平。"《爾雅·釋地》:"田一歲曰菑,二歲曰新田,三歲曰畬。"徐中舒師云:"菑爲休耕長草的田,新爲休耕後新種的田,畬爲休耕後續種的田。""復穀換土"是説讓土地輪休,而穀物在休耕後的土地上連續種植,不關乎品種的更換。竹書所説乃周代事,非后稷時事,以今例古,竹書多有。

《古文字研究》25,頁 319

【豢土】

○**李零**(2001)　　遝穀豢土　　即"復穀換土",指更換穀物的品種和讓土地輪休。

《上海博物館藏戰國楚竹書》(二)頁 272

○**蘇建洲**(2003)　　豢土:李零先生以爲是"換土"。季師旭昇先生指出依本字解,意思是"養",指培養地力。建洲按:《左傳·哀公十一年》:"是豢吳也夫。"杜注:"豢,養也。"上引二説均可通。

《〈上海博物館藏戰國楚竹書(二)〉讀本》頁 146

貆　獂

龍崗 34

○**劉信芳、梁柱**(1997)　　《説文》:"貆,豕屬也。从豕,原聲。讀若桓。《逸周書》曰:貆有爪而不敢以撅。"《山海經·北山經》:"(乾山)有獸焉,其狀如牛而三足,其名曰貆。"《集韻》謂貆或从犬。

《雲夢龍崗秦簡》頁 30

○**中國文物研究所、湖北省文物研究所**(2001)　　貆,《説文》豕部:"貆,豕屬也。从豕,原聲。讀若桓。《逸周書》曰:'貆有爪而不敢以撅。'"朱駿聲《説文通訓定聲》説,疑與"貛"同類,或即"貛"之異文。

《龍崗秦簡》頁 86

豨 豨

秦印

△按 《説文》:"豨,豕走豨豨。从豕,希聲。古有封豨、脩虵之害。"

豦 豦

侯馬九二:三七

○何琳儀(1998) 豦,金文作𧱏(豦簋)。从豕从虎省,會野豬與虎相鬥之意,虎亦聲。戰國文字承襲金文。《説文》:"豦,鬬相丮不解也。从豕、虍,豕、虍之鬬不解也。讀若蘮蒘草之蘮。司馬相如説。豦,封豕之屬。一曰,虎兩足舉。"

戰國文字豦,人名。

《戰國古文字典》頁 447

豙 豙

璽彙 0102

○何琳儀(1998) 豙,金文作𧱊(毛公鼎),从辛,豕聲。毅之初文。《説文》:"毅,有決也。"从攴與辛義近,均指判決刑事。或作𧱊(番生簋),辛旁訛作𠦜形。戰國文字承襲金文。《説文》:"豙,豕怒毛豎。一曰,殘艾也。从豕、辛。"許或説,从豕从辛,會"殘艾(刈)"之意。亦通。或歸月部。

楚璽豙,地名。

《戰國古文字典》頁 1227

豠

陶彙 3·146

○何琳儀(1998) 豠,从豕,夫聲。

齊陶狣,人名。

《戰國古文字典》頁 590

△按　"夫"與"甫"上古音同屬幫母魚部,古書从"夫"與从"甫"之字相通的例子很多(參看《古字通假會典》916—918 頁),狣或即猼之異體。

狋

陶彙 3 · 349　 古陶文字徵,頁 151

○ **高明、葛英會**(1991)　《説文》所無。《玉篇》:"狋,犬名。"

《古陶文字徵》頁 151

○ **何琳儀**(1998)　狋,从豸,氏聲。疑狋之異文。《玉篇》:"狋,犬名。"
齊陶狋,人名。

《戰國古文字典》頁 1212

豞

古陶文字徵,頁 151

○ **何琳儀**(1998)　豞,从豸,句聲。《集韻》:"豞,《字林》豕鳴也。"
古陶豞,人名。

《戰國古文字典》頁 343

猣

集成 2840 中山王鼎

○ **張克忠**(1979)　歆,假借爲悟。此句意爲深明深悟。

《故宮博物院院刊》1979-1,頁 40

○ **于豪亮**(1979)　猣讀爲悟,穎悟。

《考古學報》1979-2,頁 172

○ **張政烺**(1979)　猣,从豸,吾聲,疑讀爲悟,逆也。

《古文字研究》1,頁 223

○**趙誠**（1979）　　珸用爲悟，此爲穎悟之義。

《古文字研究》1，頁 254

○**容庚等**（1985）　　珸　《説文》所無。

《金文編》頁 686

○**何琳儀**（1998）　　珸，从豕，吾聲。

中山王鼎“夫珸”，讀“膚敏”，五、母雙聲可通。《國語・楚語上》“啓有無觀”，《竹書紀年》、《墨子・非樂》上五並作武。《左・襄二十年》“取我田疇而伍之”，《吕覽・樂成》伍作賦。而《禮記・曲禮》上“鸚鵡能言”，釋文則鵡作母，《説文》作䳇。是其佐證。

《戰國古文字典》頁 508

○**湯餘惠等**（2001）　　珸。

《戰國文字編》頁 645

豭

新蔡甲三 97　　新蔡甲三 124　　新蔡甲三 123
包山 250　　包山 204　　包山 244　　包山 200

○**湯餘惠**（1993）　　[字] 202　　原釋爲豭，注 368 謂“當讀作腊”。從簡文看，“戠豭”與“戠豢”爲同類祭品，往往並舉。豢爲畜豢牛羊之屬，豭亦當屬牲類，恐與腊肉無關。豭字从豕，昔聲，疑狙之異。昔、且古聲通，《周禮・秋官・序官》“蜡氏”鄭注：“蜡讀爲狙司之狙。”《釋文》亦謂：“蜡讀爲狙。”此外，古書“耡”通“藉”、“藉”通“菹”，均昔、且聲通之證。《説文》：“狙，豸屬。”《廣雅・釋獸》：“狙，豕也。”250 簡：“睪禱於絶無後者各肥～。”肥豭（狙），猶説肥豬。210 簡：“睪禱社全～。”全豭（狙），猶説全豬，乃以不割之狙牲作爲祭品。《易・艮》疏：“兩體不分謂之全。”

《考古與文物》1993-2，頁 75

○**陳煒湛**（1998）　　[字] 200　　[字] 202　　[字] 204 釋文隸定作豭，正確，讀作腊，可備一説。考釋又以爲即臘字，並引《周禮・天官》之“腊人”爲“臘人”，引《儀禮・既夕禮》之“魚腊鮮獸”爲“魚臘鮮獸”，則大誤。腊（xī），思積切，昔韻心母；臘（là），盧盍切，盍韻來母，二者形音義皆有别。簡文常稱“戠豭”，與戠牛同例，疑亦豕名，而與訓乾肉之腊無涉也。又，210 簡稱“遲禱社一全豭”，與

"一全狱"同例。可證獵非指乾肉之腊而乃豕名。

《容庚先生百年誕辰紀念文集》頁 589

○**何琳儀**（1998）　獵,从豕,昔聲。

　　包山簡獵,讀狙。《周禮·地官·鄉師》"共茅蒩",注:"鄭大夫讀蒩爲藉。"《周禮·地官·遂人》"以與耡利甿",注:"鄭大夫讀耡爲藉。"是其佐證。《説文》:"狙,豕屬。从豕,且聲。"《類篇》:"狙,或作豠。"

《戰國古文字典》頁 587

○**劉信芳**（2003）　獵:

　　字从豕,昔聲,《説文》:"昔,乾肉也。"《周禮·天官·腊人》鄭玄注:"腊,小物全乾。"睡虎地秦簡《日書》（簡 1015）:"以昔肉吉。"

《包山楚簡解詁》頁 216

○**李守奎**（2003）　獵。

《楚文字編》頁 565

貗

陶彙 3·677

○**何琳儀**（1998）　貗,从豕,婁聲。《廣韻》:"貗,求子豬也。"
　　齊陶貗,人名。

《戰國古文字典》頁 337

豬

豬 包山 257　　豬 包山 257

○**劉信芳**（1997）　包山簡 257:"燹豬一笰,炙豬一笰。""豬"讀如"膳",《周禮·天官·膳夫》:"膳夫掌王之食飲膳羞。"鄭玄注:"膳,牲肉也。""豬"字从豕作,應是强調所用爲豕肉。

《中國文字》新 23,頁 116

○**何琳儀**（1998）　豬,从豕,善聲。疑膳之異文。《説文》:"膳,具食也。从肉,善聲。"

包山簡𤝔,讀膳。《廣雅·釋詁》:"膳,肉也。"

《戰國古文字典》頁 1014

○**湯餘惠等**(2001)　𤝔。

《戰國文字編》頁 645

○**李守奎**(2003)　𤝔。

《楚文字編》頁 565

豥

璽彙 2599

○**何琳儀**(1998)　豥,从豕,幾聲。疑犰之異文。《集韻》:"犰,獸名。兔喙而虵尾。"

齊璽豥,人名。

《戰國古文字典》頁 1184

○**湯餘惠等**(2001)　幾。

《戰國文字編》頁 645

豩

璽彙 1447

○**羅福頤等**(1981)　豩。

《古璽文編》頁 243

○**何琳儀**(1998)　豩,甲骨文作🐷(拾 1·5)。从二豕,會衆豕之意。或作🐷(京都 268),从三豕。戰國文字从三豕。《說文》:"豩,二豕也。豳从此。闕。"《字彙補》:"豩,同豩。"

戰國文字豩,人名。

《戰國古文字典》頁 1360

○**湯餘惠等**(2001)　豩。

《戰國文字編》頁 645

△**按**　"豩"是否就是"豩"字,待考。

狅

包山 203　　 包山 227

新蔡甲三 320　　 新蔡甲三 328　　 新蔡甲三 332

△按　重見本卷勹部"冢"字條。

希 帬

郭店 · 語二 24　　 郭店 · 語二 24

○李守奎（2003）　《説文》古文。

《楚文字編》頁 565

毫 豪 豪

睡虎地 · 爲吏 27 伍　　 包山 273　　 陶彙 3 · 925

○金祥恆（1964）　毫，豕鬣如筆管者。从希，高聲。乎刀切　豪　篆文从豕。

《匋文編》9，頁 66—67

○睡簡整理小組（1990）　堙豪（壕）

堙（音因）壕，平填敵城的池壕，用以攻城，是一種有極大危險的敵前作業。

《睡虎地秦墓竹簡》頁 175

○高明、葛英會（1991）　毫亦作豪。

《古陶文字徵》頁 223

垚 毳

侯馬一 : 四〇　　 龍崗 33

○黄盛璋（1974）　垚即《史記 · 周本紀》"厲王出奔於垚"的垚，《集解》引"韋昭曰 : 垚晉地，漢爲縣，屬河東，今曰永安"。但三家分晉後，垚地何屬，文獻無

記。《史記・魏世家》:"魏悼子徙居霍。"《括地志》云:"霍,晉州霍邑縣,本漢
彘縣也。"後改彘曰永安,如此彘可以屬魏。橋形方足布與小方足布幣都有鄅
即彘,過去有的定爲趙,有的以爲趙魏兩屬,主要是因周繆王以趙城封趙之先
祖造父。據《括地志》:"趙城今晉州趙城縣是,本漢彘縣地,後改曰永安,即造
父之邑。"漢彘縣即今之霍縣,其地正處於三國交界地帶,北爲趙,南爲韓,西
爲魏,彘究竟屬趙屬魏,根據文獻,尚難作最後確定,在這裏,兵器銘刻格式給
我們解決了問題。看來霍屬魏,趙城屬趙(漢之趙城縣來自趙之趙城),但它
們只是漢彘縣地(即在彘縣轄境內),就城邑而論,彘應屬韓,因戈銘格式、監
造制度和韓國同,所以戈與幣都是韓國所造。

《考古學報》1974-1,頁 18

○**王輝**(1990)　對彘之地望、國別及此鑒之製作時代,張文(_{編按:指張國維《山西}
_{運城發現的秦彘鑒量》})已有推測。彘戰國屬魏,在今山西霍縣東北,其何時歸秦,
史無明文。《史記・秦本紀》(昭王)"二十一年,錯攻魏,魏獻安邑"。張文推
測彘之屬秦當在此前後,因爲彘距安邑甚近,可能近是。

《秦銅器銘文編年集釋》頁 162

○**何琳儀**(1998)　彘,甲骨文作〈圖〉(鐵 210・2)。從豕從矢,會豬中箭之意。
矢亦聲。或作〈圖〉(後上 18・5),中箭之意尤顯。西周金文作〈圖〉(衛盉)、〈圖〉
(三年瘋壺),豕形由豎作變橫作。春秋金文作〈圖〉(庚壺),豕頭有訛變。戰國
文字承襲兩周金文。《説文》:"〈圖〉,豕也。後蹢發謂之彘。從彑,矢聲。從二
匕,彘足與鹿足同。"

　　十七年彘令戈彘,地名。《史記・周本紀》:"厲王出奔於彘。"在今山西
霍縣。

《戰國古文字典》頁 1226

○**中國文物研究所、湖北省文物研究所**(2001)　彘,豬。此處指野豬。《方
言》八:"豬,關東西或謂之彘,或謂之豕。"

《龍崗秦簡》頁 86

夋　〈圖〉

錢典 136

○**何琳儀**(1992)　《辭典》136 著錄一品方足布,銘文一字(圖 2),舊釋"交"。

李佐賢云："此亦似交字減旁,然上多一畫。背十紀數。古無私鑄之禁,故國中郊外,悉聽鼓鑄。此或郊民所爲歟?"朱活則認爲"交"是地名,即"交剛",在山西隰縣境。

　　檢戰國文字"交"習見,僅舉二例:

　　　　交 璽彙0669　　　交 仰天7

無一與方足布銘文相合,故舊釋方足布銘文爲"交"或"郊"顯然無據。方足布銘文多爲地名,人所盡知。然而釋"交"已誤,"交剛"地望的推斷尤爲牽强。

　　檢《説文》"豭"小篆作:

　　　　豭

與方足布銘文十分接近,應是一字。《説文》:"豭,豕也。从彑,下象其足。讀若瑕。"(編按:"瑕"應作"瑕")其實"豭"應是"豭"之初文。《説文》:"豭,牡豕也。从豕,叚聲。""豭"是形聲字,"豭"則是象形字。甲骨文、金文"豭"字如次:

　　　　豭 乙編4544　　　　豭 頌鼎

均象公豬而突出其生殖器,方足布銘文即商周古文字之變。其頭部作 形,可參見西周金文"豕"字作:

　　　　豕 函皇父簋

"豭"字形體演變序列如次:

　　　　豭——豭——豭——豭

圖2

據《説文》"豭"可讀"瑕"。周、晉、楚三國皆有地名"瑕"。楚地不流行方足小布,可以不論。周"瑕"見《左傳·昭公二十四年》:"王子朝之師攻瑕。"注:"敬王邑。"地望不詳。晉"瑕"見《左傳·僖公三十年》:"許君焦、瑕。"即所謂"河外"(杜注)之"瑕",在今河南靈寶西曲沃城。又《左傳·成公六年》:"必居郇、瑕之地。"即所謂"河東"(杜注)之"瑕",在今山西臨猗臨晉東北十五里。春秋晉之二"瑕",戰國均屬魏境。方足布"豭"應是二"瑕"之一,已不宜確指。

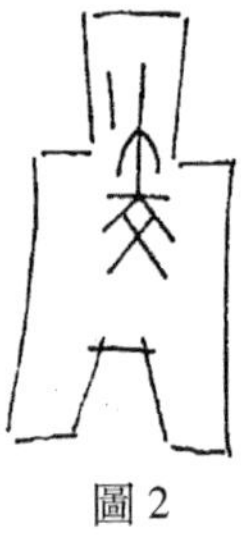

《古幣叢考》(增訂本)頁188—189,2002;原載《文物季刊》1992-4

○**何琳儀**(1998)　豭,甲骨文作 (乙4544),象牡豕(腹下有生殖器)之形。借體象形。豭之初文。《説文》:"豭,牡豕也。从豕,叚聲。"金文作 (頌鼎)。戰國文字承襲金文,多有變異。《説文》:"豭,豕也。从彑,下象其足。讀若瑕。"

魏方足布戔,讀瑕,地名。《左·僖三十年》:"許君焦、瑕。"在今河南靈寶西。

《戰國古文字典》頁 483

豚 腸

睡虎地·日甲 80 背　　睡虎地·日甲 157 背

故宮 417　　秦代印風 76

○睡簡整理小組(1990)　豚。

《睡虎地秦墓竹簡》頁 220、228

○張守中(1994)　豚。

《睡虎地秦簡文字編》頁 150

△按　《説文》豚部:"𢑓,小豕也。从象省,象形。从又持肉,以給祠祀。腸,篆文从肉、豕。"睡虎地秦簡《日書》甲 80 背"名豚孤夏穀□亥"、甲 157 背"肥豚清酒美白粱"當用本義。

豸 𢑓

睡虎地·日甲 49 背叁

○睡簡整理小組(1990)　豸。

《睡虎地秦墓竹簡》頁 215

○何琳儀(1998)　豸,金文作𢑓(貉子卣貉作𢑓),象獸類之形。《説文》:"𢑓,獸長脊,行豸豸然,欲有所司殺形。"

　　睡虎地簡"虫豸",讀"蟲豸"。《爾雅·釋蟲》:"有足謂之蟲,無足謂之豸。"

《戰國古文字典》頁 758

△按　睡虎地秦簡《日書》49 背"鳥獸虫豸甚眾"之"豸"用本義。

豹 𧱷　犳 貐

集粹　　集粹　　睡虎地·雜抄 26　　睡虎地·日甲 71 背

集成 11391 二十九年相邦趙戈

 天星觀　　 望山 1・7　　 秦家咀 13・2　　 包山 277

○**睡簡整理小組**（1990）　豹。

《睡虎地秦墓竹簡》頁 85、219

○**裘錫圭、李家浩**（1989）　"豹"字原文从"鼠"，（中略）"豹裘"是人名。

《曾侯乙墓》頁 528

○**李守奎**（2003）　豹　豹　豹字異體。

在簡文中皆讀豹，疑爲豹之楚寫。

《楚文字編》頁 566、580

△**按**　《説文》豸部："豹，似虎，圜文。从豸，勺聲。"楚簡"豹"和戈銘"狗"皆"豹"之異體。睡虎地秦簡《日甲》71 背"多〈名〉虎豻貙豹申"、《雜抄》26"豹膟（遂）"之"豹"皆用本義。

貙　貙

 睡虎地・日甲 71 背

○**睡簡整理小組**（1990）　貙。

《睡虎地秦墓竹簡》頁 219

△**按**　《説文》豸部："貙，貙獌，似貍者。从豸，區聲。"睡虎地秦簡《日甲》71 背"多〈名〉虎豻貙豹申"之"貙"即用此義。

貔　狴

 十鐘

△**按**　《説文》："貔，豹屬，出貉國。从豸，囟聲。《詩》曰：'獻其貔皮。'《周書》曰：'如虎如貔。'貔，猛獸。狴，或从比。"

豺　犲

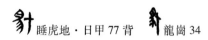

 睡虎地・日甲 77 背　　 龍崗 34

○睡簡整理小組（1990）　豺。

○中國文物研究所、湖北省文物研究所（2001）　豺，一種像狼的野獸。《説文》豸部："豺，狼屬，狗聲。"《吕覽·季秋紀》："豺則祭獸戮禽。"高《注》："豺，獸也，似狗而長毛〈尾〉，其色黄，於是月殺獸，四圍陳之，世所謂祭獸。"

△按　《説文》豸部："豺，狼屬，狗聲。從豸，才聲。"睡虎地秦簡和龍崗秦簡皆用此義。

貘　貘　鼳

璽彙1309　　璽彙2872　　璽彙3817

曾侯乙1　　曾侯乙2　　曾侯乙62　　包山271

○羅福頤等（1981）　貘。

○裘錫圭、李家浩（1989）　簡文"貘、豻、貍、貂"等字所從"豸"旁，原文均寫作"鼠"。古代"豸、鼠"二形旁往往混用。《隸釋》所録魏三體石經《春秋》宣公三年"叔孫豹"之"豹"古文作"鼢"，"貂"字古書中亦作"鼦"，《集韻》所收異體有"鼦"。故釋文經書上引諸字所從"鼠"旁爲"豸"旁。

○李守奎（2003）　貘　鼳　貘字異體。

△按　《説文》："貘，似熊而黄黑色，出蜀中。從豸，莫聲。"古璽"貘"和楚簡"鼳"均是"貘"字異體。

貐　貐

龍崗34

○劉信芳、梁柱（1997）　《説文》："貐，似狐，善睡獸。從豸，舟聲。"《淮南子·原道》："貐渡汶而死。"

○**中國文物研究所、湖北省文物研究所**（2001）　**貅〈貃〉**

　　(中略)或作“貉”。《説文》豸部：“貃，似狐，善睡獸也。《論語》曰：‘狐貃之厚以居。’”

　　　　　　　　　　　　　　　　　　　　　　　　　《龍崗秦簡》頁 86

豻 犴　犴 鼾

豻 睡虎地・日甲 71 背

犴 璽彙 3354

𧱬 曾侯乙 43　　**𧱫** 曾侯乙 11　　**犴** 包山 271

○**睡簡整理小組**（1990）　豻。

　　　　　　　　　　　　　　　　　　　　《睡虎地秦墓竹簡》頁 219

○**何琳儀**（1998）　犴，从犬，干聲。豻之異文。《説文》：“豻，胡地野狗。从豸，干聲。犴，豻或从犬。《詩》曰，宜犴宜獄。”

　　燕璽犴，人名。

　　　　　　　　　　　　　　　　　　　　　《戰國古文字典》頁 994

○**湯餘惠等**（2001）　豻　从鼠。

　　　　　　　　　　　　　　　　　　　　　《戰國文字編》頁 647

○**劉信芳**（2003）　《説文》：“豻，胡地野狗。”按實即“狗玀”，至今湖北西部仍稱此名。“貘”本爲獸名，然牘 1 作“豻鞄（貃）”，曾侯乙簡屢見“貍貘”（簡 2）、“虎鼃”（簡 99、102）、“豻鼃”（簡 106）等，則“貘、鼃”應是音近借字。或謂指貍皮、虎皮、豻皮等，其言近是。惟簡文皮、革、韋均習見，則“貘、鼃”應特有所指。以意度之，从莫之幕《方言》卷一二釋爲“覆”，《史記・大宛列傳》：“以銀爲錢，錢如其王面。”《漢書・西域傳》：“以金銀爲錢，文爲騎馬，幕爲人面。”《史記索隱》：“韋昭云：幕，錢背也。”稱錢背爲“幕”，用“幕”引申義。準此，簡文“貘、鼃”應指獸脊背之皮，取脊背之皮爲“鞍”，以其尤爲堅韌之故也。

　　　　　　　　　　　　　　　　　　　　《包山楚簡解詁》頁 303—304

○**李守奎**（2003）　豻　鼾　豻字異體。

　　　　　　　　　　　　　　　　　　　　　《楚文字編》頁 566

△**按**　睡虎地秦簡《日書》71 背“多〈名〉虎豻貙豹申”之“豻”即用此本義。

貂 貂 鼦

鼦曾侯乙 10　　鼦曾侯乙 13

○**何琳儀**（1998）　鼦，从鼠，刀聲。鼦之省文。《正字通》：“鼦，俗鼦字。”亦作貂。《集韻》：“貂，或从鼠。”《説文》：“貂，鼠屬，大而黄黑，出胡丁零國。从豸，召聲。”

　　隨縣簡鼦，讀貂。

《戰國古文字典》頁 306

○**湯餘惠等**（2001）　貂　从鼠，召省聲。

《戰國文字編》頁 647

○**李守奎**（2003）　貂　鼦　貂字異體。

《楚文字編》頁 566

貉 貉 貉 貉

貉睡虎地・答問 195　　貉睡虎地・日甲 77 背　　貉陶彙 3・1056　　貉陶彙 3・1057

貉包山 87

貉璽彙 2524

○**睡簡整理小組**（1990）　人貉，疑與《周禮》所載貉隸有關。孫詒讓《周禮正義》卷六十五曾指出“貉可兼狄”，貉隸即來自我國北方少數民族的奴隸。

　　貉。

《睡虎地秦墓竹簡》頁 140、220

○**何琳儀**（1998）　《説文》：“貉，北方豸穜。从豸，各聲。孔子曰，貉之爲言惡也。”

　　齊陶貉，人名。

《戰國古文字典》頁 488

○**高明、葛英會**（1991）　貉。

《古陶文字徵》頁 223

○**李守奎**（2003） 貉 貉 貉字異體。

《楚文字編》頁 566

△**按** 睡虎地秦簡《日書》甲 77 背"名責環貉豺干都寅"之"貉"當用本義。《法律答問》195"可（何）爲'人貉'？謂'人貉'者,其子入養主之謂也"當用引申義。

貍 貍 貍

貍 睡虎地·答問 28   貍 睡虎地·日甲 38 背   貍 睡虎地·日乙 61
貍 曾侯乙 2   貍 包山 165

○**睡簡整理小組**（1990） 薶,《説文》:"瘞也。"即埋字。《爾雅·釋天》:"祭地曰瘞薶。"《史記·封禪書》載秦雍四畤和陳寶祠,"春夏用騂,秋冬用駵,畤駒四匹,木禺龍欒車一駟,木禺車馬一駟,各如其帝色;黃犢羔各四,珪幣各有數,皆生瘞薶,無俎豆之具"。

《睡虎地秦墓竹簡》頁 100

貍。

《睡虎地秦墓竹簡》頁 212、234

○**高明、葛英會**（1991） 貍。

《古陶文字徵》頁 223

○**張守中**（1994） 貍 通薶 通埋。

《睡虎地秦簡文字編》頁 150

○**何琳儀**（1998） 《説文》:"貍,伏獸,似貙。從豸,里聲。"
秦陶貍,讀薶。《説文》:"薶,瘞也。從艸,貍聲。"亦作埋。

《戰國古文字典》頁 84

貍,從鼠,里聲。貍之異文。見貍字。
楚簡貍,狐類。《爾雅翼》:"貍者,狐之類。狐,口鋭而尾大。貍,方口而身文,黃黑彬彬,蓋次於豹。"

《戰國古文字典》頁 84

○**湯餘惠等**（2001） 貍 從鼠。

《戰國文字編》頁 647

○**李守奎**（2003）  貍字異體。

《楚文字編》頁 566

△**按** 睡虎地秦簡《法律答問》28"貍其具"，《日書》甲 28"正立而貍"、乙 61
"葬貍祠"之"貍"皆讀作"薶"。

豹

睡虎地・日甲 13 背

○**睡簡整理小組**（1990） 豹。

《睡虎地秦墓竹簡》頁 210

○**張守中**（1994） 豹。

《睡虎地秦簡文字編》頁 150

○**湯餘惠等**（2001） （編按：睡虎地・日甲 13 背）豹。

《戰國文字編》頁 647

【豹犄】

△**按** 睡虎地秦簡《日書》甲 13—14 背"敢告壐（爾）豹犄，某，有惡薔（夢），
走歸豹犄之所。强饮强食……"，"豹犄"爲專名。

貔

故宮 428

○**湯餘惠等**（2001） 貔。

《戰國文字編》頁 647

舄 豸

睡虎地・日甲 157 背

○**睡簡整理小組**（1990） 兕。

《睡虎地秦墓竹簡》頁 228

○**張守中**（1994） 《説文》兕，古文从几作𠑶。

《睡虎地秦簡文字編》頁 151

○**何琳儀**（1998）　兕，甲骨文作🐂（佚 427）、🐂（甲 3584），象犀牛有巨角之形。六國文字頭部訛作凶形，秦國文字頭部省作凹形，身軀省作儿形。《説文》："🐂，如野牛而青，象形。與禽、离頭同。🐂，古文从儿。"許説🐂、🐂與🐂"頭同"，可信。

　　少府銀器兕，讀矢。《老子》五十"陸行不遇兕虎"，漢帛書兕作矢。《史記・十二諸侯年表》"曹惠公伯雉"，索隱："雉一作兕。"是其佐證。《詩・大雅・皇矣》："陟我高岡，無矢我陵。"箋："矢，猶當也。"

　　睡虎地簡兕，讀矢。《爾雅・釋詁》："矢，陳也。"

《戰國古文字典》頁 1243

○**湯餘惠等**（2001）　［兕］🐂　《説文》："古文从儿。"

《戰國文字編》頁 648

○**劉信芳**（2003）　"兕"字又見簡 271、273，關於該字的隸定請參拙文《楚簡器物釋名》（《中國文字》新廿二期），《説文》解兕字"如野牛而青，象形"。《國語・晉語八》："唐叔射兕於徒林，殪以爲大甲。"《考工記・函人》："犀甲七屬，兕甲六屬，合甲五屬。犀甲壽百年，兕甲壽二百年，合甲壽三百年。"《注》云："屬讀如灌注之注，謂上旅下旅札續之數也。革堅者札長。"曾侯乙墓所出人甲，其裙甲爲四排，身甲一排，若不計肩甲爲五排；包山二號墓所出人甲，其裙甲爲五排，不計肩甲爲六排。估計曾甲爲"合甲"，包甲爲"兕甲"。曾甲排數少，甲片長，最長者達 26.5 釐米（參《曾侯乙墓》頁 336），應是質地特好的堅甲。包甲最長者爲 23 釐米（參《包山楚墓》頁 225），其皮革質地應較曾甲爲次。秦俑的甲片一般長僅 6 至 7 釐米（參袁仲一（秦始皇陵兵馬俑研究》頁 125），估計秦俑之甲用一般的水牛皮。有學者認爲包甲爲公牛皮所製，似不可信。若《考工記》所記準確，則曾甲、包甲都不大可能是牛皮之甲。曾甲曾經過鑑定，惜其未能進一步確定爲何種獸皮。

《包山楚簡解詁》頁 312

【兕席】

○**劉信芳**（1991）　兕席：以兕皮爲席，屈原《九歌・東皇太一》："瑶席兮玉瑱。"是祭祀所用之席，爲顯其心誠，多用珍貴之物。《山海經・南山經》記祠禮："白菅爲席。"郝懿行箋疏："席者，藉以依神。"

《文博》1991-4，頁 67

△**按**　簡文"大夫先敚兕席"之"兕席"，應即用兕皮製作的席。

易 易

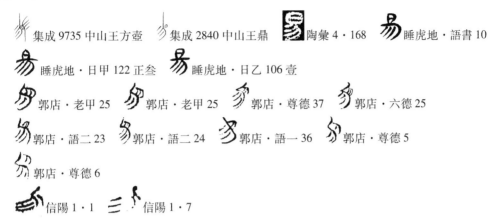

集成 9735 中山王方壺　　集成 2840 中山王鼎　　陶彙 4·168　　睡虎地·語書 10

睡虎地·日甲 122 正叄　　睡虎地·日乙 106 壹

郭店·老甲 25　　郭店·老甲 25　　郭店·尊德 37　　郭店·六德 25

郭店·語二 23　　郭店·語二 24　　郭店·語一 36　　郭店·尊德 5

郭店·尊德 6

信陽 1·1　　信陽 1·7

○**中大楚簡整理小組**(1977)　烏夫,即古籍中常見的發語歎詞嗚呼。

《戰國楚簡研究》2,頁 2

○**睡簡整理小組**(1990)　易。

《睡虎地秦墓竹簡》頁 15、199、238

○**李家浩**(1990)　簡文"易"字的寫法比較特別,1—10 號簡"賜"字所從的"易"旁與此相同,《古璽文編》138 頁 0944 號印"賜"字所從的"易"旁亦與此相近,故釋爲"易"。

　　《古璽彙編》著録的 0010 號和 0159 號燕印第一字,右半與"易"字相近,似應當釋爲从"邑"从"易",即燕易下都之"易"的專字。《太平御覽》卷八〇二引《墨子》説:"周公見申屠狄曰:賤人剛氣則刑罰至。"有人指出信陽 1-014+1-02 號簡的文意與此相近。申屠是複姓,狄是名字。狄、易二字古音相近,在古籍中有通用的例子,簡文易可能就是申屠狄。

《文史》33,頁 12、17

○**高明、葛英會**(1991)　易。

《古陶文字徵》頁 119

○**何琳儀**(1998)　易,甲骨文作 (前 6·43·3)。从二益,會傾一皿之水注入另一皿中之意。引申爲變易。益亦聲。易、益均屬支部,易爲益之準聲首。西周早期金文作 (德鼎),省左益旁。甲骨文或作 (福 20),截取右益之右半部分。金文或作 (大簋),於器皿鋬手之內著一飾點。春秋金文作 (蔡侯鐘)。戰國文字承襲兩周金文之省文,多有變化。或从二易,似與甲骨文初文有關。或作易,則與易字相混。 、 (齊), 、 (燕), 、 (晉),易、 、

（楚），易、易（秦），各具地域特點。《説文》：“易，蜥易，蝘蜓，守宫也。象形。祕書説。日月爲易，象陰陽也。一曰，从勿。”

中山王鼎易，不難。《左・昭四》“以歲之不易”，注：“不易，言有難。”中山王方壺“易立”，讀“易位”。《左・成二》：“逢丑父與公易位。”

信陽簡“易夫”，疑讀“役夫”。《左・文元》：“呼，役夫，宜君王之欲殺女而立職也。”注：“役夫，賤者稱。”（《儀禮・士虞禮》“取諸左脇上”，注：“古文曰，左股上。”股爲役之訛。易爲益之省文，故亦與役相通。）

秦陶易，地名。《史記・趙世家》惠文王“五年，與燕鄚、易”。在今河北易縣南。睡虎地簡易，變易。

《戰國古文字典》頁 759

○**何琳儀**（2001）　二、1-02 號簡釋讀

“易”，應讀“役”。衆所周知，“易”是“益”的簡化字。而“益”與“役”聲系可通。《儀禮・士虞禮》“取諸左脇上”，注：“古文曰，左股上。此字从肉、殳，殳矛之殳聲。”疏：“字从肉義可知，而以殳與股不是形人之類。其理未審。”關於“脇”之異文作“股”，舊注未了，且注疏文字多有（編按：疑此乃“舛”或“乖”字）錯。唯段玉裁精通音理，獨具懸解。段氏云：

　　股與脇當是同音，蓋从肉，役省聲。如垼、疫、毄皆从役省聲之比。役與益同部，此股非股肱字。注當云，此字从肉，从役省聲，非从殳矛之殳聲。今本脱誤不完。

今按，段説其確。檢《古璽彙編》2623 著録一方三晉姓名私璽，其中一字从“肉”从“役”聲。此段説“股”从“役”省聲之佳證。“易、益、役”均屬支部字，“易”可讀“役”猶“益”與“役”聲系相通。竹書“易夫”即典籍之“役夫”。《左・文元年》：“呼！役夫。”注：“役夫，賤者稱。”《楚辭・大招》“不歡役只”，注：“役，賤也。”由此可見，“役”與“賤”同義。竹書“役夫”與“賤人”對文見義，均指出身卑微之人。“役夫”，先秦典籍習見。除上文引《左傳》之外，又見《荀子・王霸》“役夫之道也”，《管子・輕重》“謂之役夫”，《列子・周穆王》“有老役夫”等。

《安徽大學學報》2001-1，頁 28

○**程燕**（2003）　M2.12 簡文：

　　一紫箸（此字隸定參上文），緒膚之裏，絹緅之純，白金之△鈎。

△原篆作：易

因字形不甚清晰，簡文整理者未釋，頗爲謹慎。然此字在《江陵望山沙冢

楚墓》所附的照片中仍可較爲清晰辨認,字形如上所摹。楚簡中的"易"多作下揭各形:

A 易 郭店·語叢二 23　　B 易 郭店·尊 5

C 易 郭店·老子甲 25　　D 易 包山 81("賜"之所從)

E 易 包山 163("惕"之所從)　　F 易 上海·詩 2("葛"之所從)

G 易 睡虎 25.44

由此可見,簡文△與 G 形甚似,應是"易"字無疑。

"易"讀作"錫"。《説文》:"錫,銀鉛之閒也。从金,易聲。"

《江漢考古》2003-3,頁 88

【易立】

○張克忠(1979)　"易",二勿反向,當即孛字的別體,孳乳爲誖、悖。《説文》:"誖、亂也。从言,孛聲。悖,誖或从心。孛,籀文誖从二或。"段注:"兩國相違,舉戈相向,亂之意也。"二勿相背與二或相對同意。孛《集韻》作㪍。《春秋》文公四年:"有星孛於北斗。"《穀梁傳》:"孛之爲言猶㪍也。"《漢書·李尋傳》:"則伏不見而爲㪍。"注:"㪍與孛同。"古音勿、孛、弗同部。《禮記·月令》:"勿悖於時。"鄭注:"孛猶逆也。""臣宗易(孛)立(位)",言臣主逆位或君臣亂位。

《故宮博物院院刊》1979-1,頁 45—46

○趙誠(1979)　𢒃即易字繁形。立用爲位。"臣宗易位"與後文的"爲人臣而反臣其宗"意思相同。燕王子噲將君位讓與相國子之,老不聽政而成了臣下;子之本爲大臣,受王位而成了國君,反將原來的國君子噲作爲臣下。所以稱之爲"易位",即換了個地位。

《古文字研究》1,頁 250—251

○孫稚雛(1979)　𢒃　壺銘(十七行)"臣宗𢒃位"。

這是一個新造的會意字。用互相顛倒的兩個易字來表示改易。而賞賜的"賜"則从貝。鼎銘(五十三行):"賜之厥命"的賜字即从貝。

《古文字研究》1,頁 285

○徐中舒、伍仕謙(1979)　(19)𢒃,此會意字,僅用在特定的"臣宗易位"句中,以會臣宗倒置之意。馬王堆出土帛書《經法》有"君臣易位謂之逆"之語,燕王噲之事,爲戰國時人所習見,故以此垂戒。

《中國史研究》1979-4,頁 87

△按　李家浩釋"易"讀"狄"可從。《上·從政(甲篇)》17 號簡"君子難得而

易使"的"易"作,18 號簡"小人易得而難使"的"易"作,後者所從之"易"
與信陽簡的寫法完全相同。睡虎地秦簡《語書》10—11"易口舌,不羞辱,輕惡
言而易病人"之"易"意爲容易。《日書》甲 122"宜錢金而入易虛",乙 106"以
結者,易擇(釋)"。

象　象

上博六·天乙 2　　 上博六·天甲 2　　 上博六·天甲 2　　 睡虎地·爲吏 17 叁

集成 12110 鄂君啟車節　　 郭店·老乙 12　　 郭店·老丙 4　　 璽彙 1455

○**睡簡整理小組**(1990)　象

《睡虎地秦墓竹簡》頁 170

○**劉釗**(1995)　見"兔"字條。

《人文雜志》1995-2,頁 108

○**何琳儀**(1998)　象,甲骨文作(乙 960),象大象鼻、頭、身、足、尾之形。金
文作(師湯父鼎)。戰國文字承襲金文,或有省變。其下部或作、、、
(參豫字所從象旁),遂與肉形混同。或省其下部作、,與馬作、屬同
類。《説文》:",長鼻牙,南越大獸,三年一乳,象耳、牙、四足之形。"
　　鄂君車節"象禾",讀"象河",地名。在今河南泌陽北象河關。
　　睡虎地簡"象齒",見《詩·魯頌·泮水》"元龜象齒,大賂南金"。

《戰國古文字典》頁 677

【象禾】

○**殷滌非、羅長銘**(1958)　字,从兔从月。古爲字从爪象,楚器爲多作,
其右旁與此上半同,知此亦是象字。象禾地名,今河南泌陽縣東北有象河關。

《文物參考資料》1958-4,頁 10

○**于省吾**(1963)　(四)"庚禾"　殷、羅二氏釋""爲"象",以爲河南泌陽
的象河關。按象河關無象禾之稱,且其字本非象字。作"",其所從的
"",與卜辭兔字作形的上部正相仿,"石鼓文"兔字上部作"",可以互
證。以六書之義求之,則係形聲字,从肉,免(編按:當爲"兔")省聲。禾與和古
通用,金文和作龢,也作禾。禾即菟和。《左傳》哀四年稱楚人"左師軍於菟
和",杜注:"菟和山在上雒東也。"顧棟高《春秋大事表·山川表》:"今陝西商
州東有菟和山,通襄漢往來之道。"按《左傳》文十年稱楚成王使子西"爲商

公”,杜注:“商,楚邑,今上雒商縣也。”上言“庚邡(方)城”,此言“庚菟和”,是經過方城西向,已達到今陝西省的東南部。

《考古》1963-8,頁447

○**商承祚**(1965) “䍓禾”見車節(第七行第十二、十三字),殷謂即“象禾”,我表示同意。于氏引顧棟高《春秋大事表·山川表》:“今陝西商州東有菟和山,通襄漢往來之道。”遂定䍓禾爲“菟和”,亦即《左傳》哀四年的菟和。於字形引甲骨文兔作䍓(䍓),及石鼓文兔作䍓爲證,否定䍓是“象”字。我認爲于説在字形上及地理上皆有商榷之餘地。

兹先談字形。金文凾皇父鼎兔字作䍓。獸頭从䍓、䍓作的除兔字而外,還有極其顯著的“象”字,如數見不鮮的金文“爲”字就是从“象”,其頭作䍓。“爲”字是在勞動生產中以手牽“象”服役而創造出來的字,據甲骨文的結構糾正了小篆形體和漢人對此字字義的曲解,爲研究文字學的人們所公認。金文从䍓,即由甲骨文䍓形增減整齊而成,戰國金文及帛書復省略爲䍓、䍓,與于氏舉證的兔頭無異。還有,甲骨文金文及先秦石刻,从㲋字偏旁的有㒽、㙻、㝅等字,幾無不與“象”頭同,因此,就不能光注意兔形這方面而忽視與兔字局部相同的那方面。面對兔、象兩字部分形同義異的矛盾應如何解決?我意應考慮其軀體結構。兔體从䍓(甲骨文)、䍓(金文、石鼓文),尾短而上翹;象體从䍓、䍓(甲骨文)、䍓(金文。節文从䍓,爲其訛變),長尾或歧尾而下垂,以之作爲兔、象的區別點,則既可講得通,又可解決矛盾,從而聯想起古人在造字之先,對事物的觀察是細微深刻而不苟的。

次談地理問題。菟和路線于文謂“上言‘庚邡(方)城’,此言‘庚菟和’,是經過方城西向,已達到今陝西省的東南部”。又説,“自鄂出發,北經陽丘、方城,又西折抵於菟和,折而東旋,經過繁陽(按繁陽之上有冨焚,于文漏列其地。應作經過冨焚、繁陽……)、下蔡、居郯(巢),最後經過郢都”。我以爲由方城西折菟和,則形成一條突出的支線。方城至菟和七百餘里,決不可能没有較大的城邑出現,如其有而未載,謂爲可以完全省略,於情理上是講不通的,就從本銘陸路各站遠近距離來看,也不無看出問題,豈能視爲一條特殊的路線。譚、黄所繪的車運線皆順行,是符合當日規定的路線,于氏爲了要樹立其菟和之説,勢必撤掉方城以東的象禾,重新另建方城以西的菟和據點,開闢了這條理想的岔道。

《中華文史論叢》6,頁149—151

○**孫劍鳴**(1982) “方城”下所“庚”地名,殷、郭、商均釋“象禾”。其地,郭云

“不詳”。于釋爲“菟和”,以爲即今陝西商州東之菟和山。商不同意,從字形及地理上辨之甚詳,“菟和”之說,不能成立。按方城東南百餘里處有“象河關”,疑即古之象禾。

○劉和惠(1982)　象禾,羅長銘先生指爲今河南泌陽縣東北的象河關。考其方位,當在楚方城(長城)東側,亦一關隘。

○李裕民(1983)　鄂君啓車節有地名𧰨禾,𧰨字,于省吾釋兔(《鄂君啓節考釋》,《考古》1963 年 8 期),商承祚釋象(《談鄂君啓節銘文中幾個文字和幾個地名等問題》,《中華文史論叢》第六輯,下引商説均出此文)。按象與兔字上部有時有明顯的區别,象作長鼻下垂形,兔則無之,有時寫法相似,都作⊔或⌁,因此單從上部考慮,很難確定𧰨字爲象爲兔。象與兔的下部一般有明顯區别,象作長尾下垂形𦥑,兔字短尾上翹形𠃌,而𧰨字下部作𡖂,省略尾形。因此,從下部尾形上鑒别也不可行。現在只能從身子作𡖂形考慮,三體石經逸字作𧱷,所从之兔作𧱵,下部作𡖂,無尾,與此正同,而象及以象爲偏旁的字,至今未見下部作𡖂者,據此,𧰨應以釋兔爲是。兔字省尾,大約因爲其尾短,不明顯,而象之尾長,易見,故不能省。

兔禾即菟禾,在今陝西商縣。車節云“自鄂市,庚陽丘,庚邡城,庚兔禾,庚酉焚,庚絲陽,庚高丘,庚下鄀,庚居鄩,庚郢”。商承祚先生認爲這是當日規定的交通路線。從這一角度考慮,如釋成菟禾,由方城西折菟禾,則形成一條突出的支線,然後折而東旋,於情理上是説不通的,如釋爲象禾,由方城東經象禾到冨(此字各家多釋冨,應釋酉)焚、絲陽是順路。商氏此説是否定於于氏説的重要論據。

○張中一(1989)　“菟和”是泛稱地名,即只有地域概念,没有確切地點。“菟”即“菟絲”的簡稱,藥草名,江南特產。“和”是交易,“菟和”即“菟絲交易的市場”。這種市場在湖湘之域的數量是較多的,因而形成了《車節》上的泛指地名了。

○高明、葛英會(1991)　象。

○**劉和惠**(1992)　車節"適方城"後"適兔禾",郭沫若最初隸定爲"兔禾",但未加論證(《文物參考資料》1958 年第 4 期)。羅長銘釋爲"象禾"(《文物參考資料》1958 年第 4 期),諸家多從之。最近黃盛璋推翻自己過去從羅"象禾"之説,改從郭釋"菟禾",並在字形上補充了論證(《安徽史學》1988 年第 2 期)。"菟禾"係車節西北線的邊關,爲楚通秦之要道,其地望大約在今陝西省商縣以南。

《中國文物報》1992-12-6

○**湯餘惠**(1993)　象禾,即今河南省泌陽縣北象禾關。出方城東南行抵此。近年出土包山楚簡豫字寫作𧱤(7 號簡),右旁可與節銘象字互證,舊或釋爲兔,殊誤。

《戰國銘文選》頁 49

○**曹錦炎**(2000)　鄂君啟節車節有地名"𧰼禾",商承祚等先生釋作"象禾",先師思泊教授考定爲"兔禾",即"菟和"。他指出:"'庚𧱤禾',殷、羅二氏釋'𧱤'爲'象',以爲河南泌陽的象河關。按象河關無象禾之稱,且其字本非象字,𧱤作'𧰼',其所從的'𤔔',與卜辭兔字作𤉩形的上部正相仿,'石鼓文'兔字上部作'𤭢'可以互證。"上面已指出,兔作𧰼,是由於兔作𧰼下部加飾筆而訛變成的,三體石經逸字所從的兔字作𧰼也可證明。而且,同是鄂君啟節,象字作𧰼(爲字所從)與兔字作𧰼,本身已經説明兩者是有區別的。因此,𧰼字釋爲"兔"是確不可移。現在,我們從另外一個角度證明了𧰼爲兔字,看來鄂君啟節的"象禾""兔禾"之爭,可以休矣。

《古文字研究》20,頁 187

○**李守奎**(2003)　𧱤　象。

《楚文字編》頁 567

△**按**　上博六・天甲 2"象"字整理者釋作"爲"(《上海博物館藏戰國楚竹書》[六]312 頁),未確。睡虎地秦簡《爲吏之道》17"犀角象齒"之"象"用本義。《璽彙》1455"陳象"之"象"用作人名。

豫　豫　譽　譽

陶彙 5・123　　包山 7　　璽彙 3341

集成 11037 陳豫戈　　包山 24　　包山 52　　包山 171　　包山 174

包山 191　　包山 11　　上博六・用曰 1　　郭店・六德 33

璽彙 1492 璽彙 1831 璽彙 1839 璽彙 2083 璽彙 2218

集成 222 蔡侯鎛

○**高明、葛英會**(1991) 豫。

《古陶文字徵》頁 223

○**陳漢平**(1993) 二七、釋𧰼豫

正編 0440·爲字下所收第六三體字,第六四體字,可隸定作𧰼,𧰼字見於蔡侯鐘銘,容庚釋作爲字,甚謬。

蔡侯鐘曰(節録):"蔡侯䜌曰:余唯(雖)末小子,余非敢寧忘,有虔不易,輔右楚王,寉寉𧰼政,天命是迋。定均庶邦,休有成慶。既志于忌,延(誕)中昏(厥)諫(德),均子大夫,建我邦國,𧰼令冑冑,不愆(愆)不貳(忒)。"

鐘銘𧰼字郭沫若隸定作䲨,説:"䲨字本銘兩見,殆爲之繁文。"又説"䲨令冑冑"䲨字"當讀爲撝"。郭釋未確(參見郭沫若《由壽縣蔡器論到蔡墓的年代》,一、《蔡侯鐘銘考釋》,載《文史論集》299 頁)。

據穌公毁公字作,徝公壺公字作,𧰼字似从象从土从公字繁文。而若由另一角度考慮,《説文》:"邕,四方有水自邕城池者,从川从邑。,籀文邕。(於容切)"《汗簡》邕字古文作。《古文四聲韻》邕字古文作。知邑、吕、呂三形可以替换。又《説文》:"挹,抒也。""抒,挹也。"从邑之挹字與从予之抒字互訓,故疑𧰼字所从之𡍮,其結構當係从八从㘿。㘿字从土从吕,當爲雝、壅、壁字之異體。八字訓别也、分也。壅、壁字訓障也、隔也、蔽也、塞也。分别障隔蔽塞,即爲抒挹之抒,故𡍮字从八、㘿會意,字義爲抒,疑爲抒字古文。抒字與舒相通,又疑此爲舒字古文。

《説文》:"抒,挹也。从手,予聲。"《通俗文》:"汲出謂之抒。"《方言》十二:"抒,解也。"《後漢書·殤帝紀》注:"抒,舒也。"

《説文》:"舒,伸也。从舍从予,予亦聲。一曰舒,緩也。(傷魚切)"舒字訓緩,與"紓,緩也。从糸,予聲。(傷魚切)"同訓。而《廣雅·釋詁一》:"紓,解也。"復與抒字同訓。

舒字《汗簡》古文作,《古文四聲韻》古文作、、,諸字與𡍮字並从吕、呂會意,知𡍮字爲舒、抒字可確定無疑。𧰼字从象,从舒得聲,而舒字从予得聲,故𧰼字當釋爲豫,爲豫字古文。

又《古文四聲韻》舍字作𡙹、𡙻、𡚁，捨字作𥇡、𥇢，豫字作𢽤、𡤊、𣁷，《汗簡》豫字作𤝹、𦗖，知豫字古文不僅可从予字得聲，亦可从舒、舍、捨、余字得聲。

《書·洪範》：“曰豫恆燠若。”《三國志·毛玠傳》作：“舒恆燠若。”《公羊傳·成公九年》孫注作：“曰舒恆奧若。”《大戴禮記·五帝德》：“貴而不豫。”《史記·五帝紀》作：“貴而不舒。”《爾雅·釋地》：“河南曰豫州。”李注：“其氣著密，其性安舒，故曰豫。豫，舒也。”又《後漢書·殤帝紀》注：“抒，舒也。”《廣雅·釋詁三》：“舒，展也。”《左傳·襄公八年》：“鄭公孫舍，字子展。”是豫、舒、抒、舍諸字可以通假，可以互訓，故又疑《汗簡》《古文四聲韻》舒字古文或即假借豫字爲之；舍、捨字古文或即假借舒字爲之。

蔡侯鐘銘“窜窜豫政”，當釋爲“窜窜豫政”。《易·豫》釋文：“豫，備也。”《左傳·莊公廿二年》：“聖人爲之豈猶豫焉。”釋文：“豫本作預。”《一切經音義》廿四：“豫，古文預、忬二形。”《一切經音義》十九：“豫，古文作與。”《漢書·薛宣傳》注：“豫，干也。”《漢書·灌夫傳》：“預，干也。”是豫、預同訓，預字或説爲豫字之後起俗字。《正字通》：“預，與豫同。”《正韻》：“預，及也，參預也，干也。通作與。”《説文新附》：“預，安也。經典通用豫。”蔡侯鐘銘“豫政”即“預政”。“窜”字郭沫若説即崔字，可從。《説文》：“崔，高至也。”（崔字造字本象鶴仰天伸頸而鳴唳。）蔡侯鐘銘：“輔右楚王，窜窜豫政。”其文義爲“輔佑楚王，高高在上而干預政事”。

《爾雅·釋言》：“豫，敍也。”《爾雅·釋詁》：“舒，敍也。”《説文》：“敍，次弟也。从攴，余聲。”《釋名·釋典藝》：“敍，杼也。杼泄其實，宣見之也。”敍字於經傳常假序字爲之。蔡侯鐘銘“豫令畤畤”，當釋爲“豫令祇祇”。“豫令”可讀爲“舒令、抒令、敍令、舍令”，又疑可讀爲“預令”。志此存疑。

豫字亦見於古璽文字，《古璽彙編》1492 號：畋𢽤，1831 號：史𢽤，1839 號：史𢽤，2083 號：鄖𢽤。此四璽人名字《古璽文編》俱未釋而收入附録 73 頁，按此四字均當釋爲豫。此四字何琳儀隸定作𤝹，讀若舍（見《古璽雜識續·釋𤝹》，第六屆古文字學會與會論文），所釋未確。

附記：本論文草稿札記曾請李學勤先生批閲，此字在草稿中未能確識。李先生對𢽤字批語在批稿之末，筆者未曾注意。（中略）後查李先生批語，批文爲：“𢽤，疑豫字。”是知𢽤爲豫字，李學勤先生已疑釋在先。特附識於此。

《金文編訂補》頁 358—360

○董蓮池(1995)　[93]0440 號　爲　177 頁第一欄金文　𤺄𤺄

此二文見蔡侯𦀚鐘銘“左右楚王，窔窔〇政”“均保大夫，建爲邦國，〇命祇祇，不愆不忒”中。第三版《金文編》釋如此，第四版《金文編》因之。

今按：此二文从“象”旁没有問題。但左从“🔲”，下又从“土”，都是古文字所見“爲”字不具備者。以辭例而論，也難證明讀爲“爲”，而且讀爲“爲”都難以講通銘文。可知它們肯定不會是“爲”字。李學勤先生曾指出此字“疑爲豫”，陳漢平先生將其釋爲豫（見陳漢平《金文疑難字破譯》，1990 年古文字會議論文）。甚是。長沙馬王堆漢墓帛書《老子》乙本“豫”寫作“🔲”，古璽有“🔲”字，劉釗先生考定爲“豫”字（見劉釗博士論文《古文字構形研究》）。極是。然則其變應是由“🔲”而“🔲”，知篆文中所从的“予”聲即由“🔲”演變而成。而此二文左旁作“🔲”，於“🔲”上多了個“八”，古璽中“🔲”的異體又寫作“🔲”，包山楚簡豫作“🔲”又作“🔲”、“🔲”（見《包山楚簡》圖版一六三），知“🔲”上有無“八”都一樣，我們據此可以説“🔲”等於“🔲”，字即从“🔲”聲。不過是較上舉“🔲”、“🔲”、“🔲”多一“土”旁。古文字在已有的形聲結構上再加上一個偏旁作聲符本有其例，以“土”旁作聲符者也不乏其例。“土”古音屬魚部透母，“豫”則爲魚部定母，同部鄰紐，聲音極近，應當不是偶然巧合，而是書寫者臨時又給它加上去的一個聲符，如同“定”本从“正”聲而又臨時加上一個“丁”聲寫作“🔲”一樣。因此從形體上看，其爲古文“豫”字的異體没有問題。從辭例上看，釋“豫”於銘意也正通。《儀禮·士昏禮》“我與在”，鄭玄注：“古文與作豫。”是古文以“豫”作“與”，古訓“與”爲助義者習見。銘云“豫政”即謂助其政事，與前言“左右吳王”意正相合。又“豫”古又訓“安”（見《爾雅·釋詁》），銘云“豫命祇祇不愆不忒”是説蔡侯建邦後“安於天命，小心敬謹，無有差失”，文意也十分通暢妥貼。“豫”字見《説文》象部。

《金文編校補》頁 93—95

○施謝捷（1998）　（編按：璽彙 2218）郯豫（舍）之。

　　（編按：璽彙 3752）星毋豫（舍）之。

《容庚先生百年誕辰紀念文集》頁 647、650

○何琳儀（1998）　《説文》：“豫，象之大者，賈侍中説，不害於物。从象，予聲。🔲，古文。”象之身或訛變似从肉，即🔲、🔲、🔲、🔲、🔲。《古文四聲韻》上平二十二舒作🔲、🔲，即以豫、懯爲舒。其中象身亦作肉形，與楚簡🔲吻合。參象字。

　　乘馬大夫戈“豫□”，疑地名。

《戰國古文字典》頁 569

○**黄德寬、徐在國**（1998） 六 33 有字作🔣，原書未釋。包山楚簡豫字或作
🔣（《簡帛編》750 頁），頗疑"🔣"字乃"🔣"字之省形，應釋爲"豫"。《爾雅・
釋詁上》："豫，樂也。"邢昺疏："豫者，逸樂也。"玄應《一切經音義》卷十三引
《蒼頡篇》："豫，佚也。"《詩・小雅・白駒》："爾公爾侯，逸豫無期。"毛傳："爾
公爾侯邪，何爲逸樂無期以返也？"簡文"豫其志，求羑（養）新志，害亡不以
也"。"豫其志"即逸樂其志。

《吉林大學古籍整理研究所建所十五周年紀念文集》頁 106—107

○**顔世鉉**（1999） 十二、門内之治，欲閖（弇）也。門外之治，欲其折也

《性自命出》簡五八—五九

《六德》簡三〇—三一："門内之治紉弇宜（義），門外之治宜（義）斬紉。"
陳偉、劉信芳兩位先生均據《禮記・喪服四制》"門内之治恩揜義，門外之治義
斷恩"來將"紉"讀作"恩"，此説極是。這兩條材料將有助於對此則《性自命
出》簡的理解。

閖字《郭簡》隸作𥱵，圖版不清，不過《六德》簡三三有"𥱵其志，求養新
（親）之志"。𥱵字作🔣，《郭簡》隸作𥱵。此字左偏旁下部所從當是"▽"。可
能是《説文》之"亼"字，古文作𠫉；右邊偏旁疑是"冐"字，包山楚簡二七三有
"🔣牛之韄"，首字所從與簡文同，李家浩先生釋作"鞒"。從"亼"及從"冐"
之字古音皆在元部。此字可能讀作"弇"，弇是影紐談部，談元旁轉。《性自命
出》的閖當讀作弇；而折字，《郭簡》釋文作"折（制）"，折字即有"斷"義，不必
再釋作"制"。

《張以仁先生七秩壽慶論文集》頁 394—395

○**劉國勝**（1999） 《六德》三三號簡有字作🔣，未釋。應釋爲"逸"。此字從
去從象。"去"旁與《六德》二號簡"法"字所從"去"形近。"象"旁與《老子》
乙一二號簡"象"字形同。古文象、兔二字形近易混，又因二字性質相同，有時
作爲表意符號可以通用。如者汈鐘"逸"作🔣，三體石經"逸"作🔣。後一例
"逸"下部所從偏旁與簡文近似，當是"去"旁。"逸"從"去"旁屬增加義符，
去、逸皆有"失"之義。簡文云："逸其志，求養親之志。""逸"當爲隱匿的意
思。《正字通》："逸，隱遁也。"簡文表述了以愛親爲仁的道德觀念，指出了處
理家庭關係要以仁爲主的道德原則。

《性自命出》五九號簡有一字，原釋文隸作"𥱵"，未釋。該字圖版不清，其
左旁一"象"尚可辨，恐亦當釋爲"逸"。簡文云："門内之治，欲其逸也；門外

之治,欲其折也。""逸"亦作隱匿之義。《六德》三一號簡簡文云:"門内之治,仁弅義;門外之治,義斬仁。""弅"與"逸"義同,皆爲隱匿、掩蓋的意思。

○徐在國(2000) 《集成》第 17 册 11074 號戈銘文如下:

豫州上(?)庫造(圖四)　　上　圖四

此戈以前未著録,現藏天津市歷史博物館。首字原書釋爲"郛"。

按:首字釋"郛",誤。此字左邊从"象",右邊所从是"予"並非"邑",應釋爲"豫"。"豫"字在古文字中多次出現,古璽文或作 (《古璽文編》附録 511 頁),淳于公戈之"豫"字作 (《集成》17.11124),陳豫車戈之"豫"作 (《集成》17.11037),並从"予"从"象"。此戈銘中"豫"字所从"予、象"位置與上引諸"豫"字不同,這並不奇怪,因爲古文字中偏旁的位置常變動不居。此字釋爲"豫",應該没有問題。豫州爲古九州之一,《尚書·禹貢》:"荆河唯豫州。"孔傳:"西南至荆山,北距河水。"《爾雅·釋地》:"河南曰豫州。"此戈銘爲"豫州上(?)庫造",國別應屬三晉。

《古文字研究》22,頁 117—118

○劉信芳(2000) "豫"原簡作" ",劉國勝釋"逸",黄德寬、徐在國釋"豫",字形可參包山簡 7、11"豫"字。按該字字形與《古文四聲韻》所録《古老子》《雲臺碑》"舍"(字从手)之古文同,疑此二書借"豫"爲"舍"。簡文"舍、求"相對爲文,"求"謂取也,一捨一取,詞義自明。"舍其志"應特有所指,以《孟子》一書解之,梁惠王"欲辟土地,朝秦楚,莅中國而撫四夷也",被孟子斥爲"緣木而求魚","後必有災",知"舍其志"者,捨其殺伐征戰之志也。

《古文字研究》22,頁 216

○湯餘惠等(2001) 璧。

《戰國文字編》頁 649

○李天虹(2002) 釋"貌、娩"

郭店竹簡《六德》33 號簡云:

其志,求羏(養)新(親)之志,害亡不以(已)也。

上海博物館藏楚簡《詩論》4 號簡云:

戔(前)民而 之,其甬(用)心也酒(將)可(何)女(如)? 曰:邦(國)

風氏(是)也。

■、■顯然應是同一個字,■左半下部的"■",或爲"口"之訛,或爲"口"之省,如戰國文字"去"常從"口"作,而《六德》2、40號簡法字所從去旁就省口形爲"■"。

《六德》的首字,整理者未釋。黄德寬、徐在國先生釋爲豫,謂:

　　包山楚簡豫字或作■,頗疑"■"字乃"■"字之省形,應釋爲"豫"……"豫其志"即逸樂其志。

劉信芳、顏世鉉先生從黄、徐之釋,但二者均將豫讀爲"舍",訓爲捨去。周鳳五先生所釋同,疑當讀爲"欲",或訓爲"想要",或訓爲"婉順"。

劉國勝先生對該字亦有説,他釋作"逸",謂:

　　此字從去從象。"去"旁與《六德》二號簡"法"字所從"去"形近。"象"旁與《老子》乙一二號簡"象"字形同。古文字象、兔二字形近易混,又因二字性質相同,有時作爲表意符號可以通用。如者㳂鐘"逸"作■,三體石經"逸"作■。後一例"逸"下部所從偏旁與簡文相似,當是"去"旁。"逸"從"去"旁屬增加義符,去、逸皆有"失"之義。簡文云:"逸其志,求養親之志。""逸"當爲隱匿的意思。

今按,楚文字中的象早已確認,其形作:

　　■鄂君啟節　　■包7豫從　　■老乙12

但楚文字兔的字形,在上海博物館《詩論》展出之前,卻一直不清楚。《詩論》第24號簡有"■虘"一詞,第25號簡有"又■"一詞。經研究,馬承源先生指出後者即《王風》的《兔爰》,李學勤先生指出前者即《周南》的《兔置》,因有傳世文獻作比照,其説足以徵信,如此兔字的形體才得到了確認。由之,李先生認爲上揭《詩論》之字應隸定爲"■",字從"谷"爲聲,讀作"裕"。

古文字兔、象本來都是象形字,楚文字兔的下半與象字完全相同,作肉形,係由象形字的軀體及足尾演變而來;兔的上半作■或■,象的上半作■或■或■,係首部的象形,其形雖然接近,但也存在一定程度的差異。根據馬、李二位先生的釋讀,通過字形比較,可以確定上舉《六德》《詩論》之字的右旁確是兔字。

確定了楚文字象與兔的字形,再來分析前引諸位學者的意見。黄、徐等先生將《六德》■看作包山簡豫字的省形,似乎很難成立。首先,包山簡豫字常見,多用作人名,其形作:

包7　　包11　　包52　　包171

右旁都是比較典型的象字,而上揭《六德》《詩論》之字所从係兔而非象。其次,包山及其他戰國文字中的豫,左旁或作、、,所从"予"未見省作▽(與"口"形混同)的,而《詩論》該字左旁从"口"作,説或谷是之省形,没有文字資料上的直接證據。

劉國勝先生認爲《六德》此字右旁與《老子》乙 12 號簡"象"字形同,是忽略了二者上半的區別;謂此字左旁係"去"字,也不十分可靠。郭店簡去字多見,上半的撇、捺兩筆都相合在一起,如《六德》2、40 號簡法字所从"去"旁作,《老子》甲 18 號簡去字作、《語叢一》101 號簡作,而《六德》《詩論》該字左旁上半的撇、捺兩筆都是分開的,與去字並不相同。

該字的這種寫法與去字有別,卻與谷字完全一致:

谷 老甲5　　谷 成18　　谷 性62

綜合上述,該字左旁是谷,右旁是兔,李學勤先生對字形的隸定是正確的。

不過,李先生提出該字从谷聲,讀作"裕",似乎值得商榷。我認爲該字形體可能與三體石經"逸"字古文有關。石經古文逸作(原注:商承祚《石刻篆文編》第 471 頁,中華書局 1996 年),李先生隸定爲猺,將右旁下半看作"水"的形訛。逸字从水無説,比照字形,其右旁下半也可能是谷()的形訛。那麼,就可以將石經古文逸隸定爲"𤞯",其右旁上半爲兔,下半爲谷,與《六德》《詩論》中的"𤠔"應當是同一個字。如果這個推測成立,"𤠔"就可以釋爲"逸"。《説文·兔部》:"逸,失也。从辵、兔。兔謾訑善逃也。"段注:"會意……兔善逃,故从兔、辵。"《説文》中的逸,是逃逸之義,其形最早見於春秋時期的秦子戈和矛。逸字於古還有隱匿之義。《正字通·辵部》:"逸,隱遁也。"疑"𤠔"是逸的另一會意字,字从谷从兔,取兔隱匿於山谷之義。

古逸與佚通,既有隱匿之義,還有閒適、安樂之義。《玉篇·人部》:"佚,豫也。"《爾雅·釋詁上》:"豫,樂也。"邢昺疏:"豫者,逸樂也。"《周禮·夏官·廋人》:"教以阜馬佚特。"鄭玄注:"杜子春云:'佚當爲逸'……玄謂逸者,用之不使甚勞,安其血氣也。"《六德》中的逸,訓爲第一義或第二義似乎都可以講通;比較而言,第二義可能更貼近文義。《詩論》中的逸當訓爲第二義。

《詩論》中還有一個从兔的字,8 號簡云:

少,其言不亞(惡),少(小)又(有)怎(仁)安(焉)。

李學勤先生將其隸定爲"𩰚"，認爲其字上从兔，下从二肉，當是从冤省聲；冤與宛都是影母元部字，作爲聲符常可通用，如"鞍"可作"鞔"，"貌"可作"貌"，因此上揭簡文起始兩字即詩《小宛》。《小宛》在簡文中，前面是《小旻》，後面是《小弁》《巧言》，它們都是《小雅》的《節南山之什》中的詩篇，其次第也與今傳本完全一致。《節南山之什》都是刺詩，只有《小宛》語言温和婉轉，所以簡文云"其言不惡，小有仁焉"。今按，不論"𩰚"是否从冤省聲，根據簡文的上下文，將字讀爲"宛"都是没有疑問的。

在古文字形體的演變過程中，增减同形偏旁是一種比較常見的現象，以堯字爲例：郭店簡有三篇文獻提到了堯舜之堯，寫法各不相同，其中《窮達以時》3 號簡作𡙇，《唐虞之道》1 號簡作𡊅，《六德》7 號簡作𡍺。《古璽彙編》0262 及《説文》古文堯與《六德》形同，長沙楚帛書堯與《窮達以時》形同，《説文》篆文則作堯。又甲骨文有字作𡧗，或釋爲堯。其形上从二土，下从一卩，與《唐虞之道》堯形相近，看來釋堯之説很可能是成立的。根據上述現象，《詩論》"𩰚"也許可以看作"毚"的省形，而"毚"又可以省作"兔"。這使我們聯想到郭店簡《性自命出》和包山遣册簡中與此相關的兩個字。《性自命出》58—59 號簡云：

門内之紉（治），谷（欲）其兔也。門外之紉（治），谷（欲）其折也。

"兔"是整理者的隸定，李零先生據而認爲應是逸字。今按該字圖版模糊不清，但左旁上半筆畫尚可辨認，作𠂤形，與兔字相合，結合整理者的隸定，可以將該字隸定爲"兔"。

與《性自命出》此句句義相近的文字，又見於《六德》30—31 號簡：

門内之紉（治）紉（恩）弇宜（義），門外之紉（治）宜（義）斬紉（恩）。

這段文字在《禮記·喪服四制》裏作"門内之治恩揜義，門外之治義斷恩"，《大戴禮記·本命》作"門内之治恩掩義，門外之治義斷恩"。《性自命出》中的"折"顯然相當於《六德》的"斬"、二戴《禮記》的"斷"，整理者讀作"制"，顔世鉉先生已經説明折有"斷"義，不必再讀作制。《性自命出》的"兔"，相當於《六德》的"弇"、《禮記》的"揜"、《大戴禮》的"掩"，結合《詩論》"𩰚"字的音讀，"兔"似乎可以讀作"匽"，匽古音與宛相同。《説文·匸部》："匽，匿也。"段注："匽之言隱也。"又，如果不從《六德》及二戴《禮記》，"兔"也許就讀作"宛"。《説文·宀部》："宛，屈艸自覆也。"徐灝《注箋》："夗者，屈曲之義，宛从宀，蓋謂宫室窈然深曲，引申爲凡圓曲之稱，又爲屈折之稱。"

《説文通訓定聲·乾部》:“宛,猶屈也。”《史記·司馬相如列傳》:“宛虹拖於揃軒。”張守節《正義》:“顔云:‘宛虹,屈曲之虹。’”“宛”之義與“折”正好相對。

包山 273 號簡云:

　　🖼牛之革鞿

首字又見於 270、271 號簡及木牌,270、271 號簡該字圖版不清,木牘字形略可辨析,大體作🖼,整理者隸定爲“鞫”。李家浩先生通過與漢代篆文銷、捐二字相比,認爲該字右半从二“冐”:

　　🖼《滿城漢墓發掘報告》251 頁圖 166.1　　🖼《漢印文字徵》12.10

應當是“鞫”字的繁體,在簡文裏是一種牛名,以音近當讀作“犍”。《説文》新附:“犍,犗牛也。”

今按信陽楚簡有絹字,其形作(原注:滕壬生《楚系簡帛文字編》第 898 頁,湖北教育出版社 1995 年):

　　🖼信 2.013　　🖼信 2.015

右旁冐字上部从“口”,與上揭包山之字所从區別較大;如果將 273 號簡之字的右半與《詩論》《六德》“毚”及石經古文“逸”所从兔旁相比,卻可以發現它們更爲接近。因此,上揭包山之字可能應當隸定爲“鞬”。古音犍是群母元部字,與宛相近,“鞬”亦可讀爲“犍”。

最後似乎還需要指出,《詩論》《六德》中“毚、毚”所从“兔”旁首部上挑的一筆,在包山木牘“鞬”及石經古文“逸”中均變爲下滑,而楚文字“象”首部與“兔”相當的一筆基本呈下滑或者平行狀。推測上挑應該是兔字的特點,或下滑而與象字產生形混之處。但將字形作綜合分析,也還是能夠將二者區分開的,如下所示:

　　🖼 🖼《詩論》、《六德》“兔”旁首部

　　🖼 🖼包山木牘、石經古文“兔”旁首部

　　🖼 🖼 🖼楚簡文字“象”首部

　　　　　　　　　　　　　　　《古文字研究》24,頁 400—403

○**李朝遠**(2003)　豫　音近讀爲“舍”。“舍”字从余得聲。“舍”爲魚部書紐,“豫”爲魚部喻紐字:兩字疊韻,喻、書旁紐。

　　　　　　　　　　　　　《上海博物館藏戰國楚竹書》(三)頁 271

○趙誠（2003）　《蔡侯龖鐘》有🔲、🔲二字,郭沫若《文史論集》299頁《蔡侯鐘銘考釋》將其隷定作鸆,並云:"鸆字本銘兩見,殆爲之繁文。"對於郭説,有學者從之,如容庚《金文編》0440號、馬承源主編《商周青銅器銘文選》397頁;也有學者不以爲然,如李學勤、陳漢平、董蓮池、劉釗等。李、陳二氏之説均見陳漢平《金文編訂補》358頁《釋鐮豫》及《附記》,董氏之説見其所著《金文編校補》93至95頁;劉氏之説見其博士論文《古文字構形研究》。李、陳、董、劉四家論之甚詳,均以爲《蔡侯鐘》銘此二字非"爲"字,而應釋作"豫",其最主要的證據是:(1)從整個字的構形來看,此二字與甲骨、金文的"爲"字不類。(2)包山楚簡的"豫"字或寫作🔲(163簡)、🔲(11簡),其左旁所從與鐘銘二字相近。(3)長沙馬王堆漢墓帛書《老子》乙本的"豫"字寫作🔲,其右旁所從與鐘銘二字相近。(4)古璽的"豫"字寫作🔲(《古璽彙編》1492、2083),構形也相近。(5)《蔡侯鐘》銘的"豫政"讀爲"預政、與政",與文意相合。(6)豫古又訓安,鐘銘的"豫命"釋爲"安命"即"安於天命",文意也十分通暢。總之,鐘銘此二字釋爲豫可從。惟此二字所從之土,尚未形成共識,仍待進一步研究。

《二十世紀金文研究述要》頁456—457

○張光裕（2007）　(編按:上博六・用曰1)🔲(預/舍)命乃縈。

《上海博物館藏戰國楚竹書》(六)頁286

○李守奎（2003）　鞘　鞘,借筆雙聲字。

《楚文字編》頁567

【豫之】璽彙2218、3752

△按　古璽人名"豫之"讀"舒之"。田煒《古璽探研》頁140云:

《璽彙》重新著録了下揭兩方齊璽:

二璽左上一字相同,舊不識,施謝捷先生釋爲"豫",並讀人名"豫之"爲"舍之"(《〈古璽彙編〉釋文校訂》,《容庚先生百年誕辰紀念文集》頁647、650)。

2218　　3752

漢印中屢見"舍之"私名。香港中文大學文物館藏有下揭秦印:

人名亦爲"舍之"。春秋時鄭國有公孫舍之,字子展。清代王引之在《春秋名字解詁》中指出:"'舍'與'舒'古字通。《方言》:'舒,展也。'"可知人名"舍之"中的"舍"也是借字,當讀爲"舒"。據此,古璽中的人名"豫之"也應該讀爲"舒之"。在典籍中,"舒、豫"二字可相通。《説文》:

“舒，伸也。从舍从予，予亦聲。一曰舒，緩也。”段玉裁《注》：“舒，經傳或假荼，或假豫。”傳抄古文“舒”字作 𦥛、𦥔、𦥔、𦥔、𦥔 等形，實際上是借“豫”或“㒞”爲舒，可以證明“舒、豫”二字的密切關係。